股市心理博弈

Winning the Mental Game on Wall Street
The Psychology and Philosophy of Successful Investing

华章经典·金融投资

JOHN MAGEE

〔美〕约翰·迈吉 著

吴溪 译

John Magee. Winning the Mental Game on Wall Street: The Psychology and Philosophy of Successful Investing.

ISBN 978-0-91-094417-5

Copyright © 2000 by CRC Press.

Authorized translation from English language edition published by CRC Press, part of Taylor & Francis Group LLC.

Simplified Chinese Edition Copyright © 2010 by China Machine Press.

China Machine Press is authorized to publish and distribute exclusively the Chinese (Simplified Characters) language edition. This edition is authorized for sale in the Chinese mainland (excluding Hong Kong SAR, Macao SAR and Taiwan).

No part of the publication may be reproduced or distributed by any means, or stored in a database or retrieval system, without the prior written permission of the publisher.

Copies of this book sold without a Taylor & Francis sticker on the back cover are unauthorized and illegal. All rights reserved.

本书原版由Taylor & Francis出版集团旗下，CRC出版公司出版，并经其授权翻译出版。版权所有，侵权必究。

本书中文简体翻译版授权由机械工业出版社独家出版，仅限在中国大陆地区（不包括香港、澳门特别行政区及台湾地区）销售，未经出版者书面许可，不得以任何方式复制或发行本书的任何部分。

本书封底贴有Taylor & Francis公司防伪标签，无标签者不得销售。

封底无防伪标均为盗版
版权所有，侵权必究
北京市版权局著作权合同登记　　图字：01-2001-2574号。

图书在版编目（CIP）数据

股市心理博弈（珍藏版）/（美）约翰·迈吉（Magee, J.）著；吴溪译.—北京：机械工业出版社，2010.5（2025.7重印）

（华章经典·金融投资）

书名原文：Winning the Mental Game on Wall Street: The Psychology and Philosophy of Successful Investing

ISBN 978-7-111-30629-0

Ⅰ. 股… Ⅱ. ①迈… ②吴… Ⅲ. 股票-证券交易-经验-美国 Ⅳ. F837.125

中国版本图书馆CIP数据核字（2010）第085192号

机械工业出版社（北京市西城区百万庄大街22号　邮政编码　100037）
责任编辑：宁　姗　　　版式设计：刘永青
北京富资园科技发展有限公司印刷
2025年7月第1版第31次印刷
170mm×242mm · 24.5印张
标准书号：ISBN 978-7-111-30629-0
定价：99.00元

客服电话：(010) 88361066　68326294

推荐序
Foreword

读者们通常会问,本书的宗旨何在?其实,本书的宗旨只有一个,那就是解放我们的读者。约翰·迈吉避开了深奥的心理学的探讨,他坚信,我也坚信,我们每个人都无法逃脱孩提时代理念的束缚以及教育的禁锢——不论是从正规的意义上讲,还是从通用语义学的角度来说。客观现实表明,人们竟然会广泛盲目地面对身边的客观现实,而这些客观现实,在一位没有任何偏见的外星人看来,却是如此简单明了。没有偏见的外星人,似乎就是我们能够想象出的免受地球模式禁锢的唯一实体了吧。

被埋葬的宝藏,或者说被埋葬的真相,就是迈吉这本著作的本质所在。在我们出版本书之前,你需要一张寻宝图的指引,才能够挖掘到,触摸到它的存在。1958年,本书的首次出版仿佛是降生到一个聋哑的世界上,于是迈吉所能做的,也就是日复一日地运作自己的企业,结果不难想象,迈吉成功地运作着自己的投资顾问公司,并同时售出了成千上万册自己那本更为知名的著作——《股市趋势技术分析》⊖。至于本书,那些最初的潜在读者,起初或许只不过是看了看书的标题,并尽可能地奔走相告。毕竟,如果你连给出通用语义学的定义都无法做到,又有什么理由来阅读有关它的论著呢?

⊖ 本书第11版中文版机械工业出版社已出版。

至于"通用语义学"一词本身，无疑散发着麻省理工学院（MIT）及哈佛大学（Harvard）校内神父们的臭气，并让人不由得联想到一间散发着霉臭味的房间以及房间里那位出没无常的、化身为奎因（Quine，数学家）或是维特根斯坦（Wittgenstein，英国哲学家、数理逻辑学家）的威廉·詹姆斯（William James）的幽灵。于是，人们仅仅勾画了一张草草了事的地图，便将本书掩埋到地底深处（在我阁楼上的某个角落里，珍藏着一册本书的第1版），它所蕴涵的智慧，也就这样被人们遗忘了整整40年。

现在，当我再次读本书的时候，不禁懊恼不已：在我40年来的投资、投机、赌博以及管理金钱的生涯里，我本应该每天一大早起来做的第一件事情，便是阅读本书。现在，再次读本书，我觉得自己就像是一只伤痕累累的老浣熊，终于找到了深埋在地底的宝藏——这就是迈吉所了解并将其编纂为法典的股票市场之外的所有非技术因素。每一位投资者都应该认真阅读这本巨著，尤其在其投资生涯的初期阶段。为了避免人们误解语义学的范畴，我曾经将本书重新命名为《华尔街的大象和小猪》（*Elephant and Pig on Wall Street*），不过，这里我仍然继续把它简称为"通用语义学"。

本书将为每一位投资者提供参与华尔街游戏的心理准备，也就是说，每位投资者在亲身经历华尔街的瞬息万变时，内心将同时经历激战。任何低估获得成功的投资或交易所必需的心理态度和心理准备，都是不明智的。可以肯定地说，那些拥有非凡的适应能力、杰出的技术以及强大体能的优秀网球运动员，同时还拥有一些超越普通网球选手的东西，那就是与众不同的非凡心态。对于成功的股票交易者而言，同样的心理仍然不可或缺。在仔仔细细地研究了本书以及本书的具体实施和应用方法之后，再结合《股市趋势技术分析》，一般来说，大多数投资者都将成为合格、成功的交易者。迈吉的这本书，将给我们不同寻常的启迪以及净化心灵的指导。

读到这里，读者们或许会问，华尔街的股市沉浮为什么仍然遵循着贝索（Basso）的钓鱼法则（Fishing Rule，即15%的渔夫收获了85%的鱼群）呢？那些成功的渔夫一定知道别人所不知的秘诀，或者他们的装备优于别人，或是他们的心态不同？是的，不同的心态，这一秘诀既适用于渔夫，也适用于网球运动员，自然也适用于股票交易者。事实上，成功的运动员、渔夫以及股票交易者都表现出成熟的思维和行为方式，而普通的运动员、渔夫以及投资者所表现出的，则是不成熟的思维和行为方式。

通过本书的论述，迈吉与不成熟的行为模式划清了界限，并描绘出了能够确保长期成功所必需的心理状态和思维方法。这样的评价是否让你觉察到莽撞，或是吃惊，抑或震惊而哑然？是的，至少了解我的学生以及同事会觉察到。他们成天听我不停地唠叨和指责那些骗人的万灵油推销员，为了出售万灵油，他们不惜花言巧语、费尽心机，又拍胸脯，又打保票——不满意，全额退款！我的邮箱里，每天都堆满了类似的广告，它们看起来实在太好了，以至于你已无法抗拒它们的诱惑，除非你在商海沉浮一生后，所得到的全部经验只是对于它们的警惕和嘲笑。

那么这一次，我为什么能够给出这样的评价呢？原因在于，事实上我坚信迈吉道出的一切。对，它确实千真万确，但是并不简单。事实上，当你听到我的忠告时，你或许会想，不妨去买一本迈吉的著作吧，以防万一！实际上，我正打算告诉你，迈吉心态和迈吉思维方法的核心要义，正是用一种老式的方法来赚钱——你会"不得不"赚到钱。你瞧，迈吉的赚钱方法是如此可靠、有效，但是它要求个性的成熟，合理的、理智的应用以及勤奋和执著。

有时，我不禁怀疑，那些死后留下大量股票资产的看门人和个子矮小的教师老太太，恰恰具备了这样的个性和品质。我猜想，他们也发现了爱德华兹（Edwards）和迈吉所发现的股票市场的成功秘诀。

秘诀？你一直都在怀疑是否有这么一套股票市场的成功秘诀，不是吗？就像你确切地知道打高尔夫球的秘诀一样，如果你真的有这样的怀疑和期待，那么我恐怕要让你失望了。我坚信杰克·尼克劳斯（Jack Nicklaus）的名言："天道酬勤。"如果说股票市场上有什么成功秘诀，那也只会是：能够在相当长的时期内获取收益的恰当心态、恰当习惯以及恰当的技术。这个秘诀一定会确保你走运，因为它确保你走上了一条通往幸运的、万无一失的道路。相反，错误的心态、错误的技术必定招致（如果还说不上滋生）噩运的到来。

在约翰·迈吉出版本书以及他的《股市趋势技术分析》几十年以后，投资者、投机家、交易者、赌徒以及那些容易上当受骗的傻瓜，仍然不断地重复着那些自盘古开天辟地以来（或者说自股票市场开通的第一天以来）便一直存在着的、导致自己投资和交易失败的错误。我们每个人都应该扪心自问，这究竟是为什么？答案似乎并不难找到，那就是人的本性和无知。或者，我们也可以宽容地说，是因为缺乏教育。你可以在工程学的课堂上学到如何修建一座大桥，或者在会计课上学会如何记账，但是，关于股票交易的最好的学习课堂，似乎就是纽约股票交易所，而这里所需的学费，不论是从长期来看，还是从短期而言，都将是高昂的。那些极为胜任自己工作的企业管理人员或是专业人士，一进入股票市场的赌博大厅都会发现自己原来是个容易受骗上当的大傻瓜。

通用语义学有损于您的精神健康

好吧，那么语义学究竟是什么东西呢？（这或许正是人们理应拜读迈吉的著作，却望而却步的原因吧。人们往往无法确定"语义学"一词的意思，而且暗自怀疑自己无法读懂它的"专业"论著。毕竟，有谁会知道你所探讨的内容究竟是个什么东西呢？）为了进一步混淆这一问题，现在就让我用最复杂的描述来表达它的含义，不过，我同时也保证，我将用一个较为简单的描述来结束我复杂的"混淆视听"。

通用语义学的主要内容是语言与客观世界之间的关系，它主要致力于参考性的、指示性的意义以及情感性的、隐含性的意义等的研究。因此，我们首先审视自己的世界观，弄清楚词汇或者事物的指代，然后，检讨我们的心理状态，以确定围绕在词汇周围人类情感的或个人的"弦外之音"。

简而言之，通用语义学所研究的内容，就是词汇的含义影响人类行为的各种方式。

针对本书来说，我们可以把通用语义学理解为：以改进人们在华尔街的效率为目标，致力于华尔街氛围下的各个词汇含义的研究。华尔街显然是金融市场、股票市场、债券市场、期货市场等的代名词，因此，我们可以说，华尔街的通用语义学，便是对那些影响我们在特定金融市场上行为词汇的理解方式的研究。

举个具体的例子。我认为XYZ是一只极具投机价值的股票，而你却告诉我，你不会购买任何投机的股票。天知道，"投机"一词，对于我们两人来说是否具有同样的意义？我可能认为，与股票相比，商品期货是一项更好的投资，而你可以认为我的这一看法简直近乎疯狂。想想这里"商品期货"的内容和含义吧：玉米、小麦、大豆，可怕的杠杆作用，来自农业丰产省份的公司和投机家。仅有急红了眼的赌徒才会参与这样的交易和买卖。因此，理所当然，当来自伯克希尔-哈撒韦（Berkshire Hathaway）的沃伦·巴菲特（Warren Buffet，20世纪最杰出的投资家之一）于1998年买入价值10亿美元的白银时，整个世界都为之震惊。这究竟是怎么回事儿？难道沃伦·巴菲特的脑袋里突然冒出了什么与众不同的"商品期货"的定义？

不用担心，本书既不想混淆，也不会扭曲人们对于词汇含义的理解，以至于导致人们陷入语义学的细枝末节之中。相反，本书就像迈吉自己那样，深入实际，实事求是，它的内容具体得就像马萨诸塞州斯普林菲尔德冰凉的土地那样，实实在在。有关本书最为复杂的一件事情便是我的这篇推荐序，它不得不提到诸多难以理解的抽象概念，同时，又难以给出这些抽象概念的具体界定，以致无法得到学术上的认可。聪明的读者不应受此困扰，遇到任何难以理解的抽象概念时，不妨先跳过去，继续阅读。

本书的重要意义

通常，当我们谈论一本著作的时候，首先都想知道，它究竟写了些什么，也就是说，它究竟包含哪些内容，它的论据、主题是什么。以《股市趋势技术分析》为例，我们完全可以明确地指出，该书在某种程度上，详尽地分析了股票市场价格语言各项符号的含义。具体来说，《股市趋势技术分析》认为，股票市场的语言可以通过象形形式表达，也就是说，股票市场语言可以通过图形、图表等（就像中国的汉字那样）与我们沟通和交流。从这个意义上看，我们完全可以把《股市趋势技术分析》看做是股票市场语言符号的字典。因此，当看到一个上升三角形时，我们便可以推断出它可能代表的各种含义以及它的内在含义；而当我们看到某种趋势时，也可以据此做出某种推断，这种推断在过去被证明是有效的、实用的。

就像股票市场中使用的象形图形可以用做具有实际意义的符号一样，我们也听说过许多关于股票市场的其他词汇，它们在被赋予了一定的意义后，成为特定的语言符号。对于这些符号以及它们所代表的意义——不论是外在的还是隐含的，也不管是指示性的还是内涵性的，正是本书所阐述的核心内容。同时，针对如何改善我们在理解和应对这些符号所代表的客观事实时的效率问题，本书也进行了详尽的论述。

以上便是本书的全部内容。面对这样一本特别的著作，我们所能够提出的第一个问题也将与众不同：本书究竟做了些什么？答案是：你的心智将被重新编码。

总的来说，本书不过是对我们心智的一次再教育，因为它为我们的心智拓展了更为现实、更为准确的视野，也为我们处理好华尔街这一现实世界里的各种现实问题提供了强大的分析工具。在这个再教育的过程中，必然涉及我们心智的巨大变革，以便于我们日后更成熟、更理智地面对客观现实和股票市场。

本着实事求是的态度，迈吉试图指出那些有碍于理智地处理华尔街（以及整个世界）事务的人的习惯性偏见和观点。尽管迈吉并没有一一列举这些坏习惯，但是我们还是一眼便可以从迈吉的话语中看出它们的影子：抵赖；错误的期望；贪婪；心浮气躁；不敢面对客观事实；惮于承认事物的本质；在不确定的条件下，对于确定性事物的保守态度；对于不确定性的畏惧；对于轻松赚大钱的愚蠢迷信和期盼。正是这种想法，让瓶子生产商学会了装瓶技术，也启发了广告公司市场宣传的灵感，同时，却给那些万灵油的购买者带来了灾难。其中最可怕的是，我们对自尊心可能受到伤害的畏惧。

那么，迈吉试图谆谆教诲、不懈塑造的品质和习惯究竟是什么？它们就是那些朴素的、古老的品质，对于致力于研究和解决现实问题的每一个人来说，它们都是实用的、奏效的。迈吉提倡以一种灵活的方法，应对变化万千的现实世界，并指出了个性成熟的若干品质和特征：耐心、细心、周全的规划、自律、自信等。

打开心扉，擦亮眼睛

有时，我们对某个领域（例如华尔街）的探讨或批判，往往为学生或读者打开了一扇了解（甚至是启发）该领域的大门。一针见血的尖锐抨击往往也能够为读者开辟新的视角，并丰富读者的理解和认识。

汉密尔顿（Hamilton）、沙贝克（Schabacker）、爱德华兹以及迈吉所做的，正是这一类型的讨论。这些讨论解决了社会行为以及经济行为领域，即金融领域令人困惑的、复杂的各种问题，并同时为我们提供了处理这些问题的分析性工具和流程。请注意，在此我使用的是"处理"一词，而不是"了解"，这是因为就像天气和大海一样，股票市场并不可能为人所了解，我们只能够及时地应对和处理它。对于那些声称能够了解股票市场的人，我们要随时提高警惕。面对这些自认为深入了解股票市场的人，我们要做的就是，要求他们开放自己的股票账户，并观察在1997~1998年的亚洲金融危机前后的股票交易业绩。也许，乔治·索罗斯可以算是了解股票市场的行家里手，但或许，他也不过是在利用高超的分析智慧以及争分夺秒的操作战术来应对和处理股票市场而已。

只有心理学家、占星术家、哲学家（存在论者）等人可以算得上了解股票市场，但是正如我们每个人都知道的，这些"大家"的建议时刻不停地变化，而且极为晦涩难懂，根本无法作为交易的可靠依据。然而，这并不意味着，你应该完全忽视类似的建议，就像他们睿智的名言："那位手中高举世界末日标牌的老兄，有朝一日总会证明自己观点的更加正确和更为重要。"当然，这些"大家"确实无法知道此时此刻的IBM该做些什么。事实上，如果查阅共同基金交易记录，你同样会发现，职业咨询师也无法给出正确的指导。

那么，我们究竟应该到哪里去寻找可靠的投资建议呢？绝望之余，我只好继续那些过了时的投资方法，不过，我想我必须给出建议：让我们回到美国边疆精神中寻找答案吧，那就是自力更生。

当你在开发自力更生的能力时，你将发现你的身边其实有这样一位可贵的伙伴、老师和督导——约翰·迈吉。

关于作者约翰·迈吉

如果说，这个世界上还曾有过"依靠过时的方法赚钱"的成功案例，那么约翰·迈吉所经历的，从哲学到精确的计算尺历程正是这样的案例。此外，如果人类历史上曾经出现过能够将朴素的常识提炼为人类古老的、过时的高贵品质的工程师，约翰·迈吉就是这样一位不可多得的工程师。

时间追溯到20世纪60年代，那时的我年轻气盛，我称呼迈吉为迈吉先生，并且成为他的学生和客户，但是他很快打破了我对股票市场的幻想。他是如此执着于实事求是，可以说是位彻头彻尾的实践家，我甚至想赞誉他为那个时代的"明星"基金管理者和咨询师。在迈吉还很年轻的时候，他便凭借着自己的品质和个性，发现了关于股票市场的核心本质以及如何在股票市场交易中获取成功的方法。根据我对迈吉的了解，他的一生从来没有背离过他的发现。

如果我们去探究导师的血统，我们一定会惊讶于这样一个绝顶优秀的背景。股票市场研究的首次巨大飞跃，当数查尔斯·道（Charles Dow）和威廉·彼得·汉密尔顿（William Peter Hamilton）提出的道氏股票行情波动论（Dow Theory）。接下来的第二次飞跃，则是理查德 W. 沙贝克（Richard W. Schabacker）提出的技术分析，他的两本巨著——《股票市场的技术分析》（*Technical Market Analysis*）和《股票市场的理论与实践》（*Stock Market Theory and Practice*）详尽地记录了他的巨大成就。几年以后，沙贝克的妹夫罗伯特 D. 爱德华兹（Robert D. Edwards）加入沙贝克的研究。1942年，爱德华兹找到了自己的合作伙伴约翰·迈吉，他们两人重新检验了此前的所有研究成果，在加入自己的研究成果之后，爱德华兹和迈吉合著并出版了那本一举成为股票市场定量分析领域权威的论著——《股市趋势技术分析》。到今天，该书已经是第7次再版 ⊖，而且依旧在股票市场的定量分析领域占据着举足轻重的地位，并影响了一代又一代的股票交易者和股票分析家，它当之无愧为股票市场技术分析领域的"圣经"。有时，当我们看到那些吹嘘自己为股票市场技术分析领域的所谓"圣经"时，不禁会想，如果真是这样，《股市趋势技术分析》便应该算做技术分析的律法，而爱德华兹和迈吉也就是这一律法的制定者了。

爱德华兹退休后，迈吉在马萨诸塞州的斯普林菲尔德创建了自己的投资咨询公司，直到20世纪70年代该公司被出售给约翰·迈吉有限公司（John Magee Inc.）

⊖ 该书已更新至第11版。

时止。1987年，迈吉去世。在这一时期，迈吉坚持每周进行股票及股票市场分析，并以周记的方式发表，这为迈吉赢得了广泛的尊敬和声誉。

本书与《股市趋势技术分析》之间究竟有什么关系

恕我斗胆给出自己的评价：如果缺乏了《股市趋势技术分析》的技术性知识，那么任何人都无法完成真正意义上的关于股票市场的专业性工作。如果人们未曾拜读过该书，那么他们也一定阅读过其他某个版本的仿制品，要知道，市场上厚颜无耻地为自己戴上"技术分析领域圣经"之类桂冠的老兄比比皆是。即便没有接触过类似的书籍，人们也一定会在实践中，潜移默化地受到技术分析的影响。要知道，爱德华兹和迈吉所构建的关于股票市场的理念框架，就如同牛顿提出的关于物理学的概念框架那么自然而肯定。

至于本书，将是《股市趋势技术分析》遗失多年的伴读物，它详尽地解析了股票市场的各种运动，并告诉我们如何解读它的行为，同时还教给我们各种股票市场语言符号以及它们的含义。本书所研究的股票市场运动——股票的价格和交易量无可争议。预言家完全可以预测自己希望的收入，但是关于今天下午纽约股票交易所的收盘价，却无人能够撼动。

本书给我们上了一堂别开生面的课，它致力于心理学的各种问题，而不是各种技术性的探讨、心态、成见、错误的或误导性的思维习惯，以及影响我们在股票市场交易中有效工作的教育和培训。

打个比方，假设我们跟随一位剑术大师学习剑法，即便大师教会了我们进攻、脚法以及防守等高超剑术的要领，我们也仅仅掌握了一半的击剑技巧，大师还需要教会我们有效实施击剑技能的心态和情绪。出版于日本公司一统天下时期的流行书籍，武藏（Musashi）的著作《五环图书》（*The Book of Five Rings*）便是这方面一个很好的例子，它有效地将技术因素与心理因素结合起来。对于迈吉来说，技术这一层面的技巧已经在《股市趋势技术分析》里得到了完整的论述，至于心理和情绪方面的行为将在本书里得到解决。

这么多年后，当我再次重温本书时，我想我的经历和经验完全可以证明迈吉思想和方法的智慧、实用。这听起来，似乎像是一只迷途的羔羊，终于回到了自己的羊圈。我自己便亲身经历过许多迈吉早已告诫过的教训，其中一个（不止一个）就是：过早的成功与过早的失败同样存在问题。要是我能够聆听迈吉的教导，那么我想我应该可以避免痛苦的迷失和彷徨。我忘了是谁，或许是先知摩西（Moses）吧，曾经说过，"聪明人从自己的错误中不断学习；而智者则从别人的错误中得到启迪。"迈吉确实道出了事实的本质，即便现在读起来，仍然光芒依旧。

迈吉的思想和方法

把《股市趋势技术分析》与本书放到一起，便构成了迈吉哲学理念、迈吉系统以及迈吉方法的一幅完整图画。归纳起来，我们说迈吉的理念既不算古老，也不够现代——它最多就像日本古代禅宗的相扑那样古老，也至多可以和巴巴·朗姆·达斯（Baba Ram Dass）"我们存在于现在"的"时髦"相媲美。提高警惕，加强警觉，千万不要被别人的想法或是自己过时的知识所左右，也千万不要被除了纽约股票交易所或纳斯达克之外的主观概念所蒙蔽。要知道，在你的心目中，只能够把IBM今天的股票价格定义为X，因为在现实世界里，X永远是一个变量。每一个瞬间，都将是一个新的时刻。这便是本书和《股市趋势技术分析》希望传达给读者的一致的基本信息。

现在，让我们从零开始。首先，准备好一些怀疑论以及独立论的知识，之后，让我们开始学习实事求是地观察客观的世界以及客观事物的产生和发展，最后，再学会从你的老师、父母、古代的先哲灌输给你的思想中，判断出正确的东西。请相信自己的眼睛，而不是你的耳朵——在你学会用眼去看之后，仔细地观察你所感兴趣的这个世界吧。研究它的过去，确定过去与现在之间的相关性，提出你自己的设想，再利用一套成熟的科学方法来得出你的结论，并检验你在开展这一切活动时构建的系统和方法。

研究其他各种可能的结果，最后，你将意识到，迈吉教给我们的指导方法是何等的睿智：为了保证长期内得到令人满意的结果，多样化的长期交易将是最为保险的方案。简而言之，也就是：

1. 确定股票的走势，并伺机进行交易，不论是长期交易，还是短期操作。
2. 永远要精确地计算和明确你的止损价位。
3. 永远不要让自己的计划流产——培养成熟的自律性。

我坚信，迈吉的方法——如果合理应用，几乎就是股票投资者长期投资成功的保证，它几乎包含了成功进行现代投资所需要的所有内容的要核。

关于本书

这里要特别指出，本书的第2版在编辑上的一些特点。在我再次重温本书时，我深深地被它散发出的原汁原味的魅力以及古朴的风格打动。于是，在这次再版的过程中，我力图保留了本书原有的魅力以及构成这一魅力的古朴，同时，我也试图做出相应的调整来打动现代读者。迈吉十分健谈，因此，在他书中的多个地方——以我个人之见，出现了过多的实例和故事，我想，对于要求速度的现代读者来说，它们只会显得拖沓冗长，于是，我适当地删除了相关的内容。此外，我还删除了每一章后面的练习。过去，这样的做法或许并不一定合适，而今天，如果你对于本书兴致盎然，那么你完全可以到我的网页（www.johnmageeta.com.）上找到本书最完整的内容，并与本书进行对比，然后对我提出最强烈的抗议（当然，如果本书的编辑风格合乎你的口味，你也不妨对它大加赞赏）。我甚至还重新编写了原书的某些章节，使它更为简练，也减少了书中的废话和无用的概念。当然，我尽可能多地保留原文的内容，以便保持内容的清晰和完整。

至于书中明显与时代格格不入的事物、日期以及股票的名称，就让我们把它们当做是一种类比吧。在经过了长时间的考虑后，我还是决定保留它们原来的面目。我一向讨厌把莎士比亚现代化的做法。此外，为了保持本书原有的参考价值，我还需要特别指出一点，我保留了迈吉在其工作中反复强调过的内容。在此，我将引用迈吉在《股市趋势技术分析》第4版序言中的话："自本书首次出版后，多年来股票市场便似乎总在以它那老一套的方式不断地重复着同样的运动。"为了进一步阐述这一观点，我在文章中的相关脚注里列举了一个似乎过时了的例子，并同时引用了一个当代的实例。

在深入探讨上述观点的相关章节中，读者一定会看到书中的参考信息——1956年的美国钢铁公司及其股票，并不禁猜想，1956年的美国钢铁公司与当今世界、与自己的心态之间究竟存在什么样的关系，但是关键恰恰在于，2000年的微软公司及其股票与1956年的美国钢铁公司及其股票毫无差别。请注意，我们这里采用的都是符号意义上的比较，因此，1956年成功地应对美国钢铁公司及其股票的心态，理所应当也能够成功地应对2000年的微软及其股票。至于高级抽象意义或符号上的"微软"和"美国钢铁"，更是几乎一模一样，尽管它们的业务和存在的时间截然不同。读者阅读完"地图与地图之间"以及"地图的不断更新"等章的内容，并加以思考，便能够充分理解这一点。

关于书中与时代格格不入的事物

这里，我们将针对书中某些显得与时代格格不入的事物，或是有可能被认为脱离时代的事物，进行必要的说明。计算尺就是对数计算器的先驱。相关的例子请参见史密森尼（Smithsonian）的相关著作。"计算尺由两个对数坐标尺组成，两个尺子安装成直角，并可以进行相互间的滑动，这样，乘法、除法便可以简化为简单的加法和减法的计算了。"（《韦氏II新版大词典》，*Webster's II New Riverside Dictionary.*）

回顾迈吉时代的社会经济状况，那时道·琼斯运输指标的含义为铁路板块指标，但是，我并没有进行相应的修改，仍然保持其原有的意义，因为依我个人之见，道氏股票行情波动论对于当今股票市场的适用性，尚有待商榷。显然，在那个时代，道氏股票行情波动论的有效性千真万确，但是要知道，我们生活的当今世界，社会经济更为复杂，也更为多样化！

在原书的第66章中，迈吉猛烈地抨击了国家的税收体制（就像马克·吐温的至理名言："每个人都在抱怨税收体制，但是却没有一个人肯动手来改变它。"）鉴于税收体制的临时性，我删去了原文的某些细节，例如，采取分期的方式，分别对待长期收益和短期收益的内容；与此同时，我保留了原文的一些笼统说法，因为我同样认为，税收系统和政治体系理应接受专家与公众的任何批判。

读者将会注意到，书中提到的某些股票，早已退出了股票交易市场。我特意保留了它们，并把它们当做某些观点的论据。只须回顾"地图的不断更新"一章的内容，读者便会理解我的用意。

至于原书中某些由于股票市场的发展而逐渐失效、被淘汰的观点或事物，我要么删除，要么根据实际情况，进行了适当的修改和调整。

结论

本书是《股市趋势技术分析》一书遗失多年的伴读物，它详尽地解析了股票市场的各种运动，并告诉我们如何解读它的行为，同时还教给我们各种股票市场的语言符号以及它们的真实含义，但是，书中的内容无法形成固定的套路，也不可能演变为计算机化的标准模式，因此，我们必须把本书用做参考手册，而不是把它奉为能够让你一招制胜的成功秘诀。本书提倡那些老式的方法、迈吉式的股票市场分析，要求我们付出相当的努力，并进行积极的思考。

本书已是一本长期绝版的书籍。如同《股市趋势技术分析》扮演着华尔街股票交易系统和分析技术的基石一样，它就像华尔街的心理基石。本书的作用便是为你提供有效的金融市场运作的心理准备。虽然它的论述含蓄而微妙，但是我仍然相信，认真阅读本书的读者一定会感受到它带来的对心灵的深深震撼，同时，也一定会因此而改变自己对股票市场的根本看法。

W. H. C. 贝斯蒂

1998年11月

于加利福尼亚圣吉罗尼莫

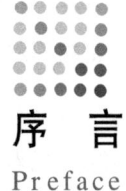

序 言
Preface

这是本难以下笔的著作。从很多方面来看，它都远比完成《股市趋势技术分析》困难得多。仅是本书的准备工作，便花去了整整两年的时间，远远超过最初的策划和预测。

之所以难以下笔，主要是因为本书的主题十分独特，可以说它简单明了，也可以说它复杂晦涩。之所以说它简单明了，是因为它仅仅涉及少数几个基本的观点，对于那些心灵尚未受到多少世俗偏见误导的人来说，这些观点几乎不辨自明；而说它复杂晦涩，则是因为我们每个人，甚至从很小的时候起，便不可避免地要接受世俗偏见的教育和灌输。当然，我们所接受的教育，或许大多数都是实事求是的、有用的，但是其中也混杂了各种各样人类世代相传的非科学理论、古典哲学及神学观点等。于是，集习俗、道德、假说、假想、道义、规范、迷信以及行为准则等各个层面的内容为一体的这个混合型"怪物"，也就不可避免地存在着一些与我们当今所看到的各种客观现象格格不入、激烈冲突的东西，它甚至还可能与人类的整体发展或个人利益相矛盾。

这样的习俗和行为准则通常都穿上了高级权威的外衣，这就使得事情变得愈发复杂，它们往往用一些带有强烈感情色彩的词汇来加以表达和描述，并被绝对化地高高挂起，不容修改和检验。最后，语言为此推波助澜，进一步加大了事情的复杂程度：语言的结构本身便倾向于误导和误解这样的习俗和行为准则，除非语言的结构及其与人类的关系得到了人们充分而正确的理解。

事实上，已有很多论述通用语义学的著作出版发行，其中一些远比本书深奥。本书重点探讨的问题，或多或少地带着某种宇宙观的味道，它在许多方面，为我们的社会生活和生存提供了一种实用的模式和方法。尽管股票市场仅代表一部分人的一部分日常活动，但是，它却在一定程度上，将我们熟悉的所有人类情感、恐惧和希望表现得淋漓尽致。同时，在其他生意场上，在社会生活中，在人们的家庭生活以及私人生活所涉及的人际关系中，我们也不难发现，这些领域中的许多问题，均与股票市场里的问题具有本质上的相似性。

本书所阐述的许多观点，来源于我个人从股票市场或其他领域所获得的经验，但是，毋庸置疑的是，本书的大部分背景资料均得益于他人的研究成果：包括阿尔弗雷德·科日布斯基（Alfred Korzybski）、莉莲·利伯（Lillian Lieber）、诺伯特·维纳（Norbert Wiener）、约翰·冯·诺依曼（John von Neumann）及卡伦·霍妮（Karen Horney）等。

在此，我要特别感谢丹尼尔 R. 惠勒博士（Dr. Daniel R. Wheeler），本书所阐述的哲学和心理学问题，很大程度上得益于他多年来一直教授和探讨的领域。作为一名杰出的精神病专家，惠勒博士在他的研究工作中，引入了通用语义学的基本原则，并找出了一种切实的方法来解决人们关于家庭、工作和生活的诸多问题。

惠勒认为，在我们尽可能地消除各种引起"心智失常"的物理根源后，也就是说，当我们再也找不到什么导致人们失常的物理原因时，我们便应该去审视自己的内心世界，去审视那些我们所接受的教育、所获得的知识以及它们的形成和演变过程，之后，我们将发现——如果我们具备足够的能力——我们自己不能够正确地考评事物，并成功地应对外界环境的根源。惠勒认为，精神病大夫的工作，就如同教师的工作，不仅要致力于教育学生如何解决问题，更要教会学生理解自己的思维方式，为自己构建进一步的教育和再教育的方式方法，以便更现实地对待人们所生活的外界环境。经过这样的训练后，我们将不必逐一地告诉学生如何去处理手头的问题，因为他们早已开发出足够的能力，从而能够自己思考，并得出手头问题的合适的解决方案。

本书当然不是什么关于精神病学科的专著，也绝不是什么心理学丛书，它只是一本力图帮助股民在股票市场交易过程中，获得更多自信和能力的指导丛书。当然，我也由衷地希望它能够有助于奋斗在其他领域的人。

本书不可避免地触及许多不同的论题，其中一些在社会上存在着极大的争议。本书并不想就这些问题给出什么权威定论，但是在很多领域、很多争议中，人们都似乎有意识地进行了高度的专业化分工，以至于人们的内心世界都被或多或少地隔离于外部的客观世界。诸如在金融、法律、政治、宗教、社会、医学、教育、精神病学等学科和领域，都已形成专业的术语，这些术语的精确含义，只有它们的创始人才能够真正把握。因此，在我们进行某项专业研究之前，我们有必要首先就某些涉及的专业概念进行精确的界定。然而，在面纱之后，世俗的公众并没有受到权威的欢迎，在那些专业人士与普通大众之间，缺乏有效、充分的沟通。

事实上，普通大众与特定领域的专业人士之间，很难进行具有实际意义的深入探讨，部分原因是源于行话和专业技术术语所带来的障碍，另外的原因则是专业人士通常没有足够的时间向公众解释，而普通大众往往也缺乏足够的耐心去聆听那些枯燥的专业词汇。

进一步来说，如果人们试图认真探讨某个严肃的话题，而参与探讨的对象也都是一些圈内的专业人士，那么在讨论开始之前，专家们通常都会针对即将探讨的话题重复一下（用简单易懂的话来描述）既定的官方术语。这样做有效地避免了由于信息的不充分、不对等而导致的毫无成果的争论。不过，这样的做法同样也存在弊病，有时也导致人们思维的循环定义，从而阻碍人们取得根本性的进步。

一般来说，专业人士都不会有意识地公开鼓励那些有可能对自己的观点和结论构成挑战和威胁的争论，除非这样的公开论战是为了维护自己笃信的理念。这或许是因为生活在一个或多或少的独立存在的思维世界里，人们便可以不用担心，也或许是无力去开辟任何不同的思维方式。我们不禁怀疑，这些聪明人，尽管他们本身既没什么错，也不是存心故意，其实仍在执著地贯彻着中世纪的哲学思想、过时的科学原理、史前的迷信。简而言之，他们所做的一切，如果仅就他们自己所使用的工具本身而言，可以说成绩斐然，但是遗憾的是，在他们了解这些工具之前，这些工具便早已过时、失效了。

尽管如此，人类社会中却存在这样一种坚固的团体"防御系统"，通过团体有组织的规范和准则，有效地封锁了任何秘密协会的存在和发展。每一个专业人士都不可能公开地挑战那些存在于自身行业的最明白不过的"胡说八道"。他们或许会说出自己的心里话，但那也只不过是局限于自己阵营的内部讨论。如果你胆敢触碰那些让他们神经高度敏感的问题，他们将毫不客气地严正警告你：既然你并非他们阵营的"发言人"，那么你最好不要介入他人的内部事务。

面对这样的态度，你几乎没有理由责备他们。你无法想象哪位律师可能在电台节目里，开诚布公地讲解法律的某项宗旨；你也无法想象，哪位银行家会出现在某个电视节目中，坦白地与公众探讨某项投资的某些事实；你更不可能想象，哪位牧师处理问题的所有逻辑和观念，会超越他自己所笃信的教义的精确界定。

客观地讲，我们应该承认，大部分正直、诚实、努力工作的专业人士，确实诚心诚意地拥护自己所属团体的官方权威。事实上，他们中的大部分人，终日忙于日复一日的"重要"工作，以至于他们根本不可能挤出时间来开展那些"毫无意义"的研究。从来没有人会鼓励他们按照现代科学的理念以及隐藏在他们所笃信的信念下面的理论基石来探索问题。或许，他们中的某些人甚至认为，只要是为了正当目的，不择手段又有何妨！他们压根儿没有想过，需要深入地探讨自身行业的那些基本哲学理念。是的，仅仅是日常的、具体的工作就足以让这些专业人士身心疲惫了。律师必须准备自己手头的案子；银行家必须对付生意场上时刻变化的现实问题；牧师必须准备自己的布道演说稿，拜访病人，或是主持婚礼；而教师们则必须上好教学大纲中的每一堂课……

因此，人们虽然有可能提出一些严肃的问题，但是不可能从那些了解事实真相的人那里得到所需的答案。同时，各个领域内的专业人士之间也缺乏足够的交流与沟通。于是，人类便不得不面对这样一个现实而迫切的问题：继续沿着人类发展的老路前进，前途究竟何在？那条老路早已不再能够满足我们的需求了。如果人类希望继续生存，那么我们就必须构建一个真正自由的思想国度，在这样的国度里，来自各个不同研究领域的人得以充分地交流和沟通，得以重新检验自己知识的每一块基石，如果可能，人们还能够挑战所有的基石……除此以外，在这样的国度中，权威人士、专业人士与普通老百姓之间有效的双向沟通将能够得以建立和维护，这将关系到人类对生活、自由以及幸福的追求。

在谈及某些高度专业化的职业范畴内的某些敏感问题时，我的观点并不一定正确。我知道，这些领域内的一些从业人员远比我更熟悉其中的问题，而且他们实际上也十分关注这些问题，但是如果业内人士对这些问题保持缄默，那么公众或许应该扮演"挑战者"的角色。我们早已注意到我们在制度、管理以及研究等各个方面所取得的巨大进步，但是只要我们的职业界仍然残留可能导致敌对、误解、挫折以及毫无必要的人为灾难的、浮夸的、过时的、顽固的错误理念，我们便必须说出不得不说的话，当然，我们也希望更多的有识之士、更多的开拓者，能够鼓起勇气，勇敢地对那些伤害我们并对人类造成威胁的错误理念发起进攻和挑战。

约翰·迈吉

1958年8月27日

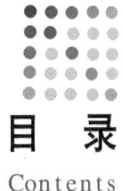

目录
Contents

推荐序
序言

第1章 简介 /1
华尔街是一种象征,它所代表的抽象意义,远不止大多数人所熟悉的金融业务。

第2章 赌博游戏 /4
尽管华尔街看似一个大赌场,但它其实是一种经济机制,它具有更为基本的重要意义和完整特征。

第3章 障眼术 /8
障眼术投资者眼中的股市风云,其实发生在他们自己的内心深处。

第4章 股市老千 /11
新手们做的第一件事情,便是指责股市老千的存在。事实上,他们所做的,只是向那些更富有经验的股市老手们支付学费。

第5章 盲人 /14
我们中大多数人的投资生涯,都始于某种无意识的状态,甚至可以说是濒临盲目的境地。

第6章　走出黑暗　/17

男人和女人，都是黑暗中的空白石板，直到他们像海伦·凯勒那样，开始接受教育并睁开双眼。

第7章　照相机　/19

我们开始接受教育的时候，就像是一架小小的照相机，它未加过多的分析，便把所有的信息完整地记录下来。

第8章　主要接收者　/24

随着知识的不断增长，我们逐渐意识到，我们的大脑，其功能就像是一部照相机，而我们的各个感觉器官所记录的信息，其实并不来源于我们的意识，而是来自外界的客观事实。

第9章　出发点　/26

尽管人类在许多方面都不如动物，但是人类在有意识地研究和学习等方面，远远高出动物一筹。

第10章　一一对应　/28

我们的大脑总在不断地绘制外界客观现实的一幅幅地图。每一幅完美的地图，都存在着与其所描绘的客观现实之间一一对应的关系。

第11章　地图与地图之间　/30

存在着不同精度即不同抽象程度的地图，它们所反映或所包括的地域特征的详尽程度，取决于不同的需求和目的。

第12章　地图的不断更新　/36

我们必须标注地图的绘制日期，这样我们才能够确定地图的有效性。那些最新的地图，通常也是最有用的地图。

第13章　引入各项最新数据　/40

一幅完成于1950年的IBM地图，一定不会与一幅绘制于2000年的IBM地图完全相同。地图中的某些部分，例如股票的价格必定会得到更新。

第14章　26个开路先锋　/ 42

26个字母以及由它们构成的文字，使人们得以相互交流心目中的一幅幅地图。

第15章　地图的地图　/ 45

人们能够绘制地图的地图，也就是说，人们可以对事物进行连续的、更高层次的分类和概括，然后赋予它们不同的符号。

第16章　鸽巢　/ 49

当人们赋予鸽巢——标签的含义不尽相同时，冲突也将由此产生。

第17章　标签　/ 52

我们必须仔细地判断标签所在的抽象层级："办公室文件"并不等同于第10002号发票。

第18章　并非一模一样　/ 57

除了纯粹的理论世界，我们根本无法在现实中找出两件完全一模一样的东西，例如轴承等任何东西。此外，即便是同一事物本身，今天的情况与明天的情况也是不同的。

第19章　上梯子和下梯子　/ 59

我们必须根据具体的需要，选择使用详细程度不同、抽象层次不同的地图。

第20章　相似性与差异性　/ 61

一张近距离拍摄的班级集体照，将让我们更多地看出班级成员之间的个体差异。越往后退，拍摄的视角越广，我们则越能够找出全部同学的相似特征，而不是他们之间的个体差别。

第21章　超越客观世界　/ 66

人们的看法（例如"好"）或人们所采用的形容词（例如"红色"）等，都具有相当的主观性，它们并不能够完全确定和统一。

第22章　为地图标注含义　/ 74

观点或品位所包含的意义，都带有个人化的特征，它们不仅无可厚非，甚至还可能与客观事实相悖。

第23章 没有地形地貌的地图 / 78

某些符号根本就缺乏与之相对应的客观事物，例如："上帝"、"永恒的真理"、"好的"等。

第24章 超常复杂的机器 / 82

人类度过了公元后的第二个千禧年，而直到此时，人脑仍然是最复杂、最非凡的自然奇观。

第25章 意识的层级 / 87

我们对客观世界的意识，来源于不同的途径，它们既可以来自于详细而精确的实地观察，也可以是缺乏实际检验的，基于社会文化基础之上的主观归纳和总结。

第26章 时光的回旋 / 95

被科日布斯基称为"时光的回旋"能力，便是指人们从前人所流传下来的文字中学习知识的能力。

第27章 停一停！看一看！听一听！ / 98

在我们接受那些神圣的教诲以及那些历史地图之前，我们首先必须冷静客观地检验它们的适用性和正确性。

第28章 矛盾 / 103

在实际的经验和现行的权威面前，人们总是倾向于接受现行的权威（以及权威的地图），而有见地的投资者将明察秋毫，注意到权威与实际情况之间的出入和矛盾。

第29章 放弃以人为中心的宇宙观 / 115

我们无法测量高层级上的抽象概念。为避免不必要的争端，我们必须就其定义达成一致的意见和共识。

第30章 必须获得理性 / 117

如果我们不加检验便接受文化给予我们的教育，那么我们势必丧失理性。为了获得足够的理性，我们必须学会考察客观的事实。

第31章　思维的过程　/ 120

学会遵从社会的教导；学会分析性思维，并根据当前的客观事实，辨析出那些过时了的地图和符号。

第32章　高层次抽象概念的模糊性　/ 125

一个高度抽象概念的意义，例如"成功"，完全取决于它的使用者，它们从属于主观的范畴。

第33章　"对于我来说"　/ 127

为了将人们主观的看法（例如"这是邪恶的"）与客观的事实区别开来，我们务必加上"对于我来说"（或者"对于他来说"）的标识。

第34章　不是/就是　/ 131

片面的思维方式将导致我们以二元论的方法来思考问题——不是黑的就是白的。

第35章　二元论的危险本质　/ 136

尤其是在面对感性的"不是/就是"决策时，我们应该停下来，认真地检验介乎黑和白之间的灰度究竟如何。

第36章　三元价值定位法　/ 140

以三元值而不是二元值（不是/就是）的方法来看待问题，将赋予我们更多的选择。

第37章　多元系统　/ 143

除了二元决策系统和三元决策系统之外，我们还可以从更多的角度来看待问题。

第38章　无穷值系统　/ 146

除了简单的有限值系统之外，还存在着无穷值系统，该系统将具有多个不同的结果和不同的选择。

第39章　希腊人的谚语　/ 150

希腊人流传下来这样的谚语："过犹不及"、"实际测量一切事物"。这些谚语告诉我们，我们必须从多个角度、多种选择来考虑问题。

第40章　并不完美的信息　/ 158

我们所得到的大部分信息，不论是关于生活方面的信息，还是来源于股市的各种信息，都不是完美无瑕的。我们大可不必惊恐不安，不妨接受它们，并适当地处理和对待它们。

第41章　究竟为何如此伤痛　/ 164

人们可能遭受到的最大伤害，并非来源于金钱的损失，而往往来源于自我和自尊所遭受的伤害。当然，自我或自尊的伤害通常与金钱密切相连，金钱的损失导致自我和自尊的受伤。

第42章　盈利也可能造成伤痛　/ 171

当我们没能圆满地获得利润时，例如我们没有完美地控制好某件事情，或错过了股票的最低点买入或最高点卖出时，我们同样感到心灵的伤痛。

第43章　预测未来　/ 174

对于股市（或生活）中种种可能的未来发展，我们其实并不要求做到精确而完美的预测。要允许不确定性和不完美性的存在，我们必须做到的，其实只是"充分而且必要"的精度而已。

第44章　预测未来的方法　/ 176

研究过去，找出一种预测未来的基本方法，并利用已掌握的历史数据检验该方法的有效性。之后，我们便可以利用现实的数据再次检验该方法的有效性。同时，我们应确定一个可接受的误差范围。

第45章　寻找平衡　/ 179

在舵手的不断调整下，小船划出了Z字形的前进航道。类似的情形也常常发生在系统寻找平衡的过程中，或是股票市场为股票寻找公平价格的过程中。

第46章　正反馈　/ 184

一个机械系统，如果不能够及时调整偏差，最终将任其自然地走向彻底失控，我们说该系统经历了一次正反馈的作用和过程。

第47章　什么是"价值"　/189

股票价值，就像美丽一样，它只是股票持有者眼中的个人之见，因为它只是一个高级的抽象概念而已。

第48章　提出正确的问题　/197

有些问题很值得询问和探讨，而有的问题则不是。学会区别两者之间的差别，将无疑有益于我们整个人生。

第49章　每天要问的两个实际问题　/201

有两个简单的小问题，它们的妙处便在于能够击破和揭穿许多无意义的声明和表述，它们就是："真是这样的吗？"和"你怎么知道的？"。

第50章　胡言乱语，无穷无尽　/206

你完全可以收集到众多的信息和资料，直至它们完全淹没你收集它们的目的和意义。在股票市场上，这种情形尤为突出。技术分析家试图冲出信息泛滥的迷雾，更切实地观察客观的现实。

第51章　我们无法得到所有　/210

收集所有数据和资料的想法，既不现实也不必要。我们所需要的，其实仅仅是那些充分而且必要地满足我们目的的信息和资料而已。

第52章　真相、全部真相、绝对真相　/213

为了处理好对"绝对真理"的无尽追求，人们发展出一种长足的"选择性不注意"能力。理性将带给我们处理绝对化的更多灵活性。

第53章　幕间休息　/215

不必注意幕后那个家伙，他不过是本书的作者约翰·迈吉。

第54章　过期的信息　/218

我们生活的环境不遗余力地向我们兜售各种过期的地图，例如各种观念、指示和价值观等，它们根本早已丧失了任何作用。理性的投资者会首先对这些地图进行检验，然后再判断和决定其究竟是过期的地图，还是仍然有效的地图。

第55章 "购买优质的、安全的股票" /222

购买安全股票备受人们推崇,但是在这些安全的股票已经变得不安全的时候,仍然坚持对它们一往情深的推崇,将阻碍我们对地图的有效更新。

第56章 "我只对收入感兴趣" /228

一位股票投资者,如果他只把注意力集中在股票的某个单一方面,例如股息收入,那么他将很快发现,自己所沉迷的,原来只不过是一场骗局游戏里的一个错误。市场对股票的定价才是真正的关键所在。

第57章 "但我仍然坚持我的股息和红利" /232

"股息",就是魔术师从他的魔术帽中变出小兔子时引开人们注意力的另一根魔术棍。从长期来看,分派股息的股票与不分派股息的股票之间差别甚微。

第58章 束之高阁,忘掉一切 /235

将手中持有的股票束之高阁,彻底忘却的做法,无异于不给汽车加油的荒谬。

第59章 古老而罪恶的保证金 /238

保证金——这个危险的词汇。你切勿采用保证金的方式来进行股票交易。不过,你会用现金来购买房子吗?

第60章 超越股票市场 /241

股票市场所阐释的,绝不是股票本身,它为我们解读了美元的价值以及各种事物与美元之间的交换比率。

第61章 相关性和因果关系 /244

只有那些天真的股市投资者,才会致力于寻求股票走势的本质因素。经验老到的股市高手,将只追求股票走势之间的各种相关性。

第62章 "基本因素" /251

账面价值、账面收入、资本总额、研发成果、资金周转、生辰八字等,技术分析家绝不会过多地考虑事物的基本因素,他们将更关注对客观事实、实际价格以及实际成交量的具体观察。

第63章 "应计制"和"实际发生制" /255

已实现的收益与损失——只对它们进行账面记录,而不将它们列入股票组合收益的做法,构成了另一个愚蠢的投资行为。

第64章 向上总比向下好 /261

人们总是不自觉地倾向于认为,向上总比向下好。于是,那些对卖空交易缺乏认识和经验的股票投资者便再也逃脱不了消亡的命运。

第65章 向上与向下的表面现象 /267

或许,我们不一定采用美元/股的单位,而采用股/美元的单位——不论是美元还是股票数量,我们都可以对股票投资的收益加以衡量。

第66章 政客与经济学家 /270

政客(政治家)既享受着自由竞争市场带来的好处,同时也根据政治需要,对投机家和暴发户横加谴责和刁难,并享受着这一行为所带来的政治利益。

第67章 各种工具 /275

许多投资方法和系统,都能够为我们带来收益。世上根本不存在什么万无一失的投资方法,任何方法和系统都代替不了理智的客观观察和具体实践。

第68章 有人能够预测未来吗 /279

没有人能够预测未来,而实际上我们每个人都在预测未来。聪明的投资者将致力于开发一种预测未来可能性的方法,并用可测量的尺度来评测它们。

第69章 考评的方法 /285

为了很好地处理任何复杂的情形或复杂的游戏,例如股票市场,我们必须跳出当局者的角色,从远处全盘性地分析问题,并归纳和总结出最终的结论。

第70章 构建考评方法 /288

在对个别事件实际观察后,我们必须进行分析和归纳,它们将构成我们预测未来的前提和基础。

第71章 考评方法必须构建于事物基本轮廓的基础之上 /292

技术分析人员，将股票所携带的各种信息剥离开来，只留下股票走势的基本轮廓——价格和成交量，并由此构建了一个抽象的、所谓的股票走势图。走势图为技术分析人员提供了一种分析股票未来走势的工具，并使得技术分析人员能够摆脱事物"本质要素"的局限，"自如"地做出决策。

第72章 将得出的方法应用于实践 /295

通用语义学所关注的，是如何在最新的时点上，保持外界客观事实（"外质"）与人们内心抽象概念（"内因"）之间的一致性，以便于通用语义学的应用者能够更有效地投资和生活。

第73章 习惯陷阱 /297

人是一种受习惯支配的动物。除非受到强烈的震动，或是接受人为的培训尝试改变，否则，人会永远坚持那些实质上毫无意义的习惯。

第74章 连锁快速的反应 /301

永远不要贸然做傻事。

第75章 数字陷阱 /303

投资一只10美元/股的股票所获得的10%的收益，与投资一只100美元/股的股票所获得的10%的收益，两者之间的差别，并不能用算术运算表达出来，我们应考虑它们的对数表达方式。

第76章 美妙的曲线 /306

向日葵！不规则曲线！蜗牛壳！复利！对称就是成长过程中最神奇的美。

第77章 损失陷阱 /310

一旦损失让你个人受到伤害，那么受伤的将是你的心灵，而不是你的投资组合。

第78章 利润陷阱 /313

一旦利润成为自我价值的代言人，那么你的心灵无疑将再次受到重创。

第79章 常识陷阱 /316

常识足以酿成大祸。

第80章 小猪观察家 /319

我们观察股市,就如同是在观察一根绑在小猪(一只看不到的小猪)背上的电极顶端的移动一样。

第81章 预测的局限性 /322

事物发展的可能性以及我们对这种可能性的预测,都充满着极大的不确定性。因此,我们在选取预测方法和预测时,都要将不确定性纳入考虑的范畴。

第82章 股市是赌场吗 /328

从很多方面来看,股市犹如一场赌博游戏,而我们可以应用博弈论的原理,对股票市场加以分析。

第83章 纯粹的数学概率 /330

分析各种赌博游戏的输赢概率,投资者将从中学会如何构建适用于股市的投资方法。

第84章 对手的策略 /334

身处股市,股市本身便是你的游戏对手。毋庸赘言,股市的游戏目的不会与你有什么不同,都是力图获得成功和胜利。

第85章 回报 /338

只要立志赚大钱,便能够赚到大钱——这就是赌徒的远大追求。更大的预期收益,同时也伴随着更大的预期风险,而更大的风险往往导致更大的损失。

第86章 细分与最大化 /342

与其不惜冒着巨大的风险去追求利益的最大化,还不如选择最小化风险条件下的分散收益。

第87章 着重考虑负面 /348

身处股市,我们必须具备现实的投资心态,关注那些负面的作用和影响。例如，我们应该首先考虑到投资的风险，并做好投资失败或遭受损失的充分准备。

第88章 长期净收益 /351

采用系统的投资方法，适度地考虑各项影响投资决策的因素。这样的投资策略，将给我们带来长期的股市投资收益，同样，也使我们的生活获益匪浅。

译者后记 /355

第 1 章
Chapter 1

简　　介

提起华尔街，人们往往并不是指由柏油马路和高楼大厦构成的华尔街本身，而是华尔街所蕴涵的意义，它代表了一连串抽象概念，而这些概念与人们的生活休戚相关。为了了解和熟悉华尔街的人所做的那些离奇古怪的事情，我们必须首先弄清楚华尔街的运作动力，此外，我们还应充分理解这些动力因素与华尔街所代表的各种抽象概念之间的内在关系。

人所共知，华尔街并不是某个地方。它绝不是指那条两边挤满了摩天大楼的窄小街道——至少它绝不是我们这里所说的华尔街。当然，华尔街也有它特定的物质外壳，从挡风玻璃清洗器到打印机销售人员，再到来自黎巴嫩的交流学生，从飞舞的鸽子到路边的铺路石，再到上周一《金融时报》上的小道消息……所有"尘世"间的一切，都可以算做华尔街的物质构成要素。古老而充满裂纹的街道上，是整齐的街灯和嵌入路面裂缝中的口香糖。一位来自鲍登（Bowdoin）的教授正美滋滋地品尝着美味的花生酱，而一个小男孩，正打算从布朗克斯（纽约市最北端的一区）到华尔街去拜访他的叔叔。街角处，火警消防车呼啸而过，而远处传来的轮船汽笛声则似有若无。华尔街，这个活生生的、物质世界上的一个角落，和世界上的任何地方一样，同样充满了各种复杂有趣的事物。但是，所有这些都不是本书所谈及的"华尔街"。

华尔街，正是我们在谈论股市时最常用的词，它是一个抽象的概念，一种特定的符号。它实实在在地存在，但不是那种你能够触摸到或能够拍摄到的物质事物。它是一种具有象征意义的代号，或许也是我们一生中最有可能遇到的事情。

所以说，我们这里的华尔街存在于人们的心目中。华尔街有形的表现形式不是钢筋、水泥和玻璃，而是报表、图例、分析以及各种伴随着全美广播和扩散而拥有了极大附加价值的新闻和信息。

当我们撇开华尔街这座金融中心的鸽子、远处轮船的汽笛以及道道裂纹的街道，当人们总结和提炼出华尔街——这条纽约的狭窄街道所发生的种种事情时，我们便发现，那里涵括了人们各种各样的金融利益：他们在各个地方购买来自华尔街最新版本的《金融时报》，查询最新的股票收盘价格，而这也是华尔街这座金融中心的本质所在。进一步去除华尔街上那些表面的、肤浅的、"鸡毛蒜皮"的小事情，我们便能够总结出华尔街的基本活动。总之，我们力图找出华尔街的本质所在，以及华尔街运作的动力源泉。

其中，最重要的是找出华尔街的运作动力。如果我们能够解释自己为什么总是不由自主地走向街角的小报亭去购买华尔街的《金融时报》，如果我们真正明白自己为什么总是如此渴望尽快看到通用汽车公司的股票收盘价，那么，我们或许能够解释为什么我们总是如此频繁地购买那些超低价格的股票，而又在这些股票漂亮地暴涨后及时抛售。

要知道，这并不是华尔街的全部，同样，这也并非华尔街的金融本质。这只是股票的买和卖，只是价格的预测和直觉，只是金钱的收益和损失，只是意味着还清房子的贷款，或是送玛莎上学的希望，或是拥有一辆豪华气派的凯迪拉克或是劳斯莱斯的"奢求"。

华尔街也不是整个链条的终结。我们甚至可以把华尔街的抽象概念进一步扩展。我们可以把金融的所有符号，甚至是金钱可以买到的所有凭证统统从华尔街的概念里剥离，这时，我们也许便会找到华尔街最抽象、最本质的东西，一种不仅高度概括，而且非常独特的、与人们的生活休戚相关的东西。

我这里所谈的正是你自己。不是指你的肌肤、血液、牙齿，或是你的脚趾甲，而是指你的愿望、你的祝愿和你的恐惧——你在自身利益的驱使下做出正确决策的压力。一旦你能够"看透"自己，能够清晰地看到还清房子贷款，送玛莎上学，拥有豪华气派的凯迪拉克或是劳斯莱斯等这些愿望背后如出一辙的动机，即自身利益的维护和扩展，这时，你也就能够明白那条污秽狭窄的纽约胡同里发生的各种肮脏交易，而这正是"贪婪"的人性。

上面的分析，也许解释了我为什么会把人的七情六欲与华尔街联系到一起的原因。为了充分地理解华尔街上的人所做的那些奇奇怪怪、不可理喻的事情，我们必须先了解产生这些行为的动机和基础，我们必须知道，它们来自人的内心深处。

沿着这条思路，深入地考察华尔街现象与人性的关系，并站到一个超脱的位置来观察两者之间的种种，你会发现，那些困惑甚至是威胁了你很久的股市难题，以及生活中方方面面的问题，似乎都在一瞬间茅塞顿开、烟消云散了。

第 2 章
Chapter2

赌 博 游 戏

不知从什么时候开始,华尔街以及华尔街的股票市场成为一个巨大的赌场,人们在其中狂欢豪赌,结果却始终不变,那就是沉迷于其中的傻子们最后输掉一切。当人们在证券交易所里,受到某种匿名声音的蛊惑,掏钱购买了某种"百分之百赚钱"的东西时,人们便已经注定要输给这场骗人的赌博游戏了。过去,华尔街在人们的印象中华而不实,到处充满了知名的(以及臭名昭著)的股票操盘手或交易员,而现在,摇身一变的华尔街却成为一个循规蹈矩的地方,在这里,信用和诚实成为做生意的必要条件。当然,适量的欺骗和不诚实仍然存在于现在的华尔街,但是,从根本上讲,华尔街的交易市场已经彻底由一群致力于金融市场的职业人员来运作和掌管。一个点头、一个手势或是一个简短的电话,一笔成百万、上千万美元的交易便在这些职业人员的手中完成。

请走近一些,先生们,女士们……人人参与!人人赢钱!选好你的(股票)代码,注明你的价格。豪赌游戏就要开始!快!快!!快!!!

每个人都会赢!快!快!!快!!!

豪赌游戏!他们如何来操纵这些骗人的鬼把戏呢?那些玩把戏的"托尔"们又是如何把三个小球同时扔到不同的篮子里,最终轻易地赢走那个漂亮迷人的丘比特仙童(Kewpie,著名的玩具娃娃品牌),而我们扔出去的小球却总也弹出篮筐呢?你或许会得出结论:其间必有机关。不过,不论你怎么琢磨,却总也猜不透其中的奥秘,只能眼看着那个被你认定的"托尔"抱走美丽的印第安花纹手织毛毯，而你最多只能赢得一只小口哨。

是的！这确实就是赌博游戏，不过，它或许不是适合你的游戏，等有朝一日你明白这一点时，或许整个夏天你都能吃上冰淇淋和汉堡包了。此外，你也别想去揭穿那些隐藏在深处的骗局和舞弊，虽然它们天生就有其存在的必然，而事实上，它们也时不时地、这儿那儿地被人们发现而曝光。但是，证券交易委员会（Securities and Exchange Commission，SEC）以及美国商品期货交易委员会（CFTC）已经保证清理这类违规的事件。

历史上，吉·古尔德（Jay Gould）和吉姆·费斯特（Jim Fist）发明了这套骗伊利人（the Erie）的赌博游戏，这个游戏从此广为流传，经久不衰，直到这两个"可怜"的老骗子归了天。不过，这已经是一个世纪之前的"往事"了。

现在，或者说此时此刻，仍然有不少人还在继续玩弄着其祖辈们发明的那些把戏，不同的只是此刻，他们叫卖的东西变成了石油、铀元素或是核能源等，而做买卖的方式也换成了一副现代派的"装束"——互联网或是克服地心引力什么的。我们把所有这些都解释为"骗术"。

手段低劣本身并不构成任何严重的威胁，只要我们远离那些使用骗术并缺乏自信的小人物就行。举个特别的例子：

某天晚上，刚刚吃过晚餐后，你接到一个来自华尔街的收费电话。电话中一个文雅而得体的声音告诉你，他是辛普森先生，来自乌托邦投资公司（Utopian Investment Company）。该先生透露给你一个绝密消息，声称公司最近获得了北方马尼托巴资源有限公司（North Mantitoba Resources, Ltd.）的控股权，并将发布公司的资产评估报告。据该公司预测，公司的股票将价值每股8~10美元。目前公司手头拥有几千股该公司的股票，想分配给像你这样的人，也就是说，你将获得该资源公司的背书股权。公司现在打算以每股5美元的价格转让200股到你的名下，不知你意下如何？快！快！快！你怎么能够放弃这样的好事呢？

这时，你该怎样答复普森先生的好意呢？

摆在你面前的这笔交易，在你头脑中的第一个反应，无疑是一桩明显的诈骗案。那位辛普森先生无疑是在犯罪，他向你推销的东西，无非是一捆毫无价值的股票，而且，这些辛普森先生都是打着"证券交易所"的正当名义来从事他们的推销活动，在那里，那些承受着巨大压力的销售人员唯一可以动用的资源便是手中的股票持有者名单。

在这样的业务中，销售人员的工作便是严格意义上的篱笆墙后的、不能见光的事情，做这些事情并不需要精通人性或是金融。你也许会想，只要具备上帝赋予猴子的那点儿普通常识，便足以弄清楚我们不能参与辛普森先生所推销的投资，我们怎么会"投资"1 000美元去购买一个自己从未听说过甚至没有人听说过的公司股票，而购买的依据只是来自遥远地方的一个全然陌生的电话！

然而，人们总是想去捡便宜的豆壳，幻想着里面还有饱满的大豌豆。于是，人们总是出人意料地倾其所有，去追逐悬挂在前方的金砖，或是那些乌托邦式的公司股票。

不过，我们这里主要关心的并不是那些金融界的江湖骗子，也不是他们那些血淋淋的、残酷的阴谋诡计。从某种意义上说，华尔街的确是一个大赌场。但是，排除少量的小丑的狡诈骗术，我们吃惊地发现，大部分金融交易的确是干净的、诚实的、公开的。

如果我们从另外一个角度来看，华尔街也并非什么大赌场。它并不是人们狂欢放纵的场所。华尔街股票生意的实质，便是对各种代表公司、工厂的股票进行评估和交换，就像拉塞尔大街（LaSalle Street）的业务是评估各种庄稼的价格一样。华尔街的生意非常复杂，如果从如此复杂的程度上讲，华尔街的生意可以说运作得十分优秀。在华尔街（拉塞尔大街也一样）工作的人，大多数都工作勤奋、教养良好、举止端庄。这些从业人员的一切行为都必须符合华尔街严密细致的行为准则。此外，他们的行为还受到各种交易委员会严格的规章制度的制约。此外，这些从业人员的个人道德修养水平，从整体上看，也无疑远远地高出其他行业。

按照惯例，股票经纪人之间一句话、一个手势，便象征着一项买卖合约的成立和生效，股票从业人员之间的诚实信用由此可见一斑，尽管他们是在从事股票生意。大多数股票经纪人都为基本相同的客户群服务，因此，万一出现了小的差错或纠纷，经纪人通常的做法便是承担相应的责任，并承担客户因此而蒙受的损失。

华尔街的业务实际上与其他各种商业业务极为相似。它同样有会计人员、技术人员、管理人员，也同样有销售人员和办公室人员——与银行或是百货大楼的人员编制一模一样。

华尔街的所有业务，其实就是把现金换成证券，或是把证券换成现金，这无疑是人类历史上最公平民主的交易之一。与处处讲求"关系"的政治相比，它的民主和公平显而易见。比如，当你购买100股通用汽车的股票时，你所需要付出的钱和其他人一样，绝不会多花一分钱。同样的道理，哪怕纽约州的某位参议员大人是你的同窗好友，你也不会从购买这100股通用汽车的股票中得到任何好处。

从某种极端的意义上说，在华尔街，任何人都必须自力更生，并依靠自己个人的努力来赢得华尔街的认可，而不是依赖什么社会关系、家庭背景、家族财富或是政治权势。在这里，"你就是纯粹的你自己"，你必须自力更生，如果你获得成功，那么所有的成就都会完全归功于你的名下；如果你失败了，你也没有任何理由怨天尤人，这时，说什么"他们欺负人"之类的话，都是毫无意义的。因为，在这里找不到椭圆形的会议室，更没有什么官高权重的人算计你。

俄罗斯媒体曾经刊登过一幅讽刺华尔街的肖像画，我们完全可以理解画中的含义，我们甚至可以谅解那些利用这幅肖像画来挑起一场仇恨的无形之战，并以此拉选票的政客们。但是，你不应该把华尔街的生活与那幅消逝中的肖像画混为一谈，更不能认为，华尔街就像画中一样，到处是恶棍和骗子，四处是虚假交易、问题报告或是掺水股票，目的就是要剥夺你的所有积蓄。你要明白，你应该指责的是你的损失，而造成你损失的原因，绝不在于华尔街本身。

第 3 章
Chapter 3

障 眼 术

人们喜爱魔术的一个重要原因，就是魔术能"愚弄"人、给人受骗上当的感觉。我们希望并认为，魔术师的手比我们的眼睛快。但是，如果我们肯下工夫仔细琢磨魔术师愚弄我们的方法，我们便有机会增强自己的洞察力。其实，魔术师最终愚弄我们的，是我们的心智——靠控制我们的视觉和观察力来实现。而我们，则在不知不觉中上了魔术师的当。我们可以假想这样一头大象，它正躺在你家前厅的走廊上，但是，在你学会"看"到这头大象之前，你却找不到它的身影。华尔街的证券市场，就像这头大象。初来乍到的新手往往也仔细地研究所有的资料和数据，但是，他们最终做出的投资决策，到头来仍然是损失和伤痛。每个人都告诉这位新手华尔街的投资价值，他本人也坚信这种价值的存在，但是，他总是一输再输。这位新手不禁万分困惑：究竟是谁在愚弄自己？又为什么要愚弄自己？

某些情况下，你其实希望自己被愚弄，你甚至会因为自己没有受到愚弄而倍感失望。你其实根本不想在月亮公园（Luna Park）的赌博游戏里赢得什么桥灯或是玩具熊，相反，你希望自己输掉游戏。与此同时，你也十分清楚，一定存在什么门道，使得你押注号码的出现概率大大减少。但是，这并不碍事，因为你参与游戏的目的只是为了无关紧要的个人消遣而已。

当你观赏魔术表演时，你正是期待"享受"一种被愚弄的感受。从一顶普通的、空荡荡的丝织帽子中，抓出1只兔子、2只兔子、12只兔子……一如当年吉·古尔德的魔术帽，只是里面变出的是伊利人的短期共同债券。别忘了，这可是100多年前的事情了。

你确实期待被愚弄，那种所谓的"魔术师的手比我们的眼睛快"的说法，根本就是自欺欺人的鬼话。它只是一种用来解释自己不能够理解的事物的冠冕堂皇的借口。从本质上讲，魔术师并不是在愚弄你的眼睛，"愚弄眼睛"根本不是魔术之道。试想，如果魔术师能够愚弄你的心智，能够让你相信某种虚构的事物确实存在于某处（或是坚信某种司空见惯的事物突然间不存在），那么，他又何必去愚弄你的眼睛呢？

这涉及我们如何看待事物的本质。而你通常会吃惊地发现，当换一种角度去观察事物时，你从前对此所下的结论是何等荒谬。事情的真相往往具有这样的特征，那就是，它一旦被说破，你就会觉得它原来是如此简单。这时，你不禁感慨万分："我怎么会忽略了这么简单的事情呢？我不是时时刻刻都能看到这些真相吗？"事实上，我们就像没有看到一头堵住了前门的大象一样。我们只管把大象推到一边，以便我们走出门外，但我们却没有意识到这头大象的存在。

如果你和大多数人一样，那么，你最开始的股市投资往往是失败的、令人沮丧的。只有极少数的股市新手，或者是运气极佳，或者是赶上了大好年头，有机会赚到丰厚的利润。但是，初涉股市就赚到钱，并不是件值得庆贺的喜事，有这种投资经历的股市新手其实更可怜。有朝一日，他们所感受到的困惑和痛苦往往比那些起步艰难的股市投资者要多得多。这些走运的新手，就像是被一位经验老到的赌马高手带入赌马场，连续下了4注，每注2美元，并幸运地全部押中。眼前的这一切让人乐昏了头，他转向带自己入市的朋友问道："嘿，这还会延续多久？"

如果你和大多数人一样，那么，你起初的股市冒险活动很可能就是那种最小规模的、事先精心规划和细心琢磨过的投资行动。有人曾经详细地调查和统计了过去几年来各个公司的股息和每股收益记录，并做成了详细的资料，就如同赌马时供人查看的那种密密麻麻的资料宣传单。在这些资料的基础上，你权衡了所有因素，并做出了最后的购买决策，投资了一只你认为最理性、最符合逻辑发展规律的股票，并对这只股票的升值潜力信心十足。

那么，结果怎么样了呢？难道你不认为，就算你全凭运气，任意地挑选一只股票，获利的概率也会有50%？股票不可能总是只跌不涨吧？

一次又一次地，这些股市新手审阅着各自的调查数据，并最终挑选出自己所购买的股票。几个星期或是几个月后，他们不得不把这些股票低位卖出，也不得不承担由此产生的损失。有时，他们会接着再次尝试。

他怎么会每次都错

那么，是谁对他做了这些可怕的事情呢？究竟是谁在愚弄他？其间的障眼术何在？是谁在操纵那些骗人的把戏？

我们在观看魔术表演时，完全可以走到台上，去检查那些变魔术用的扑克牌、魔术箱或者魔术棒，一般来说，你不会有太多的发现。扑克牌就是一副普通的扑克牌，没有任何异样的标记。那么，究竟是怎么回事呢？魔术师究竟对我们做了些什么？他究竟是如何愚弄我们的？

可是，魔术师真的愚弄我们了吗？或者，能不能说，是他让我们自己愚弄了自己？正是如此！魔术的幻觉并不在于扑克牌、魔术箱或是魔术棒，魔术的幻觉存在于你看待事物的方式和态度中。

在魔术师的表演台上，我们看到了一些原本并不存在的东西，就像我们在买股票的时候，看到了某些并不真实的东西一样。这些事物似乎确实存在，至少看起来似乎存在，而我们也能够找到充分的理由相信它的存在。但是，当魔术棒舞毕，我们却发现，事情的真相与我们原来的看法竟是如此不同。

于是，我们陷入深深的思考……

我们确确实实是被愚弄了，但究竟是谁愚弄了我们？又是如何愚弄我们的？

第 4 章
Chapter4

股 市 老 千

　　涉足股市的新手们（也包括股市的行家里手）总想捉住某个股市老千，并以此来解释85%股票投资者的惨痛经历。但是，很遗憾，根本没有什么股市老千，有的只是像你一样，支付了高昂学费的股市投资者，不仅如此，这种高昂学费的支付将没完没了地持续到你能够重新定位自己，重新审视事物的那一天。地球是圆的，让我们承认这一点，这看起来很简单吧？其实不然。少许的变化，你就会发现调整自己的心理定位是何等困难。"地球是圆的"，本应该很简单，但事实却不然。同样，导致股市投资者成功与失败的各个因素也从实质上影响了人们对生活的满足程度和生活态度。

　　也许，你心中自有一幅资本家的画像。而实际的情况是，根本没有什么资本家，至少没有如你画像中那样的资本家。就像你在观看魔术表演时，你完全可以把魔术师请下台，然后自己登上表演台！你会不敢相信自己的眼睛，难道那个把眼前漂亮的女郎变成了玫瑰花，又从空帽子中变出无数只兔子的人，不是什么法力无边的魔术师，而就是你？正是你？！

　　同样是你，在仔细地研究和分析后，坚信1956年弗吕霍夫运输（Fruehauf Trailer）公司的价值要远远超过当时的股价——每股35美元。然而不幸的是，短短的一年后，也就是1957年，该股票一路狂泄到每股9美元。此时，你的确没有太多的理由去埋怨神秘的魔术，因为所有的决策，毕竟都是出自你的意愿和决定。你亲自仔细地检查了所有的资料和数据，也是你，做出了最终的决策。

　　那么，是你的错？也不是，或者说，这种说法不确切。如果你想找出那个应该承担责任的人，你会发现，没有人应该受到责备。但是，除非是蓄意欺诈，否则肯定是某个环节上出现了失误，而你，恰恰就是整个投资决策的制定者。

此时，你会想，肯定是什么地方出错了，因为所有的分析都显示，弗吕霍夫运输公司的股票马上就会升值到每股50美元以上，而你购买该股票时，它只卖每股35美元。可是，现实的情况与你的预测大相径庭，该股票在短短的一年内，狂跌至每股9美元。

也许，如果当初你不是如此有把握，不是如此肯定弗吕霍夫运输公司股票的上升潜力，你恐怕也就不会感觉到受如此大的伤害了吧。

如果你有机会查看到股市新手的操作记录，你会发现，无论是经过事前的详细分析，还是纯粹的碰运气式的随意选择，他们每一次股市投资成功的概率几乎完全一样。一般而言，新手的股市浮生记总是不外乎两种结局，要么是在多次、有规律地遭受损失之后，输光了所有的资本，失去最后仅存的一丁点儿信心，最终彻底离开这块伤心之地（带着对华尔街的满腔怨恨）；要么是最终发现并克服了自己人性上的许多弱点，从此走向了成功的光明大道。

改变我们看待事物的方法，以理智和实事求是的态度来分析事物的本质，不要被事物的表象所迷惑，这听起来似乎是件简单的事情。从根本上讲，这也确实是件简单的事情，就如同地球是圆的，地球围绕着地轴不停地自转那样显而易见、直截了当。但是，遗憾的是，历史上的几千年里，人们却宁可相信地球是方的，群星不停地围绕着地球旋转（甚至直到现在，仍然有人相信这样的说法）。

现实生活中，我们常常发现这样的怪事：我们分明被一头堵在前厅门口的大象所挡住，但我们却无法看到这头大象的存在。甚至在科学界里，我们也能够找到无数类似的案例：科学家花费多年的心血潜心研究，到头来发现，自己苦苦寻找的东西，其实早就存在于我们的眼前，存在于我们每个人的头脑中，如同屋内前厅的大象。

事实上，那些最简单、最基本、最新鲜的东西，掌握起来，要比那些看似复杂的事物难得多。就像理解 -1 平方根的含义与掌握法语的不规则动词，对一个高中生来说，难度上具有天壤之别一样。

不信，你可以随意找个人，做个小小的试验：请他想象一下数字的12进制系统。如果你挑选的这位试验对象不是很了解数字的本质概念，他肯定会觉得自己"脑袋大了"。

如果你想看看，当那些我们平时认为最熟悉、最普通、最永恒不变的概念发生了某种变化时，大多数人将会做出何种反应，那么，你尽可以找几个身边的朋友来试验。假设我们的某种风俗和习惯发生了改变，比如，如果现行的、除土地增值税外的各种税收全部被废除，那么，我们的生活将发生怎样的变化？又比如，如果从现在开始，实行某种税率递增的生育税（生第一个孩子时完全免税，从第二个孩子的出生开始征收一定额度的税收，此后，每多生一个孩子，征收的税额也随之增加），那么它对人们的生活究竟会产生什么样的影响？

你会惊奇地发现，随之而来的局面非常混乱，甚至是在那些受过良好教育的人群中，你同样也能够发现改变人们的定势思维所造成的困惑。那些通常会花费数小时，费尽口舌争辩死刑究竟应该继续存在还是应该被立即废除的大老爷们，却从不肯屈尊考虑某种措施，从根本上防止杀人犯的作案动机，这就是现实。

所以我们说："不要盯着魔术师看，也不要把目光放在扑克牌或是魔术箱上。重要的是认识你自己。"——这就是我们给你的最简单也是最基本的建议。听起来很容易吧？每天，你都会看到很多简单的事物，简单到你会冲着它直嚷嚷："好了，好了，我知道了！"但实际的情况是，你根本没有看清楚它的新变化，而是仍然用以往的定势思维来对待它。当然，除非你意识到这件事情有非同寻常的意义。生活中有许多事情，远远比在股市上赚钱更重要，或者说，重要得多。它与你的私人生活、你的成功、你一生的幸福休戚相关，从更广泛的意义上说，它甚至关乎法律和秩序，关乎社会的物质财富，关乎国际事务与世界和平。

第 5 章
Chapter5

盲　人

我们中的大多数人其实都生活在一种无意识的状态中，甚至可以说是盲目的状态。我们毫无异议地接受生活环境和社会文化，以及其中占主导地位的观点和价值取向。打个比方，远古时候的牧羊人"都知道"星星围绕地球转，怎么知道的？他们"看"到的！德意志第三帝国也都"知道"，希特勒肯定会让列车准时发出，肯定能够复兴民族自豪感，并创造出巨大的财富。

你也许还记得那个关于H. G. 威尔斯（H.G. Wells）的小故事吧？它讲述了H. G. 威尔斯迷失在南美大山里的经历。山里居住着土著人，他们拥有堂皇、繁华的城市、整洁的房屋和一条条规划整齐的道路。在他们的眼里，不期而至的H. G. 威尔斯先生，不仅举止奇特，甚至还带有精神病的嫌疑：他竟然声称他能够"看"，声称他能够从光线的作用中得到某种感受，而土著人则根本缺乏把握这种感受的能力，因为城里的土著人就是我们所称的盲人。他们世世代代失明，依靠与生俱来的感觉和力量来创造自己的生活。

在他们的生活里，从来没有"看"的概念。对他们来说，根本没必要去"看"，他们早已适应了不需要视力的生活。事实上，在他们看来，H. G. 威尔斯先生严重变态，出于好心和友谊，他们建议城里最优秀的外科大夫，为H. G. 威尔斯先生除掉那个讨人厌的、被这位造访者口口声声称为"眼睛"的器官，他们认为，只有这样H. G. 威尔斯才能被城里的社会所接纳，成为其中正式的一员。

亲自做个尝试，你便会发现，要想向别人解释清楚一个简单而基本的概念，其实很难，比如"视力"。同样，对于任何人来说，要接受一种有悖自己习惯和社会文化的不同事物也相当不容易。

　　这里，让我向你建议一项试验。闭上眼睛，试想，你回到2500年前，到以色列的群山中，拜访一位在山里放牧的牧羊人。我分派给你的拜访任务非常简单：不论你用什么方法，你只需要让这位牧羊人相信，地球每时每刻都在围绕着地轴自转，而天空中的群星，都保持一个相对固定的位置。

　　我要提醒你的是，这位牧羊人做了很多你根本没有做过的事情，比如，多年来，每天晚上，他都会坐在山顶上看星空。是的，在这实实在在的地球上，牧羊人每天晚上都坐在这实实在在的大山里、一块实实在在的石头上。他自己的眼睛看到，每天晚上，星星都会从东边的地平线上升起，穿过天际，又从天边落下。

　　此时，你将用什么语言，让这位牧羊人相信你的疯狂理论呢？你是否打算先勾画这样一幅图画：地球就像一个圆球，悬挂在苍穹，不停地自转？你是否期望这位牧羊人放弃自己亲眼所见的一切，而接受来自一位幻想家的想象？你又是否奢望自己"奇异"的观点能够战胜人们的"常识"？我敢肯定，你的拜访经历不会顺利，我几乎能够想象出牧羊人的反应，不是被你的"谬论"吓倒，急急忙忙地跑回自己的"安全"营地；就是找到自己的伙伴，"帮助"你回到镇上，把你交给他们信奉的巫师，由巫师和你进行严肃的"心灵"对话，为你去除心灵的妖魔。

　　下面，让我们再进行另一项试验。假设你回到1938年的德国，并在德国的任何一个地方向人们发表演说，告诉他们你所了解的真相：希特勒是一个极端危险的疯子，他正在把国家引向灭亡；在希特勒残暴而荒谬的制度奴役下，德国人民正走向毁灭。讲完这番话后，就算你还没有被人们的乱石赶出演讲大厅，或是被警察立即逮捕，那么，你肯定也会被告知，你所有的言论都非常不受欢迎，而且十分荒谬可笑。在他们眼里，希特勒找回了德国人民的希望，那就是社会的进步、穷人的保障、民族发展的远大计划、生活水平的提高、民族的自尊与骄傲，以及高度的成就感等。你又怎么能够把你这些简单的想法灌输给这些痴迷而疯狂崇拜希特勒的人呢？你又有什么办法让人们看到自己受到欺骗，又能够明白，这个天大的骗局恰恰是他们自己给自己布下的呢？

　　有时，我们很难面对现实的巨大压力，这时，你甚至会想，"眼不见，心不烦"，要是根本看不见该有多好！的确如此，与其眼睁睁地受到伤害，不如根本就看不到这一切的发生。

　　我们完全可以把弗吕霍夫运输公司股票的下跌简单地归结为基本需求关系的变化，或者说是行业内的不确定性、不可预见性所致，不是吗？除此之外，我们找不到任何理由来解释股票的下跌！我们的判断也根本无可厚非……无非只是在已经裂痕斑驳的书本上再添上另一道伤口而已。这样想，无疑会让我们感觉好受些。

但是，这根本无益于避免下一次灾难的来临。

仅就某一次具体的情况而言，也许装作看不见，而不是正视事情的真相，所受到的伤痛要小得多。但是，当我们走到生命的尽头，盲目地生活了一辈子的痛苦，与睁大眼睛勇敢地面对现实所遭受的痛苦相比，究竟哪种痛苦会来得更剧烈呢？

我们也许都有过这样的经历，我们有时很难去面对现实、面对事实的真相。所以，有时，当你被要求去正视某些事实的时候，你往往会抵触地转过身去。这些事实与你头脑中的"常识"简直就是背道而驰。也许根本就不去看它，干脆就忽略它的存在，对你来说更为容易。但是，如果你希望自己变得更睿智，你就不得不勇敢地正视这一切。<u>你必须学会忍受陌生的阳光照射下的伤痛</u>。

第 6 章
Chapter 6

走 出 黑 暗

在智慧女神雅典娜（Athena）的头脑中蹦出动物的种种形象之后，人类便作为一种具有学习能力，并能够接受教育和训练的产品而诞生了。海伦·凯勒（Hellen Keller）在遇到她的老师之前，在她的老师与她沟通交流，唤醒她、教育她之前，她的世界就如同黑暗中冷冰冰的石板。我们可以看到，沟通是何等关键的因素。

你能想象一个未出世的婴儿眼中的世界是什么样子吗？你能想象他们对世界的思考会是什么吗？你觉得他们在来到这个世界之前，在接受人类延续和固定下来的种种社会责任之前，他们怎样度过那自由自在的9个月呢？

我猜想，这些未出世的婴儿究竟具备多少被你我所称为的"思想"，我甚至想，我们是否有必要去猜想一个未出世的婴儿究竟有多少我们称之为"心灵"的东西。

正如你所熟知的，人类并非武装上了完全独立的生存能力才来到这个世界，就像初生的婴儿，而鱼类、鸟类，甚至许多哺乳动物则似乎天生便具有一种生存的本能，这种本能，确切地说，并不是我们所说的智力，但完全替代了智力——这一决定今后受教育、长经验的心理储备。

对于各种动物来说，并没有什么可以钓上智慧的确切鱼饵。其结症似乎存在于动物界的机制和结构中。教育对于它们来说，其力量极为有限，而且，对于它们来说，似乎也不存在什么现实的学习能力以及发展进步的渴望。我们在动物世界里所看到的各种技艺精湛的工程和社会组织，以及狩猎或是"筑巢"的技巧，似乎都来自世袭的本能，它们存在于动物的中枢神经系统内，与生俱来。对动物而言，这些本能的东西十分必要，但同时，也足以应付生存了。

人类的情形则大为不同。你和我都需要多年的精心喂养、教育甚至惩罚，才会进入托儿所，此后，仍需要多年的喂养和教育，我们才能够掌握驾驶技术，才能够学会玩纸牌游戏，才有资格参加律师资格考试。如果你想看看没有了从周围世界汲取知识的意识，人类会变得多么无助，只要回想一下海伦·凯勒早年的故事，你就会明白那是个多么黑暗、多么寂寥、多么苍白和空虚的世界，直到她的老师——安妮·曼斯菲尔德·沙利文（Anne Mansfield Sullivan）奇迹般地出现，海伦·凯勒才重新建立起了与人类的沟通，她那颗幼稚而初生的心灵才开始流淌各种构筑智慧的基本信息。

如果没有安妮为海伦·凯勒建立起的沟通渠道，海伦·凯勒将永远沉没在她黑暗而冰冷的世界里。没有人会怀疑海伦·凯勒所具备的学习能力和天赋，但是如果没有与现实世界的沟通，海伦·凯勒的黑暗世界将不会发生任何改变。

第 7 章
Chapter7

照 相 机

如同照相机里的胶片,人类从婴儿时期开始,就开始记录和积累自己的经验。婴儿从经验中不断地学习,通过学习,在不知不觉中掌握了改造环境的能力。人类的眼睛,就如同照相机,在经验和环境的鼓励下,不断地探索着这个世界,并形成了对物质世界永恒不变的基本概念——它采用的是向上的方法。与此同时,它也吸收了一些被人们假定为真理的观点,并把它们当做无可辩驳的事实。

没有启封的胶片,只是一片塑料膜而已,不能够记录任何内容。把它放入一架照相机内,一个月后,胶卷仍然如同当日一样,空白而没有内容。一张相片的诞生,只有一种途径,那就是把胶片曝光在室外适度的阳光下。

人类的第一手知识不也正是来自外界吗?正是那双刚刚睁开的眼睛捕捉住了第一缕明媚的阳光。而他所听到的第一种声音,往往是母亲动人的歌声。第一次充满感情的接触,第一次体验到人的气息……所有这些,密密麻麻地混杂在一起,开始时,似乎并没有任何意义,就像拥挤的储衣间,没有足够的衣架,也没有足够的空间来整理这些突如其来的种种情感。

不用多久,你便会惊奇,孩子们竟神速地领悟了许多外界的事情。除非你万分小心,否则,你的孩子很快便能够学会许多顽固而不好的习惯,同时,由于他拥有大量的时间,又不必像你一样,需要考虑很多事情,于是,如果不是加倍小心的话,你便会在他各种各样的"机关和暗算"下,败下阵来。与此同时,他还会把这些小手段养成自己的习惯。他将越来越精明,越来越能够把握究竟哪种方法能使他获得更多的注意力,获得自己想要的食物或温暖的怀抱,或是干燥的尿布等一切自己想得到的东西。早在一岁前,他便有了对付人的丰富经验和方法。

那么,在什么样的状态下,我们可以说,小孩子已经具备了基本的判断力、品位、自尊心和责任感等特征了呢?有许多不同的方法用于确定小孩子具备上述各种品质的具体时间,其实,这一问题也是法律界和道德界权威长期争论的焦点。如果说每个孩子都有其自身品质发展的特征,在从出生走向成熟的过程中,他们都具有其各自的发育特征,是否更有道理?同样,人们对于究竟是你的孩子还是我的孩子更有品位等问题,更是各持所见。不过,你肯定会同意这样一种说法,不论是你还是我,或者是其他任何人,都是从一无所知开始,逐渐地获取各种各样的知识。我们都是在不断的观察和实践中,学会了这些东西,我们或者通过受教育学习,或者是在所接触到的事情中通过总结、综合、概括和推理得出经验,我们也能够从别人的实际经验中学习到东西。

举个最简单的例子,你和我都不是天生就能够说一口流利的英语,或是其他任何一种语言。我们也不可能生来就会计算证券交易中的顾客保证金,或是生来就知道怎样系鞋带。这些事情,还有我们生活中千千万万种事情,都是我们后天所获取到的、学会的。你的一生,都在与外界不停地交流,不仅仅是看或者听的交流,也包括你的其他感觉器官在实践中的经验,甚至从你能够听懂第一句话时起,你便被告知了许多外界的经验。从你学会阅读开始,你便开始获取更多超越你个人经历之外的知识了。

不论是在直接的实践中获取经验,还是在受教育的过程中领悟知识,你很快便会树立起自己的是非观;你会知道,什么事情可以去做,什么事情不能够涉足。你会知道:如果自己去捉小猫的尾巴,就会被小猫咬伤——这件事不能做!如果把手放在散热器上,手就会被烫伤——另一件不能做的事情。如果你向奶奶展露一个最甜美的笑容,你会得到一块薄荷糖——这件事应该做。如果你向迈克·凯茜太太家的窗户玻璃扔雪球,你肯定会被凯茜太太大骂"臭小子"——这件事情可不能做!如此等等。

就是在不断的学习过程中,你逐步树立了自己的价值观,或者从某种意义上说,你自己本身便代表了一种价值理念:也就是那些之所以使你区别于他人,成为你自己的,经过长期的积累而构建起来的、复杂的理念体系。你十分清楚,你小时候所学到的东西已经被你一点点地积累起来。这就是我们所说的小时候养成良好的思考习惯会对你今后一生有益的原因。

不幸的是,也正是在小时候,我们最容易养成一些不好的思考习惯。想想那些远古时期,善良、朴素、直率的牧羊人,以及他们对你的天体运动论的困惑,你就会明白，人们要改变自己头脑中，用一生的时间积累和接受的"常识"和定势思维，是有多么困难。如果你所想改变的概念已经坚固地融入你的价值观，而且它看起来，像我们前面所说过的那样，又是如此浅显、如此普通、如此永恒，那么，改变它将更是难上加难。要想改变人们根深蒂固的基本观念，就必须深入地刨析这些观念的"根源"。如同某个有着发达根系的有机生物，如同你在院子里刨树根一样，每种观念的产生都有其自身深厚长远的根源。要想根除它，是件很不容易的事情。事实上，我们即便是在理智上接受了某种新观点，但是只要这个新观点与我们根深蒂固的某种错误概念相悖，我们也会发现，新的、正确的观点仍将被我们的价值理念系统排斥在外。一种旧的、根深蒂固的价值理念的彻底转变，往往需要很长的时间。

我们并不需要涉及什么高深晦涩的哲学理论，便能够明白，那些在我们头脑中先入为主、早已不合时宜的观念与客观事实之间常常发生的冲突非常剧烈。上小学2年级的时候，老师就已经教导你：地球是圆的，在宇宙中，没有什么"上"和"下"的分别。这些新的知识与你在上学之前所学到的上、下概念便产生了极大的冲突，以致你必须花很多的时间才能够消化这些新鲜的玩意儿。

你小小的脑袋里，或许会困惑，澳洲人竟然会生活在地球的下部？他们为什么不会摔倒呢？你需要一段时间，才能够真正明白和接受宇宙没有什么上下之分的观点，之后，你才能够明白世界各地的人，尽管位于不同的经度和纬度上，但是所有人都能够以同样的方式走路、爬行、跌倒等。也许，你直到现在也没有真正接受这种观点？有些成年人确实认为，自己所处位置的正上方，就是最准确的正上方，比火地岛（Terra Del Fuego）或是好望角的人所看到的上方更为准确。

让我们再回到我们刚才所说的话题，我们在很小的时候便接受了"上"和"下"的观念，以至于它早早地成为我们观念体系中根深蒂固的部分，此后，便很难改变和根除。我把本章的标题叫做"照相机"。从某种意义上说，人的一生就像一部照相机，通过你的各种感觉器官，不停地从外界记录下让你感受至深的事情，并把它们保留下来，作为此后生活行事的参考和参照。

这种比喻对于你的视觉来说，最为确切。你的眼睛，正是一部最精密的照相机，或者更准确地说，照相机只是人眼一个粗糙的模型而已。眼睛里的虹膜控制了进入眼睛的光线，就像照相机光圈。人眼眼部肌肉的调节，使得被你聚焦的物体在视网膜上成像，就像你用照相机调整焦距一样。人眼睛凸状的眼球采集到物体所发散出的光线，并把它们倒置和压缩，之后在视网膜上成像，正如照相机采光、倒置和胶片成像一样。

我们在这里说的是"倒置"吗？是的。物体在视网膜上的影像的确是头脚倒置的。这里，我们又再次遇到了这两个令人困惑的词汇——"上"和"下"，这是否意味着，我们将上下颠倒地"看"事物？！这个问题就如同可怜的澳洲人是否不得不用头走路，是否不时摔倒在更低的地方一样，着实令人"担忧"。

如果我们真的看到了一个颠倒的世界，那么，我们是否还能顺畅地在屋内走动，是否还能正常地工作和生活呢？如果真是这样，我们当然不能够正常地生活和工作。人眼视网膜上的成像的确是上下倒置的，这一点千真万确。物体散发出的光线，从外界投影到人眼中的视网膜上，形成了上下倒置的图像。但是，我们真正看到的物体图像并非就是视网膜上物体的成像。人类有意识的感觉，也就是我们称为的视觉，其实发生在我们的大脑里。如果切断眼睛通往人脑的视觉神经，你的视网膜上仍然能够呈现物体的成像，但是，你再也看不到任何物体了，因为此刻，你已经彻底瞎了。

所以，视觉的发生地在于人脑。而人的大脑沉浸在一片黑暗中，它被严严实实地包裹在颅骨内。人对光线的感觉正是在人脑中某个黑暗的凹壁上产生。那么，大脑究竟是从上到下，还是从下到上，是从左到右，还是从右到左地接受视觉神经传来的信息，又有什么分别呢？学会看的过程，其实就是建立外界感受到的经验与从视网膜上传来的信息之间关系的过程。

如果你仍然认定"上"（正如你实际看到的那样）是一个绝对概念——绝对的、普遍的、永恒不变的真理，那么我建议你仔细地研究科学家做过的一些试验。试验中，科学家们故意扭曲了视觉神经传送到大脑的信息。研究人员进入一间四周布满玻璃镜子的屋子，这些玻璃镜子的作用是使人眼视网膜上的成像左右交换，或者是将视网膜上被倒置的成像再一次倒置，使得视网膜上的成像与事物的"本来面目"保持一致。研究人员在屋子里停留了一天左右，在这一整天的时间里，研究人员的感觉系统一直在抵触和抗议眼前通过视觉神经传来的那些混乱、毫无意义的信息，但是一天过后，人们的感知系统最终重新形成，而做试验的研究人员突然发现，自己完全有可能以另一种全新的方式来"看"待事物。而在试验刚开始时，要做到这一点是何等艰难，原因正是我们首先必须完全释放掉我们此前那些根深蒂固看待事物的定势思维。

说到这里，我想提几句华尔街，只是简短的打断，为了突出一下重点而已。不知你是否认识这样的人，他们自信对某些事情了解甚深，以至于他们完全只用一种方式来看待这些事物？而对于这些事物，他们认为，的确很难找到其他方法去看待它们，如同你刚开始走进布满可以倒置物体影像的玻璃镜子的屋里一样困难。你是否认识这样的股票投资者，他们十分清楚一只有分红派息的含权股票是否比没有这种特征的股票更具有投资价值？你是否还认识这样的股民，他们只看重买股票的重要性，而完全没有理解卖股票也同样是门重要的学问？你是否碰到过这样的股民，他们觉得评价一只股票的价值，只需要仔细阅读和分析该公司的年报？……这样的人，往往总是自然地以他们过去所学会和接受的看待事物的老方法来看待各种问题，至于其他人提出的看待事物的其他方法，他们完全不愿意认可和接受，不论你怎样劝说和辩解，或是出示有效的证据，甚至是活灵活现的演示，对他们都毫无作用。稍后，我们会继续探讨这方面的问题。

第 8 章
Chapter8

主要接收者

稍作解释，我们便明白了，原来同一件事物既存在于大脑里的"内质"，也有其"外质"的表现，也就是说，我们的感觉器官感觉到某种物质存在的事物，并由大脑最终产生对该事物的理解。动物就像一部固定的机器，所做的每一件事情，通常都很有效率，但是与人类不一样，它们缺少学习和创新的能力。改变那些根深蒂固的信念或习惯，对于人类来说，也非常困难，但是有可能改变。变革的过程始于人们对大脑里"内质"的充分理解。

我们拥有眼睛这种器官，它具有光敏的特性，能够收集各种信息，并把信息传递到大脑，最后由大脑把这些信息翻译成视觉。同样，我们的耳朵能够收集声音的信息，并把它们传递到大脑，最后由大脑把这些信息翻译成听觉。同样，其他感觉器官传送到大脑的信息，最终也会在我们的大脑里形成相应的知觉。

有一点，我们必须明白，我们的大脑对于光、声音或是味道的反应，与光、声音或是味道本身并不完全相同。用电视做个比喻：我们在电视屏幕上所看到的，也就是说电视画面，并不是由电视台传送，而是电视机天线所接受到的电波本身。正如我们所了解的，人眼根本无法看到电波，必须用接收器接收电波，并翻译成图像，我们才能够看到。甚至就连电视台传送的电波也不是图像拍摄时记录下来的电波本身。

除了通过神经传送到大脑的刺激以外，我们并不能够直接地了解事物。所以神经也就担当起把外界刺激转换和传递到人脑的职能。我们所懂得的一切，都是在我们以这种方式接受到的一点一滴信息的基础上构建起来的。

从这个意义上说，这也是最概括、最重要的一点，我们与动物有着本质上的区别。当然，动物也是一种奇妙的生物，它们的身体结构设计得如此精湛，与它们所处的外界环境是如此匹配。但是，动物的"思维"（其实只能算做本能）模式固定不变，就像是计算机电路板上固定的信息一样。所以，动物没有学习新东西的能力，或者说，它们拥有的学习能力非常苍白，几乎可以忽略不计。实际情况表明，你根本不可能教会某个动物它所未知的东西，它根本不具备从实践中学习和积累知识的能力。

从另一方面讲，人类的特殊构造决定了特殊的生活方式，一种复杂程度远远超过其他任何动物的生活方式。动物大量繁殖后代，同时又不得不面对极高的死亡率，而人类社会则拥有较低的出生率和较高的存活率。与动物世界相比，人类在很大程度上，只须面对个人生存问题。人类几乎不受生存环境的限制，他能够掌握各种各样的技能，适应各种各样的生存环境。

所以，对于人类而言，动物世界单纯的生活方式毫无意义。人类必须不断地变革自己，不断地解决新问题，不断地适应环境的变化和要求。但是，在你能够改变生活方式之前，你必须首先能够变革你的观念，尤其是那些自童年时代起便固化在你的大脑里，构成你价值观体系的种种观念。要做到这一点，你必须首先了解这些观念的根源，以及它们如何运作和决定你的行为机理。

除非你对人脑中"内质"的运动机理具有足够的了解，否则你永远不可能很好地领悟"外质"的运动特征。一句话，你将永远受到这些"外质"的困扰，将因此变得沮丧、恼怒、孤独和困惑，而你的决策也会一而再、再而三地出错、失误，你将不仅是个失败的股票投资人，在你的工作和家庭生活中，你也同样不可能获得成功和幸福。

这听起来似乎糟透了，但是没有别的办法，你必须去承受，因为你不是动物，不是猴子。就像阿尔弗雷德·科日布斯基所说的，"我们不可以像动物那样做事情"。你是人，因此，你拥有能够构建、改变和解决新问题的大脑，从很大的程度上讲，已经比地球上的其他任何生物优越得多了。

第 9 章
Chapter9

出 发 点

　　不论我们目前的状态是否说得上有效率，人类毕竟是地球上唯一具有研究、理解和学习能力的生物。动物或者比我们跑得更快，看得更远，或是身体更为强壮，但是，只有人类拥有实际的学习能力。也正是这种能力，成为我们弄清楚人类如何认知事物的基本出发点。

　　如果切断那些向你的大脑传送外界信息的神经中枢，你将永远失去认知"外界"的能力。如果在你的童年时期，便切断这些神经中枢，那么，你将失去与外界联系和沟通的任何机会。你将成为名副其实的"白痴"，对这个世界一无所知。

　　如果我们说，知识是人类区别于地球上其他生物的一个重要特征，那么，作为通道并向人类大脑传递信息的神经中枢对于人类的重要意义，则无疑是显而易见的。没有它们以及它们所传送的信息，人类与那些低级动物又有什么分别！甚至可能比这些低级动物的情况更糟——动物至少还有它们的感知器官，例如眼睛和耳朵，至少还能够接触并保持与周围环境沟通。与外界沟通这一点，不仅对于人类而言意义重大，对于动物世界来说，也同样是最基本的要求。

　　但是，就像我们看到的，除了能够通过各种基本感觉器官与外界建立起沟通和交流之外，人类还拥有一种能力，即把通过感官接收到的信息加以储藏和更广泛地应用，这一能力，远远超越了任何其他动物。人类不仅能够从直接的观察中了解现实世界发生的一切，还能够从现实中抽象和概括出其中的规律；人类不仅能够从过去的经验中推理和构建对事物的看法，还能够预测和决定事物的发展，这已大大超过了动物的能力。当然，我们这里并不是说动物完全没有抽象和概括的能力，各种证据表明，它们可以做到这一点，而问题在于做的程度。

我们都听说过关于长毛狗的故事，其中一则故事讲的是：在一个晴朗的夜晚，一位猎人偶然经过一个小小的宿营地：一顶帐篷、一小堆篝火，一个男人正在和一只狗坐在大岩石上玩着克里比奇纸牌游戏（Cribbage）。猎人仔细地看着他们玩纸牌游戏，看了很久，最后，猎人开口赞叹道："陌生人，你的狗真是太聪明了。"宿营者回答道："噢，是吗？它并没有你想象的那么聪明。只不过，它要是连输三局，就会挨揍。"

关于狗的此类小故事（我都很喜欢），都在表明一个事实，狗的确很聪明，但远远算不上智慧。我们中的大多数都很喜爱狗——人类最忠实的朋友。我们会为了它的勇敢、它的忠诚、它的机灵和它的特长而向它脱帽致意。但是，除了这些，狗这种忠实的动物，还能做些什么呢？世界上从未出现过一只真正会玩克里比奇纸牌游戏，或是会看书、会算平方根的狗。

所以，虽然人类和狗一样，都需要与外界接触，并从外界获得信息，但是，在这些信息的基础上，人类构建起奇妙的认知和思考的网络、体系，而这却是狗以及任何其他动物所不能够想象得到的。

H. L. 门肯（H.L.Menken）先生曾经统计过动物界超过人类的各种技能和特性，其中包括：鹰广阔的视野，警犬灵敏的嗅觉，以及其他动物敏锐的听觉、轻盈的脚步、超常的体力等。由此可以看到，与动物相比，人类仅仅是在拥有智慧和使用智慧上技高一筹，甚至就连这一点点的优势，人类也小心翼翼地收藏起来，不舍得拿出来，充分使用。

当然，这种说法似乎有点夸张，人类即使再愚蠢，也比最聪明的动物高明得多。不过，就人类而言，我们中的任何一位恐怕都不敢说，我们已经充分地利用了我们所特别拥有的大脑以及大脑赋予人类的思想和智慧。的确，我们可以阅读，可以书写，也可以做一些简单的计算。我们还拥有巨大的记忆库，能够相互学习。我们今天拥有的许多知识，来源于过去，来源于我们的祖先。正是奇妙的阅读和书写的能力，使得我们能够充分地利用这些流传下来的宝贵知识。

稍后，我们将对此详细探讨。与此同时，我们自身也拥有强大的理解和学习能力。通过对人类如何开始学习的研究，我们能够更充分地利用我们现有的对事物的理解。这有助于我们判断究竟哪些知识对我们有益，而哪些则对我们不利。然后，我们将改进工作中那些不利的因素，使之向有利于我们的方面发展。这也正是我们之所以要以研究人类如何认知事物为出发点的原因。

第10章
Chapter10

一 一 对 应

就像制图员绘制某个地区的地图一样，我们的大脑也在把现实世界中的种种事物、种种"疆域"绘制成大脑中的一幅幅地图。由于一幅地图代表着现实世界中的一种"外质"，所以我们大脑中时时出现的"疆域"之争，也就不是什么奇怪的事情了，尤其是当人们所绘制的领地根本缺乏事实依据时，争斗将更为激烈。在最好的情况下，我们大脑中的地图与外界的"疆域"能够形成一一对应的格局；而只有这样的地图的精确性也才经得起查证。

首先，让我们来简化外界和大脑中的图像。我们假设，这里只有唯一一个单纯的外界刺激，它来自我们的皮肤或者眼睛，或者耳朵，我们将这一刺激记录到神经中枢上。这一刺激并不代表外界所发生的一切，但是，它是由外界事物引起的。

此时，我们的大脑将得到一个单一印象。很快，我们得到另一个印象，接着，我们再得到下一个……依此类推。最后，大脑将树立起一个模式，或是提供与某种模式的联系，并开始组织收到的外界刺激，最终给出对外界刺激的解释。于是，便产生了视觉、听觉或是味觉等。

最后，我们假设大脑中所形成的这些模式将以一定的顺序排列，而且，我们还能够识别出那些与我们过去的经验相似的模式。在这些模式的基础上，我们将构筑一幅幅图画，因此，当大脑接收到外界的某种类似的激励时，我们便会将大脑中出现的新印象与其中保留下来的图画相比较，然后得出结论："这个极为相似"或是"那个极为不同"。

这就像某个人绘制地图：他先在纸上用铅笔做出一个小点的标注，代表一棵大橡树；然后，他又标注上另外一个点，代表一个农舍；随后，他又用同样的方法标注出风车的位置，风车就位于橡树和农舍之间。他当然不会认为，自己在纸上做的这些标记就是自己的农庄。它们只是农庄的某种代表，某种能够帮助他了解农庄上事物之间相互关系的记号。在这张地图上（如果它的确是张好地图），农庄，这一现实存在的事物，应该与他所绘制的地图之间，保持良好的对应关系。

例如，从大橡树到农舍大约有150步之遥，在地图上，这个距离可能有3英寸。那么，如果风车位于农舍和橡树之间，在地图上代表风车的位置，也应该位于农舍和橡树之间的位置。事实上，如果地图绘制得很好，农舍到风车、风车到橡树在地图上的距离，也应该与农庄上各个位置之间的实际距离保持相同的比例。也就是说，地图上的像素不仅要保持与实际事物的一致，而且各个像素之间的相对位置关系也应保持与现实基本一致。

我们并不希望在地图上发现与客观现实不相符的东西。这就是我们在大脑中绘制地图的方式，也是我们了解外界的唯一途径。

如果你听说，人们经常在脑中绘制那些根本没有现实依据的地图，你是否会觉得这很孩子气，很好笑。但是，人们的确如此。人们有时会觉得自己对某件事物有足够的把握，根本不需要现实世界的任何依据，甚至出现相悖的证据时，人们仍然坚持脑子里的虚构的地图。

如果我们能够逐一检查现实的事物与地图上的标志之间的对应关系，也许便可彻底避免冲突和纠纷。打个比方，就像一个具有固定泊车位的停车场，如果每个位置都泊满汽车，那么我们既不必去数停车位也不用去数汽车，便可以知道汽车数与车位数一致。此时，汽车与车位就是一一对应的关系，甚至一个没有学过数数的人，也可以很快地做出判断，告诉你，汽车是否和车位一样多，或是汽车比车位多，或是车位比汽车多。

在很多情况下，我们都有机会检查我们对事物的理解是否符合现实，就像我们核实地图上的标志与现实世界的一致性一样。

举个例子来说，假设你认为位于贝尔蒙特大道（Belmont Avenue）与喷泉大街（Fountain Street）之间的希尔文大街（Sylvan Street），路南边共有10幢房屋，而我则认为共有12幢。显然，我手里的地图与你的不同。那么，我们是否打算以一场混战来解决我们之间的冲突和争执呢？或者，我们干脆直接到希尔文大街，数数那里的房屋究竟有几幢？哪一种方法更能有效地解决争端呢？

这个问题便涉及我们的地图的质量，以及地图究竟能够在多大程度上，代表现实的景象，任何地图都不可能有现实的景象那么完美。所以，当我们遇到有关事实的真相时，我们最好能够亲自到实地去考察。现实的景观永远都是比地图更为权威的证据。

第11章
Chapter11

地图与地图之间

每一张地图都有其自身的精确度。一张世界地图，可能并不能有效地帮助你找到一个合适的野餐地点。根据具体的应用目的，我们要求地图具有不同的抽象程度。我们还认为，地图上的每一个符号都应该代表一个实际的地方。任何一种地图，其本身都不能够也不可能取代客观现实本身。正是因为地图能够代表种种客观现实，所以我们的大脑才能够为实实在在的现实世界描绘各种地图，并产生各种概念和观点。

为了便于我们更好地理解事物——有益的事物以及有害的事物，如何"走进"我们的大脑，下面，我们将采用类比的方式来探讨。我们将把储存在记忆中的、观察到的各种外界现象，以及我们自己的逻辑推理、观点、态度等，都看做存储在大脑中的一幅幅地图。这里，我们所指的地图当然不是日常生活中实际印刷发行的地图，而是指一些心理图像。不过它们具有与普通地图十分相似的功能，比如，能够作为持久的记录便于日后的查找和参考，是（应该是）某个其他事物的代表，与外界的现实具有某种联系等。

我们会经常用到地图这个词，有时也用图像，甚至我们还会用到图片或是相片（因为记忆常常就是一张生动的图画，仿佛可以用"'心灵'的眼睛来看到"）等词语。此外，我们把那些粘贴到心理图像上的名称叫做标签，就像我们在地图或相片上所做的标识，或是对信息存档所做的标注一样。这些我们在日常生活中经常用到，并充分理解（有时也可能是误解）的词语，将有助于我们更容易地理解大脑的运作过程。

你肯定也会认为，一张地图，除非它纯粹是虚构的，否则它必定代表某个地方。你在地图上所能够发现的任何事物，都应该能够在其所描述的位置处找到现实的对应物。反之，则不一定正确。因为，你不一定希望，所有现实存在的事物都标注到一幅地图上。例如在折扣商店里买到的袖珍地图手册，就是一些非常简化的地图。比如地图手册里的美国地图，仅仅标明了大西洋、太平洋以及墨西哥海峡等位置，你或许还能够从中分辨出得克萨斯州的大概形状，但是，像新英格兰州这样的小州，地图上只有一个小小的标记，你甚至看不清楚它的轮廓。在这样的地图上，你至少能够识别出密歇根湖，但是你不可能找到瓦拉莫根湖（Lake Waramaug）。

你在这张地图上所能够找到的标记，都代表美国现实存在的某个地方，而且其位置也与实际情况基本一致，不过，现实中大量的地方被忽略掉了，它们并没有在这张地图上得到体现。

假设你现在可以找到一本更大、更贵也更详细的地图册。手册中包括美国各州单独的地图。选出马萨诸塞州，你会发现，你不仅可以从中找出波士顿（Boston），也可以找到一些更小的地方，如伍斯特（Worcester）、新贝德福德（New Bedford）以及斯普林菲尔德（Springfield）等，但是像埃塞克斯（Essex）或是北威尔伯伦汉姆（North Wilbraham）这些更小的地方，地图上将不再标注。此类地图或许还会标明主要的公路和铁路，当然，也会标注州内的主要水系，例如昆滨水库（Quabbin Reservoir）等。如果做一次州际旅游，你肯定能够找到这张地图上所有标注的地方，同时，你也会发现地图上没有的很多东西，如史泰克保罗（Stackpole）家的农场，自国道上通向农场的那条小路，农场上的牛棚，或是北面的木栅栏。所有这些事物，统统归属于马萨诸塞州，你可以亲自去察看它们的存在。也就是说，这类地图里同样也有很多被"漏掉"的东西。

如果你还想获得一幅更好的地图，一幅能够更详细地记录地域特征的地图，那么，你只好求助于专业的美国地质勘测（U.S. Topographic Survey）地图来满足你的"学究"需求了。这样的地图很可能会清楚地标明史泰克保罗家的农场、自国道上通向农场的那条小路、农场上的牛棚，以及农场周围的小山丘。与我们前面提到的那张袖珍地图相比，这幅地图要复杂得多。但是，我们仍会发现，它同样也会遗漏大量的、现实存在的事物，比如，它不会标注房屋的形状，也不会注明屋前的那口水井，更不会包括谷仓前的那条小径，而谷仓北面的那一小块种黑莓的果园，也同样被遗漏了。

我想，如果你不嫌麻烦，你完全可以亲临史泰克保罗农场，并绘制一张"囊括一切"的详尽地图，详尽到可以从这张地图上清晰地看出黑莓丛的行和列。但是，你仍然无可避免地遗漏掉很多东西。为了绘制这张无所不包的地图，你首先要采用很大的绘图比例，这样，黑莓丛之间的行距才能够在地图上得以显示；接着你要勾画出每一株黑莓以及它的每一个叶片；然后，你还要将黑莓叶片放大，以便看清楚叶片的纹理；最后，你还需要用显微镜，仔细地研究黑莓叶片上细胞的精确结构……之后，你的"完美"地图终于出炉。

但是，即便是如此精密的地图，你仍然会发现大量的事物被遗漏。事实上，如果你在亚微观的世界里继续绘制你的"完美"地图，你会意识到，这幅地图最终将变成一幅永远不可能完成的地图，数不清的大量事物根本超出了常规的地图术语的描述范围，而它们的个体特征也根本超出了可观测的界线。此时，甚至你的观测活动本身也会引起这些微观事物的变动，因此，在这一状态下所描述的地图也就具备了"永恒运动"的特点，某一瞬间所绘制的地图，在下一瞬间便彻底地过时和作废了。

所以，我们说，不可能有什么"涵盖一切"的地图。任何地图所包含的事物，都少于实际存在的事实。实际上，我们都知道，我们根本没有必要在一幅地图上包含所有的细节。一幅地图的详尽程度完全取决于你的特定需求。

比如，一个小孩向你询问地球的模样，那么你完全可以给他买一个标价10美分的小地球仪，2～3英寸⊖直径大小。这只小地球仪完全可以让小孩对地球的整体形状形成一个直观印象，同时，还可以从小地球仪上看出大陆和海洋的相对大小——换句话说，就是形成对地球的整体概念。如果此时，你向小孩子展示一张某个地区的专业地质勘探地图，囊括该地区方圆80平方英里⊜的详细地形地貌，甚至描绘出一些村庄、几条公路、几个农庄、一些学校、几座山丘，若干溪流等细致的景象，这张专业地图也不见得会对小孩子想了解地球的整体形状有什么特别帮助。这张地图对于了解地球的形状来说，或许太过于特别了，它或许已经描述了地球上的一大片地区，但是对于让小孩子勾画出整个地球形状的目的而言，这张地图所描绘的范围或许又过于狭窄了。

反之，如果你和你的家人正在寻找一个野餐的地点，那么这个3英寸直径大小的小地球仪也将失去任何帮助作用。这只小地球仪遗漏了众多的地方，以致像非洲丛林、南极高山以及亚洲中部的沙漠地带等特征迥异的地方，在这个小小的地球仪上，看起来都似乎具有同样的地形地貌。要想选择一个理想的野餐地点，你必须利用一张更为详细的地图，专业的地质勘探地图就很符合这时的需求，它能够向你展示你心目中某个地方详细的地形地貌，并能够帮助你找到称心如意的野

⊖ 1英寸 = 0.025 4米。

⊜ 1平方英里 = 2.589 99 × 10^6 平方米。

餐地点，比如，池塘边、小溪旁、小山脚下等诸如此类的具体位置。

当然，你一定明白，我们并不只是简单地讨论在商店或是图书馆里，究竟能够买到或查阅到什么样的地图，我们同时也是在讨论一幅幅你心目中的地图，这些地图（如果它们足够好）同样描绘了某种现实的事物，并被储存到你的大脑里。如同我们讨论过的印刷出版的纸地图一样，它们也同样"不完整"，同样有许多东西被遗漏，有时甚至是那些最本质、最重要的东西被遗漏。问题绝不是这些地图是否"滴水不漏"，是否"完整"地描绘了某个事实，我们都知道，任何地图都不可能做到这一点。真正的问题在于这些地图是否符合你的需求，是否足以帮助你、满足你的某个特殊目的。

例如，你现在要从办公室步行到公寓，如果你足够幸运，而这一距离也在步行可到达的范围之内，此时，你需要一幅地图来指引你走到公寓。你的脚本身并不能够正确地选择交叉路口处的方向，也不知道你究竟需要穿过哪条街道，那么你究竟如何找到去往公寓的道路呢？你大脑里的某个地方一定存在某种图形，正是这张图形帮助了你，而你则必须能够及时调出这张图形，这样你才能够在需要的时候随时选择出到达公寓的正确道路。否则，即便是办公室离公寓仅仅四五个街区之遥，你也会迷路，就像那些大脑受过伤害而不能够"回忆"起自己寻找的方向，从而迷失道路的人一样。

对于我们中的大多数人而言，回忆从前学习过的某张地图是件简单不过的事情，我们通常都不会意识到"回忆"的过程存在。走路回家，就那么简单。我们将顺着一张早就定义好的、简单明了的地图找到回家的路，而这幅地图足以满足我们回家的需求。这幅地图完全不必特别详尽。也许5年来，你每天都走同样的路从办公室到家，或者从家到办公室，但是，你脑中的那种地图仍然可能漏掉路上某个显著的事物。你肯定不会知道这条每天的必经之路上究竟有多少幢房屋或是建筑物；你或许从来没有注意到你每天都必定经过某个杂货店；你也可能根本没有看到街边的四个消防水龙头……这种情况下，尽管你的地图如此简略，但足以满足所有必须的要求。许多时候，我们需要一些更详尽的地图。比如，假定你是同一地区的一位警察。这时，仅仅知道如何找到从办公室到公寓的路，可能就远远不能满足你的需求了。你或许必须了解警察局电话亭、街道上的消防水龙头以及街道上主要的商店或是建筑物的具体位置；你也可能需要收集或储存有关街区的其他信息，了解居住在这一街区的人们的情况，以及那些最容易出乱子的地点。由于从事警察这样的工作，你将需要关于辖区的一幅相当详尽的地图。

不过，这也仍然只是相对意义上的详细。这幅地图同样会遗漏掉许多事物。

不论你沿着辖区的道路来来回回走过多少趟，也不论你观察得有多么仔细，或是储存了多少信息，你仍然无法掌握这区区几个城市街区范围内的所有事物。

已故的西北大学教授欧文 J. 李（Irving J. Lee），曾经邀请埃文斯顿（Evanston）警察局的警官做过一个类似的试验。首先，他要求每位警官都带来一盒泥土，并附上有关报告。警官们果然老老实实地挖了泥土，并仔细地研究了它们，给出了相关的报告。李教授批阅了警官们的报告后，指出：他们的报告远远谈不上"完整"，比如，泥土的重量、颜色以及粒状结构如何？泥土各种构成元素的化学特性怎样？泥土的温度、湿度、体积、比重以及导电性能如何……所有这些，都还只是个开始。

显然，没有人能够写出关于泥土或是其他任何事物的"完整"报告。而我们则必须在这些报告并不"完整"的条件下去处理问题。数学家把这种条件称为"充分且必要"条件。

构成某项工作的充分且必要条件，并不见得也能够成为另一项工作的充分且必要条件。轴承的直径大小也许将精确到万分之一英寸，而钢桁的直径则可以只精确到1/4英寸。美国纽约与印度孟买之间的距离，只须精确到百公里，对于大多数人来说，这已足够精确了。有时，我们或许需要估计某个国家的小麦产值，这时，我们只要精确到百万美元便已"充分且必要"地表达出小麦的产值了。但是，当我们在邮寄国际航空邮件时，邮件的重量将"充分且必要"地精确测量至半盎司。

这里，我们提前提出一个问题：我们在进行股票交易时，究竟何种程度的信息能够被认为是充分且必要的呢？不可否认，很多人在股市信息和相关知识并不充分的情况下，便匆匆忙忙地投身股市，我们甚至能够准确地"预测"出他们将所有的资本损失殆尽需要花费的时间。另外一些投身股市的人，他们就像一只具有收集彩色玻璃碎片、啤酒瓶盖、瓶底的地鼠一样，喜好收集各种无关紧要、支离破碎的小道消息，这些人的命运也不会有什么起色，虽然与那些股市"莽夫"相比，他们的股市悲剧并不那么突出。<u>过多的错误信息不仅对于认清事实毫无帮助，往往还会造成致命的混淆，使得我们再也不能够看清楚事物的本质和真相。</u>

关于这一点，我们将在后面的章节中加以详细的论述。这里，我们总结一下几个应该引起重视的方面：

1. 事物在我们头脑中的反映，并不是客观存在的事物本身（也就是说，一张地图并不是它所描绘的地区本身）。

2. 地图所描绘的事物，永远不可能像它所描绘的客观存在的事实那样详尽而准确。

3. 有的地图比另一些地图更为详尽，但究竟哪种类型的地图适合你的特定需求，则取决于你的目的，也就是说，你从事的工作的性质对于地图的具体要求。

4. 一张覆盖范围广阔、描绘简单粗略的地图，或许很不精确，而一张描述极为详尽的地图又不免陷入数据拥挤的局面，从而容易发生数据之间的混淆，并出现数据冗余的情形。

第12章
Chapter12

地图的不断更新

地图是对所观察到的客观事实各种特征的抽象概括和描述。只要我们时刻谨记，地图只是帮助我们回忆各种客观事物的记号和代表，我们必须不断将其与客观的事实本身来对照，以确保地图的有效性，那么，地图便能给予我们莫大的帮助。一张绘制于1650年的地图在当时也许非常真实而精确，现在看来，也许还有其巨大的历史意义。但是，如果你想从中找到通往波士顿的那条高速公路，那么可想而知，它不可能给予你什么实质性的信息。

如果我们用地图这个词涵盖图表、照片、平面图、说明，或者代表其他事物的心理图像等各种含义，并假定它与其他某种特征具有一一对应的关系，那么，你便会明白，这张地图不仅包括我们捕捉到的所有瞬间、所有蓝图以及所有参数表，它还包括所有存储在我们大脑中与之相关的各种印象。事实上，尽管我们时常提到那些印刷在纸上的地图，但是，我们最常使用的，是那些没有实际印刷的、长留在我们记忆中的各种地图。这样的地图，我们不可能交给别人来检验它的真实性和准确性，但是，我们完全能够在尽可能的情况下自我检验。正如我们所知道的，在我们的大脑里，时刻保存着大量、各式的地图，就像一所巨大的图书馆。不费吹灰之力，你便可以回忆起#4号公立学校的布局，或者至少是该学校的部分景象，因为你在这所学校里度过了艰难困苦的3年级。你知道衣帽间的位置，也知道在哪个地方能够找到通往大厅的那扇门，或是通向操场的那条捷径；你十分清楚洗手间的地点，也能找到校长办公室。在你自己的教室里，你能很快辨认出麦克法兰太太（McFarland）的座位，你脑中的地图也许还能为你提供相当清晰的麦克法兰太太的模样。你甚至还能够在你的地图上，为当年同班的男孩子和女孩子们安排到各自的座位上，或者至少是其中的部分孩子。

在你的心目中，必定有着关于自己家的各种地图，而且这些地图往往都十分详尽。同时，你也会保存你家附近的街道或是商店的各种地图。所有这些地图都在你的心目中构建完成，但是，它们显然并不代表这些地方本身，这些地方也并不是通过直接的体验走入你的大脑，它们只是你的各种感觉器官通过神经刺激传导到大脑中的景象。在接收到关于外界的各种点点滴滴的信息后，这些地图（或者也可以叫做记忆）得以构建完成，之后，你的意识便能够让你重温旧梦，如同你又真的看到了当年的景象一般。事实上，如果你闭上眼睛，回想过去的某种经历，你往往能够重建一幅幅与事实如此接近的直观图像。

这里，我们说它们是"过去的经历"。只要是建立于事实基础上的记忆，它们都只能是过去的东西，因为它们显然不可能是当前发生的或是将要发生的事物，而只是从前所看到（如果你愿意，你也可以说它们是被描绘到地图上的）的事物。

某天，如果我们突然发现，为了给规模更大的联合学校让路，#4号公立学校早在10年前便被夷为平地，而麦克法兰太太前年便已去世，面对这些新的消息，你或许会感到阵阵悲伤和不安。对于你来说，当用你心目中的眼睛去重新回顾当年的教室，却不得不去承认那些孩提的伙伴已不在人世，那些曾经熟悉的脸庞已随风逝去，这的确是件很难的事情，甚至当你发现镇上的某个成年人与你记忆中的小伙伴有着相同的名字时，你也仍然不容易接受如此巨大的改变。那幅关于教室的栩栩如生的地图将永远留在你的记忆中，但是它不再代表现在和眼前的事实。

我的一位朋友曾经向我展示过一幅地图（见图12-1），它描绘的是我们所居住的小镇。这是一张十分生动的地图，看得出来，它的制作者不仅十分熟悉小镇，而且还是位技艺精湛、洞察敏锐的技工。从这张生动的地图中，你可以很快识别出许多你所熟悉的特征，例如：康涅狄格河、霍利伊克（Holyoke）山脉、斯普林菲尔德，以及通往波士顿的那条道路等。但是，这幅地图上同时还有许多陌生的东西，例如，地图上标注的"印第安营地"，或许那就是指帕尔玛（Palmer）镇的中心地带？许多泉水被标注上"饮用水"字样。此外，还有许多如"打猎好去处"的标记，以及一个"约西亚·查平（Josiah Chapin）小屋"的标记。

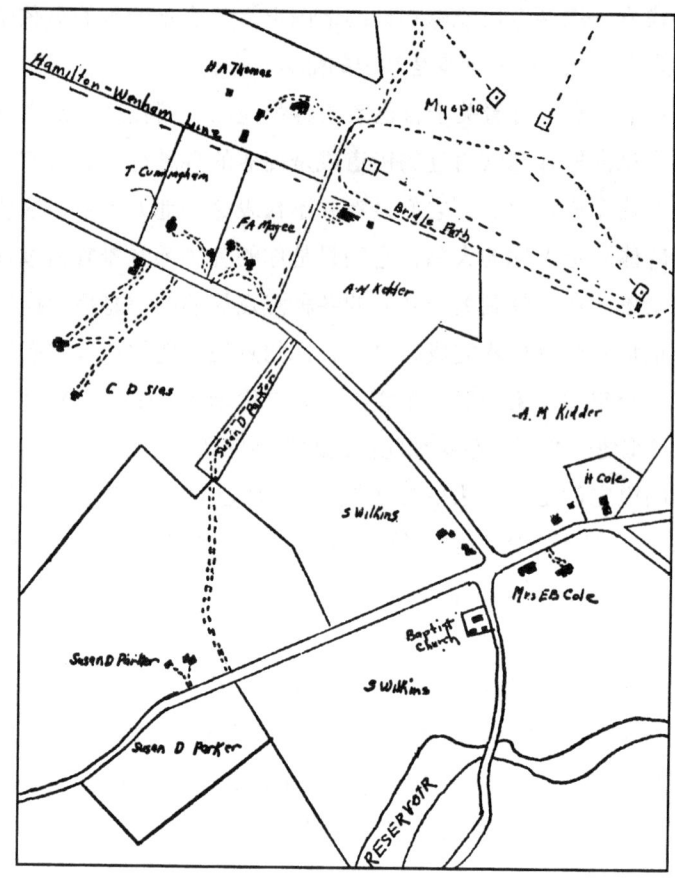

图 12-1

我丝毫不怀疑，这些陌生的标记准确地反映了小镇的各种景观。我的问题是，究竟这些事物与我特定的生活方式有什么关系？当然，就真实地反应事实而言，这些标记的真实性毋庸置疑，也就是说，地图本身的确是一幅制作精湛的地图，但是它需要说明一个额外的细节：在这幅地图的右下角，地图注明：1650年。

这幅地图并不是什么伪造品。据估计，它确实是对当时小镇地形地貌的准确描述。此外，如果这幅地图的用途只是为一位旅游者指引方向，那么，这幅地图无疑能够提供足够的信息。相反，即便是回到1650年，对于其他某种特殊的用途来说，这幅地图也有可能成为一幅不够准确的地图，例如与殖民宪章或是印第安条约相关的土地勘探等。就像我们前面所提到的，一幅地图所需要包含的细节的多少，完全取决于这幅地图的具体用途。

显然，作为小镇目前的地形地貌的真实反映而言，这幅地图既不够准确，也不够全面。地图上所标注的许多特征，如约西亚·查平的小屋、印第安营地或是打猎好去处等，早已不存在了。而其他一些当前重要的事物，却没有在这幅古老的地图上反映出来，例如高速公路、威斯特沃弗平原以及通往波士顿、奥尔巴尼或是纽黑文的铁路等，但是（请注意到这一点），这幅地图并非全盘错误：康涅狄格河仍在流淌，霍利伊克山脉也仍然矗立在同样的位置，至于斯普林菲尔德也描绘得精确无误。

我们在研究任何一幅地图的时候，首先必须弄清楚这幅地图是不是幅好地图，它是否适合我们特定的用途以及自从绘制完毕以来，这幅地图所描绘的地区发生的主要变化是什么，等等。换句话说，我们必须及时更新地图。一般来说，两幅描述地点相同、描绘详尽程度相近的地图，绘制日期离我们最近的一幅，将最接近当前该地区客观存在的各种事物。

这里，我们应该注意到，我们无法找到一幅与真实世界完全一致的地图。很相像，是的；很相似，是的。但是，由于我们的地图只是对客观事物的抽象，而且只是基于少量事实的抽象，因此，我们有时所假设和期待的一致性，不过是基于一种奢望和幻想，基于那幅构建于我们所注意到的少量事实之上的简略地图。我们必须时刻谨记，永远存在着被我们忽略掉的大量事实。

我们的大量工作便是处理这样的地图，它们是对所观察到的客观事实的各种特征的抽象概括和描述。只要我们时刻谨记，地图只是帮助我们回忆各种客观事物的记号和代表，我们必须建立起它们与客观事物一一对应的关系，以确保地图的真实性，那么，我们便能够正确地对待和利用这些地图，而这些地图也将给予我们莫大的帮助。至于这里所说的客观事物本身是否真实的问题，将不是本书所考虑的范畴。

本章中，我们讨论了我们应接受的客观事实，究竟是应该基于1650年的地图，还是基于现在的新地图。我们大家都知道，所有这些地图都具有局限性。我们不能想当然地把一些并不存在的东西，硬性添加到某幅地图中。我们千万不能够自以为是，认为自己了解某个地方的所有一切，过去或现在。我们也不能妄加推理，以为最新的地图便是对客观现实的最佳描绘。<u>**当我们面对的只是客观事物的记号或代表时，我们必须意识到它们自身的局限，当你的理解与现实产生差距时，千万不能依靠单纯的想象来填补它们之间的任何差距。**</u>

第13章
Chapter13

引入各项最新数据

⊃ 我们大脑中的各种地图所承载的信息并不仅仅局限于客观事物本身的相关信息。它们同时也携带着我们的主观判断、听觉信息以及味觉信息等。它们是一组多维的信息体，由来自书本上的知识以及我们从直接的实践中得到的各种经验构成。一幅于1955年绘制完成的关于纽黑文铁路公司（New Haven Railroad）股票的"地图"必须定期更新，例如用当前的股票价格更新当年的股票价格——每股39美元。我们也应同样对待我们脑海中的各种图画，即根据需要，不断地更新与图画相关的各种数据和信息。

我曾经试图并且认真地构建这样一幅地图，用以描述我们大脑中的各种图像的改变过程，以及这一转变所蕴涵的意义。毫无疑问，当你读到这里时，你可能觉得一头雾水，而你的第一反应便是：跳过这段文字吧！你也可能已经意识到，即便是这样一幅图画——#4号公立学校的第12号教室内，坐在前排座位上的麦克法兰太太，正对着全班同学得意洋洋地傻笑，也或多或少地包含了你的主观判断的成分，就以上面的例子来说，例如，麦克法兰太太是位令人讨厌的老太婆等。一幅地图所承载的信息绝不仅仅是地理数据。

你脑中也许早就有一幅1955年时纽黑文铁路公司的"地图"。这幅地图中或许包括一条对该公司股票价格的主观判读的信息，比如每股价值39美元。那么，请你记住，务必将你的这幅地图标注上绘制的时间，同时，当你在调用这幅地图的时候，也请务必注意地图上标注的绘制时间。如果你在1955年之后的某天，回忆起这幅地图，比如1957年12月，你会发现，该铁路公司的许多特征看起来依然如故。但有一点你必须注意，那就是务必注意你所调用的地图的绘制日期。在这幅地图上，纽黑文铁路公司的股票仍然标注为价值每股39美元，如果你在地图绘图完成后，从未更新过任何数据。但是，这幅1955年6月完成的地图，在这一点上，显然早已过时：1957年12月时，纽黑文铁路公司的最新股票价格为每股5美元。如果你希望你的地图能够与客观的现实紧密相连（比如本例中纽黑文铁路公司的股票价格），你必须根据外界客观世界的变动而不断地更新你大脑中存储的地图。

的确，我们必须不断地调整、更新和完善我们的地图，以便让它保持最新版本。不过，这也不是说，我们必须把旧的地图彻底撕毁，从零开始，重新绘制新版的地图。**我们所需要做的，只是根据我们的需求，根据那些发生过的重要变动事实，修改那些有必要更新的特征。**

这些被我们称为地图的图画，并不仅仅由线条、平面以及各种直观可见的元素构成，它们同时也包含我们的听觉接收到的各种信息。比如，我们的耳边总是能够反复地回响起某首好听的歌曲，就好像这首歌曲的乐谱早已刻写在我们大脑中的某个地方一样。除了听觉以外，这些地图同样也包含其他感官所接收到的信息，比如气味、味觉以及触觉等，因为它们也同样能够被我们的大脑所记录，并能够被反复地调用和再次体验。

到目前为止，我们所提到的地图中的大部分构成元素，均是可以被清晰描述出来的事物，例如一所学校校园的轮廓、一条熟悉的街道、一首喜爱的乐曲、水仙花的清香或是早春时节黑土地散发出的气息……所有这些，都是我们对某种客观存在或是曾经客观存在的事物的描述。

地图上所承载的所有信息，均来自我们的各类感官，即最原始的信息和数据。而这些最原始的数据和信息则完全基于与外部客观世界的直接接触或亲身实践。不过，我们没有必要亲自去经历某个地方、某件事情、某首歌曲或是某种气味，或者说没有必要时时刻刻亲力亲为。我们所得到的部分知识，完全可以来源于他人的讲述，或是书本上的文字记录。

第14章
Chapter14

26个开路先锋

当人类成功地发明了文字以及随后的印刷术后，26个开路先锋（这里指26个英文字母）便赋予了我们地图与地图之间，或是地图与记忆中某种经历之间的交流功能。在打印上"时间的装订线"之后，知识和经验的代代传承，便成为可能。

如果把动物最直接的实践经历彻底抹去，比如，用一幅图画代替真实的景象，用录音带代替真实的声音，用添加人造味素的方法取代味蕾激素等，那么，动物将会有什么样的反应？我不能肯定人们对此究竟有多少研究。但是，我有理由相信，一只狗一定会认出录音带中主人的声音，并温驯地服从录音带中主人的命令。毫无疑问，动物们完全能够接受这种人造的直观景象，它们的眼睛能够识别和认可眼前的景象，并把它们看做是活生生的、现实存在的事物。

如果我们把那些基于直接的实践经验构筑起来的地图称为抽象事物，那么，那些基于图像或是录音的地图便成为抽象的抽象、地图的地图。

但是，动物对客观事物的抽象概括能力是极其有限的。即便是世界上最聪明的动物，其抽象思维能力也不可能超过世界上最愚笨的人。人类在其漫长的进化过程中，开发出了一种奇妙的工具，而这一工具或许也就是人类区别于动物世界最为突出的特征了吧。尽管我们也可以说，动物也具备抽象思维，它们也能够看，能够听，能够产生各种感觉，也能够把这些感觉抽象概括并加以储存，还能够在日后随时调出使用（例如说，一只狗能够找到去商店的路，能够辨别出自己的主人，也认识每天送信的邮递员等），但是动物缺乏一项强大的、用于同类之间相互沟通的工具和能力。因此，你完全可以说，动物根本不具备与其他同类互相交流这些抽象描述的实际能力。同样，动物也没有能力把这些抽象的描述以某种符号的形式记录下来，形成特定的知识，以便日后忘却时，能够重新学习并存储到大脑中。

那么，人类开发出来的神奇工具，究竟是什么呢？它就是广义上所说的语言。通过语言，通过各种符号的应用，人类得以将各种描述性的地图相互交流和广泛传播。通过交谈，你可以从对方那里了解到如何到达韦斯特菲尔德（Westfield）的种种细节，或是了解到国家历史博物馆正面的模样。通过制造各种声音，人们可以传递各种信号，而接收的一方则在听到这些声音信号后，将这些声音转换成一幅心目中的图像，并因此了解到这幅图像所描述的景象。

想到这些，你会不会觉得语言就是个奇迹？它甚至比电视的发明还要伟大，因为语言在传播图像、平面图形、图表的过程中，只需要声音一种媒介，它不必依靠任何人造的机器设备或是借助任何帮助便能够顺利地完成。而且，想想吧，它已持续使用了几千年之久！

语言的功效还不仅止于此。它除了使声音的发明成为一种可能，进而使人们能够相互交谈以外，同时也使各种书写符号的发明成为可能。那些可以书写到纸上或是刻画在泥土上的各种符号便被人类创造出来，并与各种用于交谈的声音或是与客观存在的某种事物形成了对应关系，例如一把铁锤、一幢房屋或是一条狗等。语言功能的这一延伸，使得人们之间的交流不仅能够同步发生，而且还能够异步进行。一个正常的语句，一句悄悄话，或是一声怒吼，就目前而言，只能在几步范围内听到，或者至多传播到几百步之遥。就连这些声音的回声也将在几秒钟内消失殆尽，所以，以声音方式交流必须是即时的、直接的，除非采用电话或是电台等类似的中继装置。书写语言的发明则为我们打开了一个广阔而巨大的世界。人们不仅可以面对面地交谈，还可以通过书信给千里之外的朋友传递信息，当送信人将一卷书信或是刻有文字的信物传送出去时，人们脑海中的思想也随之传播和延伸到千里之外。

不仅如此，通过我们称之为语言的地图系统，人们还可以穿越时空，走向未来，将自己的思想留传给自己的后代；或者返回到远古的过去，与自己的祖辈交流思想。没有一种动物能够做到这一点，而人类则完全可以（粗俗地讲）剽窃祖先们的智慧。那些以文字语言记录下来的每一个人的经历成为整个人类共同继承的财产。

你是否意识到这笔财产究竟有多么巨大？它正是人类究竟如何，又为什么会成为地球上占统治地位生物的秘密所在。书面语言是时间界限之间的交流纽带。

缺少了语言，任何个人所获取的任何知识只能存在于他的生命所维系的短暂过程。尽管靠口述的方式，也能够将这些知识传递给后代子孙，但是，这种方式注定只能够在有限的范围内生效，随着时间的推移，这些知识也必将濒临扭曲和混淆的危险。

甚至在没有发生扭曲和损耗的情况下，口头传授的知识也很可能最终演变成一种僵化的仪式，并最终由于单调和毫无创新的简单复述，而失去了知识交流的真正意义，一旦这些知识被记录和书写下来，它将永远不变地存在于字里行间，永远准确地表达作者最原始的初衷，而且这些记录了知识的书籍能够不断地积累，人们无须死记硬背或是一遍又一遍地复述。同时，人们保存书籍的数量也没有任何限制。

书面知识的功效也不止传递某种一成不变的信息系统。一代接一代的人们为此不断地做出自己的贡献，他们在总结、归纳和吸收了前辈的思想精华的基础上，不断地更新和丰富着人类的知识体系。随着印刷术的发明，26个英文字母，就像26个开路先锋一样，为我们开创了一个书本的世界，也赋予了我们每个人阅读的机会。

同时，书面知识也为我们指出了（至少是可能指出）一条通往更广阔的思想自由王国的道路。学者们不再受限于那些曾经十分必要的工作，如记忆和传授某种古老的学问，他们从此能够从容地消化那些古老的书籍，在实践中检验客观世界的各种证据，或是把我们所观察到的各种事实与书中所描述的各种地图进行比较，并加以更新和完善。

在书面知识得以广泛传播的情况下，知识不再让人敬畏，也不再让人惧怕，它也不再是牧师或是巫师的专利，而成为所有人的一项公共财产。同时，随着知识的广泛传播和广泛交流，它也具备了前所未有的灵活性、适应性和适用性。

正是书面语言的产生，我们才有可能利用先辈的智慧，我们也才能够与历史上不同时代的思想家沟通和交流，与此同时，我们又能够保留充分的自由，我们将根据客观现实的需求，自由地决定我们是否接受、采用或是拒绝书本上的东西。

第15章
Chapter15

地图的地图

当我们对一幅画或是一个故事进行抽象和概括时,我们便是在绘制一幅地图的地图。人们那种与生俱来的能力,即相互沟通和交流头脑中的各种原始地图的能力,便构成人们为各种客观事物分门别类的基准,例如说"狗"。根据我们所需要的细分程度,我们可以把事物划分为不同的层次,例如,在更高、更概括的层次上讲,我们可以把"狗"称为"动物"。

我们也用同样的方法来处理各种证券,从最广泛的意义到进一步细分,我们依次把证券称为股票或债券,然后是标准普尔500指标股,接下来是道琼斯指标股,最后是弗吕霍夫运输公司——某只具体的股票。

当我们读到这样一个故事:一个年轻的勘探人员,骑着他的小毛驴,走在尘土飞扬的峡谷中……此时我们往往已在心目中勾画出一幅相应的画面了。我们仿佛看到左手边陡峭突起的悬崖,以及右手边急湍的、清澈的山涧溪流;清脆的、流水四溅的声音依稀就在耳边回响;突然间,我们感到充斥着碱性灰尘的喉咙干燥得像着了一团火,一种难以遏制的感觉从心底泛起:渴!

在这幅图画中,我们或许掺入了各种抽象信息,诸如:从西部电影和电视中,从我们所读过的其他书籍中,或是(谁知道呢?)从某次西部旅游的记忆中,我们所了解到的关于西部大峡谷的各种景观和声音。

但是,这并不妨碍我们去体验作者为我们所描述的这幅特别的大峡谷图画。他为我们勾画出一个抽象的大峡谷,并用符号记录(在纸上写下文字)下这幅抽象图画的各个细节。现在,当我们读到这些符号时,那些记忆中关于大峡谷的信息便不由地浮现在我们的脑海中。

　　此刻，我们便会调动起我们自己心目中的各种图像。我们仿佛看见了大峡谷，依稀听到溪流的声音，甚至我们身体的器官也会不由地发生反应，并强烈地感觉到渴。这一切仿佛就是一幅活生生的景象，存在于你的记忆中。

　　在这种情况下，我们并不是从客观真实的外界抽象出各种信息，并反馈给大脑。我们只是从阅读到的故事中，也就是说从某种抽象的事物中提取出这样的信息。这一过程就像我们从一幅图画中抽象出各种信息一样，区别只是在于我们现在处理的是语言符号，而不是图画。当然，由于我们的记忆与故事作者的想象并不一致，因此，你在心目中所构思的那幅大峡谷的图画，很可能与故事作者为我们所展开的那幅图画，存在许多细节上的差别。事实上，由于每个读者都可以自由地构思心目中的大峡谷，所以不同的读者往往对故事中的大峡谷有着不同的理解。

　　如果我们把对外界客观事物的直观理解称为一幅地图，我们则可以把我们对故事中场景的理解称为地图的地图。它与外界的客观事物仅有一步之遥。当然，你或许已经意识到，也就是这一步之遥，使得我们能够描绘出地图的地图，并能够把这些地图的地图与别人进行沟通和交流，就如同我们在讲述一个小故事或是在写一部小说的时候，某些内容并不是来自客观真实的世界，而是来源于我们自己的想象。

　　当我们从不同的事物中观察到一系列相似的特征后，我们往往会为这些事物打上这样的标签："具有共同特征的一类事物。"正是由于这种标签的使用，一个作者才有可能写出让读者明白的文章。例如，我们或许不了解大峡谷的故事中作者所描述的那个特定的峡谷，但是，对于大峡谷的模样，我们却能够得到一个基本的认识。

　　打上同一标签的不同事物也许会有很多不同之处。我们都知道第三国家银行大厦（Third National Bank Building）与惠特尼大厦（Whitney Building）完全不是一回事，但是，它们都是多楼层的高大建筑，都有宽敞的走廊，都在走廊两侧设立办公室；此外，它们都装备有电梯和信件滑槽……因此，我们把它们归入同一类事物，赋予它们以及其他拥有此类特征的建筑物相同的名称：写字楼。当我们对别人说起写字楼的时候，我们希望对方也能够在头脑中反映出一幢具有此类特征的建筑物画面。但是，有一点很重要，那就是我们必须意识到"写字楼"这一标签并不特指某幢建筑物，而是泛指任何模样，任何地方，任何时间下，具有某种共同特征的某类建筑物。所以，当我们向朋友提起写字楼的时候，我们并不期望这位朋友能够因此想象出某个建筑物的具体模样。为了让别人明白你所提及的某个具体的建筑物，我们必须指出更多、更为具体、抽象程度更低的细节。例如，我们在描述一幢大楼的时候，指明它的楼层数、外观颜色，以及其他各种特征等，此外，为了让别人能够最直观地明白你所指的大楼，千万别忘了指出这幢大楼的门牌号码。

生活中，如果我们总是在一个很高的抽象层次（高度概括的层次）上谈论问题，那么，我们很可能根本无法表达清楚自己的意思。人们常用的一些词汇，诸如牛市、熊市、共和党或是书呆子等，便属于这类"大而泛泛"的词汇，对于不同的人来说，它们所代表的意义也各不相同。难怪我们不能赞同那种只在高度抽象的层次上谈论问题的荒谬论调了。

的确，这些高度抽象的词汇不仅会影响我们准确地表达思想，而且，它们的最大危险还在于可能导致我们错误的判断。我们通常笼统地讲，"狗是友好的，它们是人类的朋友"，然后我们照章行事，却发现自己竟然被狗咬了！原因很简单，我们只是看到了"狗：友好"这样的一般性标签，而没有注意到眼前那条狗，根本就是"不一般"的狗，它正冲出屋子向我们扑过来呢！

狗是友善的，它只是作为一条一般性的原则和广泛的高度概括，并不意味着这一原则适用于任何一条狗、每一条狗。现实中，我们要对付的，总是个别的、特殊的狗。同样的道理，生活中我们必须面对某个个别而特殊的女人，而不是作为群体意义上的妇女；我们买卖的也正是某只特定的股票，而不是整体意义上的股票。

你将会发现，其实我们正是按照不同的抽象层次来安排和整理我们的思想档案。首先，我们观察并记录小狗巴多和小狗扎罗是两个不同的个体。然后，我们将它们归纳为狗。在这一抽象层次上，狗这幅范围更广的图画将描述"狗"这一类事物的共同特征，同时，"狗"这个词也将忽略掉许多具体的细节。也就是说，"狗"作为一个标签，更多地表明小狗巴多和小狗扎罗的相似之处，而非它们之间的区别。

如果我们意识到，所有的狗、山羊以及狮子等都具有某种相似之处，那么，我们将可以用一个更为抽象的词汇"四足动物"来概括这些生物。这时，四足动物所涵盖的范围得以进一步扩展，同时更多的细节也将被忽略掉。如果我们从四足动物再次上升到哺乳动物，那么"哺乳动物"这一更为抽象的概念也将再次扩大其涵盖的范围，它将包括鲸鱼、鸭嘴兽以及你的嫂嫂在内的各种生物。如果我冲着你大声嚷嚷："给我来一个哺乳动物"，那么，你完全可以用一条鲸鱼、一头奶牛、一只长颈鹿或是任何其他存在于你的哺乳动物标签下的生物来打发我。从我的"命令"中，你根本无法区别各种不同的哺乳动物，也完全不可能知道我究竟需要的是哪种哺乳动物。

这就是我们使用板块分析法来研究股票的弊端。或许，了解铁路板块的整体走势对我们来说，很有帮助，但是，我们最终要处理的，却是某只特定的股票，而"铁路板块"这一术语，则完全忽略了加拿大太平洋铁路公司（Canadian Pacific Railways）与美国联合太平洋铁路公司（Union Pacific Railways）之间的区别。

你也可以根据需要，逐步提高概括和抽象事物的层次。例如，如果"哺乳动物"还不能够涵盖足够多的生物，你可以采用"动物"这一具有更大外延的分类词汇……如此等等。在股票市场上，一次性付本还息债券、抵押担保、股票、债券等，统统归属于"有价证券"这一大范畴。不错，"有价证券"所涵盖的范围的确广泛，但是，它不能提供任何具体、特定的信息。

我们这里所探讨的一切，就如同使用一部照相机时所遇到的情况。越靠近物体，你所拍摄到的物体也就越清晰、越详尽。当你向后退，试图捕捉到更大范围内的物体时，你的照片将不可避免地损失掉某些细节的东西。此时，你再次向后退，希望镜头能够捕捉到美国国家警卫队第二大本营（2nd Battalion of the State Guard）全体警官的全貌，那么，你会发现，在你的相片中，你已很难找出吉姆·斯通威尔（Jim Stowell）的身影，相片上的所有人看起来都很相似，根本无法辨别出具体某个人的细节特征。

第16章
Chapter16

鸽　　巢

标签、符号、抽象概念……所有这一切都会引起毫无必要的冲突。两幅地图之间的争端，例如乔说艾尔的房子有3个烟囱，而山姆则认为有2个烟囱，既可以由乔和山姆的拳头来解决，也可以亲自来到艾尔的住所，亲自数数烟囱的数目，以证实究竟孰是孰非。

让我们先回顾一下前面章节中阐述过的有关内容：你为某种事物所取的名字并不代表该事物本身。如果市民们能够意识到这一点的话，警察局里关于打架斗殴的案卷记录就不会这么多了。不论你是站在热闹的酒吧里大声喊叫，还是在心里安静地回想某个名字，明摆着的事实是：名字代替不了的客观事物本身。说它"明摆着"，就如同你家前厅里的一头大象，但同时，也如同大象一样，它们竟常常被我们忽略。

你认识的人中，一定有人认为你是一位"智慧而又绅士的朋友"；也同样会有人觉得你这个家伙"有点另类，但的确很聪明"；其他一小部分人则有可能认为你"愚蠢透顶"。对你公平的评价则是，你根本不是他们对你所下的定义中的那种人，至少他们都没能够全面而准确地描述一个完整的你。如果地图（任何种类的地图）之间相互冲突，那么，显然，不可能所有这些地图都准确无误。但是，如果某张地图与客观的现实冲突，不能正确地反映客观的事物本身，那么，这张地图必定存在一定的问题。

当然，如果分别从不同的角度或不同的场合来看待问题，某些相互矛盾的观点也许都正确无误。例如，你可能善于各种法律事务，但是，你在股票投资方面屡屡做出愚蠢的决策。在某种场合，你或许表现得机智过人，而在另一种场合，你则四处透着蠢笨和愚钝。这便涉及如何给我们的地图标注上日期。良好的日期注释，往往能够避免很多冲突和争端。

尽管我们只采用了符号、简短的标签等一类词语来标注各种事物，但是，人们仍然可能采用其他词汇来指代类似的事物。比如，在纽约，我们用"the Elevator"来指代电梯，而在伦敦，人们则把电梯叫做"the Lift"。这里，人们使用了不同的标签。不同的国家，人们采用的标签很可能并不相同，我们也使用不同的语言。即便在我们自己的国家，也存在各种各样的方言。不同行业、不同专业的人，都有自己的专业"行话"，在特定的工作场合，这些"行话"便具有了某种特定的含义。不同行业的人往往产生沟通上的误解，原因就在于他们使用不同的词汇、不同的标签。

甚至是在日常的谈话中，标签的使用方法不同也会给我们惹下麻烦。20世纪40年代，如果我们评价一个人"绝对保守"，那么我们无疑是在赞美他的诚实。但在今天，如果我们在那些年轻人的谈话中，听到他们谈论某个"绝对保守"的人时，我们应该明白，这个绝对保守的人已被宣判和排斥在这些年轻人的社交圈之外了。

不论我们是用地图、名称、符号，还是用其他任何标识来指代客观事物，我们都不可能直接改变客观事物的物理特征，而只是简单地指代而已。因此，当发生任何冲突的时候，我们必须铭记，客观事物本身具有至高无上的地位。因此，哪怕我们把"罗宾逊合同"放到了"史密斯合同"的文件夹中，我们也无法改变罗宾逊合同的内容本身。我们尽管可以把奶牛叫做猪，只要人们依然能够明白这里的"猪"是一种有着棕黑色的皮肤、两只角、哞哞嗷叫，还能够挤出奶的大型生物，我们大脑中的地图便不会产生任何冲突。我们所需要知道的，只是弄清楚（或是理解）我们所谈论的对象究竟是什么而已。在与别人交谈或是自己思考问题的时候，我们都应该记住这一点。

在我们构建完成各种用符号（语言符号或是其他）表示的地图后，如果我们把这些地图当做客观事实一样真实、生动的行动基准，那么地图之间的冲突，或是地图与实际地形地貌的不符，以及地图与其他有据可查的事实依据之间的冲突等，都必将引起我们思想上的极大混乱。绝大多数时候，我们可以很容易澄清这样的混乱。事实上，只需要最直观的方法，我们便会惊奇地发现，众多的纷争和误解竟能够在如此短暂的时间内得以圆满地解决。有时，你甚至百思不得其解，人们怎么可能被如此简单、浅显的事实所迷惑？！

这时，我们所有需要做的事情，便是亲自去看看事情的真相。乔声称艾尔的屋子有3根烟囱，而山姆认为只有2根。在冲突演变到需要叫警察或是进医院之前，我们为什么不能结伴走到艾尔家，亲自去看看到底有几根烟囱呢？也就是说，当乔和山姆的两张地图对不上号的时候，我们要做的，只是去检查一下事实的真相。客观事实本身不可能出现冲突或矛盾。

对于自己所绘制的地图，乔和山姆或许都有充分的理由。他们或者亲眼见过艾尔的房屋，或者看过房屋的照片，或者曾经听到过别人对房屋的描述。假设乔曾经亲眼见过艾尔的房子，但他可能并没有仔细地观察过房屋究竟有几根烟囱，甚至把艾尔的房屋和上周看到的另一所房屋混淆了。乔也有可能确实注意到了艾尔家的烟囱，甚至还数过烟囱的数目，但是他没有想到其中一根烟囱现在已经被拆掉了（顺便说一下，这又是一个标注时间的问题，也就是说，乔的地图早已过时了）。乔也有可能误解了山姆所提到的房屋，而完全与其他房屋混为一谈（调用错误的地图）。抑或，根本就有两个叫艾尔的人，乔想到的是艾尔·布朗，而山姆所说的则是艾尔·托普森（他们谈论的根本不是相同的客观事物）。

不论乔和山姆的地图描绘的图形究竟如何，只要乔和山姆愿意一块儿去艾尔·托普森家，数数现在究竟有几根烟囱，那么，乔和山姆的争端将不会继续。他们的地图也将与真实的情况达成一致。

但遗憾的是，人们往往会为了如此种种的细枝末节而争论到深夜，甚至不惜为此拳脚相加，相反，他们从来想不到**最直接、最容易也最易于得出结论的方法，亲自去看一看事实的真相来解决问题。**

第17章
Chapter17

标　　签

高层次的抽象标签（如"办公文件"）与低抽象层次的标签（如"琼斯公司合同"）之间的混淆将导致这样的结果：当你定购"贝茜"（Bessie）时，你得到了"奶牛"贝茜。这也许更多地涉及一个社会问题，而不是一种投资现象，但是，当我们投资购买弗吕霍夫运输公司股票时，跟踪道琼斯综合指数的做法无疑徒劳无功。一部广角摄像镜头，有可能捕捉到全班同学的身影，但不可能抓住每个人身上太多的细节。

正如我们所看到的，如果有可能亲自去检验简单的事实真相，你将不会有太多的困惑。人们往往就是因为忽略了这一简单的预防措施，而最终陷入无尽的烦恼。不幸的是，我们并不是任何时候都有可能实施这样的实地观测。<u>造成误解最主要的一个原因，便是把那些高抽象层次的标签当做低抽象层次的标签来使用。</u>

在低抽象层次上，我们会得到某种事物的详尽信息。例如，贝茜，一头奶牛；居住在谢里丹大道（Sheridan Avenue）24号的詹姆斯·爱德华·马科菲先生（Jr. James Edward Macphee）等，这些描述都指代了某种特定的、具体的客观事物，如同"琼斯公司，第A-15-62-X号合同，1958年5月5日"的描述一样。

我们平时使用的许多语言标签，便属于高度抽象的范畴，例如，"奶牛"这个词，它根本不能告诉我们任何有关奶牛贝茜的个体特征、身体构造或是性格脾气等信息；事实上，这个词完全忽略了奶牛之间的个体差别。所以，如果我请你给我来头奶牛的话，你完全可以从千万头不同颜色、不同大小、不同种类……的奶牛中，挑选任意一头给我，而这头奶牛百分之百地符合"奶牛"这个标签下的定义，也就是说，"奶牛"并不包括太多细节的描述，它的作用只是让我们能够把奶牛与其他动物或其他事物区别开来。

　　同样的道理，"居住在谢里丹大道24号的詹姆斯·爱德华·马科菲先生"则完全可以锁定某个特定的人（当然，那种居然还有另一个居住在谢里丹大道24号的詹姆斯·爱德华·马科菲先生的极少数情况除外）。"男人"这个词则不同，它外延广泛，人类社会中的每个男性成年人都归属于它的名下。如果我需要寻找一个男人，我的搜寻工作将不费吹灰之力，任何男人都符合我搜寻的条件，因为"男人"涵盖了他们所有人。毫无疑问，你高举着"男人"字样的寻人启事牌，根本无法帮助你找到火车站内的姐夫；也无法帮助你挑选出一位优秀的高架起重机操作员；或是帮助你逮住昨天晚上盗窃美国第二银行的窃贼。我们早被你称做"男人"的所有人塞入同一个鸽巢。因此，仅就这一巢洞上的标签而言，我们根本无法区分出他们之间的任何差别。

　　当我们忘却了这一点，忘却了高度抽象的语言仅仅是某个鸽巢的统一标签，而这一鸽巢中填入的将是各种各样的东西时，我们将无可避免地陷入困境。如果我们不能够具体地指出我们所需要的究竟是哪头奶牛，那么，不管我们的心目中如何清楚地知道我们所需要的只是奶牛贝茜，我们也会发现，送来的是奶牛博西，与贝茜长得非常相似，但几乎不产牛奶。如果我们将某个人误认为另外一个人……你有没有注意到，全世界一半以上的文学著作，从雅各布和以扫（都是圣经故事中的人物）开始，便都是以这种混乱而令人迷惑的情节为主线构思而成。

　　如果你曾经在某个办公室工作过，你会发现，要从所有带标签的合同文件中，找出琼斯公司的第A-15-62-X号合同实在是件很费劲的事。如果我们不能够清清楚楚、详详细细地告诉秘书所需要的究竟是哪份合同，并用最低抽象层次的词汇来描述这份合同的具体特征，以确保这份合同完全能够与其他合同区别开来，秘书小姐很可能送来一份毫不相干的文件，而我们最终会失去一位极有价值的客户。

　　听起来很容易理解吧？！也就是说，你不可以期待这样的事情：随随便便地说一声"送头奶牛来"，然后就有人给你送来一头与贝茜一模一样的奶牛？或是随便雇用（或嫁给）某个男人，然后发现他恰好就是你曾经在某个地方遇到的某个人（或者正好就是你想象中的、虚构的某个人）？或者冲到一大堆带标签的合同文件旁边，随手翻开第一份合同，而这份合同就正好是你需要的那份与琼斯公司有关的文件？

　　<u>让事情保留它的原汁原味，一切就会变得直观而简单</u>。但是，人们往往"乐于"将简单的事情混淆起来，又常常对混淆后所产生的令人费解的结果大惊小怪。人们时常将那些大而广的、一般性的、高度抽象的概念与那些精确的、范围狭窄

的、具体的、低抽象程度的词汇混为一谈，其后果是灾难性的。

如果你认为，我在这里挖空心思力图向你阐述清楚的，只不过是一些鸡毛蒜皮的小事情，那么，就让我们一起去看看人类在偏见、种族歧视以及宗教迫害等问题上所付出的惨痛代价吧。如果不是由于人们对种种抽象思想的混淆和模糊，如果不是出于种种人为的仇恨，历史上又怎么会有那么多灭绝人性的屠杀事件？要知道，市场上那种人为想象出来的标签以及主观地把这些标签当做"充分且必要"的决策依据，进而因此付出高昂代价的情况比比皆是。举个例子，如果一位投资者将"安全"、"稳定"等印象强加到有价证券上，然后把它们统统打上"证券"的标签，并与保守的投资策略相联系，那么，这位投资者不久便会发现，他自以为具有高度投资价值的满仓的股票其实与自己的期望并不一样。

如果我们构想出一个名称，并把它当做对某项客观事物的描述，我们首先应该确认，究竟应该在何种程度上来描述事物，以及以何等详尽的程度来描述事物。显然，我们不该超出某个名称所涵盖的定义而把过多的细节掺入其中。只要有可能，我们就应该随时检验某项定义的内容与客观事实的一致性。但是，我们中的大多数都不能坚持做到这一点。我们甚至拒绝去察看客观事物本身，即便我们有很好的机会做到这一点。最终，我们也逃不过因为望文生义的误解而成为受害者的悲惨命运。

试想，如果人们都能够采取一些简单直观的处事方法，都能够直截了当地面对客观现实，也许我们就不会看到大量的公司破产案件了吧；或许，人们拳脚相加的机会也会少得多；翻开历史课本，我们也就不会发现太多的迫害和屠杀，甚至是灭绝性的灾难事件了！

说到这里，你也许会想到一个问题，一个我们大多数人都或多或少思考过的问题：如果人们想推翻等级观念，推翻那些自以为自己与众不同，而其他人则低贱而不可忍受的"高级阶层"，那么，我们是否可以上升到一个更高的层次，从而解决这一问题呢？比如，"所有这些'高级阶层'，包括我们自己，都同样是'人'！让我们忘却我们之间的区别"。这难道不是恰如其分的说法吗？事实上也的确如此，"忘记我们之间的差别！记住我们都是同样的'人'！让我们宽容，让我们友善，让我们从共同的人性基点出发，通力协作！"这句宣言，早已成为众多人权运动最有号召力的口号了。

如果你第一次听到这样的宣言，你一定会衷心地鼓掌喝彩。我想，我们每个人都渴望，人类能够和平友好地生活在同一个星球上。把所有人都归入同一个鸽巢，抹杀人与人之间的个体差别，所有问题将迎刃而解！但是，很遗憾，这个答案并不现实。同样不现实的，还包括我们在股票交易过程中，彻底忽视不同股票之间的个体差异性，假装所有的股票都一样，都与平均水平一致的愚蠢想法。

把所有的人都"倒"入同一个"垃圾箱"，并贴上同一个标签的做法，并不能解决所有的问题。就像当你把所有的文件都放到一个标注为"办公文件"的大箱子里时，并不能够因此而感到文件归档的便捷。标签本身没有任何问题，但就像其他标签一样，遗漏了许多细节。由于这类标签属于高度抽象层次的概念，因此，它们所遗漏的细节数量巨大，以至于你已根本无法从它们的身上找出任何客观事实的痕迹。就像我们把所有的备忘录、所有的合同、所有的账单、所有的信件或是所有的支票等都贴上相同的标签——"办公文件"——一样，我们将由于忽略具体细节，而不能够把它们区分开。

老调重弹，我们又搬出了照相机"原理"。为了把整个军团都捕捉到同一张相片上，我们不得不后退到足够远的位置，当然，你不可能分辨出相片上密密麻麻的人头中，究竟谁是谁。看起来，他们没有区别。但是，我们肯定不可以因此而认为他们长得一模一样。同样的道理，即便我们把所有人都扔到同一只箱子里，我们也仍然不能认为他们毫无差别，甚至是那些打上"基督徒"标签的"同一类"人，也不能笼统地一言以概之。改变地图并不能改变客观存在的事实本身，同样，这种打标签的事业也不可能掩盖浸信会教徒与天主教徒，或是与圣公会教徒之间的不同本质。

我个人观点认为，人们认清客观世界最有希望的做法，不论是股票市场，还是宗教信仰，或是种族社团，完全在于我们接近事实、面对事实、实事求是的态度和行动，它绝不是几个抽象而笼统的标签就能够解决的事情。詹姆斯·爱德华·马科菲先生，居住在谢里丹大道24号。很容易，我们找到他，认识他，和他交谈，给他拍照，也认识他的孩子和邻居。只要你愿意，你完全能够绘制出一幅精致、详尽、有用的地图，它清晰地描述出詹姆斯·爱德华·马科菲先生的方方面面，诸如他的长相如何，过得怎么样，在想些什么，是个怎样的人等。相反，如果我们仅仅说詹姆斯·爱德华·马科菲先生，波士顿人，那么我们刚才所描绘的那幅细致的图片也将随着"波士顿人"而消失殆尽。此时，你已将他混入了带"波士顿人"标签的鸽巢，而那里，早已挤满了"毫无差别"的波士顿人。如果我们又说，詹姆斯·爱德华·马科菲先生，马萨诸塞州公民，那么，我们此刻描述的，将是一幅更大、更模糊的图片。接下来，我们将他归入美国人的范畴，此刻，我们的图片将变得更加模糊。最终，如果我们把詹姆斯·爱德华·马科菲先生塞入早已被挤得满满当当的、标记为"人类"的鸽巢，他将彻底散失所有的个体特征，与鸽巢里的其他所有人相差无二。此时，我们也许得到了一幅着实宽广的地图，但是，我们也同时遗失了大部分的客观事实。

我曾经亲眼看到过一些股市投资者，看到他们如何以自己归纳的股票的一般特征来对待个别的某只股票，并从此一步一步走向了无尽的迷途。如果我们希望了解某个人的情况，我们就应该亲自去看看这究竟是个什么样的人。同样，**如果你想知道某只股票的走势，那么，你也必须去仔细揣摩它的个性特征**。并不是说，只要给所有的股票都贴上相同的标签，我们就可以抹杀掉股票之间（或人与人之间）的个体差异。事实上，个体之间的差异永恒存在，没有人能够让它们变得一模一样（语言上的一致除外）。

在很多场合，我们也遇到同样的问题，例如宗教冲突，个人或团体之间的经济利益的冲突，以及范围虽小，但同样意义重大的家庭以及社会团体之间的种种矛盾等。

也许有人反对我的观点，他们会问："你以为你是在阐释股市，或是在拯救整个世界？"对于他们的质疑，我觉得最好的回答就是：我们都希望尽可能地了解生活，了解生活的方方面面。如果了解股市的动力能够帮助我们认清自己，帮助我们找到家庭矛盾、种族和宗教对峙，以及世界冲突的根源，那不是一本万利的大好事吗！个人的生存和进步固然很重要，但同时，世界的和平与友爱也与我们休戚相关。我个人认为，拯救世界是我们每个人责无旁贷的义务，为此，我们应该义无反顾地奉献自己的所有力量。

第18章
Chapter18

并非一模一样

世界上没有完全相同的两片叶子,纯粹的理论世界除外。现实世界中,我们根本无法找出两件完全一模一样的东西:大理石、花朵、轴承……任何东西。事实上,即便是同一事物本身,此一刻的存在也非彼一刻的存在了。这一点很重要。撇开纯粹的物理学理论,我们可以说,今天的弗吕霍夫运输公司股票与昨天的弗吕霍夫运输公司股票是两件不同的事物。

假设我们在家里玩个小游戏,对某个东西做点手脚。接着,游戏便以一场司空见惯的、由兄妹之间——约翰、露茜和阿比盖尔的"仇恨"引发的冲突拉开序幕。本次冲突的焦点在于三支橘黄色的铅笔,它们原本分别属于约翰、露茜和阿比盖尔。但经过我们的小动作之后,这三支铅笔同时出现在厨房桌子的同一个抽屉里。这张桌子,一贯是三兄妹们一起吃饭、玩耍、相互扭打的主要场地。约翰声称是露茜拿走了他的铅笔,而露茜则矢口否认,同时,她还为自己辩护说,这些铅笔反正看起来都"一模一样"。

最终,三兄妹的争吵导致一场声势浩大的家庭理事会。显然,争端的根源在于,三支铅笔究竟是不是一模一样。花几秒钟的时间检查这几支铅笔,我们便能够轻易地发现,三支铅笔中的一支已被削得比另两支稍短,而剩下的两支铅笔中,有一支铅笔末端的橡皮已被用过。事实显而易见,三支铅笔并非"一模一样"。我斗胆直言,世界上根本没有完全相同的两件东西。

比如,两件外观看起来很相似的大理石产品。稍加研究,我们便会发现,它们内部纹理的颜色迥然相异。再比如,厨房窗台上摆放着两朵来自同一个非洲花房的紫罗兰，经过仔细观察，我们发现，其中一朵紫罗兰的花瓣明显比另一朵要长，而两朵紫罗兰的颜色也存在细微的不同。其他的例子包括两粒人眼已不能区分开来的咖啡豆，在放大镜下面，我们发现，它们之间其实也同样存在细微的差别。

放眼四方，我们会发现，我们根本不可能找到两件一模一样的东西。在这一问题上，无论我们是强调精神方面还是强调物质方面，都不难发现，不论是从前，还是今后，即便是仔细挖掘人类的整个历史，我们都不可能找到其他一个与约翰，或露茜，或是阿比盖尔完全相同的孩子。

进一步深究，我们还可以说，所有这些孩子，都不可能在不同的时刻保持为同一个孩子。今年的约翰肯定与去年的约翰不同，昨天的约翰也与今天的约翰有所区别，甚至是1%秒之前的约翰也有别于此时此刻的约翰。总之，静心细想后，你会发现一个浅显的客观事实：**没有完全相同的两件事物，也没有能够在两个可分的时间点保持一致的事物。**

然而，古代的哲学家却想当然地把"A就是A"当做基本的真理。今天，大多数人已经意识到，许多在纯粹的抽象概念上可行，或是在数学上纯粹的符号领域中有效的东西，并不一定符合现实中的具体情况。事实上，历史上最杰出的人物之一阿尔伯特·爱因斯坦早已发表过对这一问题的看法。爱因斯坦告诉我们，在理论上，或抽象意义上，或是数学概念上成立的某项声明，并不见得也能够在实践中、在具体而客观的现实中成立；反之，某些符合具体的观测和实践的事实，并不一定满足数学公式严谨、绝对的推导。

第19章
Chapter19

上梯子和下梯子

⤴ 幸运的是，我们完全不必拘泥于抽象的地图或是具体的地图。我们可以而且应该根据具体的需要，选择使用具有合适抽象程度的地图。

你或许早就存有这样的疑惑了吧：我们究竟是靠近并仔细观察外界的客观事物更好呢，还是以更广泛的视角，从一类事物的整体角度看待它们更好？我们知道，近距离的视角将提供更多细节，远距离的全景观测则覆盖更宽阔的视野，同时，它首先将丧失洞察事物的机会；其次，他将丧失得到事物细节信息的可能。

没有任何规定说，我们必须近距离地观察事物，或者，我们只能够从全局性的角度看待客观事实。既然我们完全能够从各种不同的角度来观察事物，我们为什么不充分地利用所有这些方式、方法呢？很多时候，一幅关于某个小区域的详尽细致的地图最具有利用价值，比如，当我们寻找一个合适的野餐地点时。同样，有很多时候，我们需要的是整个国家的总体轮廓，例如我们在规划某个横跨大陆的高速公路系统时。重要的是弄清楚，究竟哪种地图、哪种语言或者哪种符号符合我们特定的需求，如果我们采用它，将能够确切地表达出我们的意思，而不会造成意思上的遗漏或滥用。

例如，以某个特定的动物——一只浣熊为对象来研究大自然的做法，便是一种有效的研究方法。我们将研究这只浣熊的生活习性、成长过程、生活方式等。通过这种近距离的、小范围的、详尽的研究，我们得到了关于这只浣熊的第一手研究资料。但是，如果把这些研究成果推而广之，以为它就能够代表浣熊这一物种的总体特征，那你就大错特错了。

从另一个方面讲，我们也有可能收集和整理到许多只浣熊的资料，这些资料看起来或多或少地可以概括整个浣熊类的特征，而我们因此得出一个更概括、更普遍的概念，对我们来说也很有帮助。但是，如果我们把这些归纳和总结出的浣熊的特征当做每一只浣熊的特性，那么，我们也不免会犯下严重的错误。

如果你仅仅研究某只特定的浣熊，你也许永远也不能够了解浣熊世界的生活。反之，如果你只是抽象地概括出浣熊部落的共同特征，那么，你也不能全面地了解某只特定浣熊的个体特性，所以，两张地图都必不可缺，同时，你还必须清楚，哪张地图对应哪种事实。

我们有时需要用到"人类"这个广泛意义上的抽象概念，有时我们则必须从更具体的角度上考虑哈罗德 W. 埃里克森（Harold W. Ericson）。弄清楚自己讨论的究竟是某一类人，还是具体的个别人，这对我们的沟通和交流意义非凡。

也就是说，我们既可以顺着梯子爬上更高的抽象层次，也可以沿着同一梯子下到更低的抽象概念，区别只在于我们的目标和需求，以及根据不同的目标而选择范围更广但相对模糊的地图，或是范围相对窄小但细节更多的地图。只要我们时刻保持清醒的头脑，明白自己在讨论或思考的对象究竟为何物，只要我们能够意识到我们所采用的符号、文字或是地图等，并不能够完全代表客观的事物本身，那么，我们将彻底摆脱困惑和迷茫。

第20章
Chapter20

相似性与差异性

我们越靠近仔细地观察外界的客观事物，我们就越能洞察到事物之间的差异。越往后退（或者说越靠近更高的抽象层次），我们将越强调事物的相似性，就像我们从一个班级的集体照中将看到更多整体而统一的东西，而不是他们之间的个体差别。一场关于通用汽车的争辩，或许将迅速演变为两大不同的主题——通用汽车公司本身以及通用汽车股票，这显然是两码事。由于相同的标签，它们往往导致我们失败的投资决策。事实上，即便是在股票市场上节节败退，股票所属的公司本身也仍有可能保持良好的经营状况。

回顾前面章节的内容，我们提到过关于军营全体学员的全景照片，我们注意到，在这幅全景照片中，所有学员看起来几乎一模一样。事实上，我们十分清楚，这只是由于他们着装统一、年龄相仿，甚至拥有相似的兴趣爱好。也就是说，他们身上的确具有大量不容忽视的相似性。而这也正是我们必须随时提醒自己，告诫自己这只是张集体照，它并不包括细致的信息和重要性。如果仅仅以这幅集体照为依据，那么我们将很容易把军校学员桑德森与学员杰姆森混为一谈，在照片上，他们看起来是如此相似。但实际上，学员桑德森和学员杰姆森区别甚多：杰姆森长着一头浓密的黑头发，高挺的鼻子，扁平的双耳；而桑德森则满头金发，平瘪的小鼻子，两只招风耳尤为突出。显然，在那张集体照片上，所有这些差别都无法显示出来。一幅图画，所涵盖的范围越广、越抽象、越概括，那么，它也越倾向于突出其总体的相似性和一致性，并越能够掩盖个体之间的差异。反之，如果我们单独放大学员桑德森和学员杰姆森的局部照片，我们将更多地看出他们之间的细微差别，而不太容易找到他们的共性特征。

对于地图来说，也是同样的道理。一幅范围广阔的乡间地图，将更多地显示出整个地域的整体形状和一般特征。它不可能对某个具体的特定地点进行详尽的描述，也不能够表述出某个地点与其他地点之间的区别。

我们所使用的文字也具备同样的特征。例如，我们可以用不同的照片或地图等来描述相同的事物，比如，我们在强调事物的独特性及其差异化的特征时，可采用这样的地图："一支剑鱼牌，6英寸长，黄色的2B铅笔"，或是"一支狄克逊牌，8英寸长，绿色的铅笔"等。同时，我们也可以从更高的抽象层次来描述事物，例如这里的"铅笔"，此时，我们的目的，往往是想唤起人们对这两件事物——两支铅笔的共性和相似性的注意。

不过，当两件事物相似，以至于其中一件事物完全可以取代另一件事物，而丝毫不会影响我们特定的需求时，我们则完全没有必要区别这两件事物。"给我一根香烟"，意思是说，盒子里的任何一根香烟都可以，它们如此相似，以致在大多数实际的场合中，它们都代表相同的目的和意义。只要我们心里清楚，它们其实并非真正一模一样就可以了，现实生活中，把它们当做"一模一样"的东西反而更加方便。

是否区别事物之间的差异，完全取决于差异的重要程度。通常，许多事物之间的差异根本不足轻重。比如，我们在购买100股雷诺烟草公司（Reynolds Tobacco）的股票时，我们所买到的，究竟是第A-4637-WR号股票还是第A-385I-XB号股票，对于我们来说，并无任何区别。相反，我们所买到的，究竟是100股雷诺烟草公司的股票，还是100股雷诺金属（Reynolds Metals）公司的股票则事关重大。这二者之间语言上的相似性，很可能导致我们错误地将两者混为一谈。我们生活的现实世界中，许许多多的错误，不论是些无伤大雅的小笑话，还是那些让人痛心疾首的悲惨故事，究其发生的根源，都只不过是混淆了不同的客观事实。

混淆事实这样的错误，在对客观现实的直接观察或低层次的抽象概念上，并不容易发生，因为此时，我们头脑中所产生的地图（或文字）通常都具体而翔实。这一类型的错误往往发生在高度抽象的层次上，因为此时，我们开始往后退，也就是说，我们开始越来越远离客观现实，越来越失去具体的信息，而许多原本有着天壤之别的事物则变得越来越相似。如果我们后退得足够远，那么，这些越来越相似的事物最终将"看起来一模一样"，并给我们一种这样的感觉：它们就是同一件事物。换句话说，由于这种视角上的相似，我们很容易将一件事物混淆为另一件事物。

这正好解释了我们或许都曾遭遇的尴尬：某天走在大街上时，你突然冲向一个熟悉的身影，并用力拍拍他的后背，惊喜地叫嚷道："嘿，查理，老伙计，我不知道你已经回来了！"……最终，当这位"查理老兄"转过头来的时候，你却不得不尴尬地溜走，因为那明明白白地写着一张陌生人的脸，他根本不是你的老伙计查理。在你认出这位"查理"之前，你肯定注意到（或许在潜意识中）这位陌生人身上的某些特征，而这些特征让你把他与查理联系到了一起，比如，他穿的衣服，或是走路的姿势等。正是因为这些特征的相似性，你才会把这个走在大街上的陌生人误认为查理。在你辨认"查理"的过程中，你忽略了他们之间的差别，并依据你所看到的相似特征而贸然行事，于是，你将一个完全陌生的人误认为是查理，而你自己的混淆则是这场尴尬事件中最令人恼火的事情了。如果你不是凭借一张草草了事的简图行事，如果你能够更仔细地观察走在大街上的那个身影，并能够把它与你记忆中的查理进行详尽的比较，你一定不会被眼前类似的"查理"所"蒙蔽"，并最终错误地将他们混为一谈。

　　生活中，我们也时常遇到同样的问题，犯下许多由于混淆事实而造成的错误。有个小故事讲的是一位上尉命令手下的列兵，让列兵给自己的马钉上铁蹄，几分钟后，列兵完成任务，到上尉面前"报告"，而展现在上尉面前的，却是一幅悲惨的、血淋淋的画面。怎么回事？原来列兵混淆了两个发音相似的单词（shod，给马钉上铁蹄，而shed，则指让马流血，这里列兵误以为上尉让他把马杀了）！另外一个真实的故事是，一位因乏欲睡的护士，由于拿错了药瓶，把一只装有腐蚀剂的棕色高脚瓶，误以为是自己要找的给病人的药瓶，最终导致了悲剧的发生——杀死了服药的病人！原因只是两只药瓶看起来很相像。

　　语言也常常引导我们走向混淆事实的错误之途。比如，如果你告诉我，你有一个当检票员（conductor）的侄子，我很可能马上联想到波士顿交响乐团里的指挥家（也是conductor），而不会想到，你的这位侄子竟然是波士顿开往缅因州的列车上的检票员。在这个事例中，你会发现，同一个词竟然指代了两类完全南辕北辙的事情。某种相似性导致了这场误会，尽管这只不过是一个根本缺乏事实依据的、纯粹的语言上的雷同。换句话说，在现实的客观世界中，我们根本不可能把交响乐团的指挥与列车检票员联系到一起。（英文中的conductor有很多意思，既有指挥的意思，也指代检票员。与中文的多义词一个道理。）

　　你也许曾经与朋友针对通用汽车的价值问题展开过激烈的争吵。你或许觉得通用汽车走势很弱，已经跌破了支撑位，并且已经进入更低位的下降通道。

　　而你的朋友则坚持认为，通用汽车产量大增，并陆续推出了各种新型的、进一步完善的产品，而且，近期通用汽车还上马了一条轻型火车头的生产线，这将势必引起铁路运输业的一场革命。

你和朋友的这场争论中存在着一个极大的误会，语言上的误会。"通用汽车"是一个名称、一幅地图，也可以说是一个符号。它并不是客观存在的一种事实。我们一定不能把名称与事实混为一谈。事实上，"通用汽车"可以而且确实能够指代一种以上的客观事实。股票市场的本质是一种权益，一种代表公司收益和账面价值的不可分割的经济利益。也就是说，股票市场的本质本身便不是什么实实在在的客观事物，而是一个地地道道的抽象范畴。相反，高产量以及新产品等的背后，却是实实在在的客观事实。

于是，当你和朋友陷入这场股票市场的表现与公司物质特征或活动的较量争论时，你们正好犯了一个粗浅的错误——你们在比较两种不同类的事物，粗浅得无法讲清楚竟会有人"肯"混淆两个截然不同的事物。当然，公司的股票以及公司的运作的确存在某方面的联系，但是，它们从本质上分属不同类型的事物，它们完全不一样。

两者之间的相同之处仅在于"通用汽车"这一名称，它既指代通用汽车公司的经营活动，也代表公司的股市表现。它们仅仅在文字上雷同（因此许多人将两者视为等同的事物）。如果以数学运算的递等公式为依据，即两件事物，如果分别同时与第三件事物相同，若它们之间也相等，那么，通用汽车股票将与通用汽车公司完全等同。但是，我们知道，递等公式只是在数学理论上推导成立，它仅是符号之间的递等关系，并不一定符合客观世界事物之间的运动规律。如果我们匆匆得出股票等同于公司的结论，那么，我们便再次混淆了抽象概念与客观事实，混淆了两件处于不同抽象层次的事物。简而言之，我们犯了个错误。

说到这里，我想你一定会理解许许多多由于视觉、听觉、触觉、嗅觉或是味觉等感觉体验上的相似或雷同而造成的误会了！举个例子，比如我快速地瞥了一眼我的手表，注意到时间是3:20，然后，我便回到办公室又上了半小时的班。如果表针的正确位置为4:15的话——与3:20看起来十分像，那么，我将彻底错过4:30的约会。这样的误会并非来源于语言上的相像，它并不是词语上的相似，而是客观事实外观上的相像。但是，这样的误会是完全可以避免的，就像所有由于相似或雷同而造成的误会一样，通过对客观事实的仔细的观察，比如这个例子中的手表表面，我们就能够避免此类误会的发生。

也许，你也曾经犯过许多其他错误，造成错误的原因根本不是由于语言上的混淆。例如，你或许曾经跑去开门，而实际上则是电话铃在响。詹姆斯·瑟伯

（James Thurber）在他的一本短篇小说和杂文集中，曾经为我们描述了许多由于事物外观上的雷同而引起的各种非语言误会的小故事。在一篇名为《骑自行车的海军司令》的文章中，詹姆斯·瑟伯为我们讲述了一个关于自己老花眼的故事。正是自己的老花眼把自己带入了一个奇妙的世界：一张被风卷入漩涡的旧报纸看起来就像是一个瘦小的老人，身着海军司令的制服，正骑着一辆自行车从街的那头走过来。詹姆斯·瑟伯还为我们讲述了许多诸如此类的错觉，它们的产生至少都与某种表面上的雷同有关，同时，只要我们更好地观察，这类错觉也都能够避免。

埃德加·爱伦·坡（Edgar Allen Poe）曾经写过一篇有名的小说，讲述了一个人受惊吓的经历：一天晚上，小说的主人公正在看小说，当他抬起头来的时候，突然看到一个大怪物出现在一英里外的山坡上，并以意想不到的速度向他所居住的村庄靠近……当他摘下眼镜的时候才发现，远处的大妖怪原来只是一只爬在玻璃窗上的中等大小的虫子，而玻璃窗则更是近在咫尺。在这个小故事中，主人公所犯的错误也不属于语言上的误会，而是没有能够正确地缩放地图的比例尺寸——他把原本很小的东西虚放成了庞然大物。尽管这样的"伎俩"并不能够让人轻易上当，但是，生活当中，确确实实存在大量的小事变大事的情形。事实上，我们知道，有些人习惯性地把芝麻绿豆大的事情炒作成洪水猛兽般的大事。

第21章
Chapter21

超越客观世界

事实上，人们头脑中的许多地图根本无法在现实客观世界中得到检验和证实。"红色"，对于你和我来说，很可能代表截然不同的内容，只因为我是色盲。红色，形容词，对事物特征的一种描述，纯属个人判断和个人所持观点，就像"漂亮女人"属于一种个人的评价和观点一样。从本章开始，我们将进入主观思维世界，它将与我们前面一直探讨的客观事物形成鲜明的对比。那种试图将我们大脑中绘制的个别地图与客观事物一一对应的做法，将变得惨白而空洞。

截至本章，我们所探讨的内容，都仅局限于那些能够看得见、摸得着，并能够计算或称量的客观实在的事物，如某个地方的地图、某种客观事物的标签，或是指代某种现实存在的语言文字等，甚至我们所提到的那些高层次的抽象概念也都是某类现实存在的客观事物的指代或反应。例如，当我们说到"奶牛贝茜"时，我们完全能够把你带到牧场上，指给你看那头叫做"贝茜"的奶牛。你可以随意地欣赏它，聆听它哞哞的低吟，或者是爱抚地拍拍它光滑的脊背……又比如，当我们提到"房子"的时候，尽管这里的"房子"并没有特别地指定究竟是哪一所具体的房子，或是哪一种类型的房屋，但是，我们还是可以把你带出门外，为你介绍各种各样的房子，让你了解"房子"这个概括性的、代表某一类事物的词汇的含义。

由于低层次的抽象概念往往指代某个个别的具体事物、地点、动物或事件等，因此，你都能够找到与之对应的客观事物，并进行相应的核实和查对。同时，与之相关的、各个更高层次的抽象概念，也都具有相对应的客观事物。

但是，也同时存在其他类型的高层次的抽象概念，它们所指代的事物并非实实在在地存在于客观现实中，它们并不能够触摸、品尝，或是被我们的其他感觉器官直接体验和觉察出来。如果存在几十种可能的陷阱，误导我们对那些实实在在的、看得见摸得着的客观事物的看法，那么，那些隐藏在我们即将探讨的惨白而空洞的高度抽象的概念中的陷阱，恐怕就要以数百种来计算了。

我们或许都有过这样的经历，把类似的电话铃声当做门铃声。或者，把这条狗当做那条狗。在我们日常处理的各种生活小事中，这种混淆事物的"案件"时有发生，诸如钥匙、眼镜、药瓶等。但是，所有这些例子中，我们所提到的各种事件的主角都是某种可以直接感觉到的外界客观存在的事实，甚至于那些高层次的抽象概念，也都是我们用于称呼和指代某件客观事物，或是某类客观事实的名称。

动物也具有类似的抽象思维。例如，一条狗，一看到某只奔跑中的猫或所有猫时，就会立刻变得兴奋活泼。动物一听到喂食的召唤，或是听到和看到食物就绪的信号时，也会发生相应的反应。它们完全能够学会了解各种信号的含义，并将它们与实际情况联系起来，或是建立起各种符号之间的抽象链接。人类也有类似的思维活动，例如小孩子逐渐学会，当听到钟敲响5下的时候，不久便能听到爸爸的汽车驶入车库的声音，而伴随着车声的戛然止住，妈妈的晚餐也即将出炉。

在伪科学的人群中，对于动物是否能够思考的问题，一向有激烈的争论。如果这里所指的"思考"，是指抽象的能力，概括和总结事物的能力，辨识那些某种客观事物的记号的能力，或是构建抽象链的能力，那么，动物当然能够"思考"，而且思考得很有条理，有些动物甚至能够很好地思考自己的需要和保护自己的生存。

但是，哪怕是世界上最愚蠢的人，作为人类社会的一员，他的抽象思维能力也不是任何动物所能够比拟的，甚至是最聪明的狗、马，或者黑猩猩等也是如此。人与动物之间的差别，并不仅仅是人类拥有远远强大得多的抽象能力，或是远远广阔得多的视野，或是处理远远复杂得多、变化多得多的问题的能力。人们某些类型的抽象思维活动，是动物根本不可能具备的。这是因为，人类的许多抽象思维活动，都是借助于语言这种工具才能够完成的，不论是我们说话时使用的语言，还是思考问题时所使用的语言。语言的发明，可以说是人类历史上最伟大的发明，而人类使用语言的能力则将他与地球上所有其他生物远远地区别开来。

当我们构建抽象链时，我们将给各个鸽巢命名。我们将观察事物，命名事物。例如一把椅子，将该事物分类——家具，然后将该事物归入某个更高层次的抽象概念——家庭设备，接着，我们还可以继续将该抽象概念进一步归入更高层次的概念——私人财产，等等。我们可以建立各种层级的语言地图，来描述和记录更多或更少的细节信息，比如详尽地描述某个特定的事物，或是泛泛地概括各种不同事物的总体特征。这些抽象思维能力，都是动物不具备的，因为动物从本质上讲，缺乏做到这一点的机制，即语言机制。

我们不妨试想，如果动物也和人类一样，具备语言交流的功能，那么，是否某些动物也能够开发出更多的智慧，以及更强大的推理能力呢？但是，迄今为止，没有任何一种动物具备或者能够具备语言能力，因此，这也只是个有趣的假设而已。语言的障碍，将动物的进化和发展画上了一个残酷的句号。

上面我们已经看到，语言究竟如何为我们设定鸽巢内的信息。运用语言这种符号，我们的大脑便能够无限制地存储各种信息，并随时能够将信息调出来提供给我们使用。如果我们已经或多或少地理解了语言作为符号体系或是地图体系的本质，如果我们已经学会了如何避免客观事实与高层次的抽象概念，以及高层次的抽象概念与低层次的具体概念之间的混淆，并学会了分清那些用同样或相似的符号表示的不同的客观事实，那么，我们便已具备了顺利地开启那架"思想机器"的基本条件，至少可以进入感知事物或对事物和事件进行分类的层次了。

到目前为止，我们已经围绕着各种语言的地图展开了详尽的探讨，并发现这些非描述性的语言本身所具有的一系列全新的问题和缺陷。当我们说到"花"的时候，你所用到的这一事物的符号会让你立刻联想到各种被我们称为"花"的事物，例如紫菀和玫瑰、三色堇和牵牛花、郁金香和水仙等。它们都是一些最典型的花卉，日常生活中，我们能够轻易地指出它们、触摸它们，或是闻到它们散发出的芳香。"花"正是这一类事物的总称。但是，如果我们说"红色的花"，那么，我们会发现，"红色"这个词汇并不指代任何事物或某类事物。

同时，你也会发现，与别人交流诸如"红色"这样的概念，将不像交流某件客观事物的名称那样容易。你可以指出某件东西对你来说象征着红色，它将反射某种波长的光，而你的眼睛也能够分辨出它们并把它们形容为红色。通过这种形式，你将能够在一个高度抽象的层次上，构建起自己心目中红色的概念，同时，你也可以把记忆中的这一概念形象化，将它们与更具体的各种红色联系在一起，例如玫瑰红、粉红、猩红、朱红、暗红和深红等，但是即便如此，你仍然会发现，要让别人明白你所说的红色，或者是那些更为具体的红色范畴下的各种颜色，是件很困难的事情。比如，你试图在电话中，向某位画家解释，你想改变一本小手册中插图的颜色，让它们符合你期望的样子的话，那么，你将不得不首先向这位画家解释清楚，你所说的朱红色（如你在自己的心目中所看到的）与你所认为的粉红色或淡红色之间究竟区别何在。

尽管在物理学的光谱曲线上，任何颜色以及任何深浅度的颜色均可以找到某个特定的常量来描述，但是，在现实生活中，红色以及各种深浅度的红色在描述事物时却并没有太多区别。一个世纪之前，A·H·孟塞尔（A.H.Munsell）教授便在系统实践经验的基础上，构建起一套完整的颜色语言，它们被画家、印刷商、商业美术家等专业人士广泛采用。之后，基于孟塞尔教授的这套颜色体系，史达摩纸业公司（Strathmore Paper Company）相继出版了《色谱》（*Color Atlas*）和《调色规则》（*Color Grammar*）两本专业著作，自此，系统的调色理论逐步成为专业标准，被印刷商、出版商、墨水制造商以及名画收藏家等业内人士广泛接受。

然而，对于普通大众来说，这一推导清晰、意义非凡的颜色系统却没有太多的吸引力，因此，直至今日，我们仍然要为配上太太的那双浅褐色的袜子而煞费苦心，或是为了向油漆工解释清楚究竟什么是自己心目中的洋红色而大费周折，或者是忐忑不安地惦记着自己向邮购商店定购的象牙白的文具究竟是否会让自己满意。

借助电子眼和各种滤波器，我们能够做到快速、准确、稳定一致地分析各种不同的颜色，并能够将代表颜色的数据传输到其他地方，再次复制出来；或者，我们也可以将这些数据保存起来，留待将来再次复现。但是，我们中的大多数人，都习惯于依赖自己的眼睛，依赖它所形成的并不完美的颜色概念，尽管仅就分辨颜色这一功能而言，我们的眼睛根本无法与电子设备相媲美。我们仍然继续谈论着我们的浅粉色、淡紫色或是粉蓝色，仍然继续从商店里买回完全不符合要求的物品，尽管出门的时候，太太还在苦口婆心地为自己讲解要买的物品颜色。

原因很简单，颜色是我们头脑中形成的一种看法，它并不是像一本书或是一顶帽子那样实实在在的客观事物。它只是事物的某一方面，或者更确切地说，是我们对事物某一方面的特殊反应。我们无法知道，某件物体所反射的光波，在你和我心里所产生的反应和感觉究竟是否一模一样。我们所能够知道的一切，就是我所看到的红色与你所看到的红色很可能天差地别。事实上，这或许只是因为你具有正常的辨色能力，而我则有点轻微的色弱。我无法用言语或是其他方式向你展示或描述我眼中的红色，同样，你也很难向我解释清楚你所认为的红色究竟为何，只是你或许能够比我更快地注意到它的存在，或是看到一个比我看到的更生动的红色。

这里，我们应该注意到，红色只是我个人的看法，它并不是事物的本质属性。在黑暗中，所有的猫都是黑色的——所有的事物也都会变成黑色。颜色并非事物的属性，甚至也不是照在它们上面的光线的属性。在很大程度上，事物所呈现出的颜色将取决于某种组合：即事物所反射的光线，以及更为重要的，我们的个人观点。换句话说，红色并不仅仅是一幅地图或是一种符号，它还是一种不能够在你我之间严格比较的符号。在物理学上，每一种颜色都可以有自己严格的记号和表示，但是，你究竟看到什么样的颜色，严格来说，纯粹属于私人事情。我的红色只是我的红色而已，你的红色也仅仅属于你自己，它们并没有必要一模一样。也就是说，我们这里所探讨的"颜色"，与我们前面着重阐述的"木桌子"或"砖头堆"不同，它们属于更不具体、更空洞的概念和范畴。

这里，我们已花费了相当的时间来探讨颜色的问题，因为，它将是我们离开客观的物质世界，进入观念的主观世界的一座桥梁。除了可以把眼前的花形容为"红色的花"之外——这里的红色，正是我称呼我所看到的颜色的代号，我们也可以说它是一朵"美丽的花"。这一次，你又是在说些什么呢？究竟什么是"美丽的"？"美丽"究竟为何物？"美丽"是某种客观事物吗？我们或许会为了这样的事情打得鼻青脸肿：我认为她非常漂亮，而你则觉得她既老又丑，我们都坚持己见，毫不退让，于是只好以"决斗"来解决问题。

那么，我们究竟如何来衡量"漂亮"呢？当人们对"漂亮"的定义有所争议时，我们又如何来解决争端呢？显然，这样的争端将不再是走出门外，数数某幢房屋有几根烟囱就能够解决的问题。

在前面的章节中，我们曾经说过，现实世界中的客观事物完全可能存在没有冲突的状态。这里，你也许觉得"漂亮"不能够代表任何事物，我也赞同这样的观点。它的确是与某个客观事实相对应的地图，但是，这里的客观事实却并非外界物理存在的客观事实。这里的客观事实只是我们自己的观点。当我们说某个物体或某个人"漂亮"时，我们并没有与某个客观事实进行比较。而如果说，"比尔·约翰逊家的前面有个消防龙头"，我们则是在与客观存在的某种事实进行实实在在的比较，同时，我们还可以亲自去察看和检验这句话的准确性，至于检验的结果，我们相信，只要是明事理的人，都会认可和接受。

"漂亮"则不同。它并不是某种客观事实的地图，而是地图的地图；它所需要对照的客观事物本身，也只是我们心目中某个高层次的抽象概念而已。你将无法炮制出"漂亮"的任何事实依据。你也将无法证实自己关于"漂亮"的个人观点。你所能够把握的一切，仅仅是：亚特兰大市选出的美国小姐是否符合自己关于漂亮这幅地图的标准。这或许就是所谓"品味不容争论"的本质原因吧!

我们应该注意到,漂亮是一个形容词。对于不同的人来讲,它具有不同的含义。一般而言,形容词都不指代任何客观的事物,它们只是用于描述某件事物的某种本质或某种属性,或者更多时候,我们用形容词来表达我们对于事物的看法。尽管评委会由经验丰富的裁判组成,尽管他们代表了所有的专家意见和对美的定义,尽管人们希望就此确定选美的标准,但是,针对亚特兰大的选美结果,你和我都有权力和自由,认为评选出的美国小姐在我们的眼里并不漂亮。也就是说,我们对漂亮完全可以持有不同的意见。

由于漂亮是一个褒义词,所以,它常常与我们喜爱的事物联系在一起。又由于我们中的大多数人都喜爱同一类事物,于是我们便常常能够对漂亮达成一致的看法。但是,我们必须时刻谨记,"漂亮"永远只是个人之见,也就是说,我所认定的漂亮的事物并不一定符合你的审美观。

下面,让我们再来看看另一个形容词,一个你经常能够在各种场合发现的形容词,诸如报纸的头版文章、联邦地方法院的纪要报告、邮局处理的各种邮件、牧师的布道坛、各类人士的演讲台以及政府的办公室等。这个词就是形容词"淫秽"。

你或许听说过那起广为人知的、著名的星光俱乐部(Starlight Club)突袭搜查案吧,搜查中发现,俱乐部从事淫秽表演。尽管人们对于淫秽表演这样的事情早已屡见不鲜,不过新闻媒体的曝光却是另一回事:它们向那些通过雪茄店销售、散发淫秽图片和淫秽杂志的不法商贩施加了强大的舆论压力,政府也开始大力号召人们避开剧院里的淫秽节目,而淫秽书籍也被禁止在公共场合销售等。

这里的"淫秽"恰好是个贬义词,但是,从某种意义上讲,它与其他的词,如"漂亮"等完全一样。如果你曾经研究过法律界曾经围绕如何给"淫秽"一个明确的定义而发生的种种纷争,那么,你将会发现,淫秽这个词其实也是一幅地图的地图,而且是一幅绝对个性化的地图,它根本没有必要与其他人的地图一模一样,甚至没有必要雷同或类似。

因此,要对"淫秽"给出一个人人赞同的、明确的定义,其实是件十分困难的事情。许多律师和立法机构都在这一问题上撞了南墙,栽了跟头,结果无功而返。不论是"漂亮"还是"淫秽",我们都不可能写出一个能够验证的、人人赞同的绝对的描述公式,因为我们所面对的,并不是客观存在的物质,而是人们大脑中产生的某种观念,或是存在于人们心目中的某幅地图。而我们,毫无疑问,无法去比较深藏于人们心目中的心理地图。

现实生活中，我们似乎可以（如果我们非要如此）写出这样的定义，因为我们中的大多数人都认可某种"漂亮"，在某些特定清晰的事件中，我们也能够认定某种（对我们自己来说）淫秽的或是不淫秽的事物。但是，这仍然无法使我们所面对的困境有所改变。我们之所以能够写出它们的定义，其原因也并非是说，我们能够以科学的方法来比较、测量或是验证它们，如同我们计算路边究竟有多少棵树或是测量一座房子占地多少等。我们之所以能够保持某种程度上的一致意见，更多的是由于我们生活在相同的文化氛围下，并接受类似的教育。而且，这也仅只是一种近似意义上的意见一致，很多时候，它并不符合严格的科学原理。

当然，我们也可以试着改变我们看待问题的方式。如果我们所提出的问题，完全可以依据对外界客观事物的观察和测量来准确地回答，那么，我们就能够完全避开如比较人们的心理地图等一类不可能实现的任务。就像我们在选美大赛的过程中发现的情况一样，要想让裁判们从七八十位候选佳丽中一致认同某位绝对的美人儿，那将是件极不可能的事情。因此，为了打破各抒己见的混乱局面，裁判们只能（有可能已陷入绝望）寻求其他办法，例如构建各种"美"的指标。这些指标并不完全代表我们对美的看法，但是，它们却可以通过对某种客观存在的事实测量得到。当我们能够以事先达成共识的各项具体的指标，以局部的角度，一步一步地评价那些美女时，整个事情便变得简单多了。这也就是我们经常看到某些标注有各种标准值的图表，表明"理想美女"或是"维纳斯女神"三围指标的缘故吧。选美的过程也因此变得简单了许多，只要把各个候选美女的身材尺寸与表格中的标准逐一对比，便能够得出一致的结论。

这确实不失为一种科学的方法，而且，在我们得出的结论与各项标准的相关性方面，这种方法也为我们提供了充分的保障。我想，没有人会对这一方法下得出的结论提出异议吧？或者，即便是有不同的看法，我们也完全可以重新查找和验证结论所依据的各项数据。通过这样的方法，我们避免了争吵和混乱。当"中央瀑布"小姐（Miss Central Falls）最终戴上选美皇后的桂冠的时候，我们知道，她事实上，只是符合了评委会事先设定的各种"美"的标准。至于这一选美的结果是否能够取悦你个人，则完全是另一回事。我们也不能够保证，评委会所选出的美人能够符合，或者说接近任何个人心目中关于漂亮女孩或漂亮女人的肖像和图画。除非我们能够控制人们思想的自由，左右他们的观点、品位和判断，并让所有人都持有或认可相同的审美观，否则，我们将永远无法达成对"漂亮"的一致意见。

对于其他代表观点或判断的词语来说，也是同样的道理。你应该还记得我们在前面所提到的关于突袭搜查俱乐部的事件吧？那么，你对于政府在给淫秽下定义时所遇到的困境也有所了解了？确实，要将人们内心深处的猥亵感用语言的方式来定义和表述，的确是件让人挠头的事情。或许，最有希望解决这一问题的方法，至少是我们所能预见到的最实际的方法，便是把这一问题外部化，即把问题转化或分解为各种能够衡量的外界客观事实，从而避免纠缠到那些空洞的心理地图的比较中。例如，如果我们能够通过这样的法律，明确规定，任何裸体妇女的图片将一律被认定为淫秽物品的话，那么，"淫秽"便拥有了有据可查的客观事实。实际上，人们早已采用了这一方法，给出了大量"观点"的定义，例如某些事情我们不可以去做；我们必须穿戴这个或是不该穿戴那个；有些话可以说出来，而有些则不能告诉别人，等等。在星光俱乐部周围执勤的警察便是遵循这样的原则来做事，在他执勤期间，他将确切地知道俱乐部里的表演究竟能够暴露身体的多少部分或多长时间，就像某些词语被禁止使用一样。所有这些，都并非某个人的个人态度或个人感受。它们只代表某种客观存在的、能够去验证的具体内容；如果这些规则被违反，那么，整个俱乐部的成员都将被打入囚车，并被送上夜间法庭。就这么简单。

但是，请记住，这并不是问题的本质所在，<u>问题的本质在于衡量和比较人们的观点和看法</u>。我们非常容易犯一个简单的错误，主观地以为你所认为的漂亮也符合我的审美观；你所看到的淫秽对我来说也具有同样的感受；而那些在我眼中成其为好的、懒惰的、卑鄙的、慷慨的、残酷的、诚实的或是丑陋的等一切事物，也符合你对个别事件的感受。我们通常匆忙地断言和认定别人的感受理应和我们的一样，这是一个根本经不起事实考验的结论。

下一章中，我将给大家讲述一个小故事。从中，你将会看到，我们的感受是如何产生的，同时，伴随着这一过程，我们又是多么可笑地主观认定，我们内心存在的事物必定也客观存在于外部世界，并能够被其他人所观察到。

第22章
Chapter22

为地图标注含义

对于人们的个人观点来说,我们并没有什么确定的方法来判定,两个相互矛盾的观点中,究竟哪一个正确。"聪明"以及"美丽"等都是一些形容词,属于地图的地图。我们无法去考察客观世界,以验证这些形容词与某个客观事实的一致性。我们可以把多数人的意见当做判定事物的准则,但是,不论如何,形容词仍然只能够代表人们个人的观点和看法。并且,即便是与大多数人的观点不一致,我们的个人观点也都有其合理的一面。一种观点,或是一个判断,可能符合实际情况,也可能与事实相左。不过,如果是与个人的品位有关的观点,那么,这样的观点则或许值得商榷,但绝对无可厚非。为了避免做出错误而不现实的结论,我们必须不断地、冷静地检验我们做出判断的各种前提假设,对于名词而言,我们将检验它们是否符合客观事实,对于形容词来说,我们则要检验它们是否被完全扭曲或太过于极端。

为便于大家理解,下面,我将首先向大家讲述一个古老的故事,一个关于心理医生和他的新病人的故事:在最初的几次面谈过后,大夫发现,为了找到病人心病的根源,有必要打断病人对自己病情症状的复述而做点别的什么。于是,大夫便向病人解释说,他们将进行一次小小的测验,希望病人能够描述出几种简单图形的含义,并向病人展示画在一个小本子上的图形。

对于第一个图形，病人的第一个反应是，它是一间卧室，里面或许还有一张双人床，一个女人和一个男人或许正在床上做爱。

当大夫向病人展示第二幅图形的时候，病人猜测说，这有可能是三间卧室，每间卧室都摆放着一张双人床，每张床上都有一对男女在享受性事的乐趣。

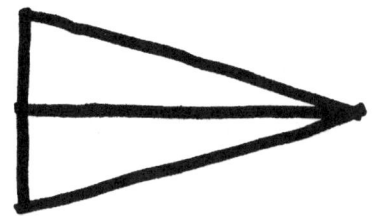

接着，当面对第三幅图形的时候，病人开始时似乎陷入困惑，但稍作思考之后，病人报告说，这幅图形有可能是两个特殊形状的卧室，每间卧室中，都有一张双人床。其中一张床上，一对男女正在发生不正当的性关系，而在另一间卧室中，两个男人，就像病人自己所描述的那样，"疯狂地"性交和做爱。

"好了，我的朋友"，听完病人的解释，大夫说道，"在我们继续探讨你的病情之前，我想，我应该告诉你，你似乎有些性欲过剩。事实上，你正在为性事所困。"

"哦，是吗？"听完大夫的判断，病人冷冷地盯住大夫，眼中散发着谴责的怒火，"那么，我是否可以问一下，究竟是谁画的这些肮脏的图片呢？是我吗？"

当我们谈论那些代表观点或判断的词语的时候，我们究竟如何感受到与之相关的事物呢？我们并没有指出客观存在的相关事物，事实上，也根本没有什么相关的客观事物存在。当我们说"肮脏的图片"或是"勇敢的武士"时，"肮脏"和"勇敢"都不像"图片"和"武士"那样客观而实在。普通名词代表客观事物的名称，而形容词则属于我们附加在事物上的个人价值观代号。这种个人的价值观或者来源于实践的结果，或是（更多的情形下）来源于我们所受的教育。对于尴尬、聪明或是慷慨大方等，我们或许都有一些相当精妙的看法，但是，它们始终是地图的地图，并处于远离客观事实若干个抽象层次之外的概念和范畴。正因为如此，所以即便是一群接受完全相同的教育及社会观念的熏陶的人坐到一起，当深入到具体的决策环节时，我们仍然会发现，根本没有什么最终的、确定的方法来判定人们之间的分歧意见究竟谁对谁错。

这里，我们再次强调，普通名词一般来讲，用于指代那些外界客观存在的事实，而形容词、副词以及抽象名词，一般而言，则指代人们心目中的观点和判断。我们必须记住，当某个人在理解事物或是与其他人沟通交流时，他所使用的某个形容词或副词或抽象名词，实际上只是表达了他对某个事物的看法，而这一看法并不一定能够代表住在隔壁的老兄的意见。

我们通常使用"是"（is）这个词以及它的其他变体（如am、be以及are），来将我们的观点与其他事物画上等号。当我们说"罗弗（Rover）是一条黑色的狗"时，我们事实上已将"罗弗"等同于"一条黑色的狗"。通过前面的阐述，我们知道，这种说法并不十分精确，原因很简单，一个符号或一幅地图，与它们所指代的客观事实本身并不完全是一回事。在这个例子中，我们的等式里同时还隐含了一个形容词。是的，"我眼中的"罗弗的确是黑色的，但除此而外，我却不能够，或者说不能够有把握地说，在你看来它也会是黑色的——你也许并不像我那样来看待罗弗。又比如，如果我宣称查理斯·威尔森（Charles Wilson）是个英俊的男士，那么，此时，我应该意识到，我之所以得出这样的结论，只是因为我将查理斯·威尔森与我心目中的那幅英俊男人的肖像进行了比较，并发现查理斯·威尔森完全与之符合。在我看来，查理斯·威尔森的确英俊逼人。但这并不排斥其他人认为查理斯·威尔森长着一张丑陋的脸的观点，同样，这仅仅是因为查理斯·威尔森的长相并不符合这些人心目中英俊先生的肖像罢了。对他们来说，查理斯·威尔森相貌丑陋，或者至少是算不上英俊。对于他们这种迥然相异的观点，我找不到任何行之有效的方法来反驳它，并同时证明我自己的观点正确。

达成某种现实的一致意见的标准方法，当然是大量集中人们的意见，并将其中大多数人的意见当做我们对事物的标准判断。这样，至少我们能够在交谈中"粗略"地了解邻居的意思。也就是说，如果999个人都赞同（即都拥有相似的英俊先生的心理肖像画）查理斯·威尔森长相英俊，那么，我们将接受如下的观点：在我们现行的文化氛围下，如查理斯·威尔森先生一般的长相，将被公认和默认为英俊相貌。

至此，我们得到了一种宽松条件下的标准。只要我们都明白，我们所处理的并非客观存在的现实事物，而只是关于事物的某种观点和判断，那么，这种标准便将满足我们日常的需要。如果你认为我这里的分析有些吹毛求疵的嫌疑，那么，就请你把那些我们所公认的英俊男士或是那些漂亮女人，与爱斯基摩人，或中非部落，或美拉尼西亚人（Melanesian）所认为的英俊男士或漂亮女人做个比较吧！

不同的地方、不同的文化，大多数的人对同样事物的观点和看法将很可能有所区别。甚至相同的文化和相同的地方，在不同的时代里，对事物的判断和认识的标准也都有可能发生变化。

所以，对我们而言，最为重要的，就是时刻清醒地意识到，其他人的观点，甚至是那些与自己的看法相矛盾的观点，都如同你自己的观点一样，有其合理的一面。不同观点之间的差别仅仅在于，其中的某些观点，更能够确切地描述某一个时点上的外界客观的事实，或在某个时点上更有效地帮助我们做出独立的预测。正如我们前面所提到的，一个有效的判断或有效的观点，既有可能在某种程度上符合外界的客观事实，也有可能完全曲解客观事实的真相，甚至，它可能根本说不上正确或错误，比如有关品位的问题。那些决定我们对待事物的态度（以及由此产生的行为）的判断和观点，很大程度上取决于我们得出这些判断或观点的前提和假设。甚至某些看起来不现实的观点，也有可能符合逻辑上的推导，尽管得出这种观点的前提与我们所观察到的客观事实之间相互矛盾。也就是说，某种观点虽然不能够代表事实的真相，但它仍然属于一个有效的观点。因此，我们必须不断检验那些构建我们判断和观点的前提和假设；我们必须明白，唯有如此，我们才能够避免做出错误或不准确的结论。

第23章
Chapter23

没有地形地貌的地图

通常，一幅地图总是以某种客观的事实或事物为制作原型，但是，也有一些地图从根本上便缺乏客观实际的事物对照。例如，"幽灵"一词，便没有与之相对应的客观事实。不过，一般人只要一听到"幽灵"这个词，脑海中便迅速反映出自己为幽灵所描绘的那幅地图。如果我们要求人们用语言将幽灵描述出来，那么，你便会惊奇地发现，他所描绘的幽灵，竟然与另一个随意挑选出来的人所描述的幽灵出奇地相似。与"幽灵"不同，另外一些词语的地图，则具有十分独立而个性化的含义，有时，它们甚至能够用做战斗或是战争的导火索，例如，"神圣"、"永恒的真理"、"真主"等。我们只有充分地意识到，低层次的、具体的观测事实（如计算、测量等）与高层次的抽象概念（如真主等）之间存在的巨大差别，才能够避免将两者混淆起来，同时也能够有效避免由于混淆而导致的纷争。

与动物不同，人类拥有语言这一神奇的工具，因此能够绘制各种地图以及地图的地图。我们不仅能够抽象某种客观事物或某类客观事物的特征，也能够抽象地描述某一事件或某类事件，即，人们所做的一切事情和客观存在的各种事物。除此以外，我们还能够制作地图来描绘我们对这些事物或事件的感受，前面章节中我们对此已有阐述。大多数抽象描述都是用语言来完成的，因此，我们的地图也属于语言地图，我们的鸽巢也被赋予了语言的标签。

对于所有的地图而言，甚至包括观念在内，我们都能够，至少是对我们自己而言，找到它们与外界事实之间的某种联系。通过学习和实践，我们可以追溯和检验那些我们赋予地图的语言及其含义，而客观事件或客观事物最终将成为我们学习和实践的坚实基础，也成为"事实上"这一标签下的具体内容。

当然，我们还拥有另外一种类型的地图和标签。尽管它们并不代表任何客观存在，但是，它们同样能够被完美地描述和制作出来。有时，我们会构思一些故事，它们完全基于从未发生过也永远不可能发生的事件，而且我们还会对故事中的人物加上注释："如有雷同，纯属巧合"。但是，故事的虚构与否，并不妨碍我们通过语言，与别人来沟通这些虚构的事情，也并不妨碍别人从中感受到某种程度上的身临其境：经历同样的冒险，遇到同样的虚构人物，或是体验到某种与我们相似的情感等。

如果我们了解，这只不过是人们自己在玩的游戏，或者至多是说，是人们自己受到了故事的"启发"，而绘制了一幅与我们所熟知的某件事情、某个地方或是与某一事件相类似的地图，那么，这一切看起来便会合理得多。我们也能够给听众讲一些令他们激动或让他们毛骨悚然的吓人故事，尽管听众都知道根本没有这样的事情。我们也可以讲某个故事，并从中传达某种观点或原则，因此，尽管故事本身并非绝对的真实，但是，它仍然能够帮助别人解决相似的问题。如果我给你讲一个关于幽灵的故事，我想我完全有可能让故事足够阴森恐怖，并让你受点惊吓，或是让你今天晚上多睁一小时的眼睛。除非你不同寻常地无知，否则你将不可能要求我向你展示或证明我所讲述的幽灵的真实存在。我想，我们都知道，幽灵只存在于我们的心里，现实生活中，很幸运地，并没有与之相对应的客观事实。

当我们提到幽灵时（顺便声明，幽灵故事的构思其实很简单，因为你早已了解了许多关于幽灵的事情），我根本没有必要向你描述幽灵的一般长相，因为，对此你早已十分熟悉：高高的个子，白色而无形的身影，或许拖着一根沉重的锁链，走起路来叮当直响，嘴里或许还时不时地发出低低的哀吟。当然，并不是所有的幽灵都是这副标准模样，但是，我的幽灵故事并不需要特别强调某个特定的幽灵。

有趣的是，你的心目中早就存在了一幅幽灵的肖像地图，而且，这幅地图与我的那幅并没有太多差别。同样，你的地图也找不到任何对应的客观事实，但是，它确确实实与你心目中的某幅地图一一对应。让我们停下来想一想这件事情，你会发现，它不仅神奇而且意义非凡。我无法想象，两只动物会有可能共享某种根本缺乏事实依据的思想。事实上，我根本不相信，如果缺乏语言这种媒介，类似的事情还能够发生。

"幽灵"一词，从学术上讲，属于普通名词。与"书本"、"青蛙"等词语一样，它表面上看起来，也属于一个指代某件具体事物的名词。因此，我们必须对

"幽灵"这样的词汇加倍小心，千万不要把它们与那些更具体、更实在的事物混为一谈。

除了"幽灵"以外，当然还有其他许多词汇，它们也同样缺乏明确的、客观实际的指代对象。其中一些，对不同的使用者而言，也许具有特定的含义。但是，由于这些词汇均属于高度抽象的概念，甚至位于抽象链上的最顶层，因此，我们常常无法沟通它们的内在含义。实际上，比较而言，"幽灵"就是一个确实的、能够精确定义的实体。

例如，你将如何去精确界定"神圣"？又怎样去测量"耻辱"？诸如此类的词语，它们本身可以演绎出各种各样的理解，因此，它们也就丧失了作为人之间交流媒介的任何价值，而它们对于人类的所有意义所在，均基于纯粹的个人理解。

我的一个朋友曾经给我提出一个建议，如果我们能够建立起争论的共同基础，并对某些一般性原则达成一致意见，我们便有可能在某种程度上消除人们观念之间的差异。（回想我们前面所讲过的照相机的例子，你应该知道，如果我们远离拍摄的对象，远离客观的事物，并选取足够广阔的视角，那么，我们总有可能模糊不同事物之间的差别，并让它们看起来一模一样。）在这里，我朋友的意思是说，我们首先对某些个别的观念达成一致，并以此为基础，逐步构建更深层次的共识。

如果这位朋友的建议，是指我们的共识体系可以从低层次的、客观的事实开始，那么，我相信我们的确开了个好头。也就是说，如果我们以我们所看到的、计算过的、测量出的熟悉的客观事物为依据，并由此得出对客观事物的逻辑抽象概念，我想我们完全有可能得出一致的看法。但是，我的这位朋友的建议，恐怕是说我们应该相信那些"伟大的、永恒的真理"。

那么，这些"伟大的、永恒的真理"是否能够被计算、被称量，被识别或被直接地观测到呢？我请求我的朋友为"伟大的、永恒的真理"下个定义，而他则告诉我，说我像他一样了解"伟大的、永恒的真理"的含义。当我进一步地请教我的朋友时，他生气起来。

这里，我无意谴责任何人，也不想谴责他们将那些不存在客观事实原型的地图当做宝贝的做法。相反，我认为，当提到"伟大的、永恒的真理"时，我的朋友或许的确在表达他的某种看法。但是，显然，我的朋友同时也没有把他的情感转化为低抽象层次的概念，他甚至不能够把他所讲述的抽象概念充分地表达或定义出来。一句话，他根本无法交流自己的这幅地图。

如果你心中的地图或观念，能够找到客观存在的事实原型，那么，我想，你应当能够向人们讲述一些关于这幅地图所对应的客观事实的某些情况吧。例如，面对一幅地理地图，你肯定可以向人们描述一下它所代表的地区，它的地形地貌特征，以及其他相对的地理位置等。但是，对于"伟大的、永恒的真理"，我们只有感叹语言苍白的表达功能了。如果你真的很珍视这幅地图，那么，难道你不认为，如果我们把这一伟大的标签具体化后，它将能够更好地为你所用吗？如果你能够准确地界定"伟大的、永恒的真理"，那么，你便能够在自己所遇到的实际问题中，具体地来检验它究竟是如何，并在多大程度上帮助我们解决每一个具体问题。

请不要误解我的意思，高层次的抽象概念自然也有它存在的必要和意义。就像我们观测具体的客观事实一样，人们总结事物的能力，以逻辑的思维从客观事实中得出结论的能力，以及从结论中推导出一般原则的能力，对于我们来说同样重要。但是，即便如此，我们仍然不应该将高层次的抽象概念与低抽象层次的概念混为一谈。我们当然不可以把"伟大的、永恒的真理"当做什么客观存在的事实。

第24章
Chapter24

超常复杂的机器

　　毫无疑问，人类的大脑恐怕是这个星球上最复杂、最奇妙的机器了！它能够观察事物，将事物分门别类；能够比较各种不同的地图，比较成千上万的事件，比较人们千姿百态的思想和印象等。通过其自身的运转，大脑将为我们构建起一整套价值观体系，并帮助我们判断各种价值观的异同。

　　价值观，是指我们赋予外部客观世界以及我们自身内心世界的各种事物或事件的优先次序。例如，我们并不会感到圣·弗朗西斯（St. Francis）的价值观难以想象。经济学的理论则试图以机械公式而不是以价值观体系来将人们的行为标准化。

　　人类发达的大脑，以及其超凡的工具——语言，组成了一部奇妙的机器。不仅如此，大脑的奇妙之处，实际上远远超出了我们大多数人的想象。多年以前，有位科学家发明了一部相当复杂的电子机器——"推理机"，但当他向世人讲解该机器的原理时，这位科学家却用相当抱歉的口吻解释说，他的发明充其量也只能算是一个"小小的低能儿"罢了，因为这部复杂的机器能够实现的功能，甚至不到一个低能儿的千分之一。我们利用电子计算机所完成的某些工作，以及正在开展的某些工作，让人不由得联想到人脑的思维方式。但是，迄今为止，却没有人提出或者暗示过，电子计算机能够具有人类抽象思维和推理的能力。

　　你的大脑以及我的大脑中，存储了无数我们直接观察到的事物地图；我们的记忆里，包括我们看到、听到、闻到、品尝到的……各种体验。除了这些低抽象层次的地图以外，大脑中还储存有基于这些低层次地图之上，并从中推导而来的更高层次的抽象地图，它们被大脑归纳、整理为不同的类别，有时，它们还被大脑打上互动连锁的记号。这些存储于大脑中的记忆，再次进行逻辑的演绎，结果便派生出更进一步的结论和推导、观点以及判断等。你将在各种地图之间，或是地图与新的客观事物之间展开对比。如果你察觉到外界客观事实的改变，你也会更新你的地图，更新你对客观事实的印象。同时，如果你能够理智地应用你的抽象思维，当新的证据出现并产生了调整需要时，你还会因此相应地调整你的观点和判断。

这里所说的某些判断和观点便属于我们所说的价值观。你或许拥有一套非常清晰的价值观体系，其内容涵盖了林林总总的事物。每次，当你购买一份报纸时，你实际上已不由地做出了价值观的判断：判断你所付出的钱究竟是值得你继续投资每天的报纸，还是留待其他用途。人们也总是在权衡，究竟是购买一台新的电视机合适呢，还是买一张起居室的桌子更好，或者是到佛罗里达州度过一个温暖的冬天更有意义，抑或是待到明年时到缅因州度假钓鱼？

生活中，我们无处不碰到关于价值的判断和决策。我们也许必须决定，究竟是继续忍受牙痛，还是去看看牙医；究竟是在家里度过这个夜晚呢，还是争取得到家庭教师协会的许可，去参加那里举行的会议。毫无疑问，哪怕是一个杀人犯，也需要在"消灭"敌人的痛快与被抓住、被惩罚的危险之间做出自己的价值判断和决策。

我们对某些事情的价值判断或许会高于另外的一些事物。绝大多数人都十分在意自己的家庭、汽车以及银行里的存款等。我们把这些东西看做是我们的"物质"财富。如果我们在学校里学习过经济学，我们便会知道，正是这样的价值观激励并决定了人们的行为。

你或许看过不少沉甸甸的、大部头的古典经济学书籍。那么，你也许早已熟悉了书中常见的经济学概念了，例如"边际收益"、"收益递减法则"、"供给与需求"等。通过经济学研究，我们甚至有可能准确地预测出商业和工业究竟会如何发展，哪个行业将繁荣推进，哪个行业又将衰退落后，以及在某个特定的体制下，人类社会究竟将如何发展等。

无疑，经济学理论中的确包含着大量的客观规律。有时，我们运用经济学的原理，将某些动量系统有效地隔离开来，进行独立的研究和分析，而忽略其他外界变量的影响。这一方法对机械装置的研究十分奏效（有用也有效），例如，我们可以假设齿轮处于理想的状态：没有间隙和误差，同时在运转中，也不需要克服任何阻力。我们在物理学中，学到过关于刚体的运动规律，尽管我们清楚地知道，现实世界中根本没有什么纯粹的刚体。于是我们提出各种假定，然后，我们说，这种或那种运动的规律"就像"我们所描述的曲线图。然而，不管事实与假定之间的出入如何巨大，只要我们大家都知道这些前提假设仅仅是人为的抽象概念，那么我们仍然能够利用它们来得出一个非常实际的结论。

换句话说，当我们为了研究齿轮、滑环以及杠杆的相对运动规律时，我们将忽略物体的质量、强度以及各个部件之间的摩擦力等因素，而这并不会影响我们得出正确的结论。我们将根据我们的研究结果绘制一幅关于机械装置的地图。同时，正如你所了解的，你也应该清楚地知道，一幅地图永远不可能等同于它所代表的客观事物本身，它也永远不可能滴水不漏地描述出它所代表的客观事物的每一个细节。

我们也可以用同样的方法来研究经济学领域中的各种运动规律，而不至于将那些同时作用于人类事务中的其他非经济变量，纠缠到我们研究的经济问题中来，致使我们所分析的问题复杂化。我们完全可以将人们的经济行为进行某方面的抽象，只要这种抽象不影响我们为此绘制的地图的有效性，以及地图与客观事实之间的一一对应关系。你的地图可以描绘一个饥饿的人为了一块上好的牛腰肉而辛苦地工作，你也可以证明，如果给他的报酬换做一块次等的牛排，这个人将不再心甘情愿地辛苦工作，而且，这个饥饿的人的胃口（以及牛排对他的激励），将随着他消耗的牛排数量而递减。

日常生活以及商业活动中，有许多现实的情况完全可以用经济学的原理来解释。但是，值得注意的是，我们同样也留下了太多不能够解释的情形！我想，大多数人都已意识到，当我们声称（尽管我们也未必深信）"金钱不是万能的灵丹妙药"时，普通经济学原理对此的辩驳竟是如此苍白和无力。

然而（一头大象实际上已将前门堵住，而我们看不到这一切），我们所受到的教育是，金钱"似乎"是万能的。这里的"似乎"并不像我们前面所提到的种种"似乎"那样确定。我们一面声称"金钱不是万能的灵丹妙药"，但是，当我们认识的某个熟人，由于热衷于裸潜或是水彩绘画，而放弃了一份很好的工作时，我们又会毫不客气地评价说，"这个人脑子一定出了什么毛病。"

要知道，人们并不是任何时候都追求金钱。金钱并不是我们生活中的最高理想。生活中，有很多时候，你并不愿意只以金钱来衡量事物。比如，你将不会愿意拿自己幼小的孩子与食人部落做交易。还有许多其他东西，你也不会拿出来与金钱做交易，这些东西对你来说，宛若无价之宝，你甚至无法给出它们的标价。

假如有人开出一个诱人的价格，向你购买侮辱和戏弄你所有朋友的权力。那么，究竟多少美元能够值得你为此失去所有朋友的尊重和友谊呢？究竟什么样的价格值得让你因此成为一个人人弃之、人人恨之、人人避之的小人呢？从这里我们看到，别人的看法同样很有价值，而这与经济学上的一般规律大相径庭。

如果你愿意成为某个国家的间谍的话，你将会因此获得很多人的尊重以及相当丰厚的收入。但是，究竟什么样的价格值得你为它出卖自尊呢？

一种动机究竟值多少钱，取决于"自我"安全或"自我"实现的代价——不是说你的肉体，而是指你身体里非物质的部分，即能够执行思考、感觉、概括抽象和评价等功能的部分。许多社会学家和心理学家都坚信（我本人也坚信，而且我认为，如果你愿意仔细地思考这一问题，你也会坚信），自我价值将是人们最高层次上的价值观。人们会为了金钱而拼命工作，会为了物质利益而战斗，也会为了赢得别人的尊重而谋划和奋斗，但同时，任何人都会保护自我，甚至为此牺牲自己的金钱、财产、家庭、名誉，如果有必要，甚至是生命。

人的"自我"生存的需要，而不是他的肉体和躯壳，构成了人类最大的激励和动机，它也是我们最大的价值所在。不过，你应该注意到，那些构成你的"自我"生存价值、"自我"安全价值以及"自我"实现价值的内容，并不见得一定会与街对面走过来的那个人相同。任何个体，在每种特定的情形下，都会产生和形成其个性化的自我保护和自我实现的价值观体系。而这一价值观体系，就像我们在前面所分析的那样，来源于长长的抽象链的逐步演绎。我们看、我们听、我们学习。然后，我们将观察到的各种事物和现象进行抽象和概括。接着，我们把这些初步的抽象概念总结和整理为不同类别的观点，并把它们与从其他的经验中得来的观点相互比较。

我们将注意到比较对象之间的相似性，同时，如果我们具有过人的洞察力，我们将能够注意到它们之间的差别。经过逻辑的思维，我们将得出某种结论，而这些结论又进一步演绎为我们对待事物的态度，并最终以观点、判断等形式表现出来。这些高层次的抽象概念便是我们的价值观；它们作为一个整体，构成了我们的价值观体系。当然，它们也正是我们自我价值的最终体现。

街对面走过来的那个人，没准是个身手不凡的职业扒手。这个家伙有可能，甚至是极有可能，早有一套自己坚信不疑的价值观。他让自己深信不疑，这个世界上所有人不外乎都是"骗子"，而自己也只不过是拿了那些本该属于自己的东西。不管怎么说，他毕竟还要负担妻子和两个孩子的生活。这个家伙把自己武装得无懈可击，其实，他也必须这般地武装自己，否则，他便将被迫去面对那些令人不高兴的社会公理，去思考生活的真谛。

与此相反，住在你隔壁的邻居，则是位好心肠的、尽心尽责的内科大夫。与扒手一样，他也必须负担妻子和孩子的生活。但是，除此而外，这位大夫却总是为那些需要自己帮助的人带来新的希望。同样，大夫的自我价值观也无可厚非。而且，大夫也如同扒手一样，必须为自己树立适合自己的价值观，因为自我安全对他来说也同样重要。

从你的个人观点出发，你可能认为大夫很高尚，而扒手则令人不齿。但是，你必须记住，这仅仅只是你个人的判断，仅仅是你把大夫和扒手归入鸽巢的标签。你仅仅是根据自己的价值观框架和标准对不同的地图进行分类。

我们说，人们都必须为自己找到适合的价值观。而我们每一个人的价值观体系都涉及方方面面、错综复杂的内容，它并不是简单的接触或是三言两语所能够表达清楚的。（"坏人也有很多优秀的品质，而好人也有许多不光彩之处……"）在卑贱的扒手身上，如果我们深入地了解他，我们也许也会在他身上发现许多甚至是符合我们价值观的高尚行为；无疑，我们同样也可能在高尚的大夫的行为举止中找出其卑鄙、令人不齿的一面。

至此，尚不是我们探讨人际关系的时候，但是我们知道，人们必须树立一个"无懈可击"的自我，即便这一自我毫无道理可言，人们也必须像拿破仑皇帝或是基督耶稣那样，执著地坚持自我的价值观体系。

第25章
Chapter25

意识的层级

⊃ 我们的思想就如同一个档案系统。最新的数据被置于系统的顶层,而以往的数据则被依次置于顶层下面的各个层级,也就是其原始记录的位置上。与我们所想象的不同,我们几乎能够以某种方式调出档案系统里所有的历史数据——那些我们认为自己曾经意识到的、尘封的记忆。即便我们只有四岁时,我们的大脑中也已经存储了无数信息,并早已学会足够多的本领来使自己"社会化"。我们学会了判断究竟什么是肮脏的、什么是美好的,以及其他许许多多的生存技巧。

与此同时,我们所受到的教育以及我们所经历的社会化过程,除非特别与众不同,都将把我们的思维拖离具体的、实践的领域,而走向概括的、抽象的空间。文化的整体趋势便是用抽象的地图来取代我们对客观事物的实践经验。地图本身将扮演安慰剂的角色,它向人们保证:太阳是围绕地球旋转的,而地球则是方形的。当伽利略向罗马教皇发起挑战时,人们的安全感和确定的信念同时受到了震撼,于是作为安慰,导师们更加不断地宣讲这些神圣的地图。

大多数的办公室里,你都能够在每一张办公桌上的文件夹或文件框中,发现许多当前往来的信函。许多答复过的信件,许多对方答复信函的复印件等,都将被归入到固定的文件夹中。时不时地,文件夹中的有些东西将被运送到存储室中的变速箱内封存。而大部分手头的工作都集中在处理当天的邮件,或者是最近一周的邮件。不时地,我们将查找桌上的文件箱,只有极为少数的情况,我们需要到储存室里翻找那些已封存的旧文档。

但是,这并不是说,这些旧文档就没有价值,或者说,并不重要。公司的原始章程或许就锁在存储室的某个保险箱里。而那些变速箱中封存的文件则收集了各种重要的记录、合同以及交流沟通的情况，它们也许随时都会派上用场。

我们的大脑也基本上以类似的方式工作。当然，你早已知道这一点。那些支配你意识的事情，大多数都在当天发生。你的思维将主要集中在手头的事情上。有时你也会回想起前几天发生的某件事，或是为下周制定计划。但是，你身边还随时发生着许许多多的事情，它们有的与你相关，而有的则没有引起你的注意。如果你全神贯注地听着留声机里的唱片，你很可能会完全忽略散热器发出的嗞嗞声。在某种感觉上，我们确实忽略了散热器的嗞嗞声，但实际上，我们并没有彻底忽略掉它的声响。如果此时有人碰你的胳膊，问你是否听到散热器的嗞嗞声，你会突然意识到，你其实早已听到了散热器发出的声响，你身体的某个部分其实一直都在倾听这一声响。

也许，你曾经有过阅读股票报价屏幕的经历。你只对其中的几只股票感兴趣。当你在观看报价屏幕时，你便会将注意力集中关注这几只股票，而根本不会去关注其他的股票。实际上，当有人问起你某些股票的名称以及它们的报价时，你的确会感到回忆这些信息的困难。但是，如果屋里的某个人突然尖声问道："有人看到某某股票了吗？"你很可能脱口而出："我看到它10分钟前以435/8美元的价格成交了800股"，而这一精确的回答往往连自己都吃惊不小。

这一信息究竟从哪里来的？那些你根本没有看到的东西，究竟是如何屈从我们的命令，而钻入我们的脑海里的？我们的各种感觉器官似乎总是不停地为我们捕捉信息，甚至是在我们根本没有意识到的情况下。

生活中，我们时时刻刻都能看到类似的现象。比如，当你在阅读的时候，你的大脑实际上也在同时收集其他各种各样的信息，例如家里那条来回跑动的狗，接近傍晚时，光线的逐渐变化，窗外汽车喇叭的鸣笛，邻居家的电话铃声等，所有这一切，从某种意义上讲，无时不在我们的大脑"监控"中，尽管我们的身体并没有为之付出任何努力，甚至你自己都没有意识到它们所处的"被监控"状态。你或许会说，你身边那些鸡毛蒜皮的小动静只不过是"由左耳进，从右耳出"罢了，但是，你或许已发现——就像我们中的大多数人所发现的，真实的情况并非如此，我们通常能够"神奇"般地"记住"那些我们根本没有刻意去关注的事情，而当这些记忆跌跌撞撞地闯入我们的脑海中时，我们往往只有惊叹它的神奇。

我们的思想意识具有层次性的结构，而这些意识却并非深层次的下意识的发源地。我们必须记住很重要的一点，那些锁在变速箱里，被灰尘覆盖了多年的文件中，或许恰好保留了那些至关重要的记录。如果你有少许空闲时间，并有兴趣尝试一些小小的试验，你可以挑选出你一生中某段"记忆"很少的时间（比如，你四五岁时的幼年时期）：在纸上写下你记忆中的几个地方，几个人，以及你做过的几件事情，然后，再仔细想想你能够想到的与之有关的各种事情。这时，你会发现，在那年久而尘封的记忆里，竟有如此丰富、如此醉人的故事。

  我自己大约在一年前，曾经尝试过对我自己四五岁的幼年时代的回忆。对于我当时居住在蒙大拿州的小镇，我只能勾画出寥寥几个模糊的印象。我能记住汉弥尔顿的锯木厂，苦根河（Bitter Root River）上的阵阵涟漪，沿河激流而下的圆木，以及石堆旁的浅滩。急驰而来的漩涡搅乱了静止的水面，激起了阵阵涟漪，最终一起奔向苦根河的主干道。平静的池塘里，黑色的蝌蚪在黄褐色的塘底游戈。锯木厂里，伐木工人从这根圆木跳到那根圆木，他们把圆木排列得整整齐齐，并一根根地送入锯木机，而一根根的圆木也在锯木厂尖锐刺耳的声响中销声匿迹。那些燃烧木屑的大火炉，就像一口巨大的发射井，通过它圆形的顶端，慢慢地冒出几许轻烟。冬天，我们在锯木厂的池塘里溜冰，冰刀的印迹告诉我们冰面上较薄的位置。迎着寒风，我们慢慢地步行回家……拉瓦里宾馆（Ravalli Hotel）：它外表看起来的样子，餐厅的布置，每日例行的菜单以及餐后在一张陈旧的就餐卡上切掉的小角、大街、马库斯·达利庄园（Marcus Daly Ranch）、华特·格雷戈里（Walter Gregory）家的帐篷、布强（Dr. Buchan）大夫。村庄上面绵延千里的苦根山脉，在暮霭中忽隐忽现……

  有这么多的事情跃然眼前，而我以前从不知道。对于那片空白的"记忆"，就在那一时刻，我一口气写下满满几页纸的回忆，不仅如此，我甚至还强烈地感觉到我所不能够表达的千言万语：它们从不曾被遗忘，也从没有丢失，它们只是被封存到了地窖的变速箱里。

  如果你曾经尝试过回忆过去，我敢打赌，你也能够挖掘出比你想象中还要多得多的记忆。你将会慢慢地回忆起多年前的那一张张熟悉的脸，和那曾经上演过的一幕幕场景。你会记起上幼儿园之前和你一起玩耍的小朋友的名字……最终，你会意识到，尽管这些发黄的记忆封存了太长的时间，但是，一颗年轻的心却总是拥有经久不衰的感觉，它们会伴随你很长很长的时间。

  如果你有位年长的亲戚，你就会知道记忆究竟能够"生存"多久了。老人们共同的一种经历，就是"仿佛回到了过去的生活"。我的姨妈依丝·帕特南，年事已高，她常常弄不清楚我究竟是在昨天还是在三周前去看过她。事实上，她常常把我和约翰叔叔、霍华德叔叔搅和在一起。对于每天所发生的事情，她看在眼里、听在耳中，但是，她那早已疲惫不堪的身心，却不再积极活跃地思考新鲜的东西了，她所吸收到大脑中的印象也日益稀薄起来。

你可以问问我那年迈的姨妈，关于她和她的第二任丈夫到墨西哥的那次旅游！当你拿起那只墨西哥制造的小碗，或者是那枚天然的绿宝石，或者是那套能发出响声的响尾蛇模型，依丝姨妈将准确地告诉你关于它们的各种信息：她和她亲爱的帕特南教授在哪个地方发现了那只墨西哥小碗，小碗的制造年代，以及小碗上绘制的土著部落的生活方式等。此外，你还将听到依丝姨妈宝贵记忆中的各种地方、各个日期，以及其他种种的细节描述等。而所有这一切，都是在依丝姨妈思维极端活跃和极端敏感的时期打下的烙印。我们越年轻，我们的学习能力也越强，我们所学到的东西也越忠实于我们。

前面，我们已经描述过我们对四五岁时的那段幼年生活的回忆，它同时也是我们快速学习知识的时期。从中，你可以看出，我们在四五岁大的时候，其实早已学会了许多的东西。你学会了走路和爬行，或许，你还学会了擦洗自己的背，或者你也学会了让自己的身体做出自己所期望的各种动作。你或许还学会了使用自己的眼睛，学会了识别那些对你的生活来说至关重要的脸，你甚至还学会了判断究竟谁和你站在一起，而谁又总是和你作对。你知道了什么是棒棒糖，什么是干豆子弹的玩具枪，什么是鸟巢，学会了围着草坪上的喷水器奔跑，也学会了玩游戏，甚至学会了打架。你已能够分辨各种不同的颜色，并喜欢上了某种好听的音乐。而最重要的是，你学会了说话，学会了理解我们所称为的语言这一奇妙的交流系统。

与此同时，我们四岁的时候，早已构建起了基本的、大量的判断和观点。那时，我们应该已经知道了滑稽和淘气，肮脏与美好。有时，我们靠直接的实际经验学到许多的知识，每一次"烫伤的手指和炙热的火炉"的经历，都教会我们：某种行为将会导致某种理想的或不理想的结果。

事实上，一个四岁的孩子，对于那些与自己有关的事情，早已经能够进行相当完整的抽象思维，并构筑出严谨的抽象链。例如，假设三年级有个小孩，十分霸道，专门爱欺凌弱小的同学，他经常穿一件红色的外套，每天放学后，他都会穿过院子抄近路回家。当他的身影闪现在篱笆墙附近的时候，一个四岁的小孩能够敏锐地感觉到威胁的逼近，并带着自己的玩具小狗和玩具车，早早地逃离院子。下午三点钟的时候，任何一个穿着红色外套的小男孩在篱笆附近的突然出现，都会引起小男孩避难的行为。为了安全起见，这个四岁的小孩，很可能会在学校放学之前，早早地收拾自己的玩具，回到屋子里去了。

我们这里并不是说，这个四岁的小孩在其今后的一生中，都一定要避开穿红外套的家伙，或是当他长大后，都会因此患上"午后三点忧虑症"。正常的情况下，随着年龄和经验的增长，这个小孩会慢慢地明白，"红外套"和"三点钟"本身并不是威胁的来源。但是，一旦我们幼小的心灵中，对某一事物形成了强烈的印象，并通过严密细致的教育和反复的强调，在心灵上打下了深刻的烙印，那么，要想改变这一原始的印迹则已不是简单的言语或是教导能够起作用的了，这一印迹将根深蒂固地停留在我们的心目中，在我们的意识中、潜意识中或是下意识中，都将牢固树立，永不改变。

我们称之为判断和观念的许多东西来源于这样的教育途径：我们首先学习到这些观念和判断，然后不断地、进一步地加深对它们的学习，而从未对此加以严肃地求证或质疑。这些判断和观念属于高层次的抽象概念、符号或地图，而根本不是什么客观的事实。但是，它们仍然如同客观事物一样长存不衰，甚至比大多数客观事实还要"经久耐用"。它们正是一些常常与我们的内心或人际关系相联系的词语。"好的"、"坏的"、"鬼鬼祟祟的"、"慷慨大方的"、"逃避推托的"等，便属于这一类型的词语，它们与社会伦理观念相伴，并带有强烈的赞同或反对的色彩。

有一个惊人的事实向我们表明，我们早期所学到的知识在我们的心目中是如何根深蒂固，那就是我们的味觉。很遗憾，我们每个人都不曾受过系统的味觉教育，你甚至可以把味觉看成是被忽略的感觉。对于各种气味，我们并没有太好的命名规则。人们通常会忽略包围在我们周围的各种气息，只是期待着，在丁香花和山梅花开放的季节，能够偶尔闻到它们迷人的香味，我们一般也不会有意识地走出门外，利用这一来自客观事实的抽象手段和思维方式。

气味在人们心目中似乎早已声名狼藉，它总让人联想到化学实验室里的恶臭，或是火车站卫生间内非同一般的气味，或是炎炎夏日里垃圾箱散发的浓烈气息。人们总是有意识地避开厨房，只因为里面充满一股饭菜的味道。甚至是那些让人愉快的芳香剂，也受到人们普遍的谴责，它们被认定与人们的性冲动有关。人们一般认为，嗅觉与其他感觉器官之间关系不大，不仅仅是关系不大，而且还有些声名狼藉，就像是你的酒鬼堂兄一样不受欢迎。生活中，以及我们所受到的教育，都不鼓励我们训练或开发这一重要的感觉器官。你或许早已听到过许多赞美咖啡的"芳香"的词语了吧，尤其是电视或电台广告里对那些知名咖啡品牌的吹捧。事实上，我们并没有真正地销售我们的嗅觉，我们往往忽视了它的存在，我们的文化氛围并没有给予嗅觉太多的注意。

但是，即便是缺乏后天的培养，我们仍然拥有嗅觉，即便是缺少后天的系统训练，嗅觉仍然能够在某种程度上有效运作，并与我们的逻辑思维中强大的观念机制牢牢地捆绑在一起。咖啡的芳香，如果你真的希望找回它最原始的含义，那么，你只要用一个手工研磨机试着研磨几粒咖啡豆就行（就像我们每天早餐时所做的那样）。把你的鼻子放低，吸一口新磨的咖啡豆所散发出的气味。这时，你的脑海里，调用的将是哪一幅地图呢？

记住，如果此前我们根本没有做过记录，那么，外界的任何激励也不可能得到调用的内容。我毫不怀疑，面对浓浓的新磨出的咖啡的芳香，我的孩子调出的，只会是一幅大牧场超市（Longmeadow Super Market）的情景。

显然，对于我的孩子而言，这正是与"咖啡豆的芳香"相关联的那幅地图。但是，对于我来说，或许对你来说也同样，这一嗅觉的外部激励则让我们回忆起另一时间、另一地点、另一个超市的另一幅详尽的地图。它让我回想起那个窄小的商店，满地的锯末，狭窄的过道两边摆满了长长的柜台。其中某个柜台的后面摆放着的那个带有金色字样的黑色漆布箱中，则装满了各种各样的咖啡豆和茶叶。商店前端的柜台上，有一台大型的研磨机，转动研磨机侧面滑轮上的手柄，你的咖啡豆将慢慢变成香浓的咖啡。高大肥硕的冯·胡里先生（Mr. Van Heule）愉快地站在研磨机旁，随时准备为你研磨一磅磅的咖啡豆，并把磨好的咖啡从研磨机下端的金属漏斗中倒入准备好的纸袋里。在商店门口附近，则是一盒盒迷人的饼干盒子，顶上开着个18英寸的口，或者有个玻璃做的盖子。在柜台后面的某个地方，则是一桶桶普通的饼干。店门口的柜台上，还摆放着许多可口的话梅和杏干。往里走，即商店的后面，则是肉食柜，柜台上有一个秤和无数的秤砣，卖肉的屠夫随时向人们提出各种建议："麦吉太太（Mrs. Magee），我们今天有些上好的排骨……要不，来点儿比目鱼？"头顶昏暗的天花板上，无数的小吊扇慢慢腾腾地旋转着，宛若遨游漫步在空中的直升机。每天中午，人们都习惯于看到查理叫嚷着："服务员！"而后应声从后门进入店内，手里拖着的那只木头箱子，装满了当天的所有供货。

所有这些都只不过是一阵咖啡的芳香所勾起的回忆，并来自一幅内容丰富的地图，一幅早已过时了的陈年地图。

你也许会想人们之间的相互关系，包括人们对自己的自我评价，也许都将对我们尽可能地靠近客观实际，或是尽可能地降低判断和观点的抽象层次起到重要的作用。

你也许会告诉我说，山姆·古德曼（Sam Goodman，作者这里意用谐音指代某个好人）慷慨而大方。但是，如果你能够向我详细地描述山姆所做的那些引导你得出他慷慨大方这一结论的具体事例，那么，这无疑能够帮助我得到更好的信息，并进一步地了解山姆，而最终得出我自己对山姆的理智看法。例如，山姆什么时候、在什么地方让你感觉到他的慷慨大方？在那一时刻、那一地点，山姆又具体做了什么事情，给你这种慷慨大方的感觉？

你也可能会告诉我，戴夫（Dave）是个不诚实的家伙，理由是他告诉妻子，他已在周一邮寄出了燃气账单，但实际上，他却是在周三的时候，才邮走的账单。同时，你也可能会认为迈克（Mike）也不诚实，因为他干脆就是个炸保险箱行窃的职业盗贼。瞧，我们对他们两人的形容如出一辙，都是：不诚实。而我们得出这一相同结论的事实依据却毫无相似之处。换句话说，也就是两件天壤之别的事件，也能够创造出纯粹的语言上的一致。

当我们还很小的时候，我们便已学会了种种判断性的词语，以及种种表达观点的词汇，另外，我们还学会了种种并不能够用言语表达，但能够体现赞同或不赞同的意见的表达方式。这些东西似乎是在不知不觉中，钻入了我们的大脑。也正是这些东西，构成了我们价值体系中不可或缺的重要组成部分，并帮助我们衡量和评价我们周围的世界，以及我们所遇到的每一个人，特别地，还包括对我们自己的自我评价和自我认识。

然而，这一价值观体系却并非尽善尽美，它最令人遗憾的地方就在于，当我们遇到究竟是选择地图还是选择客观事实作为检验我们的观点依据时，很多时候，或者说是绝大多数时候，人们都将选择地图，而不是实实在在的客观实际。

你也许会同意这样的观点，即在那些罪行最恶劣的罪犯中，从来不乏好心的父母、神圣的牧师（包括所有的部长大臣，以及教士或大师）、高尚的教师或是正义的律师。他们无疑是我们社会文化的楷模，为我们的家庭、教堂、学校或我们的国家鞠躬尽瘁。但是，从本质上讲，他们也仍然只是逻辑上的某个抽象的符号而已。

正如我们所知道的那样，我们所受到的教育，恰恰是把我们从客观的现实世界推入到这些高层次的抽象空间。当然，只要我们同时也能够意识到这一推移的过程，那么，我们也就不会感到特别的困惑。但是，我们的教育从未提及这一推移的过程。例如，当我们为某个事物下定义的时候，我们学会的是，把该事物归入高层次的、更高层次的抽象类别，如果我问你，这一"事物"究竟是什么，你会告诉我，它是"巴多"。"巴多"，到底是什么玩意？一只"拉布拉多猎犬"（Labrador，位于加拿大东北部）。当然，一只拉布拉多猎犬也就是一条"狗"啦！而"一条狗"也就是一只"哺乳动物"。一只"哺乳动物"不就是一只"动物"

吗？在我们所接受的教育中，并没有人明确地告诉我们，我们在每一个阶段的思维的演绎过程中所用到的"是"这一等同公式，早已在不知不觉中，将"巴多"、"狗"、"哺乳动物"、"动物"扔进了同一个大盒子里了，并把它们统统归入同一个模糊的种类中。所以，我们还用得着去猜想我们究竟是如何将类似的事物混为一谈吗？我们所接受的教育本身没有教导我们去观察事物之间的差别。我们也似乎没有必要再去猜想为什么我们总是不能够看清事物的本质，因为我们的教育本身便让我们远离客观事实。

如果你遇到了某些个人的问题，比如说找工作或是支付账单等，在仔细地研究了一番自己所拥有的资源后，你或许可能够自行解决。如果不能，你可以把问题提交到家庭会议，你的亲人或许会给你一些很好的建议或是物质上的帮助。如果你的家人仍然帮不上忙，那么，你也可以向你所居住的城市委员会申请帮助。（瞧，我们正逐步远离你以及你的某个具体而现实的问题，不是吗？）如果该城市委员会同样无能为力，那么，你可以试着向州委员会提出申请。在这一过程，你很可能卷入越来越多的红色地带，并有可能由此产生许多误会，而你的感觉则是越来越多的困惑。（为什么不呢？你已越来越远离你的个人问题的领域了！）如果州委员会对你的问题仍然束手无策，那么，你或许可以尝试着给某位议员大人写信，看看是否有什么联邦机构能够给予援助。如果这一行动仍以失败告终的话，你便只好上书联邦政府了。如果联邦政府还是没有任何回应，那么，你唯一的出路就只能是"听天由命"了。

实际的生活中，我们既有需要仔细地观察和关注细节的时候，同时，我们也会碰到需要高度抽象和概括的情形。不过，在今天讨论的这个找工作的案例里，我们唯有找到一份工作，才能支付房东太太的房租，才能购买新鞋，那么，究竟是什么更靠近这一客观的现实问题呢：是勇敢地面对自己和寻找帮助呢，还是"听天由命"。

在我们所受的教育中，"哺乳动物"的含义远比"巴多"重要，而"人类"也远比"自己"意义重大，同样，"原则"也比"行动"更有意义。一句话，教育让我们远离了外部客观世界的各种证据。

第26章
Chapter26

时光的回旋

与熊或海狸相比,人类学习知识的途径要多得多。我们不仅可以从直接的实践经验中学习知识,还可以接受指导和教育,从而获得相应的知识。我们也能够阅读那些记录和流传下来的书籍,并从中汲取祖先们的智慧。伟大的语言学家科日布斯基,将人类学习的方式称为"时光的回旋"。这一特征也是人类与动物的主要区别之一。

人类利用多种途径学习。最简单也最直接的一种学习方式便是通过实践和观察来学习,也就是说,通过观察事物、触摸事物或者闻嗅它们的气味来获得对事物的了解。同时,我们也能够接受教育,从中获得知识,例如听从老师的教导或阅读书籍。

从某种角度上讲,我们还有另一种学习方式,即将我们的实践经验或观察到的规律,或阅读,或别人教给我们的知识融合到一起,组合为对事物的新观点,对问题的新的解决方案,或是处理问题的新方法等。此外,我们还能够将以往学习到的知识通过逻辑的演绎或推理,从而抽象和构建为新的知识。

但是,无论人们怎样获得知识,在那许许多多高层次的抽象概念下面,却都必须拥有一个坚固的低抽象层次的信息基础。

我们可以将这些基础信息粗略地分为两大类,一类是我们直接的实践经验和观察记录,另一类则是与其他人交流而获得的信息。

第一种类型的信息完全来源于看和听,以及反复试验后得到的实践经验,这一类型的信息在一个孩子早年所获得的信息中,占据了绝对优势。而第二种类型的信息,则完全来源于他人。例如,一个孩子很容易从父母的命令、惩罚以及赞同或反对等的表示中，接受到大量信息，如："不要把鞋子放在起居室！""如果你总是这样东张西望的话，大家就不会喜欢你啦！""你应该爱你的小妹妹！"……事实上，小孩子们从早到晚都浸泡在"不许如此，不能那样"的教育中。在他生命之初的两三年里，他将接受大量的教育，其中大部分便来源于"大人们"的命令或指示，不许这样或不可以那样，等等。孩子们在社会实践中逐渐学习那门"如何交朋友及如何影响父母"的课程，尤其是如何与自己的父母交朋友以及如何给自己的父母施加影响。

最终，那些被反复强调的命令便逐渐被孩子们锁定为价值观。孩子们将逐渐意识到，自己必须依照这样的价值观行事，唯有如此，自己才会获得允许而不至于给自己惹上麻烦。他也将从中获得对"对"和"错"的判断意识。此外，他不仅将以这样的价值观来判断他人，而且，他还学会了以何种标准来评价他人。尤其特别的是，他同时也开始学会以同样的价值标准来评价自我。

除了这些构成价值观的要素外，孩子们还将被教育许多其他的事情，例如：计算法则，26个字母、花草树木、虫鸟百兽的名称、故事、歌曲、笑话、游戏、家史，以及1 001种不能够直接观测到、只能用语言表达出来的事情，此外，还包括父母在沟通和交流的过程中传递给孩子们的种种知识。孩子们渐渐长大，也渐渐学会了阅读，在阅读中，学会了与那些不曾谋面的其他人沟通和交流。

当且仅当此时，孩子们的人性，才真正地与小海狸或小幼熊彻底地区别开来。而不论是小海狸、小幼熊，或是其他任何动物，都只能够从直接的实践中学习知识。海狸爸爸或是熊妈妈，会给予自己的孩子直接的指导（尽管由于缺乏语言这一有效的工具，它们不能够像人类那样详尽地加以指导），但是没有一种动物能够或曾经能够开发出文字语言这一地球的奇迹。

正因为拥有了语言文字，所以，父母不必留在孩子们的房间里，孩子们也同样能够从父母那儿学习到众多的知识。哪怕父母出差千里之外，孩子们也同样可以看到父母留下的便条。不仅如此，最神奇的事情是：孩子们能够向那些早已过世的先辈们学习知识。一只聪明绝顶的海狸死后，它所有的智慧也将随它而去。而一位伟大的思想家则永远不会离我们而去，他的思想和智慧，将永远驻留在字里行间，永垂不朽。即便是千年之后，我们也仍然能够"聆听"这位伟人的教诲，并从他那深邃的思想中获得启发。

你和我都拥有这一通往过去的途径。我们大可不必依赖亲身体验或反复的实践来学会生活。因为我们不仅拥有与我们的父母、老师以及他人交流和沟通的手段，我们还能够追溯过去的时光，十年之前、一百年之前、五百年之前，与那些过去的哲学家、教育家、法律学家交流和沟通。

这便是科日布斯基眼里的"时光的回旋"。它意味着，一旦我们掌握文学语言的应用，我们便能够从字里行间接触祖先们震撼人心的思想和智慧。而我们中的每一个人，也就不必浪费精力，再次重复那些早已被祖先们证明过的试验。在很大程度上，我们被彻底地从"总是从头开始"的"悲剧"中解放出来。就好比一位年轻人，它不再需要白手起家，艰难而辛苦地构筑自己的基础和积蓄，而是在他15岁的时候，他便得到了一份可观的厚赠——一枚打开世界宝藏的钥匙。我们每一个人手中，以及我们的每一个孩子手中，都握有一把金钥匙，一把能够开启祖先们留存下来的知识和实践的宝库钥匙。在那些陈年的书本、书卷、草纸中，在那些古老的石碑上，或是庙宇或山洞中的石壁上，人类祖先的智慧和思想得以保留下来。只要我们学会读懂它们，它们便会融入我们的思想，构成我们知识体系的一部分。

当然，这也就意味着，我们能够在其他人的基础上、在他们故去的地方，续写人类新的生活。如果我们每个人都必须依靠自己的力量，从零开始推导各种数学原理，那么，我相信，人类的历史上将不可能产生任何大数学家。我们必须知道，是因为无数代人对数字和数学原理的不断探索和发展，以及其完整的记录，我们才能够在短短的几年中，掌握大量的数学知识，甚至超过那些古代的、大名鼎鼎的数学家所能够了解和想象的数学知识。这种情形并不只发生在数学领域，人类知识体系中的每一个学科都具有同样的"经历"。这就是人类最奇妙、最不可思议、最珍贵的宝藏。

一旦我们能够站在巨人的肩膀上开始我们的工作，我们也就能够为人类的知识宝库添砖加瓦。我们并不需要，我们也并不希望，我们中的每一个人都能够使我们的科学知识发生革命性的进步。但是，在我们的一生中，在美美地享受了祖先们呈上的一盘丰富的智慧美餐后，难道我们或者我们当中的某些人就没有可能为那个巨大的人类宝藏增添些许知识或做出些许贡献？

创造或提供一种全新的思想，对于世世代代的人们来说，无疑都是一个巨大的挑战。但是，也正是这种知识的不断积累与更新，为我们的生命创造了获取安全和保障的机会，创造了我们获得成就和幸福的机会；也让我们能够有机会丰富人类遗留给子孙后代的最可宝贵的遗产。

时光的回旋本身，也将永垂不朽。你和我，或是其他任何人所能够增添到人类知识宝库中的新发现和新思想，将不仅仅使今天的人收益，它也将成为人类知识体系中的一个永久部分，成为我们子孙后代最宝贵的财产。

第27章
Chapter27

停一停！看一看！听一听！

人类对待前人的经验和教诲的态度，一贯是庄严而神圣不可侵犯的。要真正做到有见识、有见地，我们必须不断地检验这些先辈留传下来的知识，并通过实践经验和实地观察不断地验证它们与客观事实的一致性。一旦发现出入，我们将以新的知识和新的方法来进一步修正这些有瑕疵的旧有知识。一句话，我们必须不断地更新头脑中的地图，不论这些地图对于我们的祖先来说，是如何的神圣不可侵犯。

与时光的回旋有关的这一切，听起来似乎有些神奇，但事实的确如此，如果我们确切地知道我们曾经做的，以及我们还将继续做的一切的话。

你或许还记得，在前面我们探讨低层次和高层次抽象概念的有关章节中，我们曾提到，客观存在的某些事实，如果你从更逼近的角度，近距离地关注它们，你将得到一个对它们的更好认识。而另一些事物，则更适合我们站在更远的视角，以更抽象的方式来观察它们。这两种观察事物的不同方法以及介于它们之间的任何方式，都有其自身合理的一面，及其具体适用的领域。重要的是，我们必须意识到我们使用的概念所处的抽象层次，从而避免不必要的混淆和困惑。

对于时光的回旋，我们也将给出相同的忠告。能够触及过去，并向我们的祖先，例如本杰明·富兰克林（Benjamin Franklin）、欧几里得（Euclid）、孔子（Confucius）等，学习到知识，自然是件再好不过的事情。但是，如果我们迷失了接触那些古老智慧的初衷，我们自己本身便将不再能够为时光的回旋做出任何贡献了。

我们应该注意与时光的回旋有关的几个方面。首先，我们应该注意到，所有那些书写记录并流传给我们的东西，都以符号（词语）的形式存在。符号本身代表一幅幅地图，人们假定它们能够在很大的程度上代表客观实际。但是，由于地图本身只是一种抽象概念，它们并不可能像客观现实中的事物那样具体而详尽。它们仍然遗漏了客观事物的大量细节。也就是说，它们同样不能够完全指代它们所描述的客观实际。

不仅如此，许多流传给我们的"历史地图"，它们本身就是地图的地图。当某位作者运用逻辑思维和推理，或是当他探讨某种判断和观点时，或许便会遇到精确描述和交流方面的困难，他或许会发现，自己很难像描述一个人或一只动物那样精确地描绘一幅地图的地图。现实生活中，甚至当我们面对的是与我们同龄的、接受相同的教育和文化熏陶的隔壁邻居时，我们也会发现，沟通和交流某种判断或观点是件极为不容易的事情。在我们处理那些来自远古或是来自另一个半球，以及那些来自不同文化的文字信息时，我们必须注意到，那些在作者眼里"合理的"、"邪恶的"、"神圣的"或是"奸诈的"事物，或许与我们今天所赋予相同的词语的含义大相径庭。

造成这一分歧的原因，则是我们处理的文字符号系统并不需要与每个人的理解完全一致。类似的情况，从事翻译工作的译者都知道，我们有时很难把握住作者基于某种不同的文化价值观，并以不同的语言所记录下来的那些符号的含义。同样，这也或许是因为在作者所处的那个特定的环境中，人们对于"合理"或"奸诈"的理解与我们当今的理解出现了出入或偏差。

在我们向祖先们的遗产毫无芥蒂地敞开心扉时，我们必须注意到另一个方面的问题：客观事实总是在不断地运动着。就像我们已经知道的那样，一幅地图所包含的一条最重要的数据，便是该地图所绘制的年代。在两幅同样详尽地描绘了相同地域特征的地图中，我们必须选择离我们时间最近的那幅地图，因为它描述了那些最新的地域特征变化。一幅1958年绘制的马萨诸塞州西部的铁道路线图，显然，比同一地区1940年版本的地图更具有指导意义。新的地图中，标注出了新修的收费高速公路，位于斯普林菲尔德市新落成的南端大桥（South End Bridge），以及大量在1940年版本的地图中没有（或不能）标注出的地域特征。

一位古代历史学家在他的著作中，为我们描述了一座城市，它坐落在一条大河当中的某个岛屿上。现在，这座古城或许只剩下了孤零零的一座纪念碑或几堵古老的城墙了，而它周围的河流，则远在几英里之外，早已改变了流向。我们说，历史学家所描绘的古城地图永远有效，只要我们在地图上标注上正确的日期。不过，作为对当今该地区实际地形地貌的描绘，它的准确程度、详尽程度都远远比不上国家地理学会（National Geographic Society）最新出版的地图。

运动是客观事物永恒的真理。《利未记》（Leviticus，基督教圣经《旧约全书》中的一卷）一书中，详尽地描绘了大量地图，它们涉及各种为人熟知的人类行为，如，生活中频繁采用的数百种命令和禁令，以及婚姻法、饮食法、与财产和遗产相关的法律法规，与保健和大众健康相关的法律规定，等等。这些法律和禁令的重要之处在于：它们能够在当时，首先将那些人们认为具有重大实践意义的行为以法律的形式规定下来，尤其是那些与基督徒生死攸关的行为。当然，当代的许多学者也都意识到，这些法律所适用的社会条件早已荡然无存，或是早已发生了变化，不再符合它们原始的法律陈述。

在我们所继承的各种科学原理和哲学思想中，我们会发现，其中许多思想和原理早已不再成立，原因是多种多样的：其中一个原因便是原理或思想本身的缺陷以及新的发现对它的更新和取代；另一个原因则是该原理或思想的前提本身已被更新的、更符合客观实际的前提代替；此外，初创时纯粹的胡编乱造也构成了这些原理和思想被推翻的又一个直接原因，它们从来就没有什么真实的可验证的依据和基础。

我们说，我们应该根据变化了的实际情况来不断地更新前辈学者们的发现，或是将后人的发现不断地补充到其中，但是，这丝毫不影响我们对前辈们的尊敬和爱戴。因为，正是这些为后人们开创了时光回旋的先驱们，带领着我们不断地进军未知的世界。试想，如果化学家们缺少了化学公式和化学元素的基础知识，他们将如何工作！天文学家如果缺少了最简单的望远镜，又怎能期待解决无边无际的太空之谜！如果缺少了基本的数学公式，那么，无论数学家们如何辛苦，摆在面前的也将永远是个解不开的数字之谜！所以，无论什么时候，面对那些在广袤无边的蒙昧的旷野里，为我们铺上第一条通往知识宝库铁路的先辈们，我们都必须摘下我们的帽子，致以我们最诚挚的敬礼，而不论这条铁道是如何地狭窄和简陋。当我们通行在现代科学和现代哲学宽阔的高速公路上时，我们不应该萌发任何念头去讥笑祖先们铺设的那条方向偏移、道路迷失的古老的、窄小的铁轨，正是沿着炼金术以及占星术的轨迹，我们的科学先驱们才得以行驶到化学和天文学的科学殿堂。不仅如此，在人类早期的所有思想领域，其实都充满着荒谬和错误。

几千年前甚至几百年前，时光的回旋并不像我们今天这样容易实现。这并不仅仅是因为当时缺乏电子计算机或高速传播的媒体，或印刷精美的书籍，或每个城市和城镇都建有的图书馆，以及我们今天拥有并可自由支配的传播和推广知识的所有机制,更重要的原因是一个不容我们忽略的事实,那就是当时的社会缺乏节约劳动的有效手段,因此,我们理所当然地认为,当时的社会势必不可能"容忍"太多的人去从事研究、思考或是著书立说。"悠闲"地学习对于他们来说绝对是一种奢侈的行为,只有极少数人能够"消费"得起。

在当时的现实条件下,我们不难想象,当一位伟大的教育家或哲学家出现在世人面前时,他所担负的工作是何等地重要,简直到了无以取代的程度。这样的思想领袖人间罕见,甚至要经历几代人,才会有这样一位伟人出现。于是,保存这位伟人的工作、他的语录、他的教导、他的发现以及其他所有可能的东西,也就成为最为重要的事情。遥远的古代,贤者的智慧只能够以口述的形式流传后世,父亲讲述给儿子,儿子再复述给儿子……

这里,让我们考虑考虑这种不可替代的智慧可能产生损失的危险。首先,人们不能进一步丰富和补充这一智慧,它顶多也只能够完整无损地传播下去。其次,在传播的过程中,只要出现轻微的变化,便有可能完全改变它们的原意。比如,漏掉了某个词,或发生了某种形式的变化……几代人之后,谁又能够说得清楚其中究竟遗漏了多少东西,或发生了多大的变形呢?

于是,对于这样的知识而言,严谨和古板便在所难免。而表达这一知识的词语,便也成为至高无上的天条,它绝不容许任何的改动。当今社会的客观现实,早已不再能够有效地验证那些古代知识与当前客观实际的一致性。然而,社会风俗文化的变迁,以及语言本身使用的演化,并不是那些神圣不可侵犯的智慧必须发生变化的全部理由。于是,尽管人们试图保护那些远古智慧的努力纯属无用功,人们仍然不断地发现,自己依旧在盲目地崇拜那些过时的科学、道德和法律。

这一问题引起了我们极大的关注,因为我们的教育方式在很大程度上,便存在同样的问题:缺乏创造和新意。也就是说,我们对于以往流传下来的知识的崇拜,既不正确也不客观。

要想正确地理解流传下来的"历史"知识的真正价值所在,我们必须考虑到这些知识在传播和翻译的过程中,所发生的错误和损耗。知识本身将允许我们根据条件做出改变以及用更新的知识来取代那些过时了的原始发现。唯有如此,我们伟大的知识积累的宝库才能够被赋予现实的意义,同时,它们也才能够应用于适合的前提条件下,或是应用于仍然成立的情形中。

下面是检验的规则:如果你接触到某个经验理论和观点,那么你最好把它们与你手头的各种信息进行比较。如果它们在理论上成立,那么不妨把它们放到当今的客观实践中进行检验,看看它们究竟是否适用。如果它们仍然成立,那么,就放心地使用它们吧！如果它们并不完全适用于当今的条件，那么，就看看我们必须对它们做些什么样的改动，以使它们能够为我所用。

我们能够为时光的回旋所做的一点点贡献，就是重新验证和更新人类的知识宝库。一味盲目地接受或愚蠢地应用那些几个世纪之前的指令和观点，而不是事先进行地图的检验以及根据最新情况做出修正，绝对不是尊重自我、尊重祖先、尊重知识的表现。

第28章
Chapter28

矛 盾

人类教育的总体趋向，就是教导我们"心无杂念"地接受社会现行的权威。换句话说，也就是让我们完全依照地图，而不是依照客观事实来立身处世。实际的情况也是如此，当地图（高层次的权威）与实际中的地形地貌（当前客观的观测结果）发生冲突时，我们最好按照地图行事，根据我们的导师或长者的教诲。男人以及女人们，总是喜爱确定的东西，而非真实的客观实际。

我们每个人的一生中，有时候确实会遇到这样的难题，那些前人的智慧与我们所感觉到的当前的客观现实之间产生了极大的分歧。我们发现，我们自己总是习惯性地强迫自己，将我们所看到的、所听到的以及所触及的事物，与那些至高无上的古人的智慧牵强地调和到一起。如果我们还很年轻，并接受过尊敬长者的长期教育，那么我们便会十分"乐于"拒绝那些从直接的实践中学习到的东西，而接受那些教给我们的教育，并如此聊以自慰："如果我放纵自己，反对那些伟大的哲学家，我势必会变得过于放肆，也显得过于无知了吧！"

当然，你实在太过于低估自己的实力了。我们应该承认亚里士多德（Aristotle，古希腊大哲学家，科学家）的伟大，但是，这并不意味着我们必须接受他所写下的每一句废话。毕竟，亚里士多德手中，并没有我们今天所拥有的高科技设备以及丰富的科学公式。他也不可能长生不老，从而得到足够的时光的回旋，使自己的探索之路更为平坦。从许多方面讲，我们今天某个普通中学里的实验室，以及某个接受过一般教育的中学生，都有可能掌握了超过亚里士多德所拥有的对人类和宇宙所面临的各种问题的理解。同样的方面、同样的原因，现代空军飞行员所拥有的攻击能力，也将远远地超过汉尼拔（Hannibal，公元前247—183年，迦太基统帅）和他所有的大象。

当你听到或读到某位古代权威的文章时，你应该尊敬他们。你大可不必嗤之以鼻，或是当即抛弃。但是，与此同时，你完全有权利对此加以各种途径的验证，而且，如果你希望这些信息能够加以现实的利用，这同时也将是你的一件必不可少的工作和义务。然而，遗憾的是，很少有人教育我们去进行这样的检验和验证，从来没有。不仅如此，我们反而常常被教导，不要去进行这样的检验和验证。我们所接受的教育教导我们"心无杂念"地接受社会现行的权威，我们所接受的教育还教导我们应该完全依照地图，而不是依照客观事实来立身处世。当地图（高层次的权威）与实际中的地形地貌（当前客观的观测结果）发生冲突时，我们的教育便指导我们最好选择和接受地图。

汉斯·克里斯汀·安徒生（Hans Christian Anderson）的童话《皇帝的新装》是个广为人知的故事。概括地讲，故事描述了两个骗子，他们说服了朝廷以及皇帝本人，让大家深信，只有纯洁的心灵才能够看到他们为皇帝织出来的新衣服。朝廷上下一片惶恐，人人自危，唯恐自己心灵不纯而看不到皇帝的新装，于是每个人都声称自己看到了皇帝的新装。直到有一天，一个小孩子好奇地问道，为什么皇帝会赤裸裸地走过大街举行巡游时，人们才承认了事实的真相。也就是说，如果社会的权威宣告，皇帝确实身着好看的新装，而人们眼里的皇帝却赤身裸体，那么，大多数人会拒绝承认他们亲眼看到和观察到的事实依据，而附和统治权威的公告和宣言。

每一个孩子，在其成长的历程中，都必须面对这样的冲突，即自己所接受的教导或自己从书本上读到的东西，与自己所看到的客观事实之间的冲突。作为公民和社会的一员，他将受到这样的教育：在民主的社会下，人们如何自由地选举那些最有能力的人来从事公共事业，所以人们应该忠实于这样的民主决议。也许，对于一个小孩子来说，接受这样的宣告是件最自然不过的事情，因为他自己并没有什么机会去深入探究事实的真相。但是，对于成年人来说，他们竟然会永不停止地崇尚这一高贵的谎言，并把它当做实实在在的客观事实一样来维护它、保护它，这实在是让人费解的事情。甚至是生活在一个偏僻的小镇，你也会发现，人们所推举的小镇议会的候选人，也仍然是那些无知的人或明显腐败的政党——与人们为竞选和公共服务所构筑的那幅地图有着天壤之别。如果你曾经为马萨诸塞州的地方议会大选服务过，你便会知道，通常情况下，那些竞选公共政府官员的候选人中，根本找不出一位最适合于那些普通标准合格的候选人。然而，人们却一如既往地继续崇尚我们自己所构筑的那幅美好、纯洁、美丽的地图，而毅然决然地拒绝脚踏实地面对现实。

人们偏爱地图、忽略客观实际的态度和行为是如此明显、如此突出，很难想象人们在日常生活中竟会感受不到这一点。然而，这又是另一头大象，一头我们大家都理所当然地避开它侧身而过，或从它的身下爬过，或从它的头顶翻过的堵住前厅门口的大象，我们仍然看不到的大象。

人们崇尚诚实，认为它是一种美德。但是，人们总是将注意力过多地放在了某某人是否诚实这一论断本身上，而不是去关注某某人在什么时间、什么地点，究竟如何表现。我们说起慷慨大方来的时候，那神情似乎慷慨大方可以与具体的事件或事实割裂开来，独立存在似的。而当人们提到纯洁时，也好像纯洁可以存在于真空中一样。

我们所接受的教育教导我们，原则凌驾于具体的行动之上。我们所接受的思维训练要求我们树立崇高的理想，似乎那些高高在上的词语比我们生活的方式以及我们所做的一切都重要似的。

进入某个股票交易市场，人们常常询问的问题之一便是，"市场现在怎么样了？"而不是"南太平洋公司走势如何？"或者"琼斯和劳福林的股市战绩如何？"如果有人问你："你认为当前的股票市场走势如何？"而如果你回答是："你究竟对哪只股票感兴趣？"那么，这位老兄一定会大为恼火。他所需要的，并不是某个能够检验或确认的信息，他只需要一个泛泛的、大帽子的一般概念。

在我们处理法律案件的时候，我们并不是把具体的某个人，把他们复杂化的生活问题，或是他们个别的困境，当做具体的案例来对待。绝不！我们从来不是具体地分析某个人的特殊情况。我们只是去查看我们的标签，以及我们的地图，并在每个罪犯的脸上贴上相匹配的标签或地图：他或许是个杀人犯，又或者是个强奸犯，还可能是个夜贼，等等。究竟从什么时候起，人们开始更多地以一幅地图为依据，而不是以我们所搜寻到的某个人的人生具体经历为凭证，去了解人们的行为和痛苦，去获取对那些令人沮丧的人类问题的解决方案？夜贼A与夜贼B难道会一模一样？将夜贼A等同于夜贼B，或夜贼C，或夜贼D的归类方法，是否能让我们得到一幅足够清晰的图画，以表明夜贼A不合乎社会规范行为的动机呢？仅仅把我们的研究局限在对几幅文字地图喋喋不休的争论中，是否能够让我们得出一个现实的、能够解决现代犯罪的方案呢？要知道，这些固化在法律书籍中的地图绘制完成的年代，甚至早于第一辆小轿车的问世，其中大部分早已年久过时了。

哈哈！但是，它就是权威，就是例外。就是我们几千年积累的智慧。

很好。当然，这些人类积累的智慧确实具有相当的价值。但是，如果某桩案件的具体事实（例如一个十几岁的年轻小伙子，于1958年3月29日，星期六上午11:15分时，在麦迪逊西大街（West Madison Street）上打架斗殴一案），与人类积累流传的最高智慧或许发生了严重的冲突，那么，此时此刻，我们将会做出什么样的选择呢？我们是否应该去仔细看看，眼前发生的这桩打架斗殴事件的具体情况？

当统治权威的声音说道，"不允许回击"，而不可动摇的事实却摆在面前："为你的生命出击，否则你将会死去！"此时，你不得不陷入两难的境地。你或许应该顺从祖先们的教诲，你也可能为自己的生存而战。但是，无论如何，当我们面临抉择的时候，我们都必须做出最后的选择。如果你的选择，早已被长期的教育和习惯锁定在那些古老的智慧身上，而从不考虑具体的环境条件的适用性，那么，你永远不能够真正地做到公平无私。

每周日出版的《今日周刊》副刊本杂志，都会刊登一篇专题文章，其中一篇出自一位著名的福音传教士之手，名为《我为什么相信恶魔的存在》。这位德高望重的福音传教士给出了三个具体的理由：①《圣经》上明确地指出恶魔的存在；②传教士本人能够在每一个地方发现恶魔的杰作；③一些伟大的学者也认可恶魔的存在。

看起来，只要《圣经》上有过声明，那么，我们也就没有必要寻找任何物证了？！我们知道，《圣经》其实经常使用比喻或象征的手法来描述事物。我们甚至还能够肯定，《圣经》的作者并不见得能够像我们今天一样了解外部的客观世界。不可否认，它的确是一种权威，但是，它是否经受过今天客观条件下的检验呢？这位德高望重的传教士又是否曾经尝试过，去赋予"恶魔"一词具体的、物质的含义呢？我们又是否确切地知道我们所讨论的话题究竟是什么？而且，是否由于某个"伟大的学者"对恶魔的认可，我们就必须永远地记住这些黑暗中摸索到的理解和信念，而根本不去考虑它们在今天明朗的客观事实面前，看起来是如何地荒谬而可笑？在《我为什么相信恶魔的存在》一文中，耶稣的使徒保罗被列举为伟大的学者，作者把他赞誉为"历史上最伟大的基督学者之一"。他生活的年代已经相当久远了，难道在这位伟大的学者身后近两千年的时间里，我们就没有任何机会接触到某个恶魔？

难道还不清楚吗？《我为什么相信恶魔的存在》一文的作者，早已将地图与客观事实完全混为一谈。他为自己构思了一幅"真实的"恶魔的肖像图（这里，"真实"的意思即物质地存在于外部的客观世界），而每每提到这幅肖像图的时候，就好像它是某种可以观测到的客观事物似的。明摆着的事实表明，恶魔其实只是人们心目中存在的某种虚幻，某种代表了我们的文化中，各种非社会性的或为社会所排斥观念的高层次的抽象概念？当传教士声称他能够看到恶魔的杰作无处不在时，他的意图究竟何在？难道他的意思是说，他所看到的周围的人们的种种行为，完全不符合他脑海里的那幅正确而有教养的人类行为地图？

如果人们所倡导的细致严密的教育，致使人们只会以大帽子的形象比喻作为标准来判断事物，那么，我们又怎能指望人们能够理智地对待自己的邻居、家人，包括他们自己呢？我们知道，这些形象和比喻的论断，除了文字上的争议以外，根本无从考证。如果人们总是生存在虚幻编织的图画中，根本不屑于去查看任何事实证据，只是干脆闭上眼睛看世界，盲目地听从那些近代科学之前的某位圣明的神秘著作，我们又怎能指望人们能够正确地对待原子时代的国际问题，或是正确地对待现代生活中的经济现象，以及正确地对待股票市场的生死沉浮呢？

如果我们能够清楚地知道，自己所做的，只不过是在比较我们所看到的客观现实与我们自己的价值观体系中的地图，那么，我们便不妨相信罪恶的存在。如果我们并不想使某种更真实、更形象、更个别的罪恶之源具体化（我们前面提到的传教士在这一点上阐述得极为详尽，他根本没有意识到自己所说的只是某种符号）。我们只需要教育人们更看重地图的价值，而不是客观事实的意义。而重地图、轻实际的这种做法，其后果便是越来越远离客观现实。远离客观现实不就是远离理智吗？

毫无疑问，那些高度抽象的概念自有其用武之地，比如，如果我们引用"恶魔"这个词来指代我们所憎恶的一切事物，一切都无可挑剔。唯一需要注意的，就是千万不要将符号和外界的客观实际混为一谈。

人们必须了解这样一个事实：我们今天有无数的孩子所接受的学校教育以及无数的成年人所接受的各种形式的非学校教育，都具有把一片面包变成或转换成一块肉的高超本领，而且，这种转变并不仅仅是符号或修辞比喻手法的应用，而是确确实实地变成现实中的"客观事实"。当今现代社会的人们，以及我们国家中的人，都受到过这样的教育；即便人们亲眼见到的以及品尝到的，甚至在实验室里所得出的事实依据已然表明，这块面包在物质的外部客观世界里，"仍然是块面包"，他们也必须拒绝这些直观的观测事实，而接受古老的、宗教般神圣的指导和教诲。他们所接受的教育教导他们：最好心无杂念地接受和坚信古代圣明的教诲，放弃对客观事实的再次验证；最好偏爱那些抽象的地图，而忽略现实中的地形地貌；最好放弃物质的世界而接受精神的事物；最好不要先看然后才相信，也不必搜寻客观世界中的各种事实证据……

你也许会说，仅仅基于信念基础上的教育以及吻合祖先教旨的教育，难道不是为了应付不断变革的现代社会的一种万全的准备？你能相信，那些甚至是在遥远的过去，都未曾帮助人们实现和平与友谊的哲学理念——"用心去信仰，无须用眼看"，会在人类的生存问题变得错综复杂的今天有所作为？

当然，我们也没有必要将此类高度抽象的道德或精神上的目标拒之门外。但是，当我们教导人们将非物质的事物等同于物质存在的事物时，我们同时也就是在教导人们以非理性的态度看待问题，不论教育的具体内容究竟是夫妻之间的性生活，还是教堂里的恶魔，或是对市场的评价，直至我们生活中的方方面面。

某些读者或许还记得，多年前的那场疫苗风波吧？当时，有人发现了一种新的方法，它能够使人类免受可怕的天花病的侵袭和折磨。但是，对于某些人来说，这种新方法却与祖先的教导相矛盾，于是那些虔诚的反对者们，齐心协力地、长年地反对疫苗的推行。类似的情况还有，马萨诸塞州的北安普敦市（Northampton）曾经爆发了一场闻名全国的论战，其中心主题便是祖先们的教诲与现代知识在饮用水加氟问题上的分歧。根据某位先哲所绘制的那幅语言地图，在饮用水里添加"老鼠药"的危险行为，既违反常规，又邪恶狠毒。这幅地图意义如此重大，以至于所有公众记录、所有州政府或联邦政府的权威，以及所有药物学会以及口腔学会等专业机构出示的报告，都无助于改变人们的看法。如果人们坚持按照地图一意孤行，无论有多少客观的事实依据，又怎能影响到人们的观点呢？

当前，地球面临着严重的人口问题。关于地球的物质资料的生产能力，人们一般认为，它基本上符合算术级数的增长规律，而人口的增长势头却符合几何级数的增长规律。各项铁证如山的证据均表明，人口的增长将会超越地球的生存极限。这种状况势必引起世界性的贫困和营养不良，并在所有对生存绝望的心灵中制造紧张情绪和敌意。

但是，我们究竟该如何看待世界和平以及反对战争的问题呢？我们是否做到了公正无私地查看所有的事实依据？又是否能够接受那些经过现代科学验证的客观事实？我们是否能够勇敢地面对这一残酷的问题："我们究竟打算如何对付出生率？"或者，我们再次退守到近代科学之前的神学家所提倡的完美的哲学推导，根本不考虑这些神学的卫道士所生活的久远的年代，以及那时人口危机甚至还没有浮出地平线上的事实？我们是否应该掏出那幅古老的地图，郑重其事地发行出版，并向世人宣告，按照古老的教诲、"神的旨意"，人类无须节制，增加人口，生育后代，天经地义。

这便是我们所谓的，把地图的价值看得远远高过地图所指代的客观实际本身的一个典型例子。

本书实质上是一本市场学的丛书，或者说它至少是围绕市场的问题来展开叙述的。商场上，如果你一味地接受那些你读到的书本知识，或是那些你从其他商人和会议室里听来的经验之谈，那么，你便注定了赔钱的命运。在古老的教诲与客观现实的分歧面前，如果你不愿意或是不能够勇敢地面对它、修正它、必要的时候甚至拒绝它，那么，你也只能被淘汰出这场现实的商场游戏。

生活中，有些时候，如果你始终坚持以地图为准则，并始终拒绝看一看客观实际情况，那么你甚至有可能损失掉比金钱更重要的东西。比方说，你会因此而付出你的生命、你的修养，甚至你的人性本身。

因此，我们必须停止将地图置于客观现实之上，或是重符号、轻事实依据的做法。这并不是说，我们将全盘否定我们所继承的传统的思想精髓，我们早在前面的章节中便指出，它们无疑是人类最大的遗产。我们所要做的，只是验证，只是将这些古老的智慧放到当前的条件下检验，并反复确认它们的适用性。一旦检验未能通过，我们便必须根据现实的客观条件随机应变。

我想，我有十足的把握说，这正是我们伟大的先辈、伟大的思想家们的思维方法。摩西（Moses，《圣经》故事中犹太人的古代领袖）、汉谟拉比（Hammurabi，人类历史上第一部法典《汉谟拉比法典》的立法者）、伽林（Galen，古希腊名医及有关医术的作家）、牛顿以及基督耶稣等先知和圣人，哪一个不是集时代的智慧于大成者，哪一个不是依据当时的客观环境重新评价和陈述了前人的思想而最终得出了自己伟大的哲学思想！如果这些圣人能够和我们一起，生活在今天的社会里，那么，你究竟是期望他们仍然只重复那些他们早已在其他地方、另一时间以及不同的客观条件下所说过的话？还是期望他们去做一些我们今天必须做的事情：重新审视客观的现实，把我们的地图升级到最新版本呢？

在前面的有关章节中，我们已探讨过高度抽象的地图、符号，等等，我们知道，它们中的一些早已被人为地拖离客观现实，以至于根本无法为它们找到外部客观世界的依托。关于符号学说一个很平常的例子，就是"他们"一词了吧。那些频繁出入股票经纪人办公室的人，有规律地频繁使用着"他们"，你会经常听到这样的言论：利用竞选的时机，"他们"将采取托市行动；年报出来之前，"他们"将售出所有的股票；"他们"将利用股市探底之际，全面建仓，等等。

信用卓著的股票经纪人，以及纽约交易市场本身，早已深受"他们"一词松散性的、误导性用法的干扰之苦，并开始警告机构和雇员，要求他们抵制"他们"

一词的非严谨的使用。甚至对个别案件做出了严厉的惩罚。大而抽象的词语的使用，如"他们"一词，很容易导致一幅错误的图像的产生，一幅关于华尔街神秘行踪的地图的出现，这幅地图具有无穷的财富、无穷的聪明才智以及无穷的力量，而这种无穷的力量，或许只是某种天真的假设，几乎能够随心所欲地操纵整个华尔街。

最令人奇怪的是，人们极少会质疑："'他们'究竟是谁？"如果有人敢于提出这一问题，人们心目中这一遮天盖地的魔鬼恐怕早就化做一股水蒸气，消失得无影无踪了吧？但是，人们却对"他们"坚信不疑：认为在幕僚政治的背后，必定有"他们"在做手脚；在公众的观念以及道德问题上，也必有"他们"的身影。面对险恶的"他们"，以及"他们"的阴谋诡计的恐吓，许多人都交出了脆弱的答卷。

"他们"，也如同其他高级抽象名词一样，并不是我们常常指代的他们，如"那三个孩子"、"隔壁的邻居"，或是"佩恩、韦伯、杰克逊和科蒂斯㊀"等等。虽然听起来、看起来，这两个"他们"声形貌似，但是，抽象名词的"他们"早已脱离了现实中活生生的人。试想，谁有把握正确地说出，远处阴影中移动着的那个模模糊糊的东西究竟是什么？而事实上，正是这些模模糊糊的、拿不准的东西导致了我们的失败，并致使我们经常地犯错误，一贯地损失金钱。"他"，一定就是"他们"中的一员。

如果有人告诉你，说"他们"正在对股市或某只股票做这做那，那么务必请他帮你找出"他们"究竟是谁，并弄清楚"他们"究竟何时、以何种价格买卖哪只股票。如果你的消息源对此不能够提供任何证据，或是根本无法指出客观的事实依据，那么，你不妨毫不客气地告诉他，让他滚蛋（因为他所说的，纯属于高级抽象概念）。你最好将他的建议当做耳边风。

那些根植于我们幼小心灵里的若干高级抽象地图中，最为"耀眼"的一幅便是关于政府比商人要诚实得多、可靠得多、道德得多的坚定信念。我们不知从哪儿获得这样一种观点，认为美国政府是全世界最纯洁、最清廉、最令人尊敬的组织。与此同时，我们中的大多数人还被灌输了这样的看法，即只有贪婪、腐败，以及个人私欲的过度膨胀，才会激起创办私人企业的野心。这就是书本上的教旨，就是我们在公民课上学到的东西，它们即便不是直白地宣告于世，也是隐蔽地暗藏在话里话外。而这似乎也早已得到了世人的认可。

㊀ 经纪人事务所名称，大约成立于20世纪50年代。

政府债券？——世界上最安全的投资方式！以及美国最保值的词汇！这种说法是否涉及商业道德？我们究竟相信谁呢，是税收的权威，民意调查的委托人，还是富豪阶层的傀儡本身？一个唯利是图的商人与一位人民的公仆——政府的官员之间，在字面上究竟是怎样的含义呢？

人们并不一定要使用眼睛、耳朵或是其他手段去窃取情报，才会成为一个叛国者。我们国家以及其他国家的政府债券，早已臭名昭著，它们或是受到黑幕操纵，或是颠倒是非、谎报信息，有时甚至干脆拒绝偿付。20世纪30年代时，便发生过一起美国政府拒绝履行义务和承诺，拒绝以黄金支付政府抵押债券的恶劣事件。有人鼓吹，政府债券的收入完全免税，但是实际情况是，政府债券这张小小的纸片上所包含的信息并没有被彻底揭示开来。为了向全国公众推销债券，我们的政府发动了种种宣传攻势和广告攻势，并以类似于"今天节约75美元，10年之后，你将获得3倍的本金"的标语来误导人们的决策。如果仅仅从数字上看，美元的数额绝对正确，但是，对于多多少少总在实施通货膨胀计划的政府而言，这样的说法便免不了有误导之嫌。有人说，这是一种有意的误导，而人们则毫不含糊地推导出这样的结论，即现在把手头的积蓄"投资"出去，希望将来能够得到更多的回报，拥有更多的购买力。实际的情况则是，人们到头来发现，即便自己拿到了当初承诺的本金和利息，自己所拥有的实际购买力却下降了。种种类似事件的接连发生，很难让人相信政府债券的清白无辜。

我们知道，政府拥有复议合同、重新研究或重新考评先前某项决策的特权。政府的承诺甚至不具备普通商业合同的强制性和权威性。民主自治的人民能够感受到集体自治和集体力量所带来的快意。而事实上，他们最好满足于这样的快意，因为从很多方面来讲，他们个人所拥有的自治和力量都是极为有限的。

在华尔街，曾经发生过多起数额巨大的诈骗案，历史上曾经上演过的种种关于人的欺骗和虚伪本性的伤感故事，也都在这里公开表演过。尽管如此，我还是猜想，私人企业种种欺诈和恶劣的本性，是否能够足以概括政府的各种幕后行为。总之，我猜想，长期来看，私人企业是否会比政府拥有更为清廉的历史记录呢？大量的私人企业仍在依靠私人的信用相互交易。买卖股票或是买卖商品的书面合同，也被默认为必须遵守的诺言，尽管其中一方有可能因此而受到极大的损失。在华尔街或是拉什利（LaSalle Street）大街等，人们之间的相互尊重以及自重，使得多方保密协议的执行和维护得以顺利完成。而政府的每一起暗箱操纵案以及每一桩腐败事件，其间成千上万的交易程序，也似乎都符合人们所接受的规则和惯例，不存在任何问题。

在政府部门中，我们发现，围绕其办理的每一项手续，总存在一种质疑的氛围，似乎每个人都有偷窃的本性。不论你在邮局花费了多少钱，那枚小小的邮戳都不能够保证你的邮件安全到达。办事员的工作也受到监视，一套复杂的凭单系统以及重复检查的机制用于防止偷窃和欺诈行为的出现。

在市政厅或州议会，你也将发现同样质疑的氛围以及反复的检查和烦琐的办公程序。只要是政府插手的事情，似乎都会感染上卑鄙的政治习性，或是小偷小摸的盗窃的嫌疑以及与海关检查员、税收员、邮局办事员等相伴的对公众的敌意。显然，私人企业既没有政党派别，也没有神圣的光环，而在政府部门领域，除了所有的检查和单据以及窥视孔和公民服务代码外，我们还能够惊异地发现，在政府官员的花名册上居然拥有相当多的皇亲国戚。在政府预算的项目中，也仍然有大量无法解释的灰色地带，例如新型的投票机、雨水管道的安装、警察摩托车的购买，以及军用工具，甚至马桶座圈等。

咱们的人民公仆对待"自治"的人民，除了敌意和缺乏礼貌外，他们似乎还从这些自治人民的手中直接或间接地偷走了相当多的东西。或许，这种偷窃（或者说是准偷窃，例如某个假想的为市政服务的全职工作——编外的消防队员）对于养家糊口，弥补他们低下的固定收入来说，十分有必要。因为政府以及公民服务人员的名义收入，通常要低于私有企业员工的收入，这早已是一个不争的事实。但是，我们为什么宁肯将这种名义收入视为实际收入呢？当我们把孩子们带到邮局大门，让他们羡慕用大理石和金属装饰得富丽堂皇的政府办公室时，我们为什么不同时向我们的孩子们讲讲，那位面对着长长的队伍，坦然地坐在小窗户后面，吝啬而低效率的政府办事员呢？为什么我们总是大讲什么不屈不挠的坚定决心，要在任何的情况下准时地送出所有的邮件，到头来，我们总是发现，不是火车稍微晚点，就是遇到了暴风雪，不是碰上了假期，便是冬天的流感，总之，所有这一切都严重地影响了政府的邮政服务？

为什么我们给予市长、州长以及国会议员等政府官员至高的荣誉，似乎他们比当地百货商场的经理或是工厂里的某位工程师更优秀、更重要？没有人会邀请一位牙医去为毕业班的学生做演讲。也从未有人见到过任何一位保险推销员站到演讲台上。那么，究竟是什么，使得市议员或州议员的头衔，比在市中心大街上经营热狗摊的工作更"光荣"呢？我们究竟使用什么样的价值标准来衡量人的价值呢？是谁更好地服务了他的同胞？这里，我并不是暗示所有的热狗摊主都比所有的市议员或州议员活得更有意义。我只是想由此引出我的困惑："我们究竟应该以什么样的标准来评价人？"

我们知道，历史上也有很多有能力、有见地的人，他们在公共事务领域做出了杰出的贡献。但这并不是我们这里所探讨的问题。我们的问题是，是否一个人只要既成当选政府公职这一简单的事实，或者某一债券被确认为政府赞助发行这一事实，便理所当然地披上了一件纯洁的外衣，以至于人们都大可不必花费任何精力去判断或质疑它们的价值了。于是，呈现在我们面前的，便常常是那些错误的、被修饰过的地图，而给予我们的指导则是尊重这些地图，不必去做什么客观事实的验证。

　　为什么我们要构建这些美好、纯洁，但根本不现实的图画呢？如果你愿意的话，我们完全可以构筑一幅"我们的民主"的美好图画——一幅地图。我们崇尚美好的理想世界。我们也愿意去幻想一个和平而安详的社会，在那里，人们完全为了自己的需要，以及社会的共同需求而共同工作，人们从来不会堕落到为了个人的私欲而抢劫自己邻居的财富。我们热切地期望，我们的政府官员都能成为伟大的政治家。我们也希望我们的市长能成为勇于奉献的、有能力的领导者。我们向往一个效率高、能力强，而且诚实可靠的政府，同时，这个政府还能够尊重和公正地对待它的每一位公民。

　　所有这一切都是人类美好的理想，也是值得我们为之奋斗终生的远大目标。同时，它们也是我们希望能够成为现实，也正在努力使之成为现实的一幅幅地图。但是，地图毕竟只是地图，即便我们把它们等同于客观存在的现实，或是主观地假定"因为我们说它是"它就确确实实是，我们也仍然改变不了它们只是一幅虚构的地图的本质。

　　如果我们希望解决那些给我们带来巨大压力的问题，或是政府部门高额开销的现实问题，以及选举中的腐败问题，车辆停放的问题，校园拥挤的问题，犯罪的问题以及其他问题的话，那么，我们要做的，首先就是查看问题的客观状况，而不是查看某幅地图。如果我们发现市长本人曾经是某个高利贷组织的前合作人，或是在他的档案里发现了各种受调查甚至是犯罪指控的记录，我们必须查清所有的这些情况，并应该意识到，这并不是政府官员的正常地图。

　　或许，我们至少应该对政府与商场做一个总体的对比。我们可以问双方一些最基本的问题，如："如果我必须找到一个我信任的人，来帮助我解决一些个人问题，那么，在我所认识的商人当中，我会选择谁呢？""在我所认识的政客当中，谁又值得我信任呢？"

　　要知道，在某些城市、某些州，如果你希望自己能够在政界取得成功，或者只是想获得某个卑微的政府公职职位，你也务必拥有某种上层的过硬关系，它或许明确地（以非书面的形式）要求你具有某个家族的出身背景（或与某个家族没有任何联系），或者要求你具有某种宗教的或家庭的姻缘关系，等等。试想一下，如果波士顿市的市长是一位犹太人！试着构思这样一幅图画：一位阿拉巴马州（Alabama）的黑人州长！⊖

华尔街上，可能或者说毫无疑问也存在歧视的现象。但是，当走进经纪人的办公室，存入了你的保证金，并下单"以市场即时价买入100股美国钢铁公司的股票"，或是"卖出800蒲式耳（容量等于8加仑）芝加哥5月份的大豆"的时候，没有人会询问你的社会地位，或是查问你究竟是罗马天主教徒还是正统的犹太教徒。不论你是男性还是女性，不管你穿着华丽还是邋遢，也不论你年轻还是年老，没有人可以对你"强加一个字的评论"或从你身上榨取一分钱的便宜。你的钱，与下一位顾客的钱毫无分别，不比它好，也不会比它坏。正是在华尔街，而绝不是在市政大厅或州议会，真正的民主得以执行，没有言语上的夸耀和吹嘘。

那么，我们是不是到了停止将地图当做客观事实的荒谬做法的时候了？是不是到了先看客观实际，而后再得出观点和看法的时候了呢？

一句话，我们难道不是到了该停止说废话的时候了吗？

⊖ 自1998年起，开创了合法的民选黑人州长的先例。

第29章
Chapter29

放弃以人为中心的宇宙观

⊃ 高级的抽象概念,是不可加以测量的,犹如一家"优秀的公司"一样,我们根本无法去实际测量。解决此类词语的模糊性和不确定性的唯一途径,便是达成双方协议,明确它们的具体定义。除此以外,我们没有任何其他办法,来解决不同的人为自己所构思的不同的地图所造成的分歧。

前面的章节中,我们已经探讨过各种层级的抽象概念以及它们之间的相互关系。同时我们也已经看到,我们既需要计算和识别个别的树木(低层次的抽象概念),也需要以全局的观点去透视作为树木总体的森林、并得出其一般性的特征(高层次的抽象概念)。我们中的大多数人所遇到的困难,大多数出自于对不同等级的抽象概念的混淆。究其原因,便在于我们将"幽灵"等同于某个具体的客观事物,把"恶魔"当做是具体的某个人,如此等等。

在我们的私人生活中,尽管我们接受了大量的教育,但是,"自我"仍然是最中心的、最重要的因素。我们必须学会与自我相处,以及学会尊重自我。同时我们还必须学会与别人相处,因为在与别人相处的过程中,自我实现了其自身的扩展:一个人在认同他的邻居时,也同时认同了自我。在处理与邻居的关系时,我们每个人手中,都握有一条自己的"黄金定律"。这同时也是各种宗教思想中的一条基本定律。

只有少数伟大的哲学家,能够把对"普通人"的认识延伸到人民大众的"普通生活"中。按照阿尔伯特·史怀哲(Albert Schweitzer)的说法,他不仅对人类充满友善和友谊之情,而且对地球上所有的生物也都拥有类似的情感。在此,我们不一定有必要去思考，究竟是什么东西造就了阿尔伯特·史怀哲眼中的超级人性，但是，我们应该认真地想一想，我们中的大多数人究竟是为什么、究竟是如何为"人类"贴上如此具有至高无上重要性的标签呢？如果我们非要把自己捆绑到狭隘的"万物以人为中心"的哲学理念上，那么，我们势必还将重复前人所犯的错误：自以为是地认为地球是宇宙的中心，理所当然地，太阳、群星以及遥远的银河系都围绕其旋转。

人们早在孩提时期，便有必要学会抽象和理解自己与外部客观世界的关系，理解自己与全人类、与作为抽象概念的人类之间的关系。如果我们能够从更广阔的视角看待宇宙万物的关系，并把人类和动物统统看做更广泛的、被我们称为生活的范畴下的一个组成部分，那么，我们的思想境界将升华到更高的层次。如果我们还能够把树木、蕨类植物以及海藻类植物也包括到生活的范畴中来，那么，我们的地图将再次得到扩展。如果我们最终能够理解"我"和"人类"，以及"动物世界"、"其他生命"以及"所有的生物"都属于同一世界屋檐下的重要组成部分，那么，我们自此便已获得了一个广博的宇宙观。

如果我们能够将大自然看做是概率学、热力学以及相对论等各种规律作用下的结果，那么，这无疑将有助于我们对大自然的理解和热爱。我们将不再骄傲地自以为，小鹿生来便是为了让猎人捕杀，而鱼儿来到世上，也理所当然地要被谋杀在自己的家园。我们将会树立起对世界最起码的尊重，并获得对自己尊重而诚实的自我评价，而不是给自己带上虚假光环，夸大妄想地认为自己就是高高在上的"特权生物"。对于我们而言，最重要的，便是能够正确地看待自己与宇宙中的其他生物之间的真实关系。我们没有必要妄自菲薄，以为自己不过是大千世界的浮尘，将自己打入自我谴责的地狱，以为自己就是个卑贱的罪人。同时，如果我们能够正确地看待自己，为自己找到合适的位置，那么，我们也没有必要以上帝的孩子或是仅次于天使的生物等自命不凡的吹嘘来给自己的脸上贴金。如果我们希望获得理智，那么，我们就必须首先学会理智地思考问题，而不是给自己戴上那顶修辞上的金色皇冠，并对我们那略微缺乏天赋的动物世界的表兄弟们耀武扬威地耍威风；当然，我们也大可不必穿上麻布口袋的破衣烂衫，为自己是个人而卑躬屈膝地活着。

一个理智的人将充分地认识到，自己究竟是什么，而自己与大自然的其他生物之间的关系又如何。他还将学会足够的技巧，让自己成为自己身处的这个环境下，适应性最强的生物体。这也就是人类的目标。它不仅仅是一种普通的情感，同时也是所有人类努力的方向。

第30章
Chapter30

必须获得理性

我们的大脑中,既有理性的成分,也有非理性的因素。这些非理性的东西来源于一个洗脑的过程。洗脑者这一角色的扮演者并不唯一,围绕在我们周围的文化气息、我们所受到的正规或非正规的教育,以及那些为了自己的个人利益,为了阻止任何使自己受到威胁的新知识,而随时准备焚烧每一个伽利略的现实中的力量,等等,都是高效率的、合格的洗脑者。通往真正理智的唯一途径便是彻底粉碎那些强加于我们眼睛上的眼罩,睁开眼睛看清世界。商场上,生活中也同样如此。

每当我们提到"精神失常"一词的时候,我们的脑海中,便会自然而然地调出一幅这样的地图:一座高大的灰色的建筑物,矗立在城镇边沿的小山坡上,一些极度狂躁的危险分子被安置在铺满软垫的病房里。感谢上帝,你和我如同我们的邻居一样,心智健全。

我们?真是这样的吗?

列举出你的十位朋友,从合理而正常地适应他们所处的环境角度来说,你认为他们心智正常。再列举十位你觉得能够意识到自己生命所有价值的朋友。此外,再列出另外十位朋友,在他们身上,你看不到任何的精神不正常、酗酒、家庭不和睦、病态恐惧、性生活不和谐以及其他个人问题的迹象。

我们假定,任何人都具有正常的心智,除非经过专业机构的鉴定,确认为精神失常,并被安置于某种机构内。哎,如果真的只是这样,该有多好!

当人们长年所受到的教育,都在指导人们不要睁开眼睛去看清楚我们所必须生存其中的这个世界,而只需要接受那些我们祖先所积累下来的指令、格言和谚语、法律和道德、宗教和迷信等，那么，我们又凭什么指望人们能够适应他们的生活呢？在人们早已被灌输了大量非理性的思想和观点后，在人们甚至被禁止看一看，或讨论客观的事实依据之后，我们又怎能指望人们心智正常呢？

你是不是对此持有异议？你是不是觉得我们似乎确实拥有自由的思想、自由的言论以及自由的舆论？那么，就让我们来试想一下，如果你试图公开地谈论性行为，谈论上帝的存在或是生育的控制，或是谈论民主制度以及刑法，以及其他一系列含有强烈情感在内的种种话题，例如放任自由的资本主义，以及高尚的马克思主义等，那么，你认为会出现什么样的结果呢？尤其是，当你的结论具有支持那些被广泛地认为是谬误观点的倾向时。

你确实可以就这些话题出书立著，或是发表言论，条件是你的观点与人们一致认可和接受的观点保持一致。你不太可能彻底地表述你所持的反对意见，因为你将为此遭到社会的排斥甚至更糟糕的"待遇"。如果你能够收敛你质疑的锋芒，或是软化你的辩论的措辞，并将你的观点隐含到世人眼中无伤大雅的方面，那么，你也许可以针对上述话题，发表你的意见。由于我们所受到的教育教导我们非理性地思考问题，那么，我们也理所当然地被禁止完全理性地发表我们对某些话题的观点。

我们悄悄地埋葬了人类所遭受的某些痛苦，只因为我们被禁止对它们加以谈论。然后，我们便试图以精心修饰过的语言，以及尽可能不去查证基本疑点的态度，来解决我们的问题。为什么查平（Chapin）要杀害那两个小孩？为什么斯塔克韦瑟[⊖]会在内布拉斯加州（Nebraska）铺下一条死亡之路。为什么俄罗斯会如此不友好？为什么价格会持续上涨？我妻子为什么对我如此冷淡？股市为何总是狂跌不止？

我们不能回答你的问题，因为我们的嘴早已被打上了封条。也没有任何一家报纸敢于直言不讳地给出这些问题的答案。我们唯一能够给你的回答，就是那些我们从小儿科似的教育中推导出来的答案。但是，错误而扭曲的教育并不可能产生理性。理性，意味着男人充分地意识到自己作为成年男人的身份，而女人则意识到自己成熟女性的本质，它并不是我们能够想象，或是可以自以为是的东西。我们必须为此付出努力，并在从限制、培训、教育以及教化的枷锁中解放出来的过程中，重新获得理性。

在此，我们对教育曲解理性的做法进行了无情的抨击，这也许会吓坏那些沉

⊖ 影片《杀人清洁工》中的角色，是一个天生的杀人狂。——译者注

溺在传统和遗训高墙中的人。如果我们理性地对待商场，对待我们生活中的其他事物，那么，**我们就必须鼓起勇气，敢于打破传统的束缚，重新检验，如果有必要，甚至抛弃那些沿袭下来的最高权威。**

如果我们能够彻底地从强制性地盲目遵从教育的戒律中解脱出来，我们便能够学会睁开眼睛看清楚我们面前的真实世界，并根据我们的亲眼所见得出我们的判断和评价。如果我们所看到的客观事实符合我们所接受的教育，那么，前辈们的经验将让我们受益匪浅。但是，**如果我们所发现的事实依据有悖于我们的教育，那么，"理性"的做法便是拒绝教育，而接受客观的事实依据。**

这就是理性的方向，也就是我们努力正确看待股票市场，正确看待我们周围方方面面的方向。

第31章
Chapter31

思维的过程

学习事实,而不是学习分析处理的过程:这便是我们所受到的多数教育所传递的信息。这种记忆和回味式的学习方式,实现了智慧和宗教观点的世代相传。

或者,我们换一种学习的方式,睁开眼睛、开动脑筋,带上批判的眼光观察世界,并将收获的知识、观点以及真相等投入到具体的实践中进行检验和验证。然后,基于我们所接收到的信息以及我们所观察到的现象,抽象和概括出我们的结论和观点,得到一幅我们自己的真实地图。

在这一思考的过程中,我们要非常小心地处理不同抽象层次的概念,分清客观现实与理论地图之间的区别,辨明验证过的理论与假想的观点之间的不同,认识到神圣不可侵犯的事物与令人怀疑的事物之间的差别,以及辨清能够用科学方法验证的观与必须发挥大无畏逻辑分析才能够推理出来的结论之间的差异,等等。

过去几年里,许多杂志纷纷刊登了一系列的文章,探讨传统的、文字的教育模式与实用的、实证的教育模式之间的相对价值。我很奇怪,为什么我们不换个略微不同的方式,或稍有区别的标签,或稍加区别的含义来探讨这个主题呢?

回顾传统的教育模式,并考察当前的教育现状,我们便能够看出教育的总体发展趋势。其间,最能引起我们思考的东西,恐怕就是对数字、演讲、诗篇以及战役的描述等,与我们能够直接观察到的当前事物或事件之间的强烈反差了吧!

当然,我同时也意识到,我们其实也并非直接得到对客观事物和事件的认识,事实上,我们不仅需要我们以往的经验作为我们评价现状的有力手段,我们还需要借助于别人传授给我们的外来经验,但是一个能够脱口背诵出1 673种不同植物的种、属、目名称的年轻生物学家,与另一位总是花费每一个下午去潜心观察一棵豆类植物生长和发育过程的年轻生物学家之间,显然存在巨大的差别。

对于绝大多数人而言,教育只是一件究竟能够将多少数据归类整理并填入大脑的事情。某些学校的成立本身似乎便是这一思路的体现。"不必在乎去看!只要会听就行!"("学习地图就好!尽管把客观事实扔到一边去好了!")正是这样的"教育"导致了人们喋喋不休的争论:为什么装满金鱼、悬浮在水中的鱼缸,其重量反而不及同一只悬浮在水中且没有放入金鱼的鱼缸呢?(事实并非如此,但是曾经引起过激烈的论战。)类似的情况诸如:为什么男人的牙齿会比女人多呢?为什么一只大铁球会比一只小铁球下落得快呢?为什么一个男人有可能比一只乌龟跑得快呢?或者一根针尖上,究竟能够站立多少位天使呢?

大量的学校教育仍然以记忆大量有据可查的资料数据为主。一旦需要再次复查,你将能够在《世界年鉴》(*The World Almanac*)、《韦氏大词典》、《肯特百科全书》,以及其他合适的参考书中重新查找到。事实上,我们在学校里学到的许多"知识",很可能在我们此后的一生中都不会再次被调用到。以我自己的人生经历为例,自念完8年级之后,就再也没有人考问过我第一届奥林匹克运动会举行的具体时间了。我也不明白,我究竟有什么必要一定要了解法国历代君主帝王的座次顺序。如果我有必要给出美国内战时期的主要战役的有关数据,那么,我尽管到图书馆去查阅便是,不论我自己是否了解战争的前因后果,找到这些资料都是件很容易的事情。

广播和电视节目中,那些巧舌如簧的节目主持人为我们勾勒出了这样一种幻觉和深刻的印象,即教育就是:你究竟能够说出多少个18世纪的小说家的名字,以及1928年民主党提名的副总统候选人究竟是谁,等等。

着重于记忆力的训练和开发的教育模式,并不是一种能够培养和激发人们的创造力的教育模式,也不是一种能够引导我们更多更好地理解我们周围世界的教育模式。

教育人们理解生命和生活以及理解人们所居住的这个星球,并不是件容易的事情,它远比教育人们掌握原子的质量,或是学会使用换算表以及不规则动词表等要复杂得多,它势必涉及对生活现象的直接观察,对抽象概念,有可能包括多个层次的抽象概念,与以往经验的比较,对事物之间的相似和相异性的识别,以及对从教育和书本上所学到的知识的充分应用等各个方面。

在我们幼年时期,我们往往通过直接的观察,或者通过信号和手势以及奖励和惩罚的过程,学会判断事情的可行性或不可行性。此外,通过语言的交流,孩子们也从别人那里学习到大量的知识，不仅包括各种事物或各个地方的知识，还包括各种观点、判断和价值观的建立。同时，他还积累了大量"可做"和"不可做"的行为准则并建立相关的价值观体系。然而，正如我们所看到的那样，很大程度上是由于语言的本质所致，这样的学习方式，也就是抽象思维的方式只能够让他得到一个模模糊糊的理解。

对于一个孩子来讲，最重要的，就是尽快让他意识到，自己的某个想法究竟是与自己所了解的哪种客观事实相对应，而哪种想法又指代哪个结论或是哪个从客观事实中得出的推论。简而言之，也就是说，让他真正地理解他所了解的一切。如果人们真正地注意到，自己头脑中的某种坚定信念，或是某个固执的偏见，或是某种根深蒂固的价值观，究竟是如何落地生根的，那么，他们也必定能够为这些信念、偏见或是价值观标注上合理的解释。我那年事已高的姑姥姥有句格言："贪婪能让你发财"，而这，明显与气象局的天气预报分属不同的抽象层次：过去的24小时中，布莱德林菲尔德（Bradley Field）地区的降雨量为2.5英寸。来自某个家庭的观点认为，他们的乔治叔叔是个浮躁不安分的家伙，这一判断显然与我们具体地考证乔治叔叔去年一年中，已换了9份工作的事实迥然相异。前者是一个高度抽象的判断和评价，而后者则是一份数据翔实的报告。

你将注意到，这份关于事实真相的报告毫无真实的必要。乔治叔叔也许在去年一年内换了12份工作而不是9份工作，或者，他根本就没有工作（不过，只要需要，你完全可以查找到有关的记录，查证乔治叔叔的行踪）。至于乔治叔叔究竟是不是浮躁的问题，并不需要任何外部权威的认证，因为这只不过是仅存于某个个别人头脑中的一幅地图罢了。

在我们学习如何理性地、系统地思考问题的过程中，最为重要的基本功便是充分地意识到抽象概念的不同层次，并时时刻刻保持清醒的头脑，弄清楚自己究竟是在接近客观事实的层次上思考问题呢，还是从个人推测和个人观点的高度抽象的角度上来看待事物。就像建造一座房屋，刚开始打地基时所需做的工作，显然要比封顶时所需要做的事情坚实得多；同样的道理，最初步、最原始的资料，也就是最基本的资料，它们来源于最初级的观察和个人的直观经验。在此基础上，我们添加入那些通过交流和沟通得来的他人的观察和经验，如果有可能，将它们与客观的事实进行直接的检验，并根据独立的检验标准加以判断。如果我们听到的某种观点、所接受的某种教育来自于一个令人质疑的权威；或者我们所采用的原始凭证年头久远，或是具体的条件和地点有所变化，那么，或许我们便应该给我们所获得的信息打个折扣，或进行修正，而不是简单地照单全收。

如果我们对于抽象概念所处的层次有一个起码的认识，那么我们将能够因此而避免许多严重的情感陷阱。我们应该知道，"枫树"比"这棵银灰色的枫树"抽象，因此，我们便不可以把适用于枫树的每一个普遍特征，统统强加于后院里的那棵特定的银灰色的枫树上。此外，我们也应该知道"枫树"的抽象层次低于"树"，而所有与树有关的特征也并不都适用于枫树的一般特点。

尤其重要的是，我们必须将层次差别很大的抽象概念区别开来。"慷慨大方"与"乔给了乞丐50美分"很不一样；"美德"与"她从不和除了自己丈夫之外的男人睡觉"也截然不同；"成功"和"他赚了100万美元"的概念也迥然相异。

如果我们能够首先构筑一个客观信息的强大基础，并在此基础上，对这些客观信息进行抽象和归纳，并逻辑推导出某些共同的特征，那么，我们便能够进入更高的抽象思维的层次，从而得出我们对事物的结论。从这些结论当中，我们形成了自己的观点和判断，而这些观点和判断，反过来，也就决定了我们对待事物的态度，以及我们在各种环境下的行为举止。

在逻辑思维和推导的过程中，我们必须进行总结，我们也完全可以大量地采用符号、比喻、类比以及其他有助于构建有效地图的所有工具，来帮助我们理解客观的外部世界，以及理解外部的客观事物对于我们个人的意义。只要我们所采用的符号、比喻、类比等工具，能够在外部的客观世界找到真实的、可验证的对应物，我们便完全可以认为，我们已经成功地构建了一幅有效的地图。我们唯一需要注意的便是地图的本质，也就是说，我们所构建起来的地图、符号等，并不能够超越或取代其所代表的客观事实本身。

就像一位建筑师，建造了一个微型模型，并绘制了某幅图纸，以此向世人展示其所希望构建的建筑物的宏伟蓝图；或是一位工程师，利用数学公式和图表来简化事物之间的复杂关系一样，我们正是利用了那些高度抽象的概念，来构建我们深刻的思想。

我们所能够尝试并利用的抽象工具多种多样，除了几个简单的原则而外，几乎没有任何的限制：

1. 我们可以用某个高层次的抽象概念来指代低层次的客观事实的某种特征。但是，我们必须注意，辨清不同层次的抽象概念之间的区别；

2. 如果我们打算把头脑中的抽象概念应用到外界的客观现实，我们必须首先确保，外界的客观现实当中必须存在地图所适用的客观事实。诚然，我们也不是完全没有理由构建那些根本找不到客观对应物的地图。许多哲学的以及数学的猜想都基于纯粹的假设条件上。只要我们不是牵强地把理论上的地图等同于客观现实，一切都不会有问题。历史上早已有许多这方面的例子，尤其是在化学、物理以及纯数学领域，许多基于假设而得出的理论，最终得到了实际的应用。历史上也曾经有过许多这样的例子，人们基于假设的基础而构建的地图，最终得到了人们后来所揭示的客观事实的验证。这让我们想到了历史上的许多发现，例如，早在确实找到自然界中的某种元素之前，人们便已借助分光镜发现了它的存在；重力场上的光行差的发现；以及非欧几里得（non-Euclidean）学说的黎曼几何（Riemann）以及罗巴切夫斯基（Lobachevsky）等理论的提出，都在后来的实际应用领域得到了验证和大力的应用。

我们所观察到的客观现实必须与我们所得出的结论保持一致。我们知道，**外界的客观实际本身并不存在任何的不一致性。不一致性以及矛盾性只有一个来源，那就是人们的错误认识和错误观点**。因此，有人会说，某个街区有4幢房屋，而另一个人则得出有6幢房屋的结论。如果我们决定，将鸡舍和茅房也计入"房屋"的话，那么，就像第二位观察者所看到的那样，共有6幢房屋。但是，不论观察者的结论如何，也不管我们的评价怎样，客观存在的事物本身并不存在矛盾。仅仅是在人们对事物的定义，以及对事物的说法当中，才最终产生了矛盾。正因为如此，一个有序的数学系统以及科学分析的系统，必须首先构建起一个没有内部矛盾的定义体系。

第32章
Chapter32

高层次抽象概念的模糊性

一个高度抽象概念的意义,完全取决于它的使用者。如果你和我,准备就"成功"以及"必要性"等主题展开富有成效的讨论,那么,在钻入牛角尖之前,我们俩首先必须就这些高级抽象概念的定义达成一致。而如果我们讨论的主题为"铅笔",那么,一切都将变得十分简单。

这里,让我们更深入地剖析高级抽象概念。前面的章节中,我们曾把它们比做照相机里的远景视野,并与近距离视角下的客观实际形成鲜明的对比。由于高级抽象概念远离所观察的客观事物,因此,客观事物本身的细节将被忽略或遗漏。极端情况下,客观事物的细节特征将全部消失,或是变得模糊不清,以至于人们很难给予它们精确的定义。显然,在这样的情况下,人们几乎不可能相互沟通和交流这些高级抽象概念的意义。

在宗教领域,我们经常遇到许多诸如此类的词汇,如"优雅"的造诣等。"优雅"一词,乍看起来,似乎是个普通名词,但是它与"铅笔"或"马"等一类能够精确定义的普通名词大不相同。我们无法对优雅加以测量、称重,或是确定它的尺寸、温度或是电传导特性等。股票市场上,我们频繁地听到如"绩优"公司、"高成长性"股票等的专业词汇。这些词汇同样也属于高级抽象概念,它们同样模糊不清,以至于我们很难去测量或评价它们。例如,如果有人声称通用汽车是一家"绩优"公司,那么,不妨问问他,"何以见得绩优?""如何去度量绩优呢?"

日常生活当中,我们把成千上万的抽象概念当做外界具体的客观事物的指代符号来使用,但是,由于它们所处的高度抽象的层次,它们并不能够被加以度量或是被直接观测到，例如希望、爱、嫉妒、和平或自私等。"成功"一词也属于这类词汇中的一个，下面，我们便以"成功"为例，加以详细的分析。我们几乎不能够定义或度量成功。它是一个高级的抽象概念，是一幅停留在你心目中的私人地图，只有你本人，可以赋予它含义，而且你所赋予它的任何含义都将仅仅体现你个人的意愿。如果你愿意的话，你甚至可以决定，"把自己所有的钱分给穷人"便是你眼中的成功。你也可以把成功定义为"罢免总统"，或是"贯通大西洋至太平洋的铁路系统，让人们也能够享受到这种奢侈的、不间断的通畅大道"。成功也可以是当选为"五月皇后"（Queen of May），或是拥有一部蒸汽机游艇，或是进入影坛，或是背诵五元对数运算表等。

但是，当你与别人谈起成功的时候，有一点很重要，那就是你和他之间，必须对你们所谈论的成功的定义达成共识，这样，你们才能够拥有类似的价值观。否则，你和他对于成功的理解（在这一抽象高度上）将不可避免地出现矛盾，虽然这一矛盾本身并不存在于客观世界。

在你和他人沟通的过程中，确保你们之间对被沟通对象的理解的一致具有重要的意义，其重要性不亚于我们对不同的观点所进行的事实验证。上述两种预防措施均能够起到消除争议的作用；并能够预防大多数潜在争端的发生。

第33章
Chapter33

"对于我来说"

当我们听到有人声称,帝国大厦(Empire State Building)有1 250英尺高的时候,我们也许会注意到,这是一个客观的陈述。但是,当某人开始大谈邪恶、美好或是忠诚的时候,即谈论高级抽象概念时,我们知道,他已将话题转入地图、观点以及主观的领域。一个有助于我们把客观事物与个人观点或主观想法区分开来的好方法,就是在人们的陈述或声明的前面,加上"对于我来说"(或者"对于他来说"等)的前缀。于是,当"这是邪恶的"到达你的耳朵时,便成为"对于我来说,这是邪恶的"。

许多时候,我们利用"对于我来说"的表达方式,来为我们的抽象概念打上标注。现在,你应该早已充分地理解,当我们提及一条狗,或一张桌子,或是昨天的一份报纸时,我们能够具体地指出它们所指代的特定的事物,或是直观地观察它们,从中抽象和概括出它们的某些特征,并能够就它们所指代的客观事物,与其他任何人达成很好的理解和共识。

当然,这里有一个前提假设,那就是涉及的、沟通和交流的各方,都具有正常的智力和正常的感觉器官。说到这里,你也许会想到盲人摸象的故事吧:几个盲人分别触摸了一头大象,分别感受到并抽象出了大象的样子,但是,他们却无法就大象是什么的问题达成一致意见。其中一个盲人坚持认为,大象就像一堵墙(他触摸到大象的侧面);另一个盲人则认为大象就像一根管子(他触摸到大象的象牙);第三个盲人则认定,大象就像一根绳子(他触摸到大象的尾巴)。我们这里并不考虑这些有缺陷的非正常人。

对于普通事物的大致特征,大部分人都能够得出一致的意见。只有当我们走入高级抽象概念的领域，远离原始的客观实际，我们才会陷入困境和迷惑。这是因为，就像我们所看到的那样，我们不再能够具体地指出或触及某个高级抽象的概念，它们仅仅是一幅存在于个人头脑中的心理地图罢了。我们也将无法去比较两幅高级抽象的地图，即便它们都在表达同一个范畴的概念。当你说起你对马乔里的爱时，你又如何能够向我清楚地表达出你对她深深的爱意呢？某个抽象的事物对你而言，或许实实在在地存在，但是，它们对于我来说，却不可能同样的真实，就像你根本无法把你对马乔里的爱精确地交流给我一样。

观点、判断，大部分的形容词，以及各种抽象名词等，都具有高度抽象的本质。在很大程度上讲，它们都属于个性化的范畴，具有不可交流的特征。某天清晨，当我们离开家，并自言自语道，"今天真是个美好的早晨"时，其实，严格来说，我们应该在这句话前面加上"对于我来说"的前缀。"今天"，对于其他人而言，甚至对于就住在隔壁的邻居来说，或许是个不幸而阴霾的日子。当我们对自己，或向世人宣告，"我的生活很成功"的时候，很重要的一点，便是要在前面加上"对于我来说"的限制性前缀。毕竟，一个人的成功与否，只是在自己的价值观体系下得出的一种结论而已。不论我个人的价值观体系的标准如何界定，我相信，总会有人对此持有强烈的反对意见。

即便是一个明确的声明，如"情况很困难"，也都不过是一个"对于我来说"的问题。我也许觉得真的很困难，例如，当我在向一位不懂英文的日本游客解释纽约证券交易市场的运作规则时，的确很困难，但是对于某个懂日语的家伙来说，这却易如反掌，小菜一碟。

对于某人来说一次可怕的经历，或许在另外一个人眼里便成了一出小小的、烦人的闹剧。所有这一切，都只是一个我们自己如何去想、如何去看待事物的问题。我们看待事物的态度通常会反映到我们的言谈举止中。如果你认为拔牙是件很恐怖的事情，那么，你也将真实地发现它的可怕。如果你学会了把某种事物看成是"肮脏的"、"美好的"、"恐怖的"，那么，你也将极有可能因此来定位"肮脏"、"美好"和"恐怖"的含义。但是，我们必须记住很重要的一点，即肮脏、美好和恐怖，或是诸如此类的所有词汇，都并不指代客观世界里的某一个具体的东西，它们只是紧密地与你的个人之见相联系；它们也不是客观事物本身的某种物质属性，所以不同人对于它们的看法也没有必要保持完全一致。

如果我们忘却了，我们所赋予客观事物的高级抽象概念的属性，实质上只是一些地图，而非客观事实，那将是一件很危险的事情。你的前任合作者对你似乎很残忍，但是，残忍本身并不是说，某个人只要感兴趣，便可以对它进行观测、比较或是加以测量。残忍，事实上根本与你的前任合作者无关，它只是你对于你的合作者的一种感觉。你的这一直观感觉或许完全正确，也很可能缺乏公平与公正，但是，不论怎样，它都只是某种个人的心理地图，只是你对于某个人评价的指代符号而已。

假定，你所评价的对象并非你合作者的行为，而与你自己有关。再假定，根据你的行为标准，你曾经犯了一个严重的错误。然后，你感觉到一种强烈的"负疚"感。那么，这种负疚是否真实地存在于你的身上，并能够被直观地观察到呢？或者，它只是你自己一种判断的表示？你为自己的某项行为勾勒了一幅虚幻而突出的图画，并把它与你心目中的那幅同属虚幻的标准地图进行比较，然后你发现你的行为并不符合标准。因此，你对你自己产生了负疚感。

对于我们来说，充分地理解如"负疚"等一类概念的主观本质，具有十分重要的意义。因为只要稍不留神，人们便将由此虚幻出"负疚"的坚实外壳，并把它当做外界客观存在的事实，而不是把它看做是个人的观点或判断。历史上，由于人们自我谴责与内疚感的惯性思维所造成的损失早已不胜枚举。

如果我们能够将地图与客观的事实区分开来，我们便能够避免许多混淆，以及由此而导致的现实悲剧。这里，让我们继续分析前面所提到过的例子。如果我们意识到，自己所拥有的某种行为标准，以及某种行为价值观，都只不过是指导我们言行举止的某种地图，那么，我们将毫无内疚地、坦然地不断修正我们的地图，不断地更新它们，修正其中的错误，以便让这些地图能够更加符合客观实际情况，并更好地指导我们的生活。我们也就能够清楚地意识到，我们在某一时刻就某一事宜所采取的某一特定行为，并不一定必须符合我们自己所构建的最低行为标准。我们完全没有必要，给自己打上"负疚"的永久标签；我们只需要注意到事情本身的失败，并为将来制定"继续，不要再犯类似的错误"的行动计划就行了！

在商场上，人们常常在自己的错误或不幸中纠缠不清，因为他们总是忽略了这样一个事实，那就是一个人对自己的判断并不是一种永恒的客观事实，它只是个人的观点而已。一位商人很可能会感觉到自己的渺小，也可能会为自己感到悲哀，甚至产生某种负疚感；但他也很可能会讨厌去承认自己的错误，认为那是一种"愚弄自己"的做法；他也可能会拒绝承认自己战略战术的失误，而不是适时地改变自己的方式方法。一句话，他的行为就好像是在处理一件具备某种物理特征的客观事物，而不是把它当做关于自我行为的某种地图或指导。

如果我认定自己是个"可怜而愚蠢"的家伙，这一定义必定会让我对自己产生某种很不好的感觉，而且，这还将预示着自己并不太美好的未来。但是，如果我能够充分地意识到，我之所以认为自己"可怜"，只是因为我意识到自己所犯的某个愚蠢的错误，那么，我将会期望自己改变自己做事的方法，并在今后的日子里，不再犯同样的错误。同样的道理，我也可以保护，或者至少是重新恢复对于自己的关注。

我们在阅读报纸上的评论文章，或是在聆听某人的训导或政府的评论时，一个首要的原则便是质疑每一个有可能具备"对于我来说"这一特征的陈述。当某位作者或是某位发言人告诉你，帝国大厦高1 500英尺⊖的时候，你知道，这是个可验证的、非对即错的记录。但是，当他们谈起邪恶、忠诚、不满或是渴望的时候，他们就应该加上一个重要的前缀——"对于我来说"。如果他们尚未能够做到这一点的话，那么，你最好自己给他们的各种陈述标上这一前缀。然后，你便能够理解他们究竟什么时候说的是客观的事实，而什么时候则是在谈论他们个人的态度和观点了。

你如何对待那些评论文章的作者、发言人或布道者等，那么，你也不妨用同样的方法来对待自己。也就是说，<u>当你基于某种个人的感受，而不是基于某个可测量的客观事实特征来表达你的意见时，你最好加上这一至关重要的限制性前缀——"对于我来说"</u>。

⊖ 1英尺 = 0.304 8米。

第34章
Chapter34

不是/就是

一般而言，我们的教育所倡导的方向，势必将我们引入二元论的思维模式以及两分法的逻辑推理中。一个人不是理性的，便一定是非理性的；不属于有罪的人，便必定清白和无辜；股票市场也只是非牛（牛市，行情看涨）即熊（熊市，行情看跌）的发展态势。

不是/就是，其实就是一种散漫思维模式下最基本的特征。这种看待事物的态度，实际上把我们的生活简化成了非黑即白的两个极端状态。这种过于简单化的片面思考方法，必将极大地阻碍我们对事物进行理智的分析。相反，周密的思考将会让我们看到，牛市中也会有走势疲软的股票，并让我们有机会采取充分的应对措施。

几年前，有一首非常流行的歌曲，歌名叫做"不是这样，就是那样"。在我们的一生中，我们都会碰到许多所谓的"二元论"的情况，也就是说，对一个问题，我们只有两种可能的结果，或两个可能的答案，或是两个具体的行动方案等。比如，你既可以结婚，也可以独身；你可以生小孩，也可以不要小孩；你既可以出去工作，也可以赋闲在家；你既可以轻轻按下开关，打开灯，也可以安静地坐在黑暗中；在众多的选举中，你也很可能只有两种不同的选择，要么是民主党，要么是共和党；医院里意外事故病房区的病人，不是不幸地死去，便是幸运地活了下来。如此等等。

二元论的情况是如此常见，以至于历史上的许多学者都把它当做客观的普遍规律。至少，这些学者曾经认为，所有的问题最终都能够简化为两种不同的情况，就像是一个电子开关，具有开和关两个不同的状态一样。在古典的（即亚里士多德学派）逻辑学中，一个最基本的假设便是，A只能是或者不是B。这就是二元论的两种基本状态。

我们所受的教育教导我们以二元论的思路思考问题。事物之间的关系就是简单的非此即彼的关系。似乎宇宙中只存在两个盒子，每一种陈述，每一个观点，每一项判断，都必须位居其一。于是，我们说，吉米在学校里表现好，或不好；某某的答案要么正确，要么错误；如果他不是个诚实的人，那么，他一定就是个不诚实的人；当一个人遭到犯罪的指控时，他要么被判处有罪，要么被宣布清白和无辜。人们不会给予他任何机会，让他去解释自己或许稍微有罪，但也不太有罪的行为。对于不是/就是之间的任何状态，没有任何的余地可言。这里只有两个盒子，两种类别，所有的答案都必须归属其中一个盒子或是其中一种类别。打个比方，就像一个电子开关缺乏可操作的中间状态。

某某人被警察带走，因为警察觉得他"行为怪异"，于是他被送去做检查，以确定他是否神志健康。检查的结果不外乎两种结论：他心智正常，或者他精神失常。在华尔街，大多数人也把市场状况分为两类，要么是人气高涨的牛市，要么是士气低落的熊市。

现在，你不妨问问你自己，你所认识、所经历的这个世界，是否真的完全构筑于不是/就是的蓝图之上。你是否每分每秒都全身心地热爱着你的工作？或者，你是否总是万分地痛恨这份工作呢？又或者，你的答案并不是那么绝对？或许总的来讲，你挺喜欢你的工作，只不过有时它也会"惹"你讨厌。

你是否认为自己绝对诚实？你从未在任何的小事情上说过或做过一件不全然诚实的事情？反之，你又是否能说自己绝对不诚实呢？你的一生中，真的没有说过或做过一件诚实的事情？嗯，答案似乎只能是一种中间的结果。

A并不完全地、绝对地、永远地等同于B；反之，A也并不是完全地、绝对地、永远地不等于B。

你是否曾经遇到股票市场总是牛气冲天的时候，或者总是熊市疲态的时候？即便是1929～1932年大萧条时，也并不是所有的股票都一路下跌。而1954～1955年的股市繁荣时期㊀，也不见得所有的股票都一路高涨。当某只股票的走势与大盘的总体走势不同的时候，我们又怎能简单地说，股市非牛即熊呢？（或者，你是否应该具体情况，具体分析，仔细地实际察看一下？）

那么，二元论的判断如何实现呢？这里有若干种方法。我们可以任意构建起

㊀ 或者是1985～1998年的股市繁荣时期。

我们的判断标准。比方说，我们可以构建起某种关于有罪或清白的正式的定义。当然，这些定义都是一些地图；尽管它们属于抽象的概念，但是，根据我们所达成的协议（那些正式的定义），我们仍将认可和同意把它们当做外界客观事实的代表。现行的法律文本里，存在大量的法律虚拟（指法律事务上为权宜计在无真实依据情况下所做的假定）以及"相似"的情况，它们的存在，使得法律能够有效地分类，并有效地避免不得不逐一分析每一个具体案件的尴尬。

对于神志健康与否的问题，我们也可以用同样的方法来处理。我们首先给出神志健康以及精神失常的定义和标准，然后，把我们检验的目标对象分别与这两个定义或标准进行比较。之后，我们便可以说，根据神志健康或精神失常的标准，"事实"告诉我们，某某与我们所构建的定义（或地图）完全符合，因此，我们将选择标记为"神志健康"和"精神失常"两个鸽巢中的一个，并把他放入其中。

当然，这种做法根本无助于人们辨清一个人的真实精神状况，也不能让人们真正地理解他的问题所在，更无法帮助他重新回到有意义的生活中。这种做法忽略了具体情况的具体细节特征，不加区别地把所有的问题，统统归入代表着二分法下"不是/就是"的两个高级抽象概念的范畴之下。

在对待股票市场的问题上，人们仍然故伎重演。我们可以为牛市或熊市的股市状况，给出清晰的定义，然后，根据与这两个定义相比较的结果，把具体某种走势特征的股票市场归入其一。这种做法将抹杀个别股票的个别走势特征，无助于我们分析个别股票的真实情况。我们完全可以自由地定义那些抽象概念的具体含义，因为地图毕竟不是客观事实，而且，我们每一个人都拥有同样的权利去构筑自己的地图，不同的人所拥有的抽象地图也并不一定相同。你或许倾向于利用道氏理论（Dow Theory），而我则或许愿意采用某种变形后的道氏理论。吉姆或许愿意遵循零股指标（odd lot index）来决定自己的股票交易决策，而米尔豪斯则或许完全坚信占星术的指导来进行股票交易。所有地图以及其中的每一幅地图无疑都为我们提供了两种不同的分类，分别标注为"牛市"和"熊市"。但是，由于这些地图都远离客观实际，而且就像你现在已经了解的那样，这些地图都是高级的抽象概念，因此，我们很难想象，会有两幅地图（或观点）关于牛市和熊市的定义完全一样。

在探讨"不是/就是"二元论观点的时候，我们会遇到一个很大的障碍，而且，这一障碍本身也是二元论的潜在威胁所在，即二元论并非全盘错误的特点。正如我们在本章开头部分所列举的各种例子，人们的日常生活中，确实存在大量非此即彼的情况。同样，在我们所引用的众多例子中（顺便说一下，我们也可以从日常生活中，随手举出大量的事例），不是/就是二元抉择的观点，多数时候并不会出现任何问题。当某个人被带到法庭上，鼻子流着血，高声地向警察诅咒和威胁说，他一定要把杰尔·穆林"打个屁滚尿流"的时候，人们自然而然地，会产生一种强烈的推测，即认定这个人酒醉或行为不轨而遭到起诉的人有罪的事实。如果被带来的，是一位被怀疑为精神错乱的人，在法庭上他口口声声地声称，上帝已册封他为王侯，掌管天上的月宫，地位高于所有的天使，这时，我想，恐怕所有人都有理由认定，眼前的这位绅士足以达到精神失常的标准了吧。

如果道琼斯工业平均指标放量下跌到十年来的最低点，那么，所有的观察家也将有足够的理由将此时此地的股票市场归入熊市的类型了。

有人或许会提出一个很好的问题，即"如果生活中的许多情况，都可以准确地归纳为不是/就是的类型，而其他情况也可以在多数情况下进行同样的分类，那么，我们为什么还要为这一问题而烦恼呢？我们为什么不普遍地应用二元论的方法呢？"事实上，许多人都在采用二元论的方法处理问题，而且，我们的教育也将我们引向二元论的思维模式。

但是，二元论忽略了一个事实，那就是"不是/就是"的模式并不完全适用于所有情况，甚至也并不完全符合我们所提到的那些极端的情形。大量的情况处于两者之间的状态，并非"不是/就是"可以完全囊括和覆盖。事实上，如果我们否认灰色的存在，并把所有的颜色延伸为白色，或是将其削减为黑色，就像古希腊的强盗根据床的尺寸来调节来访者的身高一样，我们便再一次为自己设定了一幅高层价值观的地图，而不是一幅代表客观实际的地图。我们又一次陷入不看事实，只重符号的主观陷阱之中。

当我们为了某种行为的有罪或无罪而争辩不休时，我们完全忽略了有罪的程度。当我们发现某人神志正常，或是精神错乱时，我们事实上早已巧妙地遮盖上了一块毛毯，掩盖了所有这一个别人的精神状态的独特性。一方面，我们有可能将一位略微欠缺判断力的人与另一位彻底精神错乱的人，统统归入神志不清的同一种类型；另一方面，我们也可能会给一位长期遭受绝望、无端的恐怖以及幻想等症状折磨的人，开出一张正常、健康的会诊结论，殊不知，这位被界定为健康正常的人，其病态的状况或许即将恶化，或许还具有巨大的潜在危险性。

当我们把某种状况下的股票市场定义为牛市的时候，我们便已忽略了其中某只个别股票的具体走势，同时，我们很可能会犯下另一个严重的错误，即把牛市的牛气错误地想象成某只股票的必然走势（记住，牛市本身并非什么客观存在的外界事实，它不过是一种个人的观点而已），殊不知，这只股票恰好与大盘背道而驰，甚至在大盘冲上了历史最高位的时候，它正好走出了彻底崩盘的弱市行情。

就像其他所有的地图一样，当我们利用"不是/就是"这幅地图的时候，我们同样必须充分地意识到它随意性的本质特征。我们必须注意，它并不是一幅反映客观实际的完整的图画。下一章中，我们将重点探讨这一问题。

第35章
Chapter35

二元论的危险本质

或许,二元论思维模式最大的危险便在于我们对成功与失败的界定。按照二元论的观点,如果你不是一个成功者,那么,你就是一个失败者。对于这样一幅带有强烈感情色彩的高级抽象概念,我们非常有必要停下来,仔细地分析,给出它们的具体定义,并加上前缀"对于我来说"。对于我来说,我觉得自己可以算得上成功人士,因为我……很高兴……居住在纽约……并拥有一艘游艇……以及其他等。在我眼里,他是个地地道道的失败者,因为他居住在森林里的一间小屋里,写一些晦涩难懂的哲学著作,时不时地,他还向人们邮寄邮件炸弹。成功便是得到你所需要的东西(关于这一东西,你必须精确地定义出来)。对于我们整个的世界来说,成功便是让每个人都得到他们各自所需要的东西(上一观点的推论),但是如同其他情感地图一样,在二元论的两个极端值之间,存在着连续的光谱值。

关于二元论"不是/就是"的定位,有一个特殊的应用尤其危险。我们必须时时刻刻地记住,高级抽象概念总是模糊不清,而且,随着抽象层次的逐渐上升,其所代表的客观事物的大概轮廓也将变得越来越模糊。我们还必须记住,"不是/就是"的二元论正是这样一个极其高级的抽象概念,因为他彻底清除了所有情形下的任何可能,而只留下了两种极端的选择。这一特殊的、具有灾难性特征的二元论的具体实例便是关于成功与失败的二分论的观点。如果我们以二元论的观点来看待成功与失败,那么,一切事情便只有两种可能的结果:一方面,将是干净利落的、绝对的成功;而另一方面,则是绝对的、彻底的失败。我们如果基于这样的观点来考虑问题,那么我们所面对的一切情况,都将是一种B或非B的二元状态，于是，一个人的命运也就注定了不是成功，便是失败的结局。于是，一般情况下，不成功也就与失败画上了等号。我们生活的文化氛围给予我们这样的教导，即我们应该为了成功而工作，应该不断地追求成功、期待成功。你自己或许会坦然地说，成功是大多数人的远大目标，我们接受的教育告诫我们，我们应该追求成功。

然而，我们所接受的教育并没有明确地告诉我们，我们所追求的成功究竟是何方神圣。关于成功，一直只是一个空缺的、未定义的抽象概念。幸运地当选为行业俱乐部的成员，或是拥有两辆豪华凯迪拉克轿车，或是获得母校颁发的荣誉学位等，都可以看做是成功的象征。当然，成功也可以看做是对金钱的拥有，或是对公众的推崇和支持，它几乎可以是任何事情，只是根据各人自己的定义而有所不同。

关于"成功"与金钱的关系，还有一些更深层次的问题，如：究竟多少钱？究竟拥有多少金钱能够到达成功的地步？1 000美元？10万美元？如果我们并不能够度量成功，也就是说，我们并不能够为成功设定任何可测量的标准尺度，我们又怎能大言不惭地说，我们已获得成功了呢？对于我们中的绝大多数人来说，成功具有至关重要的意义，道理很简单，因为要是我们不能够跨入成功者的行列，我们便将自动地，根据我们习惯性的"不是/就是"的价值标准，落入另一个可怕的类型，即失败者的行列。毋庸置疑，这将是个可怕的灾难。

关于成功，我们往往至少会陷入两个方面的困境。一方面，我们经常忽略成功的定义，于是，不论我们获得了怎样的财富、荣誉和成就，我们都不能够肯定地说，我们已经达到目标，因为根本就没有确定的、可验证的目标可言。另一方面，我们确实设定了明确的目标，只不过这一目标似乎有些高不可攀，根本看不到实现的可能。其他某些情况下，更是同时纠缠在这两方面的漩涡中。有一次，某个星期六的中午，我和另一个同伴共进午餐，在我们交谈的时候，他提到自己参加的某次会议，在那次会议上，我的同伴遇到了一位商界的要人，据说，这位显贵持有2 000万美元的公司股票。我的同伴不解地问我："你说，这个家伙怎么会有2 000万美元！？"我的同伴询问这一问题的方式本身，显然存在问题。"为什么"这一连接词在这一疑问句中，毫无实际意义，它根本无法让人给出确切的答案。很明显，我的同伴之所以提出这一问题，并不见得热切地希望我能够给他什么具体的答案，无非是借机抒发自己对这个不公平的世界的某种抗议而已。

这是一个泛泛的、高级抽象的问题，它忽视了问题本身的许多细节。其中一个细节，显然就是：2 000万美元的股票证券并不严格地等同于口袋里2 000万美元的现钞。从某种意义上来说，它只是一种虚幻的财富，或者至少是一种人造的、随机性的财富。在开放的股票市场上，任何人都可以随意地出售10股或1 000股西屋公司的股票，但是你无法交代你的经纪人，请他以当前的市场价格为你出售10万股某某公司的股票。同样，从税收的角度来讲，或者从社会功能的层面来说，2 000万美元的投资并不等同于可消费的现金。它或多或少地受限于公司的战略计划，因此当我们计算这笔巨额财富的时候，我们更多地把它看做是一项商业行为，而非个人私事。此外，我们也没有任何理由，可以认为这2 000万美元的公司证券就是我们钱包中的现钞，可以用来作为吃饭、喝酒、购买貂皮大衣或是运动跑车等的消费来源，尽管只需要2 000万美元中的一小部分，任何人便能够满足他们最奢侈的欲望。

　　我想，我的同伴一定是把2 000万美元当做一种成功的符号，一种内心深处模糊的渴望——这里并不是说渴望本身模糊不清，而是说目标的具体形状没有明确的轮廓。这一目标设置得高高在上，远远地超出了一般人的合理需求，甚至也远远地超出了几乎无所限制的自由幻想的边缘。同时，这一目标的陈述含糊不清，让人无法了解这2 000万美元究竟由什么成分构成。一位60岁的老人，如果此时此刻刚刚开始构筑2 000万美元的成功之梦，其结果可想而知，除非他在人生的前一段旅途中，早已打下坚实的基础。在二元价值论的评价系统中，一个未能获得成功的人，便只剩下了唯一的一种命运：失败者。可想而知，在2 000万美元的前提下，人们成为成功人士的目标将很难变成现实。

　　就算我们实现了这样的目标，我们也很可能难以确定，究竟什么时候才是2 000万美元这一目标的具体完成时间，因为2 000万美元的投资绝非想象中的简单记账，更不像银行存单上的现金那么容易计算。当我们谈及一笔巨额投资资本的价值的时候，我们必须同时考虑许多可能产生争议的问题，例如，由专利或商誉构成的无形资产，由土地、建筑物以及设备等折算过来的有形资产，各种有价凭单的评估价值，抵押债券以及应收账款等各种形式的资产，以及它们在2 000万美元的投资中的构成比例等。因此，我们说，2 000万美元的成功目标既好高骛远，不切实际，又过于模糊，缺乏相当的确定性。也就是说，设定这一成功目标的人，随着他的目标的确定，也注定了自己失败的命运。

　　有时，通过利用其他词语，或修改某些个别的用词，或是修订2 000万这一具体的数字等更新我们对于成功的定位和陈述的方法，我们就能够最终解决我们的问题。例如，在这个例子里，如果他能够真正地看清楚自己的需求，那么，我想，他一定不会落入自己布下的"成功"的圈套中。他也必将意识到，自己所抱怨的，其实并不是某人拥有2 000万美元这一事实，甚至也并不是抱怨自己没有能够拥有如此巨大的财富。我的同伴真正要表达的意思，其实只是说，自己所拥有的财富还不够，还没有达到自己期望的目标。

如果我的同伴能够现实地看待这一问题，并就究竟拥有多少钱是自己希望的目标这一问题进行认真的思考，那么，他肯定能够意识到，自己当前最迫切的需求绝不会是一个几千万美元的庞大数字。一间新的车库不超过1 000美元；送给太太的一件毛皮大衣或是其他过冬的外套；或者一辆新型跑车；重新粉刷房屋；一次度假旅游……所有这一切加到一起，会需要多少钱呢？可能是5 000美元，也可能是10 000美元，或者也会是20 000美元，但是，却一定不需要2 000万美元。积累20 000美元或许同样是件困难的事情，但是，它至少是个明确的目标，同时，也至少是个在想象范围之内，具有实现可能性的目标。谁也不能够保证这样的目标就必定能够实现，但是，同样也没有人能够确定，这一目标从一开始便注定失败的命运。

人们追求那些根本不存在的，或定义模糊的，或根本不现实的目标行动，其实不是件不足挂齿的事情，它触及人们生活中的方方面面，触及人们生活中产生的大量的幻觉和绝望，当然，也包括我们在股市中的沉浮。

第36章
Chapter36

三元价值定位法

⊃ 生活中，我们所面对的许多抉择，均符合三元价值定位的观点。在股票市场上，我们既可以买入也可以卖出股票，同时，我们还可以保持我们局外人的角色。面对一只凶猛的狮子时，我们既可以杀死它，也可以和它交上好朋友，或者干脆拔腿而逃。与二元论的价值系统相比，三元价值定位系统赋予了我们更多的选择，更丰富的行动方案。显然，更大的灵活性也将得到更好的结果。

至此，我们已经了解，教育究竟如何指导人们按照"不是/就是"的思维模式来思考生活中的各种问题，包括那些并不适用于"不是"或"就是"两种极端情况的问题。我们也已经了解到，一旦"不是/就是"两个极端情况中，其中一端导致了我们自我谴责或当众受辱的结果，那么，我们的思维习惯将极有可能把我们引入一元价值系统的歧途。不过，"不是/就是"并不是我们唯一用来评价生活中各种情况的方法和途径。

在许多情况下，其他一些评价系统为我们提供了更多的灵活性，比如说三元价值系统。举个例子，假定我遇到了一种突如其来的危险，例如说这一危险来自一头凶猛的狮子，当我走入饲养狮子房间后面的那座小小的储藏间时，我碰到了这头从动物园逃跑出来的凶猛动物。假定我尚未打算被狮子吃掉，于是，我必须采取某种自我保护的措施。此时，如果我的一只手上握着一条厚实的皮鞭，另一只手上握着一支手枪，而且我能够熟练地使用这两种工具，那么，我完全可以从容地走向狮子，轻易地将它降服，甚至把它杀死。一句话，我完全有进攻的能力。或者，我也可以采取另一种容易想到的措施，即走上前去"讨好"眼前的这头动物，温柔地对它说话，亲昵地挠挠它的脖子，或拍拍它的脊背。也就是说，我也可以试图和这头狮子交上朋友。但是，如果我既不足以强壮到可以和狮子抗衡的地步，也并不足以温柔到可以迷倒眼前的这头狮子，那么，我还可以选择亡命地逃跑，就像地狱之门就要在我身后砰然关闭一样。总的来说，我能够采取两种措施，以取得正面的胜利，同时，还存在另一条途径，保证我避免遭受损失。

这很关键。对于那些将一生的命运都维系在一种价值评价系统上的人，以及那些终日局限于二元论系统（不是/就是）的人来说，考虑第三种行动的可能，将是一件很有意义的事情。或者说，他们不妨考虑拥有三种行动方案的好处，而不是一种或两种极端的方法。我们可以征服一群歹徒，也可以加入该团伙，我们还可以远远地躲开他们，避免与他们的任何接触。总共三种行动措施，两个正面的方案，另一个则稍具负面的色彩。但是，在任何情况下，我们都不会一头扎入某个具体的行动中。

让我们再来思考另一个例子。例如，我们可以考虑以强大的军事力量来对抗俄罗斯，也可以考虑采取安抚性的、和平友好的计划和措施。此外，我们还可以构筑防御措施，尽可能地断绝我们与俄罗斯的任何正面冲突。这里的三种行动方案，单独地看其中的某一种方案，都不见得是一个完整的答案，但是，将三者结合起来，你便会发现，它们正好构成了一个国家所采用的一套完整的国际战略，三个基本的行动方案。

正如我们所研究的大多数情况一样，你将会在一生的时间中，反复遇到这种三元价值结构的情形。有些男人控制和支配着女人，有的勾引女人，另一些男人则像躲避毒药一样，躲避女人。在股票市场上，我们既可以买进也可以卖出股票，此外，我们还可以选择做旁观者。

与一元价值系统和二元价值系统相比，这三种最基本的行动——再次提到行动，积极主动的行动和消极躲避的行动能够提供更多的灵活性，以及更大的选择余地。此前，我们已经探讨过，当二元价值系统中的其中一种状态遭到禁止或遏制的时候，二元价值系统将很容易演变成为一元垄断的价值判断系统。对于三元价值判断系统来说，或多或少也受到类似的限制。我们中的绝大多数人所受到的训练，都在告诫我们，不要过于争强好胜。在大多数情况下，攻击性的行为会遭到严厉的禁止。对于某些人（如父母、老师、残疾人、修女、老人等），我们永远不允许采取对抗的行为。

在某些状况下，我们无法采取积极的调和性的措施。例如，我们被禁止对某些类型的人产生友好的情感（例如酗酒者以及同性恋者等）。我们也不能自由地采取措施，以保护自己的个人利益。一些诸如明显地脱离某些人或某类人（例如家庭、教堂、当地文化，以及我们生活所涉及的所有社会的、文化的领域）的行为举止也必将遭到禁止，或者说，至少不会受到大家的赞同。

甚至是在股票市场上，绝对自由的行动也必然遭到禁止。当然，我们可以买进股票，这听起来很顺耳，而且也会得到社会的一致赞同。但是我们却不能像我们买入股票那样，卖出股票，或者至少是不能够自由地卖出或卖空股票。围绕卖空的行为，存在大量的质疑和社会非议，而大量的卖空行为又直接反映出投资者的价值系统，因此，人们往往惧怕售出股票，对于自己卖空的行为，总是感觉到某种程度的犯罪感。而且，尽管并没有任何特别的规定，禁止人们停留在股市之外（或离开股市），但是，我们生活的社会是如此地鼓励投资，以至于人们通常都能够感受到一种明显的、要求购买"安全"股票的压力。这就是为什么那位将钱藏在旧袜子里的或是存到银行中的老兄，从来都得不到公众的认可和尊敬的原因了吧。

如果我们能够学会利用三种不同的战略，而不仅仅是一两种战略，如果我们能够利用更多的方法评价事物，那么，我们将能够根据现实的具体情况的需求而自由地采用行动，而不必受迫于那些强加到我们的价值体系中的舆论压力，被动地应付局面，我们也将因此更多地避免被狮子吃掉的危险，也就是说，避免受到伤害的可能。

第37章
Chapter37

多 元 系 统

在接受了众多的教育后,人们往往会发现,自己所面对的问题,原来只需要有限的选择,甚至两种不同的选择,即二元论与三元论的观点,便能够得以解决。而现实生活中的大部分情形,包括股票市场,则应该用多值论的观点来处理它们。一位赌徒既可能一夜暴富,也可能瞬间破产。而一位明智的观察者则很可能将赌注分散在不同的篮子里,并同时投资一部分保值债券和采用多样化的战略和战术。

自此,你或许已经十分清楚,人们能够采用多种多样的方法来解决问题。当我们说到一元论的方法时,我们立刻能够找出许多一元论适用的情况。例如,当你在后退的过程中摔倒的时候,你的第一个反应便是设法抓住周围的栏杆,这似乎就是唯一合理的急救措施。同样,也有许多二元论适用的场合,在这样的情况下,你将拥有两种可能的行动措施,如果社会势力并不阻碍或个人价值观并不禁止这两种行为,你将有两种不同的选择。你有权接受宴会的邀请,也完全可以拒绝参加宴会。三元论的情形也随处可见:你既可以拥护共和党,也可以为民主党投上一票,或者干脆待在家里,对谁都不闻不问。

当然,在某些地方,投票选举的方案并不止于在两个政党中挑选其中一个,或是干脆弃权。例如,在法国,提名竞选的政党往往高达半打,甚至一打之多。于是,人们便有了众多的选择。

然而,人们往往忘却了他们拥有众多选择的事实。他们忽视那些唾手可得的机会,就像忽略门厅的那头大象一样。比如,乔或许觉得,其实有一半的原因是出于承诺,自己必须对得起玛莉,所以必须和她结婚。他或许忘了,或是忽略了,或是干脆拒绝承认自己还有娶玛莉和不娶玛莉两种可能的抉择（二元论的观点，"不是/就是"的两种情形）。他也不会给予自己选择娶玛莉、或是娶琼，或是根本不结婚（三元论的说法）的机会。而你也不必指望一个沉溺爱河的多情郎，还有空闲去考虑自己婚姻的多种选择：娶玛莉，或是娶另外十个姑娘中的一位，或是根本不谈及婚嫁（多元理论的观点）。

一位采用多元化战略的赌徒也不必走入彻底破产的境地。赌博游戏的结局也将多于一夜暴富或是瞬间破产的两种命运。你既可以下注1美元，也可以投入5美元，或是100美元，甚至1 000美元，你有多种多样的选择。当然，正如你所知道的，许多玩牌的赌徒，从来只给自己两个行动的选择：孤注一掷，或是干脆放弃。

很难相信，人们限制自己选择机会的冲动竟是如此的强烈。例如，大多数商品交易商，似乎都青睐于某种单一商品即所谓的"最佳商品"的买卖，在他们眼中，似乎只有对某种单一商品的忠诚才有可能得到最令人满意的结果。他们总是强烈地反对这样的建议，即把资金分散和经营多种商品的做法，他们从不考虑当某个商品的合同不利于自己的时候，分散投资的方法够避免遭受全面损失等的好处。他们并不需要多元的选择，而是希望把所有的情况都简化为"不是/就是"的简单情形，并在最终分析和决策的时候，排除其中一个"不好"的选择，剩下唯一一个毫无灵活性可言的抉择。

事实上，我们所生活的世界，充满着各种各样的多元选择的情形。例如，一本电话簿，就是一个多元选择的目录，我们可以从中选出成千上万个不同的电话号码。自动电梯的指示器也有多个显示值，尽管你的选择将局限于你所需到达的楼层所指示的整数值（一般来讲，你不可能按下$4\frac{1}{3}$的指示器），此外，你的选择还受到大楼楼层数目的局限，指示值中很可能还包括两个负值，它们分别指代地下一层和地下二层。许多自动报警装置，也被设计为多元系统，它提供多个启动时间，比如，每隔15分钟启动一次。对于这样的定时器，你可以利用它，将收音机的播放时间自动地设置为7:00，7:15，以及7:30等，而不是7:03以及7:16等。

股票的价格，也属于多元系统。如果股票的报价以1/8为一个变动单位的话，那么，股票的每一次上涨或下跌的幅度将不可能少于1/8个单位。在研究圆周几何的时候，我们知道，通过不断地增加圆的内切正多边形或外切正多边形的边数，我们最终得到的正多边形的形状及其边长，也将不断地接近圆本身，因此，我们可以说，圆的内切正多边形或外切正多边形边长的极限值将是圆周本身。当然，我们实际上也不可能画出无穷边数的多边形，但是，当多边形的边数增加到足够多的时候，我们所得到的图形也将十分接近我们所希望的形状了。

　　生活中，许多时候拥有多个参考的视角或思考的角度，而不是局限于一种、两种或三种简单极端的选择，对我们的人生来说具有十分重要的意义。很多时候，我们在图形上、地图上，或是我们的评价系统中，设置的基准点越多，我们所画出的图形也越能够精确地描述它所代表的外界客观事实，而基于这幅图形所得出的结论也将具有与客观实际更好的一致性。不用多费口舌，我们也会明白，一幅地图，越接近它所代表的客观事实，对我们实现目标的愿望将越有帮助。

第38章
Chapter38

无穷值系统

除了二值系统（即二元系统）以及三值系统（即三元系统）之外，还存在着无穷值系统。在无穷值系统中，计数的方法将彻底失效，我们只能采取测量的方式。在两个端点之间，存在着这样的无穷个可能值。为了衡量这些无穷值的状态，我们必须运用工程学中的费力最小原则。例如，称量钻石的时候，我们会采用珠宝商的天平秤，而一火车皮煤炭的称量则必然用到货秤。对于某种现实的应用而言，"无穷值"往往意味着"具有大量不同的值"。我们并不一定对所有的"值"感兴趣——谁会在乎10.01美元尾数后面的0.000 01美元呢！更何况，这种斤斤计较根本毫无现实意义可言。

在前面的章节中，我们已从毫无选择余地的唯一值系统，逐步地介入到提供两种、三种，甚至多种选择的非单一值的系统。我们知道，许多问题只能够用唯一值、二值、三值，或者是大量的离散值的系统来表述，但是，我们也会遇到同样多的情况，它们不属于前面所提到的任意一种系统，我们只能够用无穷值，或者至少是连续值系统来描述它们。

当我们用一根皮尺测量一张桌子的桌面时，你或许会将测量到的数字英寸后的尾数省略掉，例如你可能得出40英寸宽，72英寸长的测量结果。这一情形与我们拨打某个电话号码或是按下电梯的指示器并不相同，此时，你所能够选择的范围只是某些离散的整数值。但是，就像我们所知道的那样，当你测量一张桌子的时候，桌子完全可能有$71\frac{1}{2}$英寸长，也可能是$72\frac{7}{16}$英寸长，如果测量用的皮尺的测量精度足够高，你还有可能得到$72\frac{19}{28}$英寸的测量值。事实上，一张长度超过72英寸，但少于73英寸的桌子，对其长度的测量值的个数是无限的。

温度，我们通常用度数来表示，它显然也不局限于整数的表达形式。也就是说，温度也是一个无穷值的系统，它的测量值仅受温度计的精度以及人的视力能力的限制。大多数情况下，我们并不需要将厨房外的气温精确到35.276华氏度。一般来说，"35华氏度"的说法已完全能够满足人们普通的需求。事实上，在绝大多数的科学调查研究过程中，确定某个物体的电阻值或其势能，测量交通运输的速度或是某个器械部件的运转速度，读取蒸气炉的气压值、光的强度以及声波的波长和频率等，我们都在面对和处理无穷值的系统。"无穷值"的含义实际上很简单，它意味着我们将不受整数值（或有限个离散值）的限制，而可以根据我们所使用的工具的精度以及我们的具体需求来测量和读取我们所需要的数字。

"测量"，与"计数"形成鲜明的对照，这也是无穷值系统的关键所在。如果某人采用过于粗糙的测量工具来进行测量，那么，显然，他实际上并没有完全充分地利用到解决问题的全部力量。你不会愿意用那部放置在铁路调车场里的货秤来称量一颗钻石吧？在称量煤炭或沙石的时候，其重量的确定即便是有几磅的出入，无关紧要，相反，试图把一批3 000磅重的货物的具体重量值确定在几盎司之内的做法则叫人无法想象。而在称量一颗钻石的重量时，情况则完全不同，其测量值哪怕出现几毫克拉（1克拉大约等于1/50盎司）的出入，也将具有重大的意义。当然，你也不会希望用这部珠宝商的天平去称量一火车皮的煤炭吧？

在无限值的系统中，测量的质量高低与选择合适的度量单位密切相关。比如，钢卷尺是测量乔治·华盛顿大桥的合适选择，但在测量一颗轴承滚珠的直径时，我们需要的则是一把高精度的千分尺。一味盲目地花费时间和精力去谋求什么根本不必要的精确测量，是个愚蠢的决定，同样，只得出一些根本达不到精度要求的测量值的测量，也没有任何的明智可言。

除非你非常熟悉技术资料以及符号资料的使用方法，并能够弄清楚诸如地图、符号、价值观体系等各种要素之间的关系，否则，你心中必定疑雾缠绕。对于一位工程师来说，如果能把各种选择对应地画到图形上具体的点，那么，他将很容易地识别出满足自己需求的某一个选择。同样，在无穷值系统所形成的光滑曲线上，他也能够确定出具体的某一选择值。这位工程师所测量到的数据及其所画出的图形越精确，他从地图或图形中所归纳和总结出的答案也就越精确。正如人们通常所说的，重要的是拥有一架合适的天平，有了它的帮助，我们就能够测量出我们所需要找到的合适的测量值。

得到合适的值的另一途径（这或许会激怒专业学校里培养出来的某些人）是遵循费力最小这一粗略的原则：我们做一件事情的时候，必须按照要求的详细程度来完成，但是，也不必超出要求的细致程度。我们完全不必去强求任何超出需求精度的结果，这一点非常重要。一份银行的账单务必精确到美分。而一份20世纪70年代全国负债额的估计报告则没有必要给出几百万的"零头小数"。事实上，过于精确的表述反而容易导致误导和误解，因为这样的数字本身很难精确地预测出来。

同时，如果我们试图以1/64英寸的精确度去度量和记录一座体育馆的占地面积的话，那无疑将造成时间的极大浪费，因为通过测量活动，我们所需要了解的，仅仅是体育馆占地多少英尺而已，谁会在乎那"一星半点"的、以英寸表示的尾数呢？但是，我们却必须铭记，我们通过物理手段测量到的数据并非什么"滴水不漏"的数据，也没有必要得到什么"滴水不漏"的数据，因此它们根本没有必要以超出需要的精度来表示，只要测量值仍然保持在我们所设定的误差范围内，我们大可不必去过多地考虑那些被省略掉的小数。由此，我们可以看出，测量的原则与计数的原理是如此不同，原因其实再简单不过，当你说篮子里有6只鸡蛋或10只鸡蛋的时候，你并没有忽略掉什么无穷多的小东西。

在算术计算中，有两种基本方法，我想，你一定不会奇怪，这两种不同的方法便是在计数和测量两套理念的基础上构建起来的吧。计数原理的雏形便是古老的算盘。算盘上，某些特定的珠子，被确定地用于代表某些特定的数字，不多也不少。测量原理的雏形则是计算尺。只要计算尺的刻度以及你个人的视力条件允许，你将能够得到足够高的测量精度，但是，这也并不是说，刻度尺测量得到的测量值便是一个绝对精确的结果。也就是说，当我们用一把刻度尺测量一间房屋的尺寸时，你可以得到你所希望的具有某种精度的测量值，但你却永远不能说，172.439 08英寸就是一个绝对精确的测量值。现代计算机综合了上述两种不同的基本计算方法，当它处于计数模式时，我们称之为"数字"状态，而当它处于测量模式时，我们称之为"模拟"状态。

最为奇特的是，这两种计算方法之间的区别并不像人们想象中的那么巨大，或是那么至关重要。数字计算器在精确度方面体现出来的明显优势，将随着涉及小数的长运算的出现，而消失殆尽，因为此时此刻，越来越长的小数串早已溢出了纸张的边界和你的视野范围，而且，位于右手边上的那些微小的小数值也变得越来越微不足道，以至于你完全可以忽略它们的存在。

此外，许多被我们认定为无穷的数值类型，在普通的应用场合中，其实并不真正表现为无穷值。例如，我们可以利用透镜来初步放大某件物体，也可以用显微镜来进一步放大该物体，但是，我们最终会达到某一极限状态，在这一状态，我们所观测的物体（波长）将变得十分粗糙，以至于稍微再多一点点的进一步放大，都会使我们不再能够看清楚该物体。物体的整体感将遭到破坏，并给人以离散的、片断式的印象，就像报纸上刊登的那些粗糙的荧幕照片，或是电视剧屏幕上的细节部分一样。

被我们视为无穷值的大多数数据，实则属于一些多元系统，如果我们加以严格的分析。当我们采用的测量单位非常小，而且小到某一程度的时候，我们便会发现，我们已不可能继续细化所采用的测量单元，不仅因为此时的数据本身已变得不再连续，不再能够整体地加以读取，或者不再能够以某个离散的单元为一个读数单位来读取数据，而且还因为，我们的感觉器官此时早已不能够分辨出这些微小的外界刺激。

当我们已将数据分解到某种最小的单元的时候，我们便达到某种极限的状态。此时，我们将不再能够进一步细化我们的测量值；大自然所赋予我们的沟通手段，已不再能够给予我们更深入的细节了。我们在数羊羔的时候，最小的计数单元是一只羊羔；银行的账单上，最小的单元则是一美分；对于大多数股票而言，目前，其价格的最小单位便是1/8美元，很快，它将开始以十进制来报价（也就是说，其最小单位计量为一美分）；许多科学研究中，我们也将受到物理的限制，它们来源于数据分解的最小极限。

我们花费如此多的笔墨，来分析无穷值系统的原因，主要是为了让大家进一步理解无穷值系统的本质所在。其实，一句话便能概括这一本质，那就是，我们拥有大量的（但也并不一定是无限的）"选择值"。

第39章
Chapter39

希腊人的谚语

我们从希腊人那儿学到的谚语，诸如"过犹不及"、"实际测量一切事物"，往往一针见血地为我们指出事物的关键所在，但是，却从来没有人为我们阐述其中非同一般的重要意义。显然，也从没有人教导过我们，让我们按照这些谚语所阐述的哲学道理来生活；此外，人们也不愿意去考虑这些"好高骛远"的事情，因为一旦这些"不可能实现"的事情以失败告终，人们便会认定这是一个巨大的失败。

以"实际测量一切事物"为主导思想的人，往往会取得巨大的成功，对于他们而言，他们需要并满足这样的生活。他们能够在众多可能值的基础上，做出自己的选择，并能够意识到白和黑之间所存在的无穷多种灰色度，但是绝大多数人并非这样来看待问题，他们往往不愿花费时间和精力，从不同的角度去思考和分析问题，他们所希望和所需要的，只是强烈而明显的黑/白式的表达方式，而不是周密严谨的、基于程度或最简朴的事实的表述方式。

在哲学和科学领域，古希腊人曾经无可救药地陷入错误的深渊。2000年前那段"辉煌而古老的时光"，事实上，只能算是人类理解自然的启蒙时期。

然而，古希腊人留给我们最惊人的课题，既不是他们所未知的事物，也不是他们明确地知道不正确的东西，而是他们究竟有什么样的能力去发掘那些有用的、有意义的、有效的思维方式，尤其在当时他们仅仅继承了先辈们极为有限的知识遗产的条件下，且所能够采用的探索大自然的工具又是如此原始的条件下。我们现在，则完全可以充分地利用他们留给我们的思想工具，并应用到我们当今的工作中。也就是说，我们完全可以赞赏和接受那些适用于我们当前现实条件的任何知识，例如建筑学、文学、数学和逻辑学等，并把它们当做我们前进的基石。

　　古希腊人最基本的一个原则，可以用短语简短地表述为"过犹不及"，另一条类似的短语则称做"实际测量一切事物"。这种适度的理念、合理的有效原则，为我们日常生活中每天所必须面对的大量问题，提出了最佳的答案。只要认识到这一点，人们便不会被拴在那棵"好高骛远"的大树上。而且，他们也不会再去强求什么绝对的成功，或是绝对的诚实，或是绝对的慷慨；一句话，他们将从此摆脱一元论的定位理论，从此过上正常人的自由生活，而不是圣徒般的"纯洁"生活。他们从此将生活在现实的世界中，而不是虚构出一幅高级抽象的景象，并活在它虚幻的影子里。

　　当然，对于某些人、或者是大部分人而言，追求完美并不是件坏事。正如伯朗宁（罗伯特·伯朗宁，英国诗人，1812—1889年）所说的，"我内心的渴望，正是我的慰藉。"这句话真实地体现了我们所受到的思维教育，我们所接受的教育教导我们，只要我们把目标高高地挂在天空，只要我们瞄准远处天边的塔尖，那么，无论如何，我们最后所得到的结果，也将比那些"胸无大志"之辈要完美得多。

　　然而，我们的目标如此远大，如此绝对，或者如此模糊不清，以至于我们已经没有任何希望能够实现它（我们所接受的教育认为，"失之毫厘，谬以千里"），那么，我们头脑中的一元价值定位的观念只会导致我们信心丧失、士气消沉。当我们踏上独木小桥，期望能够摘到那枚唯一的果子时，我们实际上已把自己逼入了绝路：只要最后的结果与我们的目标出现任何微小的偏差，就必将引起全盘的、致命的失败。而饱受不能实现这些不现实目标的挫折的人，必将感受到一种被彻底击败的感觉，终日受到绝望和焦虑的折磨。

　　古希腊人早已为我们找到了解决这一问题的钥匙，但是，对于我们中的大多数人来说，这同时也是一把遗失了的钥匙，因为我们早已被训练得彻底忘却了这把钥匙的使用方法。我们身处的文化氛围，从不鼓励"实际地测量一切事物"。我们所学到的，只是鼓足干劲、下定决心，然后全力以赴地向目标进军。我们希望自己，要么摘到那枚最好的果子，要么干脆什么也没有。这种简单化的处理方式，使得本应该用至少三值系统，甚至用多值系统或是无穷值系统来处理的各种问题，被我们错误地以一元论或二元论的模式来论处，后果可想而知，它极大地限制了我们成功的机会。

　　把问题简单化和片面化的思维模式，与我们前面讨论过的思维抽象的过程休戚相关。我们并不能说它全盘皆错，而也正是这一特点，使得它无比危险。也就是说，这种简单化的思维模式，只要稍有不当，便将无可救药地陷入错误的陷阱。你可以告诉某人，告诉他，将"友好"（一个相当高层次的抽象概念）的价值标准定义得如此之高的做法，明显是个错误；而当他怒目以对那个向他的小轿车扔石头的孩子时所感受到的那份内疚，也大可不必；此外他也不应该如此轻易地走向二元论的另一个极端：如果不坚信友好，你必定坚信毫无顾忌地残酷对待孩子。

同样的道理，如果某人在某些必要的场合，偶尔说些不怀恶意的谎话，那么，必定有人会认为他已将诚实抛出了窗外，从此将肆无忌惮地漫天撒谎。如果某时某刻，我声称，自己对于所有的股票都显现的上涨行情并不满意，那么，也一定会有某些人把我的话，当做是我坚信当前的股市为熊市行情的一项声明。

在上和下之间，黑和白之间，好和坏之间以及成功与失败之间，其实，还存在着其他许多东西。以实际测量一切事物为主导思想的人，完全有可能享受到成功的喜悦。他们完全可能取得一份必要的、足够的成功。

工程师们十分清楚这一点。由于所有的工程测量都只能得到近似的测量值，于是，他们对问题的研究便演化成为：究竟多大的精度能够并足以来说明问题。我们完全没有必要，也不值得去苛求尽善尽美。不能取得完美的结果（通常，我们根本不可能取得完美的结果）也并不意味着彻底的毁灭或失败。

我们可以在某一条件下实现某个既定的目标（修正后的一元系统）。我们也可以选择这个值，也可以选择那个值，以及它们之间的任何选择值（修正后的二元系统）。我们还可以选择走这条路，或那条路，也可以停在原地不动，或是这三种选择的任意组合（修正后的三元系统）。此外，我们还可以在一系列的值中做出我们的选择，尽管有时，这些选择值会受到某些条件的制约（多值系统）。

这些新鲜的观念，人们并不总是能够自由地接受和应用。我们知道，要想改变一种早已成形的习惯，并不是件容易的事情，更何况这一习惯根植于我们幼年时期的反复灌输。人们会为了捍卫那些古老的地图或古老的符号而战，而根本无视这些地图或符号在现实的条件下，是否真的代表客观事实，或是否与我们被告知的情形相吻合。即便人们把他们的地图，带到客观事实的面前，加以比较，并已看出这幅地图必须进行修改和校正，人们也将仍然固执地坚守他们过时的地图。记忆中的那幅游泳池的图画，就真的比我们今天实地拍摄到的相片意义更丰富吗？

我们执著地坚守着我们对待家庭、对待祖国、对待上帝、对待自己、对待邻居的方式，就好像这些烙印在我们内心深处的地图比外界客观的事实本身还要真实一样，以至于当外界的客观事实本身早已发生了巨大的变化，或早已证据确凿地表明它们与地图不一致时，我们也仍然倾向于拒绝承认外界的客观事实，而认可地图的真实性。我们知道，在许多情况下，以不同的程度去看待问题，而不是绝对化地处理事情，对我们更有好处，但是，那些根深蒂固的老习惯却执拗地阻碍着我们的思维。我们非常清楚事情的利弊所在，但是，我们还是一如既往地沿着老路继续前进。

某些情况下，人们并不难做到以不同的"程度"看问题。比如，肯定没有人会把房间的温度限制在热或冷这两种简单的极端情况之中。这些词的含义都过于广泛，而非冷即热的观点的前提假设就是：如果房间不热的话，那么它就一定很冷，反之亦然。不过，哪怕是这样的一份报告，你也不可以说它毫无用处。例如，两间不同的房间，其中一间室温高达100华氏度，而另一间则仅为20华氏度，这种情况下，我想，绝大多数人恐怕都会同意前一间房间很热，而后一间房间不热，即很冷的说法吧。不过，这样的说法显然不能够做到很好地辨别房间的温度。

这样的说法同样限制了任何个性化的选择。由于热和冷属于高度抽象的两个概念，因此，对于不同的人来说，它们的具体含义也就有所不同，而且，在高度抽象的层次上，我们不能够直接地比较这些不同的地图。但是，当我们以多值或无穷值的系统来测量室温时，我们便可以赋予热或冷更细致的值（一般来说，也更容易验证）。我们可以问一问，到底有多热？究竟有多冷？

在诸如温度、电压、压力以及距离等简单的物理测量过程中，以不同的程度来衡量问题的方法显而易见，也容易理解。而当我们所处理的问题涉及爱、纯洁、成功，或是涉及对股票市场的评价时，"度"的观念便开始变得不那么易于接受。我们所接受的教育教给我们的思考方式，我们的文化环境教给几乎每个人的思维方法，都似乎在大声抗议：我们不喜欢以"程度"的角度来看待问题；尽管我们同时也接受过"实际测量一切事物"的教导，或是尊崇"过犹不及"的原则。

我们对于最简单的、非此即彼观点的理解和接受程度，远远好于我们对于深邃的、测量考评的观点的理解。这是因为，在人们的头脑中，那些处于高度抽象层级上的模糊的、定义疏松的一般性概念，似乎比我们从客观实际中得来的那些并不完美的具体测量值更有意义。当我们因为自己能够抽象出大自然的各种规律而兴奋不已时（这一点是任何其他动物都不可能做到的），我们却彻底地忘却了一条至关重要的基本原则，即**高度抽象的规律若要真正实用，它首先必须打下深深的外界客观事实的根基。**而我们许多高度抽象的概念却在一味地拒绝现实，拒绝真相的真正来源，原因只是，与美好而金光闪闪的抽象概念相比，现实具有不可企及的完美性、绝对性以及涵盖一切的特性等。也就是说，人们更偏爱那些光环笼罩下的一般规律，却往往不屑于粗糙朴实的客观事实。一位大谈友谊、神圣和忠诚的演讲者，很可能赢得众多的听众，而如果一位经过严格训练的观察家希望自己的演讲能够帮助人类做些事情，能够为某些现实的问题提供一些解决方案，那么，他将永远不可能激起人们太多的热情，也不可能赢得多少追随者。

我们大可不必把决策前的一些实地测量，看做是有损自己立场的潜在威胁。或许，我们也并不一定非要得出某个员工究竟是诚实还是不诚实的结论，相反，我们或许可以具体地调查他究竟有多诚实，即诚实的程度究竟如何。我们也不必质问自己，自己究竟是一个成功者呢，还是一个失败的人。相反，我们可以具体地确定究竟是什么构成我们眼中的成功，并具体地测评我们所取得的成绩在多大程度上获得成功。

但是，大部分人都不喜欢中庸的立场。他们需要一位黑白分明、勇往直前的引路人。从不妥协，从不测量，极端而绝对地处理问题，便是他们所希望的理想作风。我们都知道（如果可以这样说的话），犹太人曾经一度成为德国的替罪羊，但其实，当时的许多人根本没有弄清楚，究竟是什么样的犹太人，究竟在什么程度上，会有引起麻烦的嫌疑。许多人就这样稀里糊涂地接受（而且已付之行动）了对犹太人的谴责，这就是那种不顾一切的思维模式最容易导致的结果。回顾人类历史发展的篇章，一幕幕血淋淋的战争、屠杀、宗教迫害的悲剧，就是最好的见证。

人们喜欢那些轮廓鲜明、直截了当、如炮弹般可以轻快而大声说出的口号或标语。他们不希望听到这样的说法，如"某些股票呈现出弱市的行情，但是，大约60%的股票仍然持续雄牛走势"。他们所期望看到的声明往往是这样的："昨日的市场形态确认了其持续向上的走势。股票市场即将攀升到两年来的最高点。现在入市购买股票的投资者，必将获得丰厚的回报。"或许，你曾经在某些金融专家的评论文章或是广告中看到过诸如此类的表述吧！

人们往往自信自己能够理解牛市的含义。"牛市"这一标签，也从来不会引起人们对究竟什么是牛市、究竟哪只股票走出牛市行情等问题的质疑。它只是简单地指示——"即刻购买！"如同大多数的绝对命令一样，这些带有某种"不顾一切"色彩的词汇，往往同时携带着某种暗含的预测性的前提假设，就像对股市的声明——"如果你现在投资购买股票，你将获得丰厚的回报。"其他一些命令式的声明中，也有类似的潜在希望的描述，如："如果你让你的父母无上荣光，那么，你的生命将得到上帝的祝福，并因此长命百岁。""如果你是位诚实的人，那么，这将是一份最好的保险单。"

日常生活中，有许多诸如此类的简单命令，直接涉及我们如何看待生活中的一些最基本的问题。每一周的每一天（尤其是在星期天的时候），你都能够听到或看到这样的命令。它们的出现，并不受限于某个特别的时间、特别的地点或是特定的条件。它们只是作为一些绝对的命令被表述出来，没有限制，没有程度上的区别，而且，它们也从不解释它们并不具体代表某一外界的客观事实，而只是许多阶段的逻辑抽象和推导后得出的结果，如同那些沉淀下来的观点或判断等。这实在是太糟了。大多数命令都有一个结实的核心真理，它们并非一无是处。但是，它们必须从多元系统或是无穷值系统的观点出发，进行必要的验证和修订。

如果我们真正希望得到某个问题最有效的答案，那么，我们要做的，并不是去参加群众性的集会，或是去聆听演讲者声形并茂地为我们讲解那些简化了的、总结和归纳后的、一般性的祖先们的智慧，而是应该走进实验室，认真地研究各项事实依据，并确定那些古老的原则究竟在多大程度上能够适用于当今的现实状况。也就是说，我们测量，然后决定：测量值充分的精度是什么，必要的精度又是什么，那些古老的知识究竟哪些是有效的，哪些是必须增加内容的，而哪些又是必须更改后才能够适用于我们当今的时代的。我们将慎重地接受那些局部的并不完美的答案，而这将完全基于我们所能够验证的各项数据。当我们遇到不懂的地方时，我们将坦诚地说道："我确实不知道，除非我们找到进一步的事实依据。"

如果我们以这样的方式来看问题，即测试、检验、校正，并最终只接受那些我们能够进行合理地验证的指令，我们可能会被指责为过于软弱。因为此时，我们将不能够直接地得出结论，说某个事物究竟是黑色的，还是白色的，从而也不能够下定决心，做出我们的决策。我们势必陷入过于无知或过于谨慎的状态，而最终不能够表明自己的立场和态度。除非我们可以毅然决然地断言，埃及人绝对正确，而苏丹人就完全错误，否则，优柔寡断，在所难免。在两种极端的状态之间，没有任何余地，也没有部分正确或部分错误的可能。我们必须承认当前的牛市，否则我们便只有等待股票危机的到来。也就是说，我们必须在二元论的两个极端状态中，挑选其中的一种状态，而彻底地忘却另一种状态，以及忘记两个极端状态之间所有可能的东西。

那么，这是否就是那条通往更好地理解大自然的道路呢？或者是那条能够更好地理解我们自己、理解我们周围的世界，以及更好地处理我们所面对的问题的途径呢？难道你不觉得，道德学家以及股票分析人员之间所持观点的矛盾并不奇怪，因为他们各自都坚持一种不顾一切的绝对观点，并完全忽略了那些不能够支持他们所持观点的任何论据？

要知道，客观事实本身并没有矛盾可言。1957年，当金融专家们发表声明，宣告股票市场的熊市特征时，罗瑞拉德公司（Lorillard）的股票走势却与大盘背道而驰。确实，某些股票，许多股票，或是说绝大多少股票，在当时都呈现出了熊市行情，其市值纷纷下跌了多个百分点。但是，不论从哪一个指标来考量，罗瑞拉德公司的股票都可以说是逆势走出了一轮漂亮的雄牛行情，其市值在1957年上涨一倍有余。这是"熊市"这一高级抽象概念里的某个矛盾的现象，但是，我们不可以说，罗瑞拉德公司股票的走势本身是一个矛盾。

我们能够与那些高级的抽象概念保持足够远的距离，而去仔细地观察客观的事实，那么，我们将不可能发现任何矛盾的存在。唯一的矛盾来源所在，便是我们自己过于高度抽象、过于绝对断言的种种声明。如果我们把地图的价值看得比客观事实还要重要，我们也就毫不奇怪，为什么我们的地图总是与客观的事实有所出入。当出现这样的情形时，理智的人便应该更改自己的地图，而不是试图寻找逃避现实的借口。当然，我们也应该注意，我们同时也大可不必抛弃或是烧毁那幅与事实相悖的地图。

现代的科学知识，早已超越了亚里士多德时代的逻辑理论，欧几里得（约公元前3世纪的古希腊数学家）时代的几何学学说，牛顿时代的物理理论，以及弗洛伊德的心理学研究，等等，甚至在股票市场走势的技术研究领域，我们也超越了道琼斯或是汉密尔顿的指数理论。但是，知识的进步和不断的超越，并不能够说明，我们可以抛弃亚里士多德、欧几里得、牛顿、弗洛伊德等人的伟大理论学说，当然，我们也不能够抛弃道琼斯或是汉密尔顿在金融领域的贡献。我们只不过是在伟人留给我们的地图上增添某些内容，或做出某些必要的改动，然后我们便可以继续使用这些再版后的最新的地图。

某些时候，我们对某些地图的更新，意味着我们将修改其中的大量陈述和说明。有时我们甚至需要重新确定新的前提假设，以便更好地表述我们所看到的外部客观世界。当然，更多时候，我们只需要对其中的某些用词稍做修改。比如，某些逻辑上自相矛盾的观点，完全可以通过添加某些后缀词语来消除，例如，在"这一说法符合所有的情况"的前面，加上"本声明除外"的后缀。同样的道理，为了让"我来自得克萨斯州。德克萨斯人从不吐露真言"这一绝对性的声明看起来逻辑严谨，我们必须加上这样的后缀："除了这句话本身。"即便如此，我们也仍然可以质疑，这一声明是否真的经得住考验。但是，无论如何，在添加了"后缀"之后，它至少在字面上逻辑严谨，而不像没有添加后缀时的情形。然而，我们对陈旧的地图所做的最大、最有效的变动，却是在于我们在这幅地图上所添加的"程度"的概念。当我们为一幅地图加上"以多大程度"或"有多少数量"等程度概念的限制性用语时，我们已经比那些"所有的"、"每一个人"、"永远的"、"绝对的"等的说法进步了很多。在我们学会了"实际测量一切事物"之后，我们也将懂得"过犹不及"的真正内涵。

第40章
Chapter40

并不完美的信息

面对选择的时候，人们总是首先选择那些确定的、简单的答案。但是，自然界、日常的生活以及股票市场等，却永远不可能简化到彻底的、可以明确决策的情形。意外总是无处不在——例如，总是有某只股票在其他股票都呈上升态势的时候意外地调头向下，或是反之。许多时候，所有的数据看起来似乎确凿无疑，但是，稍后，你却随即发现它的严重缺陷。生活当中，如果我们能够在炒作股票的时候记住这一点的话，那么，我们也将因此能够从正确或错误的定论纠缠中解脱出来，并使我们自己获得许多其他机会，让我们自己变得更加熟练、更加理智、更有经验地处理问题，最终摆脱失败的行动（以及股票投资），而从那些真正有希望的行动（以及股票投资）中获取丰厚的收益。

你可以想象，对于一位接受了多年的全面教育，并早已树立了固若金汤的某种价值观念的人来说，要说服他接受并改变其价值观的前提假设，将是件多么困难的事情。你或许读过奥斯卡·王尔德（Oscar Wilde）的小说《公主的生日》(*Birthday of Infanta*) 吧？你有没有被感动得流下眼泪？当我读到这篇小说的时候，当我看到这位小公主，从小生活在要风得风、要雨得雨的环境中，但最终怎么也逃不过死亡这一无情的命运的时候，我不由地流下了热泪。这位几乎可以得到自己所想要的一切的公主殿下，也同样不得不面对死亡的召唤这一无情的事实，如同死亡对她的臣民的召唤一样。

在我们成长的历程中，我们所受的教育让我们坚信，世间存在这样的答案，它能够解答所有问题，只要我们始终坚持以这一答案来看待问题，那么，你最终会发现，它真的能够为你解释发生的一切。我们很难接受那种把前提设定为不可能获取完美信息的其他方法。试想，要想让人们围绕诸如"我不知道……也许吧"，"在某种条件下"，"目前，我们的发现到此为止"，以及"很可能……"等的声明来生活，那将是件多么困难的事情！相比之下，对那些我们必须面对的问题，简单地给出某个肯定的、轻快的、直接的是或否的答案，就简单得多了。

当然，我们也可以依赖这些直接而轻快的答案来生活。如果你愿意闭上眼睛，不去观察客观的世界，并把自己关在由高级抽象概念构成的象牙塔里埋头苦干的话，你一定能够找到一份完美的答案，只不过，这份完美的答案只存在于你的象牙塔里，而不存在于客观的现实世界中；而且，这份完美的答案同时也不能够给予我们太多的帮助——当我们必须面对的，只是一些不完美的、近似的情况下。

你将会发现，或许，你实际上已经发现，法律的各项规定存在一种十分明显的倾向，即引用那些古代智慧的最广泛的指令和指导，并把它们应用于我们当今的某一个别的案件中，似乎这些500年前便已制作完毕的地图能够告诉我们，那个因为诈骗其岳父的钱财最终在霍布肯（Hoboken）被抓获的罪犯的一切情况。法律，从总体上看，并不在意也不能够全面地分析某一个别案件的所有相关因素。因此，法律必须首先对个案进行归类，并将个案转换成为一个高级抽象的概念，然后再把它扔进某个鸽巢，与其他具有类似特征的个案为伍。

在所有的领域里，尤其是在与道德和人际关系相关的领域，人们几乎都主观地设定了某种假设，即某个"完美的"、"理想的"案件能够作为一幅标准的地图，囊括当前客观现实中所有可能发生的情形。这样的假设必将引起大量的诉讼，同时也会惹出不少的麻烦。当你开始把股票市场当做一个笼统的、一体的概念来处理的时候，你便忽视了它的真实本质（它实际上是不同个案组成的复杂的集合体），从而将自己推入了迷惑的深渊。例如，1957年夏天，美国股市进入熊市行情，于是，你因此判断：卖空派克和戴维斯公司的股票。

的确，1957年夏天美国股市呈现熊市行情的结论，并没有错误。但是，如果我们将自己的股市投资行为，局限于买涨或卖空两种极端的选择，那么，根据1957年夏天熊市行情这幅地图的指引，我们最好卖掉手中所有的股票。然而，实际上更好的办法，则是接受那个部分的并不完美的答案，改变上述走极端的做法，而认为"只有""绝大多数"的股票走出了熊市行情。如果我们确定了这样的决策计划，那么，我们将不会卖出任何派克和戴维斯公司的股票，而是按照其具体的走势来具体地看待它：一只强劲的牛市股。我们或许会卖空大量的股票，但是，绝不是派克和戴维斯公司的股票。

如果我们能够接受并不完美的客观现实，而不是认定唯一一幅完美而理想的地图，那么，我们便往往能够更好地做出我们的判断。"并不完美"这个词本身，便意味着信息有可能包含某种错误。的确，"并不完美"告诉我们，我们并没有做到了解一切。事实上，除非我们一定要强求那些高不可攀的超级标准——它们将最终毁掉我们的生活，否则，我们也没有必要追求什么完美的、绝对的答案。我们完全可以直接处理那些客观的事实依据，我们甚至没有必要得到关于某个问题的所有的、完整的信息。我们所需要的，只不过是获取充分而必要的数据，当然，这又是另外的话题。

让我们再来探讨有关股票市场的某些问题。如果你从小所受到的教育便是要么成功、否则失败的模式，即一种严格的二元论的教育，那么，你将永远面对一个难题：你必须随时对股票市场究竟是强市还是弱市做出明确的判断。你将不可以彻底地对股市袖手旁观，或是逃离股市——它已属于三元系统范畴下的第三种选择，没有人喜欢一个懦夫，包括你自己。因此，你必须做出你的抉择，你必须在黑和白两个极端之中，挑选出其中的一个。股票市场如果不是牛市行情的话，它必将是——还会是别的什么吗？它必将是熊市行情。然而，除非你拥有一条"通往万能世界的途径"，就像约翰·布鲁克斯（John Brooks）发表于《纽约客》（New Yorker）上的一篇关于金融问题的文章中所提到的，否则，你必将饱受终日焦虑的苦苦折磨。我们前面所提到的派克和戴维斯公司的股票例子，并不是什么特别的情形，甚至也不能说罕见。1953年年初，美国股市发生了一系列的股市危机，但就在这一期间，西太平洋石油公司（Pacific Western Oil）的股票却创出了历史新高，并在股市单边下挫的不利局面下，始终坚挺其中。你也可以问问别人，有关1929年时股票市场所发生的一切。他或许会告诉你，1929年前的几年里，股市一直处于空前的火暴行情，并于1929年初秋的时候，创下了历史最高位。但是，到了1929年10月底的时候，股市却开始出现跳水行情，更为可怕的是，此后，股市跳水走势仍然持续不减，最终酿成了历史上最严重的大熊市。

从某种意义上讲，这一切都真实可见。如果我们把"股票市场"换成其他词，比如"道琼斯工业股平均指数"，情况也同样不会改变，或者说，情况也会大致相同。1930年4月，道琼斯工业股平均指数忽视了长达4个月的大反弹行情的结束，致使许多人误以为牛市格局的重新续写。同时，它也忽略了1924~1929年间，数十只重要股票所出现的稳定持续的下跌趋势，它也根本不能反映出那些真正重要的股票的走势，如克莱斯勒汽车公司的股票，早在1929年的股市大崩盘之前一年多的时候，该股票便已达到历史上的最高点，并在此后相当长的时间里，走出了漫长的个股熊市行情，到1929年股市大跳水前夕，它已损失了大量的点数，其市值也大幅缩水。然而，当时的股市景象却掩盖了这一切，事实似乎异口同声地表明：1930年，多数股票将走出大牛股的行情，创下历史的新高，少数股票在1929年探到底部之后，也将开始重拾升势，即将走出自己真正的牛市特征。

如此说来，我们对纽约股市1929年之前的火暴，以及紧随其后直到1932年的股灾的评论，统统都错了吗？不，并没有任何错误，从某种意义上讲，甚至可以说，在很大的程度上，它反映了当时纽约股市的真实状况。但是，如果我们能够做到不扭曲事实、不渲染实情，直观而且直接地勾画当时纽约股市的地图，那么，我们必将注意到那些逆势而行的个股行情，从而更好、更全面地了解当时的情况。

人们自以为是的做法，最终必将酿成巨大的伤痛。日常生活中，由于缺乏对客观事实的调查而最终落到死亡下场的例子，不胜枚举。我父亲曾经常常驾驶一辆敞篷车，从位于伊利诺伊州高地公园（Highland Park）的一个火车站出发，穿过莫瑞恩（Morraine）大道，最终到达莫瑞恩大道的另一个尽头——莫瑞恩饭店门前的广场。整个莫瑞恩大道，只有6个交通灯，而且道路宽敞。大道尽头，莫瑞恩饭店门前的广场两边，是一排排整齐的大树，每隔两棵或三棵大树之间，便有一根钢索，拴在离地面大约4英尺的高空中。

一天，傍晚时分，父亲和母亲，以及另外两对夫妇，乘坐着父亲的敞篷车，沿着莫瑞恩大道奔向莫瑞恩酒店。父亲决定"全速前进"，并打算向大家炫耀炫耀他的跑车。在沿着莫瑞恩大道前进的路途中，父亲早已暗自数过沿途经过的交通灯，并试图在大道终点的莫瑞恩广场前表演一个漂亮的紧急刹车。然而，不幸的是，那天晚上，其中的一枚交通灯熄灭了，于是，跑车便像一匹脱了缰的野马，发疯似地冲入了莫瑞恩饭店的花园。万幸的是，花园里的客人们并没有惊惶失措，在跑车撞到大树之间的钢铁链条时，他们便已经注意到了可能发生的危险。你很容易就可以看出，我父亲确实只穿过了5个交通灯。但是，他所接收到的信息并不完美，他也不知道，有一只交通灯不幸出现了故障。而我父亲仍然按照原有的那幅地图，按照一份完美而且完整的信息图画来重复以往的行动。我们说，他所得到的信息本身并没有错，只是它已不适合某个具体的场景。

当我们在考虑某些实际发生的、可以观察到的客观事件时，如果我们一味坚持以高度抽象的视角来看待问题，那么，我们将不可避免地陷入重重的困境，当然，如果我们所处理的问题具有高度的不确定性，那么，自然也就无所谓困境可言。一般来说，大多数人都不喜欢不确定的事物，他们从来没有被训练过，如何对付不确定的情况。他们也从来不愿意接受诸如"也许吧"、"我不知道"等类似的答案。相反，人们总是试图掩盖事情不确定性的本质，并利用所有可能的手段，制造一种自欺欺人的确定假象。于是，人们便转向那幅平均的、大概的地图求援，转向那些市场指标求助，或是转向那些迎合自己兴趣爱好的图表，以求得极大的心理安慰，并确定地判断出股票市场的牛市行情或熊市行情。人们往往很乐于接受那些胡说八道的公告或宣言，只要它们表述得斩钉截铁、确凿无疑即可。有时，人们甚至还会购买讲述占星术的手册，并根据星座的位置来预言股票市场的未来走势。如果所有这一切手段都不能够生效，那么，人们还将寻找某种权威的力量，以此帮助自己做出"不是/就是"二元系统下的抉择。但是，不管怎样，人们所得到的答案终归逃不脱过于直接和简单的嫌疑，而这对于人们来说，到底又意味着什么呢？

至此，你是否理解了这种以高度抽象的视角看待事物的方式与客观事实之间的出入之所在？你是否已看清楚，这一看待事物的方法不可避免地导致失败、焦虑，以及士气消沉的本质？这一方法不要求丰富的客观事实依据，而是人为地构建一个虚幻的世界，于是便闭上了眼睛，不看、不想，充分地享受这个完美的世界。然而，不幸的是，当现实的客观事实不符合这个虚幻世界中完美的准则时，人们所能做的，便只有放声痛哭了。举个例子，我们都知道，一般来讲，树干都是圆形的，但是，我想，我们或许都看到过，同样也有许多由于周围树木的挤压或是生长地方的狭窄而变形的树干吧？只有当我们明白，"树干是圆形的"这一概念只不过是一个抽象的概念时，这一信息才能够为我们提供帮助，而对于个别的具体情况，则需要具体观察。如果观察的结果表明，某棵树的树干不是圆形的，那么那棵树的树干就不是圆形的。客观的事实才是最终的答案，而绝不是我们头脑中的那幅抽象的地图。

假设我们所面对的局面更为复杂。比如，我们打算从一副洗好的扑克牌（共有54张扑克牌）中抽出其中的一张。这张抽出的扑克牌会是什么呢？红色的？还是黑色的？如果要求是必须做出唯一的、确定的选择，那么，我想，任何必须做出决策的人恐怕都会为此发疯吧？他或许只好寻求算命先生的帮助，或是咨询占星术家以及巫师的建议。但问题是，这些专家们的意见和建议，是否真的能够帮助他准确地判断出下一张抽出的扑克牌的颜色。那么，我们该怎么办呢？我们是否可以转过背去，然后说（就像许多股民所做的那样）"这只是一场赌博游戏吧？"没错，这确实是一场赌博游戏，但是，它却并不"只是"一场赌博游戏。

对于这场赌博游戏的结果，我们并非一无所知，我们也并非完全不能够处理这样的问题。我们永远不可能万无一失地准确判断出下一张抽出的扑克牌的颜色，而这一事实，让我们觉得无比伤心。伤心的原因在于我们的失败和错误。我们的教育教导我们，我们务必追求成功和正确，如果我们做不到的话，我们则必将"堕落"到失败和错误的深渊。

第41章
Chapter41

究竟为何如此伤痛

金钱不能代表一切。能够代表一切的，或者说几乎能够代表一切的，是人们自我实现的需要。如果你把个人的自我实现统统归结到金钱之上，或是相反，把金钱与自我实现彻底地割裂开来，你都必将陷入艰难的困境。很多时候，投资者往往把金钱或是股票看做自己的个人利益、或是自己个人资产组合的最大的得失所在。如果你把你的资产组合或者说这些资产组合的表现看做是你自己，以及你的价值衡量标准，那么，你将永远不可能成为成功的投资者。华尔街，是一个检验人的好地方，它以火一般的事实检验着人们自私自利的本性，当然，这也是一个代价高昂的检验。按照利己主义的原则，一个失误即一次失败的投资将无疑造成一次个人的而不仅仅是一项金融的巨大伤痛和损失。

处理损失的一个更为技巧的方法，便是接受这样的观点，即根据变化了的情况，随时变更自己的分析和判断（以及看待问题的观点）。要做到这一点，并不是件很困难的事情，只要你能够调整好自己的思维模式，并愿意接受具体情况具体分析的观点和理念。一旦我们做好了这样的思想准备，我们便能够做到实事求是地分析和看待问题。如果我们必须走一段小小的弯路才能够到达波士顿，我们将不用犹豫，只管顺着它到达目的地便是——我们大可不必非要沿着那条笔直的大道，固执地勇往直前，而根本不顾及正在修路的事实，只是一味地强调，"要死便死，要活便活，反正，这就是那条唯一通往波士顿的大道。"有一位伟大的股市高手（我忘了他的名字）曾经说过，"如果你对股票市场从来不抱有个人偏见的话，我想，你并不难获得股市投资的成功。"

如果你的自我中非物质的部分，也就是我们用于思考、感觉、并做出决策的那个自我——就像我们前面所提到的那样，已成为你生活中最重要的一个部分，而且，这一部分自我的安全和发展的首要目标（生存）也成为你生活中最有价值的东西，那么，任何有可能对这一自我造成威胁或危害的事情，我们都应该尽可能地去避免它们的发生。

至于某种攻击或威胁的危害具体有多严重，将完全取决于我们自己如何来看待这一攻击和威胁本身。例如，受到持刀歹徒的袭击，对我来说，将会是一件很可怕的事情。而对于一位接受过柔道训练的士兵来说，这样的"恶劣"事件或许并不能够引起他的多少警惕和关注。我们对某种攻击的看法，不仅取决于攻击本身的本质，同时也与我们自己所认为自己所拥有的对付这种攻击的准备有关。在这里，"自己所认为"这几个字很关键。我们都知道，很多时候，当某个强壮的男孩子遭受到一个凶恶的小孩的欺负时，我们便会说："那只是因为米尔豪斯根本没有意识到自己的力。"事实上，不管米尔豪斯本身多么强壮有力量，只要他自己没有意识到这一力量的存在，他便只有继续忍受那个凶恶的小家伙每天下午的欺凌。

下面，让我们来看看投资失败的问题。如果我们的潜在损失微小，比如说5美分，或是10美分，显然，我们将不会感觉到大的阵痛。如果我们遭受损失的风险十分巨大，但是，我们却自信拥有防止或挽回损失的手段，那么，我们也同样不会过多地担心损失的潜在威胁。但是，如果潜在的损失风险巨大，而且看起来无可避免，并拥有致命的威力，那么，我们对它的担心和焦虑就在所难免了。无论我们遭受损失的风险来自于哪个方面——金钱、爱情、名誉或是个人利益等，都逃不出我们所说的这一原则，即如果损失微小，我们便没有必要为此过多地担心。如果我们能够避免损失的发生，那么，我们一定会去尽力避免它的发生。而当我们确确实实意识到损失的存在时，我们所受到的伤害将完全取决于我们对于所遭受的损失的价值判断和个人的看法：例如，100美元的损失对于我来说，或许是件十分惨痛的事情，但是，对你而言，则或许只能算做一个小小的不方便而已。

自然，令我们受伤最重的，就是那些代价最高的损失了。如果你认同这样的观点，即认为我们非物质的自我对于我们来说，具有最高的价值的话，那么，所有威胁到这一非物质自我的事物，便成为最不祥的威胁，其严重的程度，将取决于威胁本身的程度以及我们应付这一威胁的能力。

如果你曾经观看过孩子们玩游戏，我自己便曾经仔细地观看过，你便会发现，孩子们的游戏很大程度上，都是围绕竞争的条件来展开的，似乎游戏的目的并不是游戏本身，而是一次表现哪个孩子最强壮、最聪明的展示会。这样的游戏，往往演变成为兄弟姐妹间区分强弱顺序的一种竞赛，而它所得出的结果，也往往真实地反映了现实的状况。

如果游戏或者说是竞赛的目的，只是展示某种优越性，那么，这也就意味着，大多数的孩子（也包括相当一部分的成年人）都会不由自主地产生某种自卑感，于是，他们必须用行动来不断地证明自己的聪明和强壮。孩子们的这种行为还将为自己赶走自我中怯懦胆小的一面，而让自己自我感觉良好。这也许正好解释了，为什么会有这么多的人喜欢观看智力大奖赛一类的电视节目了吧。因为，虽然只是坐在家里观看电视，并不能够为他们赢取64 000美元的巨额奖金，但是，如果他们足够聪明，他们将能够坐在电视机旁，随口回答出亚利桑那州第一任州长的名字，或是德里德·斯科特决议（Dred Scott decision）的日期等智力题目的答案，通过这样的方式，人们便可以证明自己和那个坐在电视摄像机前的家伙一样聪明，并得到这样的心理安慰：自己要是参加比赛的话，说不定也能够拿到那笔64 000美元的奖金！可见，这将在某种程度上满足自我意识的需求。

对于下面的这条声明，我们或许会觉得难以验证：一个人，或许只是为了获得公众的认同和赞赏而去参加那些智力大奖赛（至少有时是这样的），回报则是自我实现的提升和满足。对于这样的获胜者来说，认同和赞赏将比巨额奖金或是貂皮大衣，或是到夏威夷的旅游等物质奖励重要得多。这不由得让我们想起那句老生常谈来：<u>**金钱不能代表一切。能够代表一切的，或者说几乎能够代表一切的，是人们自我实现的需要。**</u>显然，很多时候，为了让自己得到一种良好的感觉，人们往往会将金钱的利益转让出去，比如，某某声称："就让妹妹继承遗产吧。她比我更需要这笔钱。"那么，为什么他会这样做呢？是因为他爱自己的妹妹吗？是的，他爱妹妹，但是，除了对妹妹的爱之外，还有其他更重要的原因，那就是，他的慷慨满足并提升了他的自我实现的需求。

尽管古典经济学家所勾画出的关于人类的行为动机的地图并不十分准确，但是，他们却对此做出了有益的思考：男人和女人并不总是按照金钱至上的原则行事。当人们有可能损失金钱的时候，他并不总是会为了金钱而愿意使自己的自尊遭受严重的损失。当然，一个人的行事准则以及其价值观，取决于他的背景及所受的培训；你不会期望从某个小道消息的传播者口中和主教大人那里得到的同样的观点和看法吧？！

人们或许会提出一个愚蠢的问题："那么，你究竟为什么还要待在股票市场呢？"如果人们提出问题的场合是一间股票经纪人的办公室，那么，我想，他们一定会得到一个异口同声的答案："当然是为了赚钱！"

就像那些简单的答案一样，上述答案也有其真实的一面；但同样，这一简单的答案也有其不准确的、泛泛而谈的另一面。首先，如果我们投身股市的目的是单纯地为了赚钱，那么，我们最好还是及时抽身，找一份正经的工作为好。因为很难相信，那一张张大约15年来总在每天早晨看到的熟悉的脸孔，那一双双终日盯着股市的报价显示屏、直到股市收盘的眼睛，它们的主人能够稳定而持续地赚到足够的钱，足以支付他们这许多年来为此付出的所有开销？！

当然，股票经纪人，如同其他股市投资者一样，都希望从股市中赚到钱。但是，赚钱并没有必要成为人们投身股市的唯一目标，事实上，诸多事实依据已经表明，赚钱甚至并非人们股市投资的主要目的。如果某人以赚钱为股市投资的唯一目标，并且已经对股市密切关注了一段时间，比如10年的时间，那么，他势必早已得出了一个清晰的判断，即要么股市能够满足自己赚钱的需求，要么就是股市并不适合自己。

如此说来，人们之所以遨游股海，尚有其他原因。一个原因便是社会性的因素。股票经纪人的交易室，就好像一个充满友爱的、大家互相熟悉的公司。另一个原因则涉及人们的习惯问题。多年之后，人们早已习惯了和睦共处的股票交易室。对于有的人来说，它甚至可以成为许多家庭问题的避难所。显然，股票交易室为我们提供了这样一个场所，你不仅能够与股市的各种力量公平竞争，而且，它也是你所取得的每一项成功的最好听众。

在股票交易室这一小小的商业场所里，总是充满各种各样的信息交流。身处其中的每一位成员，对于股票市场的后期走势，似乎都有一个清晰的观点和思路。同时，你还经常能够看到这里总在星期一早晨上演"马后炮"肥皂剧，尤其是关于股市的近期动向或是关于某只特定股票的"马后炮"节目，络绎不绝："山姆，上周一的时候，我不是告诉过你，大盘将有一个为期3天的反弹吗？""你要是听我的就好了，你也就不会卖出拍立得公司的股票了（Polariod，从事快速照相机制造的美国公司）！""看到FGT公司股票的表现了吗？我去年的时候买的它，老牌股。瞧！它已飙升了200%！"所有这些评论，以及其他众多类似的话题，似乎都并不是直接说给那些缺乏兴趣的听众听的——他们似乎只会更多地为自己2个美分的得失而牵肠挂肚，而是更多地说给自己内心的自我听，就像是在试图安慰一位怯弱而焦虑的胆小鬼。

人们这种大声宣扬的、过于武断的观点，不禁让我想起一个小孩子，他在穿过一伙流氓聚居的地区时，不停地对自己喃喃道："我用不着害怕任何人。"显然，我们很容易看出，这句话的潜台词事实上就是："我怕得要命！"我想，我可以肯定，股票交易室里大多数人闲谈的话题，其实都属于与自己交谈，而且是一种目的明确而具体的交谈——让那个处于焦虑之中的自我振作起来。瞧，人们内心中的畏惧和疑虑，并不是掩藏得很深，略做分析，即刻便知。

琼斯以24美元的价格购买了100股弗吕霍夫运输公司的股票。然后，他将热心而充满激情地为你描述各种事实证据，以表明弗吕霍夫运输公司是一家多么优秀的公司，并且，在未来的12个月里，它将具有多么美好的前景。他会不遗余力地把他所知道的、关于该股票的所有利好消息告诉你，但是，他却将闭口不提那些利空的消息，而且，对他来说，这些不好的消息"其实"也算不上什么真正的不好。琼斯意志坚决，并且，他希望自己不再受到其他信息的干扰。琼斯也不再继续寻找和收集各种事实依据，因为他认为自己已经找到它们了。就像一位政治家或是一位部长大臣，又或是一位辩护律师，琼斯已不再实事求是地看待客观的现实。他试图让自己坚信，自己所勾画的弗吕霍夫运输公司股票的这幅地图，确实是一幅相当优秀的地图。他拒绝听到任何能够让自己毅然决然的判断产生动摇的言论和事实。

琼斯希望和需要听到的，只是那些能够支持自己摇摇欲坠的判断的证据，并让自己感觉到更多的安全感。于是，他将闭上眼睛不看，或是干脆强迫自己忘记那些刊登在《华尔街日报》上的，有损自己对弗吕霍夫运输公司股票信心的任何消息。而对于那些带有表明自己的判断正确倾向的评论或报告，琼斯则视其为珍宝。当然，琼斯所收集到的数据和信息本身，并没有什么不妥，但是，它们只代表了事物的一个侧面。

假如，现在，弗吕霍夫运输公司的股票跌到了每股18美元的价位。那么，琼斯是否会重新审视客观的现实，并具体地探究情况是否发生了实质性的变化呢？或者，琼斯是否会更多地固执于那幅陈旧的地图，保守其原先的观点，并继续单纯地搜寻更多的证据，来坚定自己观点的正确？琼斯甚至还会继续买进另外100股弗吕霍夫运输公司的股票，因为只要自己原先的判断仍然有效，那么，新购入的股票将使琼斯所持股票的总体平均成本下降，此后，只须少许的涨幅，琼斯便能够重新回到盈利的行列。

那么，琼斯到底做了些什么呢？他是否客观地评价了一只股票？或者，是否可以说，面对最新的事实，琼斯在竭力地保卫着他过时的观点？他所做出的决策是否真的能够帮助他取得利润呢？或者说，琼斯把"自己做得正确"看得比钱更为重要呢？

让我们继续假定，弗吕霍夫运输公司的股票进一步下跌到每股12美元。此时，琼斯会出售他的股票吗？绝不。如果此时售出股票，损失无疑十分惨痛。那么，如此惨痛的损失将伤害到谁呢？为什么这么问，当然是琼斯受到伤害啦！那么，琼斯究竟会受到什么样的伤害呢？很简单，他将损失一大笔钱。但是，事实难道还不清楚，琼斯所受到的最大的伤害和损失，并不是金钱，而是自尊吗？于是，琼斯不如把事实的真相掩盖起来，并自欺欺人地哄骗自己，让自己坚信自己开始的决策绝对正确，此后也仍将继续正确，这样，将使自己所遭受的伤害减少一些，或者说，至少比承认自己是个大傻瓜强得多。换个方式来说明这一点：如果琼斯确定，"弗吕霍夫运输公司的股票值每股60美元"，而市场则认为它只值每股12美元，那么，市场的看法必定发生了错误。因为琼斯心目中的那幅神圣的地图是不可能出错的。如果它错了的话，琼斯所受到的伤害将极为惨痛。

白日梦、偏见、观点、判断，随便你怎么称呼它们，当你脑海中的高级抽象概念与客观事实产生冲突的时候，总是客观事实为那些高级的抽象事物让路——如果你的价值观系统将"正确"放在如此优先的地位，而你那脆弱的自我甚至不能承受哪怕一点点的挫折。许多人不能够接受股票投资失败的事实，并不是因为金钱的得失本身，而是因为他们过敏性的、脆弱的自我本身，以及无法承受失败的耻辱和羞愧。

对于如此看待问题的人来说，唯一能够阻止伤痛发生的方法，便是力图争取随时随地（或者说基本上随时）都能够做出正确无误的决策。如果通过研究以及极端仔细的思考，的确能够避免出错，那么，人们将不必蒙受一次又一次的自尊心的伤害。然后呢？然后，大多数的情况下，人们为了维护他们高贵的自尊，宁可坚强地站在自己观点的甲板上，随着大船一起下沉。纵观华尔街的历史，当然拉什利大街的历史也同样，你会发现，其中不乏这样的故事：某某人由于拒绝承认自己的决策错误，而落得个全军覆没的下场，最后所剩下的安慰，只是那一点点衣不蔽体的、可怜的自尊和骄傲。

那么，如何避免此类悲剧的发生呢？是永远都只能够正确吗？你要知道，这是根本不可能的事情。那么，是全然逃离投机的股票市场吗？这姑且也可以算做一种答案吧，不过，听起来却似乎与烧毁谷仓，以便赶走老鼠的做法有着某种异曲同工之处。

我们还有一些其他的答案，而且是一些简单的答案。其实，这些答案近在身边，就在眼前，就像那头前厅里的大象——只要你能够意识到它的存在。首先，没有任何规定说，我们不能够改变我们的观点和决策。没有人会说，那种认为弗吕霍夫运输公司的股票会从每股24美元涨到每股60美元的看法是错误的。错误的是，当事实已经清楚地表明弗吕霍夫运输公司股票上升的势头出现了实质性的变化的时候，那种仍然固执己见的做法。合理而理性的做法是，随时做好重新检验新证据的准备，并根据新的情况随时调整和更新头脑中的地图。

其次，当你必须更改某项原先的决策时，你也没有必要感到太多的伤害。除非我们非要强求绝对的标准——以致不可以容忍任何与原先的决策相冲突的东西，否则，我们完全可以按照我们的意愿，随时修改我们的地图，甚至全盘否定我们此前的立场。如果我们拥有一套良好的考评事物的方法，并对可观察到的事物以及可验证的结论充满信心，那么，我们将大可不必认为改变决定和观点的做法有什么不妥。这只不过是保持我们的地图不断更新的一个正常步骤罢了。如果我们事先计划决定，沿着第20号国道直抵波士顿，但是，出发之后，我们便发现，第20号国道上，大约有5英里的路段正在施工，那么，我们便完全没有必要强求通行，不妨绕道而行。此时，我们只须根据客观现实行事就好，而不是固执地坚守那幅古老而过时的地图。即便第20号国道已被彻底炸毁，也找不到什么绕行的道路，我们也没有必要开枪自杀，或是把自己逼入绝路。很简单，调头回家，寻找其他通往波士顿的道路，留待明日重新启程。

倘若你能够在情况发生变化时做到及时割肉出逃，那么，你将会十分惊奇自己所能够承受的股市损失，以及由此带来的伤痛。为了做到这一点，你首先必须保持一个开放的心态，不仅仅是对那些能够迎合你的观点开放，而且也是对所有相关信息开放，不论它们是利好，还是利空。

真正严重的损失，将发生在当你闭上眼睛，断然拒绝考虑实际情况的变化，及其出现新情况的时候。当然，仅仅保持损失最小的做法远远不够。为了保持相应的偿债能力，我们还必须具备一定的盈利水平。不过，盈利也同样有可能会造成人们心理的悲哀。

第42章
Chapter42

盈利也可能造成伤痛

⤴

　　盈利的情形，如同遭受损失的情况一样，同样有可能给我们带来痛苦和悲哀。如果我们将自尊与盈利纠缠到一起，比如说把我们的交易看做是自尊的得失，而不是小麦期货或通用汽车公司股票的交易，那么，一份呈现给我们的、写在纸上的利润报告，便有可能造成许多现实的问题：我们或许会查看和记录这些盈利信息，或许会因此自我感觉良好，也或许会因此而痛心疾首，然后，便会为了过早地退出股市，或者是眼看着赚钱机会的流失没有能够抓住机会而捶胸顿足。对于那些毫无准备的、未接受过训练的股民来说，将自我牵扯到股市交易之中，同时又缺乏成熟的处理方法，只会导致伤痛和悔恨。有一件事情，毋庸置疑：如果你把完美当做你追求的标准或目标，那么艺术（或机器工具或理论数学）才是适合你的地方，而绝不是华尔街。

　　我们都曾经看到过，当一个人把改变自己的观念视为对自我的一种打击时，那种致命的毁灭便只会来势凶猛。即便是处于盈利状态，他也将因此感受到巨大的伤痛，原因仍然是同样的。

　　假设，埃德·史密斯（Ed Smith）购买了一份大豆期货合同，价格为2.9美元/蒲式耳，数量总计为5 000蒲式耳。为此，埃德投入了1 000美元的保证金。这份大豆期货合同每上涨一美分，便意味着盈利50美元，或者说5%的收益。

　　我们假设大豆期货果真上涨（就像它们此时的行情一样）。那么，短短几周之后，大豆期货的卖价涨到3美元/蒲式耳时，埃德将如何处理他的期货合同呢？显然，出价方预期，大豆的供应可能出现短缺，或是大豆的需求即将出现大幅的上涨。如果此时埃德卖出他的大豆期货合同，他将获得一份很好的收益。具体来说，他的1 000美元的投资将获利50%。

这样的情况下，很难出现金钱损失的问题。但是，那些获取了极大收益的投资者往往感受到比那些赔了钱的投资者更深刻的伤害和焦虑。埃德究竟该怎样处理他的投资呢？卖出期货合同，意味着获得眼前的利润。但是，如果现在卖出，是否就能够阻止它继续上涨呢？于是人们强烈地感觉到，自己像是又一次站到了下沉的船甲板上，却眼睁睁地错过了援救的小船。如果埃德没有及时卖出他的大豆，那么，让我们再次假设，大豆期货合同的售价将重新回落到2.9美元/蒲式耳到2.8美元/蒲式耳之间。

你也许会认为，我们所探讨的，只是一桩商品交易以及与钱有关的问题。但是，它同时也是（而且这一点更为重要）一个与自我密切相关的问题。除非你做好了充分的防守准备，否则，在卖出合同后眼睁睁地看着大豆期货的价格一路攀升的现实，必将深深地伤害到你的心灵。同样的道理，当你决定继续持有，却只等到一路下跌的结局时，你也将同样感到刺骨的伤痛。

有几种可能的防守措施。它们也许会让你花费更多的金钱，但是，它们却有可能拯救你的自我。你可以为自己辩护，坚持商品交易市场必定存在人为操纵的黑幕观点。或者，你也可以大声抗议，并认定市场所披露的信息并不准确，也不真实，以致误导你做出了卖空（或持有）的决定。这一防守措施清楚地表明，不论发生什么样的事情，都"不是我"的错，而只是别人的不对。

似乎很显然，必定存在某个职业的幕后操纵者，及其应受到谴责的恶劣手段。至于我们，则根本没有必要更正以往的错误，或是提高我们的交易技巧。让我们再回到大豆期货的例子。假定，大豆价格已从2.9美元/蒲式耳上涨到3.0美元/蒲式耳，现在，则继续上涨到3.15美元/蒲式耳，也就是说，埃德·史密斯的收益已高达125%。如果说，当大豆价格上涨到3.0美元/蒲式耳的时候，我们已面临巨大的压力，那么，我们现在所必须面对的压力将是何等的沉重。再试想一下，随着大豆价格从3.05美元/蒲式耳上涨到3.30美元/蒲式耳，再下跌到3.20美元/蒲式耳等上下反复的变化，人们的心情——这个晴雨表将呈现怎样的变化。事实的情况是，在短短的几个月内，随着大豆期货价格运动的推移，埃德的这份期货合同的上涨幅度最终超过了1美元，收益率高达100%。

这将是个多么好的赚大钱的机会呀！的确如此，但是，究竟有多少人能够有这样的耐心和信心，一直等到这一收获的时刻呢？又有多少人能够勇敢地面对损失部分到手利益的风险呢？我相信，经过一番仔细的思考，一定会有很多股民觉得，当大豆的价格首次达到3.0美元/蒲式耳的时候，便做出卖出的决策，比等到大豆的价格上涨到3.5美元/蒲式耳后再下跌到3.2美元/蒲式耳时，才做出卖空的决策，更容易让人接受。在后一种情况下，你将赚到更多的钱，但是，人们却往往更倾向于在价格上涨的行情下做出卖空的决策，却很难在价格下跌了30个百分点的情形下做出任何割舍。在前一种情形下，我们永远可以自豪地说："哈哈，我已赚到了我的那笔小钱；就让别人去赚他们该得的那部分吧。"我们的自尊就这样被小心地看护起来。而在后一种情形下，人们将被迫面对这样的事实，即没有能够在最高点位出手的事实。我们必须清楚地意识到，与此前我们的自我和自尊所受到的伤害相比，区区几百美元的收益根本算不了什么。

你的所有决策，完全取决于你自己的价值观。如果你坚持采用那幅虚幻、理想的地图来作为价值标准，你将注定受到这样的威胁，即客观现实本身随时会悄悄地钻入你那幅美好的图画，形成强烈的冲击波。你根本没有理由、也没有必要认为，没能在最高的点位做出卖空的决策是个错误，或者是个失败。如果你每次都焦急万分，并总是匆匆忙忙地做出过早卖空的决策，那么你每次也都只能够赚到很少的利润，扣除你的资金账户上必然发生的交易佣金以及其他一些不可避免的损失，你将发现，你的资产正在一天天地萎缩和消失。

第43章
Chapter43

预 测 未 来

我们中的大多数人都能够预测具有较大可靠性的未来。例如，我们预计，学校将在早晨8点钟开始上课，实际的情况也常常如此。我们预计高速公路上交通堵塞或是通畅的状态，实际的情况往往也与我们的预计相吻合。尽管我们不能够做到绝对有把握地预计小麦的价格，但是我们却可以在某种精度范围内，做出我们的预测，并充分、必要地满足我们的需求。此外，我们的预测应该是一项完整的方案，它能够容忍预测可能出现的不准确。

每当一想到预测未来这件事情时，我们眼前便会自然地浮现出这样一幅图画：空荡荡的商店后面，一间窄小的屋子里，帘子后面的一位驼背干瘪的吉卜赛老太婆。当有人恳求她，请她预知未来的时候，她便会拉开装饰有十二宫图样的帘子，研究你的手掌。其他预测未来的方式包括利用茶叶，或是观察你脑门上的纹理来操作；也有人使用占星术，或是研究鸽子的内脏（随便提一句，这种方法即所谓的haruspication），以获得对未来的预测。人们往往不得不进行某一方面的预测，至于预测的方法，则没有任何限制。我可以根据天气的状况来做出我的股市投资决策，例如下雨天买进股票，天晴的时候则卖出股票。我也可以按照扬基队（美国著名的棒球队）的战绩来决定我的股票操作，赢则买入，输则卖空。就我所知，上述预测方法中，没有一种具有积极的意义，不过，任何人都可以随意地使用它们，或是其他一些类似的方法。

事实上，你自己手中早已掌握了许多更好的预测方法。比如，你对于日常生活中的许多事物的预测，就相对准确。你预测许多未来的事情，而它们确实很有规律地发生了。尼克松先生（Mr. Nixon）打算在下午1:00整与你见面，共进午餐。通常，他一定会准时出现。学校8:00整正式上课，通常，上课具体时间的误差不会超过15分钟。只要我们不去强求绝对化的、百分之百的准确预测，你就会发现，我们的预测工作已完成得很好。在我们面对各种现实问题时，如果我们愿意容忍和接受一个不太完美的处理方式，我们便有可能处理好方方面面的关系。同样，这也是一个"度"的问题：究竟多高的预测可靠性能够充分且必要地满足我们的预测需求，我们又是否有可能可靠地得到这一预测。如果我们所预测的问题涉及月食的出现，那么，我们完全可以做到相对准确地预测月食出现的时间，以及可观测到月食现象的地区。但是，如果我们所要求的，是预测小麦价格的未来走势，那么，我们必须明白，我们的预测结果的可靠性将要低得多。

这里，我们只想强调指出，预测未来是可能的，它并非什么神秘的事情。日常生活中，我们随时都在不知不觉地应用各种各样的预测未来的方法和手段。

第44章
Chapter44

预测未来的方法

有人说过,预测总是带有不确定性的特征,尤其是当我们预测的事物涉及未来时。在某些行为长期以来反复出现的某个独立的领域(比如,股票市场),我们可以通过对过去的研究,来获得预测未来的依据和基础。在这一研究过程中,我们将记录那些以充分且必要的频率出现的行为模式,并从中分析和总结出某种预测的方法,以保证预测结果在一定程度上的统计可靠性。然后,我们根据所得出的预测方法,输入新的数据,重新检验我们所记录的事件,以检验我们所归纳出的预测方法的有效性。最后,就像我们前面提到的预测股票市场的情况,我们把该预测方法付诸实践,以检验其是否适用于客观现实。在上述过程中,我们并不苛求完美,而是积极地寻找某个可接受的有效性程度。

为了更准确地进行预测,我们必须采用相应的方法。为了得到某种可信的方法,我们必须具体地检验这一方法所得出的预测结果的可靠程度。当然,我们有时不得不面对一些独一无二的问题,而我们却仍然不得不对此做出预测和决定。就像一条着了火的船,作为船长,你必须当机立断:如果锅炉即将爆炸,那么你将只能下令"弃船而逃";如果锅炉能够支撑到火势得到控制的时候,那么,则不可以放弃船只。当然,在我们大多数人的日常生活中,这样的危急时刻并不多见。

我们这里将探讨的预测,只涉及那些反复出现的情形,那些与过去发生过的情形相类似,因而有可能预计将来发展的情形。除去所有的巫术以及各种神秘的力量(尽管你可以随意去尝试其中的任意一种方法),我们在任何情况下所能够了解到的事实都与过去有关。至于我们试图预知的未来,对我们来说,却总是一本未曾打开的书籍。

如此说来，显然，我们要做的第一件事情，便是收集过去的各种事实资料。运用统计学的方法，我们便能够对这些资料进行分析，并从中归纳出某种规律，然后，分析该规律是否适用于将来可能出现的某种情况。例如：老卡蓬特夫人每周一上午10点钟左右，总会走出她家的庭院，并顺着大街走到女儿家。如果老卡蓬特夫人周二、周三、周四的时候，在同样的时间做了同样的事情，甚至连续保持了3周的时间，那么，我可以做出这样的预测，即明天早晨，上午10点钟左右，老卡蓬特夫人将会走出家门，沿着大街走到她的女儿家。如果我观察到这样的现象：除了周日而外，老卡蓬特夫人每天都会去看她的女儿；而周日的时候，老卡蓬特夫人的女儿则会看望自己的母亲。那么，我将可以这样预言：如果明天不是星期天，那么，老卡蓬特夫人将离开家，到自己的女儿家去。

但是，我仍然总是随时做好了更新我所观察到的事实数据的准备。老卡蓬特夫人或许病了。她也有可能离开家2周的时间，去看住在堪萨斯州的另一个女儿。但是，除非我所得到的数据具有足够的说服力，足以促使我改变我原来的观点，否则，我仍将坚持我觉得最有可能的结果，即老卡蓬特夫人仍将会像平时那样，准时出现在去女儿家的路上。

我们对未来的预测，并不总是如老卡蓬特夫人的日常行动那样直截了当。举个例子，假如东（Don）打算看看，自己究竟能够喝下几瓶啤酒，而且喝下每瓶啤酒的时间不得超过10分钟。出于对东的性格和酒量或多或少的了解，我或许能够很好地连续预测东的第一个10分钟、第二个10分钟、第三个10分钟、第四个10分钟，甚至第五个10分钟内的喝啤酒大行动。但是，出于过去喝啤酒的经历，出于对东的了解，我知道，人的酒量并非直线式地保持不变，它将随着啤酒下肚而逐渐递减，最终再也不能继续。因此，我对东的酒量的预测，必将带有少许的不确定性，如果我必须为此下赌注，我将不会投入过多的赌注，或者，我将随着空啤酒瓶的增加，而逐步地减少我追加的赌注。

重要的是将所有能够找到的事实数据一一陈列出来，同时筛选掉那些不相干的事实。然后，我们研究那些似乎正在发生，或者极有可能发生的事件的各种情况，接下来，我们便可以对此进行猜测。我们或许会做出这样的猜测：预测的结果可以表示为具有某一恒定水平上的直线（事情将保持原来的状态）；或者预测的结果可以表示为具有某一角度的直线（事情将以某一恒定的速率持续发展）；或者预测的结果可以表示为具有某一恒定的曲率的曲线（事情将以某一恒定的变化率上升或下降）；也有可能预测的结果可以表示为与过去的经验和记录相反方向的一条直线（事情的发展趋势将彻底发生逆转）。

不论如何,由于我们对于未来并不具备任何直接和肯定的信息,因此,我们必须研究过去,并由此得出最合乎情理的关于未来的猜测。然后,我们便只有静静地等待谜底的揭晓。如果可能,我们还将继续调整我们的预测方法(或猜测方法),并观察调整结果的变化。我们将注意到预测结果成功与失败的程度,如果它与实际的结果风马牛不相及,那么,我们首先将重新检验我们的预测所基于的数据。我们将检验那些原始的数据,或者进一步收集更多的信息。然后,我们将仔细地研究那些最近发生的事件,以观察事件的发生情况是否与预测方法中采用的模式发生了重大的分歧,如果有必要,我们将重新调整我们的预测方法,重新做出我们的预测。之后,我们将再次检验我们的新猜测,重新调整我们的预测方法,以达到最佳的预测成功的可能性,并得出我们最终的预测结果。

我们并不期望得到一种完美的预测方法,以保证我们每一次的预测都能够正中靶心。就像所有的工程研究一样,我们所得到的结果都只是一些有效的、现实的、近似的值,我们根本没有必要去追求那种缥缈虚无的完美。如果我们发现,我们所能够找到的预测方法并不能够充分且必要地满足我们所需解决的问题,那么,如果可能,我们或许只能暂时将问题放到一旁。同样的道理,如果我们付出了所有的努力,仍不能够为股票市场或农作物期货市场找出一种能够得到稳定而良好的预测结果的预测方法,那么,我们最好暂时远离这样的市场,或者说,至少是在我们找到相应的方法之前暂时离开。

在股票市场的操作中,我们根本没有必要拿美元来冒险。我们完全可以"实地"操作一些模拟的股票买卖,而不必投入真正的资金,以检验我们的操作方法正确与否。由于我们并不追求完美,因此,我们只需要去考虑那些有可能影响总收益或总结果的可能性。

例如,应用某种预测方法,在某一次交易中,获利800美元,而在另外3次交易中,却分别损失200美元、50美元和150美元,总体来看,该预测方法所获净利润为400美元。利用同样的资本金,采用另一种预测方法,在同样的4次交易中,分别获利100美元,在这一情况下,虽然没有一次出现损失的情况,但是,该预测方法所获得的净利润也同样为400美元。如果我们能够让我们的自我意识到,每一次小小的损失根本不值得我们为之捶胸顿足或撕心裂肺,那么,我们就有可能从总净利润的角度来看待我们投资的最终结果。同时,在总盈利的结果中,某一次个别的投资损失的出现与否将失去任何特殊的意义。因此,如果我们能够采用某种经过测试和验证的预测方法,而且该方法的预测结果能够让我们有理由相信它将带来的总体收益,我们便能够承担损失,而不至于受到个别损失所带来的伤害和打击。

第45章
Chapter45

寻 找 平 衡

如果你曾经观察过你的孩子（或者你自己）如何划小船，你应该知道，大多数人总是沿着一条Z字形的轨道，划向自己的目标，而且在通往目标的过程中，划船的人往往不停地回头观望小船的轨迹，以判断轨迹与目标之间的关系。这便是所谓的"寻找平衡"，而调整小船与目标之间关系的过程则称为负反馈。负反馈的结果通常会导致过度补偿的现象，这便是我们将看到小船最终划出一条Z字形前进轨迹的原因。当然，如果我们能够随时调整，那么，我们也可能保持小船笔直的航道轨迹，但是，我们将付出巨大的体力和精力作为代价。这一类比同样适用于我们对股市行为的描述，它们也正是沿着一条"Z"字形的轨迹，力图寻找到合适的市场价格，其中，当然不乏忽高忽低的时刻。寻找平衡和负反馈的过程始终存在，而股票投资者则必须在多次的短期调整或某个长期的调整方法中做出选择，而这有可能将投资者置于更大的收益或损失的风险当中。

我曾经观察过我儿子约翰在贝斯湖（Bass Pond）里划小船的情形。就像一位喝醉了的水手一样，约翰驾驶着他的小船，歪歪扭扭地驶向了位于野外露营区域（Camp Wilder）的印第安部落（India Village）。约翰极其兴奋地从湖边出发，首先驶向湖的中央。划过十几下船桨之后，约翰便回头瞻望，看看自己划出的轨迹是否正对着前面的松树林，如果答案是"是"，那么约翰便会拼命地划动右侧的船桨。于是，小船便重新对准远处的印第安部落。又划过十几下船桨，这时，约翰又开始四处瞻望。这次，约翰驾驶的小船的船头早已远离了既定的方向，它正好指向了湖的入水口。约翰赶快使劲地划动左边的船桨，但是又矫枉过正，船头偏向了相反的另一边。最终，约翰找到了一个大致的方法，并沿着它驶向印第安部落。在沿着湖面前进的整个过程中，约翰总是在不断地四处瞻望，并不断地调整和校正自己的方向，一会儿远远地偏向了左边，一会儿又过于偏向了右边。

对于任何一位有过划艇经历，或是划独木舟经验，或是掌管过帆船舵柄的人来说，操舵技术的问题再熟悉不过了。即便是在静如止水的贝斯湖上"航行"，我们都必须不断地进行航向的调整，而且，在进行了往相反方向的调整之后，我们往往会得到补偿的结果。我们不可能，即便是在上面所举例子中，在任何一刻都能够保持完美的航向，因为波浪起伏的水面，以及突然而至的大风，甚至可能出现的潮涨潮落等，都将使掌舵成为一件很复杂的事情。而且，随着新情况、新变化的不断出现，我们必须随时调整我们的航向，这无疑使得我们保持航向的困难极大地增加。

驾驶的过程也有可能涉及一些预测的问题，例如估计下一个波浪的势头，或是预测下一阵大风到来的时间等。在某些恶劣的情况下，我们甚至不能期望能够沿着一条尽可能完美的航道前进，而只是希望自己能够幸运地到达某个平静的港湾。

我们在处理现实问题的时候，完全没有必要追求完美。如果我们能够让小船始终保持一个大致通往目标的方向，那么，一定范围内偏离航向的现象是在所难免的，它们也不可能导致我们主要目标的失败。当然，我们总会尽可能地保持或靠近那条笔直的航线。但是，至于我们实际能够做到多靠近这一理想的航线，则部分取决于我们航行的经验和技巧，部分取决于风浪、潮流，以及其他我们在航行过程中进行校正和补偿时所必须考虑到的变化。

现在，让我们来看看一只名叫"巴多"的中等大小的拾物猎狗。巴多"家族"世代被当做种犬。它"拾物"的正常训练基本上被完全忽略，但是，它的本能却仍然会促使它追赶猎物。例如，野餐的时候，如果你把巴多从车子里"释放"出来，这时，巴多便会欢腾雀跃地跑下马路，侦察地面的气息，然后，开始追踪。追踪什么呢？一只熊吗？有可能。或许是一头犀牛？谁知道呢！更有可能是一只小野兔吧？也或许是一只猫！如果猎物进入巴多的视野，巴多便会毫不犹豫地直接冲向目标。巴多的行为，或许纯属一种精力充沛的狂热冲动，因为很难说究竟是什么激励起巴多这一狂热的追求，以及它疯狂地追逐一只猫的行为。在顺着公路直下的过程中，仅仅涉及速度和耐力的问题。巴多尾随着它的猎物——一只猫，顺着一条直线奔跑。但是如果这只猫突然改变奔跑的方向，转向田野，那么，此时，巴多对这只猫的追逐恐怕就不再是简单地尾随了。巴多，或是其他任何一只聪明的狗，将改变方向，抄近路狂奔而去。也就是说，它将不再涉足猫奔跑过的航道，而是直接跑向猫当前的位置。

这就是说，巴多进行了某种高级抽象的思维活动，而不只是简单的追逐行动。比如，几乎所有的人类活动都会涉及一个追逐目标的问题。当然，人们的目标不一定是一只猫，它既可以是体现为美元的利润，也可以是水面上笔直的航道。它还可以是对一只燃煤炉子的效率的改进等。但是，无论怎样，他们通常都有一个明确的目标。这里，再次强调的是，就像一只狗追逐一只猫，或是人们驾驶一条小船前行一样，我们并不希望我们做事的方法能够十全十美，即使我们在达到我们的目标的过程中，也在寻求某种程度的成功。

一般来说，我们必须面对和必须处理的，都是一些既不完美也不完整的信息。因此，我们必须充分利用我们手中所掌握的信息。例如，情况再一次地发生变化，小猫重新换了个奔跑的角度；或是一阵小风把小船吹到了偏离航向的位置。面对这些新的、不断出现的情况，我们必须改变既定战术，以适应新的情况和条件。这时，我们便有可能需要预测。而如果我们具有一定的相关经验和相关知识，我们就很可能成功地预测出猫的小伎俩，或者潮汐的方向。

最后，我们还需要不断地"寻找平衡"，这也是不断发生的"过补偿"现象中一个重要的环节。<u>把过火或不够火候的现状调整到"理想"状态，便是寻找平衡这一过程的总体原则，它将对"出格"一方实施反作用力。</u>如果小船过多地偏向入水口或是右舷侧，那么，我们将施加一个相反的或是负方向的校正力量。如果引擎运转的速度超过了我们希望的正常速度，那么，我们将放慢它的速度。相反，如果放慢速度后，引擎的速度低于我们所希望的指标，那么，我们将重新提高引擎的速度。我们将这一过程称为"负反馈"。在负反馈的控制系统中，我们不断地施加负作用力，以校正那些脱离我们预定轨迹的发展趋势。在负反馈的控制系统中，从来不存在完美的情形，相反，它总是存在一定量的或多或少的偏离。而当我们试图保持从未真正保持过的理想航道时，我们需要采取我们所提到的寻找平衡的措施。

寻找平衡是我们的控制系统中不可避免的失效行为。它的存在，就像一部机器，不可避免地产生摩擦力，或者还有一个更好的比喻，如齿轮中不可避免地存在间隙一样。它正是一种我们不可能完全避免，但是却可以尝试控制在尽可能小的范围之内的事物。如果寻找平衡的范围太宽，也就是说如果负反馈的幅度过大，那么，我们的既定目标便有可能彻底地迷失。而如果寻找平衡的范围太窄，也就是说如果我们调整的次数过多、过于频繁，那么，我们的控制系统便将为摩擦力的减少、间隙的减小而付出高昂的代价，或投入过多的精力。上述两种情况下，我们都有可能成功地驶向我们既定的目标，但是，我们也很可能永远到达不了目的地，或是到达的时间太晚。

上述讨论看起来似乎与股票市场或期货市场相去甚远，但是，事实上，如果我们把那些观察到的一般规律应用到某个特定的股票和期货交易的决策中仔细分析时，我们便会发现，它们之间其实只有一步之遥。让我们来仔细分析一下圣诞树市场的有关情况。当你走过早已没有了存货的空荡荡的圣诞树批发市场，闻到多日来充满其间的松香的芳香气息，或是游荡在商场里电子彩灯和几十个眼睛亮汪汪的布娃娃装饰的圣诞树丛林中的时候，你或许早已注意到了圣诞树市场发生的一些变化。例如，某年的圣诞节，你发现，圣诞树大量匮乏，其售价也上涨到一个不可思议的高位。这一情况势必引起圣诞树市场经济的负反馈效应，而圣诞树的高额售价也必将引起来年库存的大量囤积。而当第二年圣诞节到来的时候，你又会发现，圣诞树的批发供应是如此充足，以至于在任何一个商店里，你都能够按照你愿意付出的价格买到一棵最大、最中意的圣诞树。这一情况同样又会形成一个负反馈的效应。供过于求的状态必将引起零售商们的警惕，在接下来的一年，圣诞树又再一次地出现稀缺和高价的现象。

大宗商品的未来期货市场以及股票市场也同样适用相同的规律，无一例外。当供不应求的时候，价格势必急速上涨，利润也将滚滚而来。但是随着价格的不断攀升，以及供货商的不断介入，供不应求的局势便将开始出现逆转。供应商的每一次行动都将发挥自己的校正作用，而每一次的校正活动又势必引起或多或少的过补偿的趋势。

在对股票或期货市场进行技术分析的时候，我们必须考虑某一具体的情况下，究竟已经实施了多少负反馈的作用力。鉴于问题的复杂性，对负反馈作用力度的界定就更多地成为一件经验和判断力的问题，而不是什么精确的数学计算。但是，尽管如此，我们仍然需要首先弄清楚一个基本的问题：我们究竟是应该紧紧跟随每一次微小的波动而随波逐流，也就是说随时根据最新的情况调整买卖决策，支付多次的交易佣金，从而只得到少量的收益，或只须承担微小的损失呢；还是向着主要的航向航行，保持一个相对稳定的航道，忽略掉那些微小的偏差，并只在偏差十分明显的情况下才调整我们的航道，这也意味着我们将冒巨大的危险，不论是损失还是盈利，其数额都将是一个不小的数目。或者，我们应该设计一套介于上述两种极端情况中间的中庸的决策方案。但是，这究竟是不是最优的策略呢？一系列的问题将由此产生。

其中一个问题，与我们前面粗略地讨论过的问题有关，即股票投资者本人究竟如何看待买涨与卖空，究竟如何看待买涨与卖空之间的某种折衷，或某种组合策略的利弊问题。其他一些问题则涉及如何掌握市场策略的相关事宜。至于究竟实施多少负反馈的作用力的问题，则永远存在，不可避免。无须多说，那些只抱定唯一的一个方向，从来不采用负反馈的调节手段，只知道锁紧船舵，并埋头大睡的投资者，在遇到风浪的时候，必将不能够取得有利的位置，以应对变化了的新情况。然而，遗憾的是，这正是许多股票投资者的实际做法。如果没有什么大经济气候的变动，他们将最终把自己的那艘小船划向远离目标的入水口。

掌舵技术、适应和调整的技术，以及预测的技术等，构成了投资和交易策略的核心内容。**设定一个目标和航向，将是我们首要的任务，也就是说，我们必须在某个特定的目标或目的下展开工作。**同时，我们也必须不断地观察我们的实际航道与预定航道之间的偏离情况，当两者出现过大的偏差时，我们必须做出必要的调整。略加思考，你将会发现，我们这里所探讨的，实质上很简单，我们早已尽在掌握，即不断地检验客观实际，以验证地图上所承载的信息的有效性，必要时，根据客观实际的新特征重新调整我们的地图。

第46章
Chapter46

正 反 馈

正反馈是一个工程学的概念，用于解释当一个机械系统缺乏负反馈机制以及自我校正功能的时候，将如何失去控制的情形。例如，某个被平衡地置于一根长钉上的高尔夫球必将迅速落地，因为地心引力所产生的正反馈的作用力使然。

正反馈听起来似乎优于负反馈，但事实上，这只是字面上的假象而已。我们并不完全肯定正反馈是否是导致人际关系冲突的一个突出的原因，或是这种突出的作用是否源于人们的逆反心理，但是，人们常常习惯于夸大和恶化糟糕的人际关系，例如一场邻里之间的争执一样。正是正反馈的作用（如果我们已经购买了某只股票的话），导致我们忽视了那些持相反看法的数据和观点，并致使我们轻易地拒绝重新审视我们的原始决定的建议。

如果我们把每一项新数据，都视为我们更新或重新决策的一项驱动力，而不是以敌对的态度对待它们，或把它们看做是对我们的原始决策的否定和冒犯的话，那么，我们便有可能克服陷入正反馈陷阱的趋势，而这种趋势在人类的历史、文化以及教育体系中，是如此的普遍和盛行。

如果我们希望把某些变量，诸如位移、加速度、扭矩、方向以及习惯等，控制在某一范围内，那么，我们必须拥有一种手段，以确保当这些变量超越变化范围的上下界线时，能够及时地校正这些变量的运动方向。我们所实施的校正的作用力，必须与变量运动的方向相反。这就是我们所说的负反馈。在现实的各种情况下，负反馈的表现从来不会十全十美。在负反馈的系统中，总是存在一定量的，因为寻找平衡而产生的损耗。甚至在某些情形下，寻找平衡的趋势还将不断地扩大，其偏离值也越来越大，直至整个系统分崩离析。

除了负反馈之外，还存在着另一种可能而且经常发生的情形。在天生固有正反馈特征的系统中，该系统从一开始便不可避免地走向失衡。

当我们提到反馈和控制时，我们通常并不是指正反馈的情形。正如一架普通的钟摆装置，它偏离平衡的中心位置越远，它所受到的地心引力也将越大，而这一逐渐增大的反作用力也终将把钟摆"拖回"到平衡的中心点。当然，钟摆最终将穿过平衡中心点，而继续摆向平衡点的另一侧。此时，地心引力又将再次发挥作用，再次把钟摆"拖回"平衡中心。这里，在钟摆这一稳定而可控的系统中，出现了一个位置的中心目标。而当我们将一个高尔夫球安放在一根长钉之上时，尽管我们会小心翼翼地安放小球，并让它在开始的时候保持平衡的状态，但是，我们仍然清楚地知道，这仍然只是一个不稳定的平衡系统。只要出现一阵微弱的气流或是微小的振动，致使高尔夫球微微地挪向失衡的方向，那么，地心引力便能够在这一细微变化的瞬间迅速变得强大无比，并最终导致高尔夫球彻底地脱离平衡的状态。在这一不稳定的系统中，地心引力不再扮演反向的作用力，相反，它加入导致失衡的作用力的行列，不仅如此，它还承担了其中最主要的作用。这就是所谓的正反馈系统。当然，最终，小球翻滚而落。

我们似乎兜了许多圈子来说明为何我们不能够将一个高尔夫球稳定置于一根长钉上。事实上，在日常生活中，我们能够在各个方面看到类似的正反馈系统，似乎在我们早期的童年时代，我们便已开始接受这种"不太妥当"的控制方法的教育。如果一家的孩子们和另一家的孩子们即将发生一场争执，并有可能导致双方流血受伤，那么，一般的情况下，我们并不会采用负反馈的概念来考虑这一问题。

当然，你不可能指望小孩子们自己自觉地按照负反馈的观念来行事，但是，大人们、老师们，以及社会的权威机构应该可以带头做到自我反省。孩子们的父母和老师可以扪心自问，"我们为什么如此不友好、如此敌意、如此可憎地对待另一家呢？"而另一家的父母和老师也可以本着同样的精神，深刻地反省，客观地看待自己的孩子们的行为，并检讨他们在冲突中的过失。这种处理问题的方式方法，或者说，至少是这样的一种精神和态度，就极有可能有助于解决严重的社会问题。但是，如果双方的大人们，对于自己一方的缺点或自己的孩子们的过失置之不理，相反，他们还一味地指责和放大对方的过失和错误，那么，事情的发展态势除了像置于长钉上的高尔夫球那样迅速脱离平衡的轨道，还会有其他的出路吗？这种处理问题的方式，便构成了一个正反馈的系统，它致使更多敌意的产生，更多的敌意又导致了更多的麻烦，而双方又把这些更多的麻烦归结为对方的失误……最终便构成了一个不稳定的状态和恶性的循环，甚至导致冲突恶性地螺旋升温。

无论什么情况下，随着本已恶化的人际关系的进一步发展，不论它们最终是否导致离婚、威胁或是谋杀，我们都可以轻易地发现，在冲突和矛盾逐渐变得紧张的过程中，人们越来越趋向于片面地看待问题，"好的方面"总是体现在自己的一方，而"不好的方面"则都是对方所为。事实上，这是一种保护自我需要的体现。如果没有什么"正当理由"，任何人都不可能继续维持与别人之间的深仇大恨，而且，随着自己行为的日益不友善，人们所需要的"正当理由"的心理支持也将越来越多。人们必须能够不断地感觉到自己"出于正义"的愤慨，而这将要求人们必须总是能够看到自己究竟是如何"正确"，而对方究竟是何等地"错误"。

显然，这绝不是一条能够通往友好和和平的道路。不用多说，你早已知道，尽管那些令人激动的一幅幅画面，一次又一次地为我们描绘了爱好和平的首脑人物，为了人类共同的利益而进行的友好磋商，但是，事实上，政治的行为完全基于"不是/就是"的二元价值观，它不容忍任何的折中和节制。政治家们不仅口口声声地表明自己如何高尚纯洁的动机，而且，在很多的情况下，他们似乎确实坚信自己拥有这份纯洁和高尚。政治家们早已将自己训练成为这样的一类人物：除了竞争对手们的腐败和无知之外，他们看不到任何的东西。的确，如果这些政治家们不能够将所有的"好"都集中在自己身上，而将一切的"错"都归结到对手身上，那么，他们又怎能直面他们的人民，并理直气壮地发表自己的演讲和宣言呢？这，便是一个正反馈的系统。

下一代人（如果还有下一代的话）所肩负的一个重大的社会问题，就是为我们的人际关系找到一种能够适用负反馈控制系统的机制。如果我们都想把自己的孩子送到特别的学校，或是把家搬到更好的社区，以防止他们与邻居的任何接触，那么，我们势必不可能获得任何的和平和友好。同样，如果我们把自己的生活局限于某一特定的区域，并限制孩子们之间的正常接触，以为这样孩子们便可以免受异端思想的侵害和同化，我们又如何能够实现真正的和平？

因此，我们不仅必须尽快与那些和我们的生活方式、思考方式以及信仰方式相类似的人们建立起沟通，我们还应该尽快地与那些与我们持有不同观念的人们建立起友好的交流——这并不是说，我们将"改造"他们，而只是为了防止我们自己过于纠缠在偏见、狭隘和敌对的漩涡之中，以致最终酿成爆发性的巨大压力。你知道，许多病人看待事物的态度便属于我们这里所讨论的正反馈系统。有人曾经说过，神经病人其实与其他人并没有什么太多的区别，只不过他比常人略微过于神经质而已。不幸的是，他的自我调节和自我控制的方向与常人背道而驰。于是，他所构建的保护自己免受攻击的屏障，将大大地强化自己对侵略、或是屈服、或者孤立的需求，这些需求又挑起了下一轮的自我防御……最后，正反馈系统、甚至恶性地螺旋式上升的正反馈系统便正式宣告成立。

如果我们的整个社会系统都迷漫着这样一种氛围，即把小事闹大、把大事演绎为灾难的观点和趋势，那么，人们在各种领域里所出现的突然的失衡行为现象便不足为奇了。当这种片面地看待问题的观念从婴儿时期便根植于人们的头脑中时，人们那种扭曲的市场观念似乎也就成为一件再自然不过的事情了。事实上，人们的行为举止正是如此。

当我们购买了某只股票的时候，我们自然期望看到其股价不断地上涨。我们将非常乐于看到该股票业绩的不断提升，股息的不断增加，并拥有美妙而长久的发展前景。当然，看到股票所有好的方面本身并不会构成伤害。致命的是我们看待股票的习惯：当我们在做出投资决策的时候，我们往往闭上一只眼睛，只看利好的消息，而拒绝观察利空资料。我们往往不允许那些足以引起警惕或悲观的信息的负反馈作用力的存在，这样便能够使我们避免做出变更的可能，因此我们更趋向于忽略甚至否认任何不支持我们的原始初衷的事物。

你要知道，我们的那些原始初衷极有可能蕴涵先天的缺陷，或者，在我们做出原始决策的时候，便缺乏确切的信息的支持。但是，一旦我们下定决心，买入某只股票，那么，我们便将开始变得不再能够承受任何的怀疑和恐惧。于是，我们便恐惧埋葬，将双眼紧闭，再也不听不看那些一路上出现的警告信号。

你要明白，这种处理问题的态度和做法，并不是我们故意或精心策划所致。我们只不过是没有注意到关于某只股票的利空消息而已。因为我们对于一切非利好的消息统统不感兴趣（你如果对此有所怀疑，那么，你只管任意选择某个中午的时间，去到某个股票交易室，散布一些关于某些热门股票的利空消息。然后，你会发现，自己就像一只出现在野餐营地的臭鼬一样，不受欢迎）。

如果你有足够的理由坚信自己最初的判断，并对自己购买某只股票的决策感到十分的满意和安全，那么，你大可不必畏惧事实的真相。由于你对自己的信心是如此有把握，你也就没有必要强求你所购买的股票必须具备"完美"的特征，你所需要的，仅仅是坚信自己个人的完美而已。因此，在听到许多利好消息的同时，你也应做好了准备去面对各种利空的消息。事实上，如果市场上只是利好迷漫的话，你反而应该暗自猜想，究竟是何种力量在操纵和抬高股票。

如果利空消息最终压倒利好消息，并假定你已经做好了充分的准备，愿意并能够客观地评价和看待两个方面的消息，那么，你必定会当机立断，做出卖空该股票的决定，以使自己的利益最大化。实际上，几乎可以这样说，利空消息对于你，甚至远比利好消息重要得多：因为你的立场早已倾向于利好消息的一边，你所需要的，正是一些负面的、校正的作用力，以使自己的观点保持中立和客观，并能够及时地注意到那些危险的信号的出现，从而及时地调整和校正你的观点和决策。

也许，在看完前面几个段落的论述之后，你或许想知道，根据"消息"闻风而动，及时地买卖股票是否是个明智的做法？这里的"消息"一词并不十分准确，它既可以是股票市场的报告，也可以指代某项技术指标，只要是我们用于构建投资决策的任何证据或信息，不论其性质如何，都是我们这里所说的"消息"。

第47章
Chapter47

什么是"价值"

关于什么是价值这一话题,我们或许可以展开一场为期100年的论战,最终也未必能够得出令人心悦诚服的结论。但是,如果我们能够意识到,价值就像"美"一样,只存在于个人眼中的话,我们将可以大大地缩短论战的时间,而达成共识。如果用美元来标价,那么,一加仑的水对于一位沦陷于戈壁滩(Gobi Desert)的人,以及一位纽约城里坐在水龙头旁边的人来说,无疑具有天壤之别。对于通用汽车公司的股票来说,情况也相差无异。股票的真正的价值(作为一个高级抽象概念来说)或许需要长时间地商榷,但是,市场对它的价值评估却随手可得。你或许强烈地反对通用汽车公司股票的市场价格,但是,除非其他大量的股市投资者也赞同你的看法,即你的观点得到了股市的一致认可,否则,你将对此无能为力。你可以随时表达你的不满,也可以始终与股市的报价对抗,但是,你却很少能够获胜。固执地坚守一些绝对的标准,而不是接受灵活多变的客观现实,必将使我们付出高昂的代价,而这正是股市参与者或学习者向股票市场交付的学费。

我曾经在位于马萨诸塞州斯普林菲尔德市的商业高等学校教过8年的夜校课程。在我教授的课程《华尔街的通用语义》(*The General Semantics of Wall Street*)中,我总是会留出足足两个小时的专题时间,与我的学生们共同探讨"价值"的问题。我会把"价值"这两个字,以醒目的方式写到黑板上,并询问同学们,他们对于价值的个人观点,以及他们对价值如何应用于股市的个人看法。

关于股票价值的定义多种多样。事实上,整整一黑板也仍然没有能够写完同学们给出的各种见解:股票的价值就是指股票究竟值多少钱,它等于公司的资产减债务，再除以公司的股票总数。股票的价值等于公司所有资产的成本价格减去资产的折旧，再加上公司商誉、专利以及其他无形资产的评估价值的总和。股票的价格便是公司派息分红前的总收益乘以10倍后的总数；或是乘以15倍；又或是乘以5倍。股票的价格相当于公司派息分红前的红利乘以20倍后的总数；或者乘以15倍。你认为股票的价值是多少，它就是多少。股票的价值便是该股票在当前股票市场上的买卖价格。如此等等。

这里，我们没有必要一一列举出所有关于股票价值的定义，以及各种定义的变形。有一件事情已十分清楚，那就是，股票市场上有多少投资者，关于股票价值的定义和看法便有多少种不同的意见。可谓仁者见仁，智者见智。很好。不过，我们究竟该如何找到一只股票真正的价值、内在的价值呢——不是某某人个人的看法，而是股票的本质所在？

如果你打算就这一问题展开讨论，那么，你最好做好通宵达旦展开探讨的准备。因为需要考虑和探讨的因素实在太多：公司的资产和负债——显然包括在内的两个因素；无形资产；需要折旧的各个资产项目；涉及原始成本以及重置成本问题的各个项目；公司的长期发展前景，盈利和股息的预期等，以及股票当前的总股本等；未来若干年内可能发生的税收债务的预期；新产品的开发，以及市场的潜力，如此等等。

当我们把这些所有的因素写下来，并对那些可接受的客观事实进行相应的修正和调整之后，我们又如何知道，我们究竟应该假定多少的资本投资回报率呢？我们究竟应该把多大比重的利润进行更进一步的投资呢？又是谁来权衡所有的因素，并给出一个公式，来计算某只公司股票的真实价值、真正的价值呢？

不论股市报告中的数据究竟有多大程度的真实性，它们仍然为如何看待各项因素以及各项因素之间的组合效应留下了很大的余地。发展的潜力是否比稳定的股息更重要呢？新的市场以及新的产品，是否比逐步增长和推进的销售情况和发展计划更有价值呢？

我们回答这些问题的方式，显然与回答"去年股息有多少"这样的问题不同。它们涉及许多高级的抽象概念，如观点和判断等。当专家们的意见出现分歧的时候（这种现象显然时常发生），我们并不能够找到外界的客观事实进行实际的测量或计算，因此，也不可能进行最终的裁决。从某种意义上讲，任何一个人的观点都像其他人的观点那样正确无误。

不仅如此。我们在计算股票的"真正"价值时所必须依据的各项客观事实，均来自于过去业绩的记录。但是，人们今年购买某只股票的目的，并不是希望获得去年的股息。人们所考虑的，将是明年的股息收益。然而，明年的报告中将出现的各项数据，涉及未来的资产、未来的负债、未来的收益、未来的股息，以及未来的其他各项指标。我们不可能在此时此刻就亲眼见到一份明年的报告。就像你所知道的那样，我们并不能够绝对精确地预测未来发生的事情。我们所能够得出的最好的预测，便是来自某些资深专家的估计，而不同专家的估计结果则往往出入巨大。这或许就是我们为什么不能够就一只股票的实际价值，得出一个总体的、一致的意见的原因吧。

除了股票之外，让我们再来看看其他东西。例如，我们可以检查一杯半加仑的水。在我面前的桌子上便有一杯这样的水，它来自厨房的水龙头，并通过管道引自科布尔山脉（Cobble Mountain）。这杯水清澈透明，清凉可口。经过检测，它的化学成分极其纯净，以致水龙头里流出的水，不必经过任何的处理，你就可以直接用来充实你的轿车的蓄电池。我们斯普林菲尔德市的水堪称全美东部最纯净的水，或许也可以说是全美最纯净的水。

那么，这半加仑的水，其真正的价值究竟是多少呢？我可以试着挨家挨户地推销这半加仑的水，看看我究竟能够卖到多少钱，但是，实际上，我早已清楚我能够卖到的价钱——它将一文不值。我居住的这条街上，每家每户都安装有无数的水龙头，它们所接的供应水源，都是优质的科布尔山泉水。一张微不足道的水费账单，对于每一户人家来说，几乎等同于可以无须节制地敞开使用甜美的科布尔山泉水。因此，我试图销售的半加仑科布尔山泉水，作为商品来说，其价值几乎接近于零，我们根本无法去测量它。

但是，去年得克萨斯州的某个城市在发生旱灾期间，水的售价卖到了每半加仑20美分。我绝不相信，在那里售出的水，能够像我们科布尔山泉水那样清凉透明、纯净甘甜，但是，人们无疑愿意付出代价并热切地渴望得到它，而且，显然，人们认为它值20美分。再比如，假设你和你的妻子，以及三个孩子一起，驾车驶往旅行的目的地。假定你的汽车在通过死谷（Death Valley）的时候，突然抛了锚，致使你和你的家人受困于这片炙热的沙漠，时间长达三四个小时。假定你出门时，没有携带饮用水，此时，你又会如何评价半加仑水的价值呢？1美元？10美元？100美元？1 000美元？你身上的所有财产？或许吧。

说了那么多，你是否已看出，"价值"并非一件事物？水的价值并不存在于水本身。价值是人们对某一事物的估价，它意味着，某件事物对于你而言，究竟值多少。在本例中，价值是你和水之间的交易。你完全可以把半加仑的水带到实验室里，利用显微镜来观察它的成分，或是对它们进行蒸馏处理，你也可以对它们进行测试，以期得到金矿或是放射线的线索。也就是说，你可以对它做任何的事情。但是，你却无法从中找到水的真正的价值所在，原因很简单，水的价值根本不存在于水本身之中。

如果你仔细观察过通用电气公司的股票，那么，你便会发现，你根本不可能从其股票中找到它真正的价值所在。同样，你也不可能从通用电气公司的其他资产中找到这一问题的答案，如它位于斯克内克塔迪（Schenectady）或林恩（Lynn）的工厂等。一只股票的真实的价值，完全取决于某个个别人对它的评价。

在前面的章节中，我们曾经提到过弗兰克·斯托克顿（Frank Stockton）写的一篇小说。下面，我们将引用他的另一篇小说，来阐述有关价值的问题。在一篇名为《王后的博物馆》的故事里，一位王后最完整地收藏了世界上最令自己感兴趣的东西：纽扣孔。普通的纽扣孔，别致的纽扣孔，刺绣边的纽扣孔，带钩边的纽扣孔，皮制的纽扣孔等，各种各样、林林总总。为此，王后特地修建和装饰了一座富丽堂皇的博物馆。她想，这样，她所有的臣民便可以和她一起欣赏这些美妙的收藏了。但是，臣民们并没有像王后想象的那样，成群结队地参观王后的博物馆，于是，王后颁布了一条皇家法令，下令所有的臣民必须定期地参观王后的纽扣孔博物馆，如有违抗命令者，一律送往监狱。让王后大失所望的是，全体臣民，无一例外地选择了走进监狱。

在与一伙触犯法令的"歹徒"及时地调解之后，可怜的王后才发现，原来并不是每个人都能够用同样的方法来评价某件事物。她的某些臣民认为，钓鱼竿是世界上最重要的东西；而其他大多数人的兴趣则在于马匹，或在于玩扑克牌，或是花朵等。最后，王后不得不意识到，那种期望其他人也和自己一样，拥有完全相同的价值观系统的愿望，既不现实，也不合理。

因此，我们说，"真正的价值"这一术语，并不具备什么可以通过外部客观事实来验证的特定的含义，除非我们人为地给"真正的价值"赋予特定的要求，并硬性地规定它们为真正的价值的判断标准，但是即便如此，我们仍然不可能改变真正的价值的本质，因为我们所选择的这些标准，仍然脱不了观点和判断的范畴。价值，并非客观存在的事物，它只是我们内心的一种看法，一种高级的抽象概念，而不是现实存在的客观事实。

股票市场是如此关心价值这一问题，而价值又是如此地个性化，以至于每个人的价值观都各不相同，那么，我们又如何能够从整体上处理有关股票市场的问题呢？幸好，对此，我们有一个很好的答案。和以往一样，这一答案涉及放弃绝对化的标准的问题。我们必须明白，真正的价值并不能够像客观事物一样，被精确地构建起来，或是得到客观事实的验证，但是，我们可以得出一个非常近似的、接近一致的意见和看法。

那么，如何得到这种一致的意见和看法呢：对于通用电气公司股票的价值，随时都会有众多不同的看法。就像我们在前面阐述过的，即便是利用某种权威的资源，我们也仍然不可能消除所有存在的分歧。我们每个人，显然都拥有合法的权力保留个人的意见。你可以坚持认为自己手中的股票价值40美元/股，而我也可以认为它的价值绝对不超过39美元/股。我可以向我的经纪人发出指令，以不超过39美元/股的价格为我买进通用电气公司的股票。而你给经纪人的操作指示则完全可以是：以不低于40美元/股的价格卖出通用电气公司的股票。指定了股票价格的股票买卖交割单，从全美各地被输送到纽约的证券交易所，并最终到达专业操作人员的手中。

只要你愿意，你也可以把你手中的通用电气公司的股票价格设定为60美元/股。而我也可以设定25美元/股的竞标价格。当然，你是否最终能够以60美元/股的价格售出你的股票，而我是否能够以25美元/股的价格买到我的股票，都是不确定的事情。不过，随着竞标和出价的增多和累积，通用电气公司的股票的价格将达到成交的平衡点。卖出的交割单与买进的交割单相匹配，并最终以买卖双方一致认同的价格成交。通常的情况下，将有许多份卖出的交割单，它们各自指定的价格均高于市场的成交价格，同时，也有许多份买进的交割单，它们各自指定的价格则都低于市场的成交价。任何时候，最低出价与最高竞标价格之间，总是存在一个小小的差距。因此，通用电气公司的股票的标价方式，则有可能被表述为："出价40（美元/股）；竞价39.75（美元/股）。"

39.75～40美元/股的价格，或许就是我们所能够得到的最接近全美人民对通用电气公司的股票的一种综合的评价吧。它只是一个近似值，并不完美。而且，由于某种可能存在的特定新闻因素的存在，或是突出的供过于求的出现，又或是市场上各种微小的技术性的波动等，它还可能有些变形和扭曲。但是，在某个特定的时刻，从任何通常的意义上讲，关于通用电气公司的股票的价值，我们所能够得出的最好的答案便是：纽约证券交易所的交易显示器上，它报价为"出价40（美元/股）；竞价$39^3/_4$（美元/股）"。接下来的交易或许以$39^3/_4$美元/股成交，也可能以$39^7/_8$美元/股成交，也可能以40美元/股成交，或者，它也可能以更高或更低的价格成交。然而，在某一特定的时刻，竞标和出价双方所给出的价格，就是我们所能够得到的唯一的价值衡量标准。它显然带有近似的、并不完美的、短暂的特性，但是，它至少代表了所有人的意见，并能够被我们每个人所理解和认可。此外，它恐怕也是我们所能够归纳出的、最近似于"真实的价值"的客观现实的替代概念了。

从这一意义上讲，股票市场便成为一个综合性的客观事实。至于我们必须采用的临时替代股票的真正价值的市场标价，则没有必要甚至也不常见，与我们的个人评价一致。事实上，对于某些人来说，我们所必须采用的那幅替代股票的真正价值的地图，根本没有必要甚至也不常见，与我们自己对该股票的个人评价一致。与此同时，对于另外一些人而言，他们在自己的头脑中所勾画出的那幅地图，则似乎比整个市场机制下得出的评价更为有效。

你或许听到过这样的说法："通用电气的股票现在卖价为$39^7/_8$美元/股，不过它最少值60美元/股。"如果说这句话的人，能够更清楚地了解"值"和"价值"等诸如此类的词汇的主观本质，他们或许便会改变自己的说法。比如，他们将这样来表达自己的想法，"通用电气的股票现在卖价为$39^7/_8$美元/股，不过，依我看，不久之后，它会值60美元/股。"

这一新的说法表明，60美元/股的价值只是一个个人的观点，同时也是对未来股票市场的一种预测。除此而外，它没有任何现实的意义。就像一个小孩子评价自己最心爱的洋娃娃，说它值"100万美元、1亿美元、10亿美元……"，它只是个人的评价而已，对于其他的人来说，则无关紧要。没有人会关心这样的问题，同样，也没有人会关注那只"值"100万美元、1亿美元、10亿美元的洋娃娃。

在某个装着我父亲的财产证件的文件夹的背面，存有一些打印的股票证明，它们代表50 000股加利福尼亚州深蓝领先矿业公司（Big Blue Lead Mining Co.）的股权。父亲将这笔公司财产留给了我的哥哥和我，以及我们的妻子。我知道，该矿业公司所拥有的矿井中有金子。在我还很小的时候，我曾经看到过来自那里的纯金样品。这里，我并不想给大家讲述关于深蓝领先矿业公司的冗长的故事，也不想讲述那里的罢工事件，以及该公司的税收置留权问题和资本的变更问题。我想，大家只要知道下面这几点就足够了：如果那里有金子，那么，这些金子已经埋藏在那里很久了；现在，已经没有人再在那里开采金矿了。我甚至怀疑，究竟是否有人曾经开采过它们。

只要我愿意，我可以给深蓝领先矿业公司的这50 000份股权，安上任意一个数额的价值。我也可以设法说服我自己，让我自己相信，这些股票价值100美元/股，事实上，我确实相信，100美元/股的价格仅仅是这些股票的票面价值而已。此外，我确实了解，加利福尼亚州某处的矿井里，的确可以找到黄金。我或许还可以策划出一份实施方案，再次向这桩艰巨的开采黄金的任务发起进攻，并获得利润。

但是，在出现任何一位能够与我共同分享热情，同时也能够认可这些股票价值100美元/股的老兄之前，这些股票的市场价值仍然只会保持其40年前的模样：精确地等于零。无论我愿意赋予它们的价值是多少，严格来说，都只是一场财务上的独角戏而已，它根本没有什么客观存在的现实参照物可言。

但是，请你也不要认定，你赋予某只股票的价值就一定没有意义。如果你掌握了很好的理由（比我给深蓝领先矿业公司的股票定价为1美元/股更好的理由），那么，你或许就是对的。尽管股票市场当前对ABX公司的股票的评价仅为25美元/股，但是，你仍然可以认为ABX公司大有潜力，其股票值75美元/股。如果你的看法正确，也就是说，如果你的预测方法有效，你将能够看到该股票售价75美元/股的时刻，如你的预期一样。

这里，需要强调的一点是，切勿将你的个人之见与多数人的意见混为一谈。这两者并不（也没有必须如此的理由）一定一致。当你在表达你的观点，认为ABX公司的股票马上将价值75美元/股的时候，千万别忘了那个广大的、自由的、竞争的、投机的市场也在发表它的意见："我们的看法不太一样。我们愿意以大约15美元/股的价格向你出售足够数量的ABX股票。注意你的购买决策风险自担。如果你的预测正确，那么，你将获得致富的奖赏。相反，如果你错了，你将损失一大笔投资。"

当然，你拥有不赞同市场看法的一切权利，但是，千万别太轻视它的力量。它代表着其他许多人对股票的评价和看法，其中一些或许和你一样聪明过人。人们得出ABX股票价值25美元/股的理由，或许，与你预测其价值75美元/股的理由一样充分，一样有根据。

从某种意义上说，你更有资格反对市场的看法。作为一位股票市场的投机者来说（只有为数很少的股票投资者可以免于投机者的头衔），你的任务便是"投机"——观察、评价。正是你的行动，会同其他许多人的投机行动，决定了股票的市场价值。而这一价值，就像我们所看到的那样，正是我们所能够得出的最具一般性和代表性的价值的表述。在你购买几百只某公司的股票的时候，你的购买行为其实便趋向于抬升股价。试想，如果成千上万的人都在大量购买同一只股票的话，该股票的价值势必上涨到大家一致认可的价值。同样的道理，你的卖出倾向也将表明这样的看法，即你认为该股票的当前价值高于你对该股票的评价。而如果你，以及其他人，卖出足够数量的同一只股票的话，该行为必定促使股价下跌到你对该股票的估价位置上。

这就是我个人对投机者的作用的看法。如果数学公式、政府专员，或是其他我们所知道的一切方法，都不可能界定出股票确切的真实价值，那么，必定只有市场本身来确定股票的实际价值。

投机者的目标，当然是盈利，而投机者的工作，则是估价。投机者所能够获得的奖励，将与他所采用的预测方法的成功与否，构成正相关的关系，换句话说，他所获得的奖励将取决于投机者的个人评价与公众的评价是否一致。进一步来说，正是投机机会所带来的压力，决定了投机资本的流向。某个机构或某位大人的指令不再起任何的作用，真正说话算数的，是全体股民的需求。

在自由进出的股票市场上，我们不可能找到完美的事情。就像现实生活中的绝大多数事物一样，它远远达不到理想的状态。但是，我们必须在那些妥协的、不完美的条件和环境下工作，除非我们可以远离现实，在一个虚幻的、自我的象牙塔里度过余生。

第48章
Chapter48

提出正确的问题

我们在处理人际关系以及处理我们自己与世界之间的关系时，不仅需要提出正确的问题，还需要以正确的方式提出问题。更准确地说，我们在提出问题的时候，必须做到恰到好处。仔细地检查我们所提出的问题，并去除其中具有误导性的、不规范的、带有感情色彩或主观看法等嫌疑的成分，我们的问题才能够富有现实的意义，并能够被准确地加以回答。从另一方面讲，如果你在酒吧里，提出一个充满好斗色彩的问题："如果艾利和丹普斯都拿出自己的最大能耐，艾利是否可以把丹普斯揍趴下？"可想而知，这将很可能会引起一场混乱的斗殴事件。

你也许会注意到，某些类似的问题似乎一而再、再而三地反复出现，不仅是在股票市场里呈现这样的状况，生活中的其他领域也不例外。关于战争的基本观点，以及"优等民族"与"劣等民族"之间的对抗，便是精神极端病态情况下的一种典型的"不是/就是"型的二元价值观的体现。一生追求成功的问题，也纯粹是一个关于如何弱化绝对的理想标准，并意识到成功的"度"的问题。其他大量的问题也是同样的道理。

在人们把高级抽象概念与客观现实混为一谈的时候，我们便会遇到以各种形式反复出现的"价值"问题。我们并不能够用一些可交流的词汇来直接地衡量价值的大小，就像我们无法衡量爱、希望、美德或是忠诚的大小一样。这也正是人们在试图争辩这些无形的抽象概念的数量大小时，最容易陷入可怕的冲突之中的原因。同时，更重要的是，这或许也正是人们陷入与自己的灾难性冲突的真正原因。

当你在询问别人问题的时候，对于别人或对于你自己来说，最为重要的是，你必须清楚地知道自己究竟正在询问什么样的问题。这听起来似乎再简单不过了。那么，我们为什么不坚持做到这一点呢？如果你手头正好有一个难题，而你又希望得到它的答案，那么，你只管向别人咨询请教好了。但是，你必须注意，你向别人提出的问题必须富有含义，并确实具有可答性。不论你是询问别人，还是在问你自己，如果你提出的问题十分愚蠢，那么，你也必将得到一个愚蠢的答案。

下面，就让我们实际地尝试一些问题，它们正是人们日常生活中经常相互询问的问题。这里，我们引用这些问题的目的只是为了得到某些实际的体验，我们并不会具体展开对这些问题的特别探讨。仔细地品味这些问题，看看你将如何回答它们。你将用怎样的词汇来回答这些问题？你又是如何得出你的结论的？如果你觉得这些问题中似乎存在某些不妥当的地方，那么，不妨问问你自己究竟是什么地方出了差错：

- 我们距离天空到底有多远？
- 动物会思考吗？
- 这部影片是否足够雄伟壮丽？
- 如果这里有一只名叫沃斯潘的鸟，它可能是什么颜色？
- 埃德·蒙森究竟是否算得上聪明？
- 你爱我是否比阿瑟爱我更深？
- 法国人测量长度时，采用厘米为单位。我们则采用英寸为单位。究竟哪一种更好？
- 耶稣会如何评价当前（美国）国务院的政治制度？
- 我能算做一位成功人士吗？
- 究竟什么先出现：是母鸡呢，还是鸡蛋？
- 什么是不可饶恕的罪孽？
- 如果你是我的话，你赚的钱是否会比我现在拥有的多呢？

上述问题中，或多或少存在一些不妥当之处。事实的真相是，它们中的绝大多数，根本算不上真正的问题。的确，它们确实具有提问的语言格式，但是，当我问自己："一个幽灵到底有多重？"或是"如果我生来不是我的话，我究竟会是什么？"等问题时，这些问题只能算是一些毫无意义的词语而已，它们仅仅拥有一个问题的外壳，就像一些毫无意义的字母组合，乍一看，好像一个完整的、有意义的词语一样。

一个问题，如果具有一定含义，那么，它们就必须清楚地表述出所询问的事物，并采用询问者以及被询问者都能够明确理解的词汇来表述。如果我们咨询的事物并非客观存在，比如说幽灵，那么，我们所提出的问题无疑便带上了"不恰当"的嫌疑。同时，可想而知，我们也不可能得到一个有意义的回答。这样的问题，如同其他一些荒唐的问题一样，类似于我们在做算术时，被除数为零时的情形。

　如果你曾经面对过这样的数学难题，你便会知道，数学上存在一个特殊的、令人讨厌的运算工具，它能够让你眼前那道完美、不可挑剔的等式，转眼间便变成一团乱麻。这一小小的把戏，它有时隐藏得相当巧妙，数学上的术语便叫做分母，当分母逐步简化到其最简单的形式时，它便成为零。由于数学上，被除数为零的运算没有任何意义，因此，我们所得到的结果也同样没有任何意义。

　一个具有问题外壳的问题背后，往往隐藏着一系列的小把戏，它们中的任何一种，都将使你的问题流于荒唐。

　为了回答这样的问题，我们或许需要一些根本无法得到的数据。比如，对于"约翰 L. 沙利文（John L. Sullivan）是否能够问鼎今年的冠军"这一问题，我们就不可能给出任何确切的答案。然而，围绕这个根本不成其为问题的愚蠢问题，却仍然惹出了许多酒吧斗殴事件。

　有些问题则可能用一些非常绝对的词语来表述，以致任何直接的回答都将失去现实的意义。比如，伍德罗·威尔森（Woodrow Wilson）究竟是个好人呢，还是个坏人？

　另一些问题则暗含着某种意义，以致你可能做出的任何答案都会因此而扭曲，比如那个广为人知的法庭小笑话：你还在打你的妻子吗？答案必须从是或不是中选择。

　此外的一些问题则可能涉及高级的抽象概念。由于它们都是一些主观的概念，不能够进行量化的处理，因此它们也不能够与其他事物进行比较或分析。例如，你爸是否比我爸更爱国？

　此外，还有一些问题，由于缺乏足够的细节，我们不可能给出任何答案。例如，一根绳子究竟有多长？这根木头硬吗？卡罗琳（Caroline）是否是个超群的孩子？

　为了回答某个问题，我们需要做的第一件事情便是，仔细地观察问题本身，确保你清楚地了解问题的含义。同时，如果是你在向别人提出问题，那么，你也必须确保你的问题对于对方来说，有一定的意义可言。

　当我们回答问题时，我们必须确定，是否有足够的证据来支持一个逻辑严谨的、合理的答案，而且，这些证据本身是否具有足够的合理性。

检查我们的问题所采用的表达术语，看看它们是否过于绝对，如果可能，重新描述它们，以便能够得出一个带"度"指标的答案。

仔细研究我们的问题，看看其中是否含有模糊不清的术语（它们对于你来说，指代某种事物，而对另外一些人来说，则可能代表其他事物），同时，查看该问题中是否含有带感情色彩的主观术语。

把我们的问题限制在确实可答，或者有可能加以验证的一个有限的范围内。

警惕问题中那些只能够用感性化的、代表观点或判断的词汇来表达的术语。

确保问题在时间、地点以及条件上与预期的答案休戚相关。对于古雅典人来说千真万确的事情，未必符合现代芝加哥人的现实生活。符合埃塞俄比亚人的生活状态的事物，不一定同样适合于美国佛蒙特州的人。

确认问题本身没有混淆不同层级之间的抽象概念。类似的问题如：假定你病了，那么，你是愿意去看医生呢，还是希望早日康复呢？

警惕那些容易把外界事物的质量和特性混淆为可感知事物的问题，如："这难道不是有史以来最红的一只苹果吗？"

注意问题中某些词语的相似性。例如，"乔伊民主吗？"便很容易与问题"乔伊是民主党成员吗？"混淆起来，并由此造成极大的误解，尤其是如果乔伊身为一名民主的共和党人的时候。

当然，我们也必须小心问题中所涉及的那些容易混淆为同一事物的表述方法。例如，我们完全可以把"阿瑟·布朗（Arthur Brown）是不是一名罪犯？"这一问题，更加具体而确定地表述为"阿瑟·布朗是否做过什么违反我们的现行法律的事情？"的形式。而"玛莎（Martha）是否是卫理公会派教徒（Methodist）？"这一问题，或许需要探求玛莎的灵魂深处，才有可能得出答案。但是，"玛莎是否定期去卫理公会派教堂？"却十分容易回答。至于"我是不是个罪人？"的问题，不仅过于绝对，以致我们已经不能够采用度的方式来回答，而且，不论怎样的答案也都无益于改善我们的行为。如果我们把问题重新描述为："我按照我的价值观所做的事情，在哪一方面出了问题？"那么，这样的提问不仅能够得到一个合理的答案，而且还有助于我们开始实施有效的校正措施。

只不过是简单地提出一个问题，便需要考虑如此多的麻烦事情吗？你也许不禁有些怀疑。你甚至还有可能觉得这根本不值得。某些情况下，事实如此，但是如果问题本身很值得一提，那么，尽管有着方方面面烦人的注意事项，我们也不妨给予被询问的人一个公平的机会，这样，他才可能回馈给你一个有意义的答案。顺便说一句，如果被询问的对象恰好就是你自己，这一点将尤为重要、尤为真实。

第49章
Chapter49

每天要问的两个实际问题

在我们生活的文化氛围里，人们客观而分析性的思维方式遭到了教育体系和各类机构的冻结，以至于人们坚信自己的生存得益于对现状的维持。对生活中的成就以及对股票市场的成功兴趣盎然的男人和女人，完全可以利用一些简单的分析方法，来检验那些盛行的"真理"（观点）以及那些科学与社会的正统观念的真实（准确）性。只须两个简单的问题，便能够彻底说清楚许多演讲中存在的死角地带。对于这样的表述："这是个熊市行情"，你可以如此应对："真是这样吗？"以及"你怎么知道的？"如果我们能够保持客观的心态，那么，这两个问题给予你自己的答案，或者是别人给予你的回答，都将给你带来许多的启发。利用这样的问题以及这样的思维方法，必将引导我们更多地进行客观的思考和分析。

当某某人发表自己的声明时，我们大可不以为然，置之不理（远离他的观点）；也可以心悦诚服地接受它的表面价值（附和他的观点）；我们还可以质疑该声明，并把它打击得体无完肤（反对他的观点）。实际上，这便是一个三元价值系统的标准表示。

显然，有许许多多的声明和看法，我们完全可以心平气和地把它们打发走，而不必做出任何反应，原因很简单，它们毕竟与我们的生活毫不相干。我根本不会（在我冷静的时候）质疑如下声明：1898年，迈隆 B. 诺斯罗普（Myron B. Northrop）以27票落选民主党对罗得岛州（Rhode Island state）行政副长官的任命。这一声明可能是正确的，也可能是纯粹的胡说八道，事实上，它很可能毫无根据，但是，不论它正确与否，对于我来说都没有任何区别，我不会为此争辩不休。

如果你对我说，艾丽西娅·马尔科娃（Alicia Markova）在"天鹅湖"（Swan Lake）里的表演，是你观看过的最优美的表演，我想，我会有礼貌地、愉快地接受你的看法和评价。毫无疑问，我觉得你的观点十分诚恳，当然，我也会注意到，我其实并不能够证明你的真实感受。

然而，如果你告诉我，我的私人车道侵占了你18英寸的领地，那么，对此我自然要问个究竟，我会提出一个问题，一个本质上并非探究其然的问题。这一问题就好像一枚深水炸弹，随时会炸开你声明的壁垒，侵入其中，有时，这枚深水炸弹还可能把你的声明炸个水底开花。这个问题就是："真是这样吗？"

这是个硬邦邦的、带有挖苦意味的问题，它可以附加上恶狠狠的眼神，并用刺耳的吼叫声来提出。要知道，你的声明正在触及我的利益。它不仅仅是一个个人的观点，它是某个可以通过外界的客观事物来验证或否定的客观事实。所以，我会吼叫着，反问道："真是这样的吗？"

很多时候，你会惊讶地发现，这一再简单不过的初级进攻就能将问题摆平。它将促使发表声明的人，不得不再次检查自己的声明。他或许会发现，自己的声明其实并没有正确地表达自己的意思，或者，自己的声明根本经不住事实的考验。下面，就让我们亲自尝试几个这样的声明，并检验我们的初级进攻所取得的革命性的效果：

声明：如果你给我一张票，我就把你推荐给警长，他是我的一个朋友。

回答：真是这样吗？

声明：炒作低价股，你将很容易挣到钱。

回答：真是这样吗？

声明：现在，尽管开个价码吧！它不会造成任何的不便。

回答：真是这样吗？

声明：就凭我展示在桌子上的东西，我已将你彻底击败。

回答：真是这样吗？

永远记住，更多时候，交流和争辩并不是发生在你和其他人之间，而恰恰是发生在你和你自己之间。这些交流和争辩也不一定会有意识地用语言表述出来。但是，有时，通过语言方式提出你的问题后，你或许便能够立即得到问题的答案，或是清楚地看出自己正在走向麻烦的陷阱。

你问：我打算卖空卢肯斯钢铁公司（Lukens Steel）的股票。其股价不会继续攀升了。

你自己回答：真是这样吗？

你问：我完全可以把钱拿走，没有人会知道的。

你自己回答：真是这样的吗？

答案你自己知道。

如果某项声明对你来说至关重要，那么，不妨提出你的质疑和挑战。如果你对于该项声明确实态度认真而坚决，那么，继续你的质疑和挑战，并提出第二个问题：你怎么知道的？

一位邻居给你打电话，告诉你说，你儿子约翰用一只棒球打碎了他家车库的玻璃窗。你开始提问："真是这样吗？"接着，你再问："你怎么知道的？"这位邻居是否亲眼看到约翰扔出他的棒球了呢？会不会是其他小孩子告诉这位邻居，说约翰打碎了他家的玻璃窗？这位邻居是否仅仅根据约翰最近打碎了很多玻璃窗，便确认，这一次也一定是约翰打碎了他家的玻璃窗呢？

当某人以自己的观点看待问题的时候，他实际上正在进行低级的、比较接近客观实际的抽象思维活动。他可能会出错，比如我的邻居看到扔棒球的小男孩长相酷似我儿子约翰，但是很多时候，他的看法完全正确。

与此不同，假设我的邻居是从其他某个小男孩那里，得知约翰打碎了他家车库的玻璃窗，那么如果我的邻居便因此认定约翰确实打碎了他家的玻璃窗，他便不太接近客观事实（因为他采用的不是自己的观点，而是别人的观点）。那个给他通风报信的小男孩没准自己弄错了，他也可能说的是另一个约翰，或者，他根本就是在撒谎。

如果构成约翰打碎玻璃窗这一声明的基础，只是来源于约翰以往的记录，那么，这几乎便是两件不同的事情：这一声明便成为一项推论，一个高级抽象的概念，而不是直接的观察所得出的结论。与高层级的抽象概念相比，利用低层次的抽象概念作为外界客观事实的证据将更可靠，也更可信。

试想，对于那些基于以文字清楚地表达出来的声明，或是基于人们内心深处隐藏的某项声明而得出的决定，人们都曾经质疑和挑战过自我的话，那么，人们将因此省去多少麻烦啊：

这支枪没有上膛。

是这样吗？你怎么知道的？

65美元/股的买入价格，对于福特汽车公司的股票来说，是个好价钱。

是这样吗？你怎么知道的？

分红派息的股票，比没有分红派息的股票有赚头。

是这样吗？你怎么知道的？

圆珠笔不会漏水，所以不会污染你的衣服口袋。

是这样吗？你怎么知道的？

再喝一杯也不会影响我驾驶汽车。

是这样吗？你怎么知道的？

卖空比买涨更危险。

是这样吗？你怎么知道的？

如此等等。你可以继续增添一百个或一千个类似的声明和质问。

你或许会觉得，我们这里就这一简单的问题所做的分析和谈论，实在过于冗长。人们肯定会问我们所建议的那两个简单的问题——这似乎显而易见，再清楚不过了吧。然而，事实并非如此，人们并不像我们想象的那样，常常这样做。人们往往一头扎入盲目的决策之中，有时，甚至扎入灾难性的鬼门关。某项声明，如果没有明显的证据能够表明其错误，我们中的大多数人甚至不会提出任何质疑。这样的声明，对于古人来说，似乎理所当然，如："地球表面总体来说十分平坦，偶然有一些山丘和高峰点缀其间。"此时，如果你问他们，说："你们是如何知道的？"那么，可以肯定地说，你必将非常不受欢迎。在他们看来，如此简单、如此显而易见的道理，又何须证明呢？按照这样的思路，可想而知，任何人给予他们诸如此类的建议——地球表面恐怕不是什么平面，而更可能是，或者说更像是一个球体，他们都必定会一口拒绝。

对于某些人来说，那些定期派送股息的股票，显然比那些从不派送股息的股票安全得多。这一规律其实并非永远正确，但是，人们却往往执著于自己的信念，他们不能够做到对所有的新鲜事物和新鲜观点开放自己的心灵。同样的道理，人们往往会固执地认定，卖空股票将比买涨股票更危险；或者，他们还会坚守自己的信念，认定蓝筹股比投机性的股票更安全；而期货交易则根本就是愚蠢透顶的行为，等等。

如果人们已将自己的评价从此冻结，那么这一评价又怎么能够根据不同的情形来帮助和保护他们呢？如果人们根本不愿意去考察那些客观的事实，而只是一味地玩弄那张早已陈腐过时的旧地图，那么他们又如何能够发挥自己高超的抽象能力，得出更好、更实用的新地图呢？一句话，如果一个人紧紧地把自己封闭起来，拒绝任何新鲜的事物，那么，他又如何能够多角度地全面看待问题呢？如果你还希望改善自己的判断能力，增加自己预测的成功记录，那么你就必须时常地重新回到客观现实中，重新仔细地研究新的客观事实。如果你所观察到的客观现实与你的地图之间，出现了不一致的情况，那么你最好及时地修改和调整你的地图。

你为什么会主观地认定，再次观察客观事实是件很困难的事情呢？这难道是因为我们对于头脑中那些陈旧的地图的重视程度，更甚于客观事实本身，以至于当客观事实与这些地图发生冲突的时候，我们便否定客观事实，而依然坚守我们陈旧的地图？或者，仅仅是因为这些陈旧的地图，自我们很小的时候，当我们的思维方式还处于灵活多变、乐于接受各种新鲜事物的时期起，就开始属于我们生活中的一部分，并在此后演变成为我们固若金汤的价值观系统的缘故？莫非，因为这是各种渠道反复而强制性地灌输给我们指令，例如，通过教训和实例；通过父母亲的叮咛和祖父的忠告；通过我们在教堂接受到的指导；通过学校和课堂的教育；通过所有朋友之间的榜样示范和惯例；通过我们的文化所例行的法律或社会规范；通过高级的权威力量，以及流传下来的祖先们的箴言？或者，是因为我们已被训练得甘愿不再观察客观事实，而顺其自然地接受别人的话？

你要知道，当我们头脑中的地图与客观事实不一致时，绝不是客观事实本身出现了错误。了解事实的真相并不会伤害到你。至少，它对你的伤害绝不可能超过你因为被蒙在鼓里而可能遭受到的伤害。如果有人告诉你，说你的一位雇员从公司的保险柜里盗窃了公司的钱财，那么，出于慷慨和高尚，你当然可以对他表示出你对自己职员的信任，并明确地表示，你绝不会从这种胡乱的猜疑中感到任何的快乐。但是，如果确实存在这样一位不诚实的雇员，那么，你最好尽快查明真相。如果这位雇员确实没有做什么不诚实的事情，那么，揭穿一个恶意的造谣也不会造成任何损失。**不论是怎样的情形，仔细地观察客观事实，总归不会使事情恶化，或造成任何的损失和伤害。**

第50章
Chapter50

胡言乱语，无穷无尽

无论是对哪门学科领域的研究，我们都会积累起庞大的资料，即数据。如果我们只是单纯地收集资料，这些庞大的资料必将最终淹没我们的目的，致使我们的研究彻底失败。因此，重要的是，我们必须具备排除那些不相干的数据，找出并充分地理解那些相关的重要数据的能力。在股票市场上，首要的问题便是，我们有可能收集到几乎无穷无尽的数据，如公司的收益、成本、盈利率等，数不胜数，以致只有专家和天才的分析家（实力派的投机者）才有可能从中收益。

技术派的股市投资者往往坚信这样一个概念，即关于某只股票，我们所知道以及所怀疑的一切，都将在当天的股票走势以及当天纽约股票交易市场的收盘价上体现出来。换句话说，技术派的股市投资者们宣称，相关的、重要的数据随处可得，并适用于分析和处理。再换另一种说法，即我们从股票市场上得到的那些确实的数据，构成了我们分析股票价值（评价）的充分且必要的条件。

对于某些勤奋的人来说，收集资料便意味着堆砌大量的数据，这些数据当中甚至包括许多与主题无关的"垃圾"，或瞎编乱造的胡言乱语，以致收集数据的最终结果成为一堆过度膨胀的庞然大物，就像那幢矗立在纽约市里的古老的科利尔大厦（Collier mansion）。

关于收集数据，有个很好的主意：**在我们深入地展开收集工作之前，我们最好设置一些范围界线，以限制和选择我们需要收集的数据。**比如，当你在研究图书馆的时候，图书馆的管理员究竟喜欢哪种类型的口香糖，便是一个与你所研究的课题毫不相干的数据资料。毫无疑问，这确实是一个客观事实，但是，它与我们手头必须解决的问题却没有什么特殊的关联，除非你正好在为雷格利公司（Wrigley，一家口香糖生产商）进行商品广告策划的市场调查。

某些人收集资料的方式，就像老鼠收集发亮的小物品一样。他们分门别类地把收集到的资料归类为剪贴文件、参考文件以及图表文件等；并把公司过去40年来的各类文件目录统统标注上清晰可辨的名称；他们甚至知道1934年那桩古老的兼并案的各项条款；他们还会收集公司每年的年报，以及各路财经评论人员对于公司事件的各种分析和评论的文章和资料。

其中某些资料对于他们来说，或许十分重要。这完全取决于收集资料的目的。一支试图确定地球表面不同地点自然磁场大小的研究团队，他们所需要的数据，对于另一个研究地震波的扩散和地震主要断层位置的研究组织来说，无异于肤浅而多余。对于某一类型的研究来说，充分且必要的数据和资料，未必适合（某些方面）并满足（另一些方面）其他类型的研究。

一旦我们明确地指出我们的研究工作所需要找到的东西，并设计好我们希望提出的问题（在构建这些问题的时候，没有人会为了简略而不够认真谨慎的做法支付报酬的），之后，我们的研究工作便必须面对下一个步骤了，即确定为了回答我们所提出的问题，我们所需要的数据及其类型。在某些研究领域，我想也包括股票市场，与其说缺乏数据和资料，不如说数据和资料过多。事实上，关于股票市场，你随时都可以得到大量的事实资料，如日线图、周线图以及月线图等，与平均值相比较的成交量以及成交比例的值，股息和收益的记录，上涨的百分点和下降的百分点，等等，简直就是没完没了。从很大的程度上来说，我们要做的，反而是如何去除那些多余的、无用的信息和资料。我们常常认为，那些从事研究工作，并以失败而告终的学生，其失败的原因就是没有进行充分的研究，并缺乏充分的资料。但是，是否存在这样的可能，即同样也有许多失败起源于资料的泛滥，或是资料与手头问题的不相干关系呢？

在任何研究的初期阶段，几乎总会经历这样一个过程，即不加区别地收集数据和资料的阶段。而一个研究项目的成功进行，也必将经历这样的时刻，即把所有收集到的资料归类整理，其中，很可能会有三成到四成的资料被彻底摒弃。这一清理和精选资料的任务，正如观察和收集资料的工作一样，至关重要。

当今，在我们解决问题的过程中，一个很重要的组成部分便是基础工作，例如，问题的陈述，针对问题提出合适的问题，决定收集整理的数据类型，并从其中概括和抽象出与我们的问题相关联的重要信息等。实际上，大量的策划和设计工作，已经完全可以由大型的计算机来代替人工完成。我们甚至可以很准确地说，基础工作已经成为当今许多工作的最重要部分。一旦基础工作"误入歧途"，其后所有的努力也将失去正确的方向。因此，决定相关的资料和信息便成为一件实实在在的、至关重要的工作，它也是一项工作最重要的方面。

当然，也存在这样的可能，即一项表面无用的信息最后被证明意义重大，虽然出现这一现象的可能性不大。例如，我们在许多侦探小说或是一些真实的侦探案件中所看到的那样，案件的最终揭晓便是围绕一些细碎、"无用"的小纸片来获得。不过，总的来说，寻找那些与案件最可能相关的信息，更有助于我们处理案件。

如果我试图揭开某个股票市场上某只股票的异动行情之谜，那么即便我翻箱倒柜地搜寻到该公司10年来的统计数据，也不太可能得到我所需要的答案。原因很简单，其实新的现象和新的股市异动，早已清清楚楚地表明，形势已经发生了根本性的逆转，与以往的情形出现了截然不同的差别。于是，新的条件要求我们全面更新我们头脑中的那幅旧地图，并重新勾画出一幅最新的地图。你将永远不可能找到那座位于1952号公路上的收费站了，不管你如何努力地去寻找。

在数据收集完毕之后，接下来便是分析性的工作，其中大部分分析工作便是数据的分类整理以及不相关数据的排除和摒弃。我们常常需要筛选掉大部分的数据，就像一位矿工筛选一大堆的矿石，最终只提炼出一小部分，而扔掉大部分无用的泥沙一样。

或许，这里我可以引用我自己的一段经历，作为一个例子来进一步陈述这一问题。作为一名股票和期货咨询师，我采用了所谓的技术派的分析方法，与此形成鲜明对照的是所谓的基础分析方法。简单来说，持基础分析方法（fundamental method of analysis）的股市投资者，往往坚持"因果关系"的逻辑观念，并试图分析和评价影响股票的所有因素。历史上不乏这一类型的杰出的股市投资者。他们大多获得了非凡的成就，这很可能是因为他们知道究竟哪些因素至关重要，而究竟哪些因素无关紧要，因而，他们能够正确地选取出其中相关信息的缘故吧。同时，历史上也有成千上万名持基础分析法观点的股市投资者，遭受了失败的打击，这很可能是因为他们没有明白，自己并不可能无所不知，也很可能是因为他们没有能够筛选出重要的信息和资料，或是没有能够弄清楚各项信息之间的关系。

另一方面，持技术分析观点的股票投资者，则主要关心某一股票的实际运动情况，以及其具体的行情走势。他们将不再关注导致股票行情走势的具体原因，并将问题限定在某个有限的范围之内，即仅仅局限于股票的市场表现。

这一股票分析的方法，由查尔斯 H. 道（Charles H. Dow）和威廉·彼得·汉密尔顿（William Peter Hamilton）两人共同开创，正是他们首先发现，股票市场的平均值与股票的未来走势存在某种相关性。此后，这一发现得到了许多其他人的进一步发展：20世纪30年代初期，理查德W. 斯凯贝克（Richard W. Schabacker）将技术学派的基本原理首次应用于个股的走势分析。此后，罗伯特 D. 爱德华兹（Robert D. Edwards）以及我本人进一步深入地研究了这一领域，我希望，在我们合著的《股市趋势技术分析》一书中，我们对广大的投资者提出了一些有用的建议。

股票技术分析人员迄今仍然被认为是怪胎一族。他们往往忽视大部分的统计数据、公司报表、股市流言或忠告、公司的生产和盈利记录，以及其他大部分的基础信息。他们之所以对这些基础信息不感兴趣，并非简单地因为他们是古怪的一类人，或者说，是因为他们认为基础数据无关紧要。其实，他们和其他人一样都清楚地知道，自己所研究和探寻的，也同样是那些隐藏于技术图表背后的东西。

技术流派分析人员所选择的分析对象，并不是众多的基础数据，而是某种抽象和概括出来的技术指标，即他们只考虑与市场走势相关的数据。他们清楚地知道，股票市场的走势数据并不包括所有的基础数据，也不能够提供一种永远不出错的股票未来走势的分析方法。同时，他们也注意到，自己所关注的，确实只是一些相对高级的抽象概念，其身后则是由客观事物和客观事实所组成的复杂的现实世界。但是，技术分析的观点为我们提供了一个简化了的、更进一步综合了的图片，它描绘了某只股票的价格的未来走势。就像一片阴影，或是人们的回忆和反思一样，从中，我们可以在更大的范围内看出整个事件的大致轮廓。

此外，技术分析方法确实起到了成效。这一方法并不完美，但是，世界上也并不存在什么完美的股票分析方法。从难易程度上讲，它更容易掌握，因为一旦事先设定的原则和策略确定下来，其技术分析的结果也将十分确定，同时，只要有必要，这些原则和策略还可以随时修改和更新。技术分析法采用的原理具有高度的普遍性和一般性的特征，因此，利用它们，我们完全有可能进行不同股票之间的比较，并观察它们的走势的相似性。技术分析方法并不用涵盖太多的细节信息，因此，我们也不可能仅仅依据技术分析方法，便"一概而论"所有的情况。但是，依我个人之见，技术分析方法是迄今为止我所知道的处理股票市场最为现实、最为实际的一种方法。

第51章
Chapter51

我们无法得到所有

围绕在我们身边,并一贯以躁动不安和贪得无厌著称的文化氛围,总是不断地追求无所不知的境界,以至于关于每一个问题,我们都积累了如此众多的资料和数据,似乎从这些杂乱无章的资料和数据当中,我们就能够找到现成的解决方案。然而,人们显然不可能无所不知。就好像一位爱斯基摩人,他们了解了"足够"多的关于小船马达的知识,并因此足以修理和维护他们的小船一样,我们也似乎可以做到仅仅掌握足够多的东西(也就是所谓的充分而必要的信息)来进行股票或期货的交易,而且能够免于陷入"无休止"的数据和资料的陷阱中。

人们不加区别地收集各种信息和数据的动力,而根本不考虑这些数据是否有用、是否与所需解决的问题相关、是否合理、是否纯属胡编乱造,往往起源于这样一种思想:只要拥有足够的信息,一切问题都将迎刃而解。当然,这一观点的正确性毋庸置疑。我们的确需要充分的信息,但是我们也仅仅需要足够的信息即可。否则,真理便将不可避免地埋没在"信息泛滥"的灾难中。

有时,我们需要做的,其实只是拨开飘浮在问题之上的一层薄云而已,如果该问题并不是处于乌云压顶的深渊。各种各样的统计数据并不一定能够解决所有的问题,我们还需要对它们进行归纳和整理,并从中得出合理的、理智的抽象概念和观点。

许多人认为,如果自己掌握了关于某个问题的所有资料,那么,问题的所有答案也将自然显现出来。而实际的情况是,我们不可能知道某一问题的所有方面,以及所有与之相关的细枝末节。我们的教育告诉我们的孩子,数学是一门绝对精确的科学——这实在是件糟糕的事情。正整数的概念被强行地、反复地灌输到孩子们的头脑中，直至2加2等于4这一计算原则似乎已成为一切真理的默认基础。

从来没有人告诉过我们的孩子，告诉他们，他们所处理的正整数的运算其实只是数字世界里某种特定的情形；而数字本身也不过只是一些抽象的概念，它们只有在人们所确定的某种游戏规则下，才有意义。孩子们还学到这样的"知识"，即数学运算总能够得出一个完美的结果。这一"认识"还得到了进一步的"推导"，于是，孩子们从小就"掌握"了这样的观点，即只要你足够努力，你便能够得到任何问题的答案。

如果我们告诉那些在传统教育模式下成长起来的孩子，即便是在完成中学的课程之后，他们也有可能不能够通过计算解出许多算术问题，甚至是绝大多数算术问题的完美答案；而对于其他领域的问题，他们则更是无法了解一切，我们的孩子必将受到极大的震撼。或许，这也正是孩子们厌倦数学或是对数学产生挫折感的原因吧！不仅如此，这或许也正是为什么只有很少的成年人能够接受更广阔的思维模式，以及近似的观点、部分解决问题的答案的原因吧！于是，许多人终其一生，始终都在按照2加2绝对精确地等于4的原则来追寻解决问题的答案。

生活当中，许许多多的"小事情"并没有精确的答案。例如，我们不可能用整数来精确地表示出一个矩形的对角线的长度；也不可能用分数表示出这一数值。能够表达出这一数值的最简单的方式便是：函数的二次方根。圆的周长与其直径的比例甚至至今也没有完全得出（π的值），人们至今仍然不知道它的最后一位小数止于何处，你不可能知道所有这一切。另外，自然对数的底数"e"，也同样没有尽头，你同样不可能知道关于它的所有一切。

当我们观察一棵树，或一只猫，或是我们的某位邻居的时候，我们必须意识到，只要我们希望了解的事实超越了"2加2"这一层次，我们便永远不可能得到一个完美的答案。除非我们能够理智地看待问题，否则，"2加2绝对等于4"的观点必将演绎成为另一个"不是/就是"的二元论实例。因为，对于某个问题，如果我们只有两个可选择的答案，而且如果我们并不知道所有与该问题有关的一切，那么，我们势必陷入无知的境地。于是，我们也必将不能够得出任何有助于我们对付环境的现实措施。

当然，现实生活的真实情况并非如此，它存在着大量折中的情形。我们不仅能够成功地处理那些我们并不完全掌握的事情，我们甚至还能够十分成功地把握那些我们知之甚少的东西——只要我们所知道的那些一星半点儿的信息正中要害并得到正确的运用。很多人都认为，爱斯基摩人对于器械的修理和维护非常在行，堪称机械专家，证据是，他们能够娴熟地修理捕鱼船上的柴油机或汽油机。显然，不可能所有的爱斯基摩人都接受过工程人员的专业培训，都熟悉发动机的构造和机理，都精通与之相关的化学、物理，甚至数学方面的原理。爱斯基摩人可能只知道其中的一点点门道，不过这一点点门道却恰到好处，它们已成为爱斯基摩人修理和维护捕鱼船上的、机械的、充分而必要的信息和知识。

某些情况下，我们希望能够尽量多地了解关于某个公司的大量细节信息，例如，公司的组织结构、生产情况、管理运作、财务状况，以及未来的发展前景等。但是，无论我们掌握了多少信息，我们都不可否认，没有人能够掌握这所有的一切。事实上，我们在股票市场上完成成功操作的前提，也并不是掌握某家公司的所有相关信息。我认识许多成功的股票投资者，发现他们所掌握的基本知识其实十分有限。同样，我所认识的许多期货投资者，确切地讲，他们也不见得会认识自己所交易的粮食究竟长什么模样，但是你不能因此认为他们一无所知，事实上，他们只是不想知道所有的一切而已。他们发明了一系列的技术方法，完全能够满足自己的交易需求。利用他们所拥有的有限知识，并把这些有限的知识应用到合适的用途，之后，他们便获得了极大的成功。

因此，在我们放弃了追求绝对的成功和绝对的幸福，以及永不失败的"信念"之后，我们的下一步，便是放弃那种对人、对事无所不知的"追求"。稍后，我们还会进一步发现，我们还将必须放弃那种对环境的绝对确定性的要求。要做到这些，我们必须放弃许多伴随我们一生的教育历程的东西，许多我们一直认为至高无上的东西。的确如此。我们所接受的教育把这些"绝对真理"抬到了过高的位置。除非我们能够明白理想并不等于客观现实，除非我们愿意、并能够把我们的理想降低到现实的范围，否则，我们将永远不可能取得巨大的成就，或获得真正的幸福，或做出英明的决策，因为所有这一切，都与我们对这些问题的理解息息相关。

让我们换种说法来阐述上面的观点：当那些代表我们理想和渴望的抽象地图与我们的现实能力差距过大的时候，我们必将感受到失败、压抑、泄气，甚至可耻等挫折感。涂尔干（Durkheim），一位伟大的法国实证主义社会学家，曾经详细地阐述过这一问题。在涂尔干关于自杀心理的经典研究中，它们被称为"情感的无穷性"。<u>解决这一问题的方案便是，或者提高我们的个人能力水平，或者降低我们对质量或理想的定义，或者二者兼而有之</u>。只有将我们的希望和理想，与我们眼前的现实结合起来，我们才能够切实地感受到真正意义上的满意和安全。

第52章
Chapter52

真相、全部真相、绝对真相

在我们做事情的时候,"绝对地看待问题"的观念时刻尾随着我们的脚步,我们也往往习惯于用社会反复灌输给我们的种种观念来看待"绝对性"。于是,人们的选择性不注意能力便得到了不断的、长足的开发和巩固。其实,只要我们能够时刻警觉客观现实中发生的一切,我们便能够以更灵活的心态来看待事物的绝对性。

对于那些在法庭上宣誓并试图严格地按照自己的誓言来作证和说出真相的人来说,"天堂"是最好的慰藉。然而,当我们质疑庞蒂尔斯·皮莱特(Pontius Pilate):"究竟什么是真相?"时,可怜的庞蒂尔斯必定会陷入无穷尽的困惑和迷茫之中,因为这一问题已经大大地超出了他的能力。不仅是庞蒂尔斯,我们中的任何人,如果不能够充分地意识到"真相"实际上只不过是一个高度抽象的名词,那么,我们对于"外部现实世界中的客观事物是否符合我们头脑中抽象的地图"的解释,也必定同样充满痛苦和无奈。

我们已经知道,我们不可能掌握"全部"的真相。即便只是在文学领域,我们也不可能完全做到这一点,就像丁尼生(Tennyson,英国诗人)的那首小诗:"墙缝中的小花"(Flower in a Crannied Wall)一样,没有人能够说出它包含的所有含义。如果我们能够再次抛弃多余的行囊,如果我们能够从此停止使用那些绝对性的、发散性的词语来描述事物,那么,我们便有可能得到一个对"全部真相"的现实把握。

数学家们做到了这一点,他们在计算公式中,采用了有限和近似的概念。我们可以考虑某个方程,它的变量函数X"介于0和1之间"。同样的道理,我们也可以将"全部真相"有限化和近似化，把它们看做是"对于手头的某个特定的现实例子富有意义的、合理的解释或答案"。

不过，本章中，我们主要考虑迷失真相的问题，至于真相泛滥的问题我们在此并不过多涉及。你或许还记得那头看不见的大象吧？它或许实实在在地堵住了你的前厅门口，而你却看不到它的存在。除非你意识到它的非凡意义，否则，你将永远不可能看到它，甚至是在某种特定、明显的情况下。

许多时候，人们选择性不注意真相的行为往往导致人们狭隘的眼见，导致人们睁着眼睛却看不到真相。或许，你已从你自己的经历中意识到，你的头痛将如何无情地毁掉你对一个愉快聚会的看法和评价。而我们往往也不得不承认，牙医诊所里的那位美丽的护士小姐的嫣然一笑，或多或少地减缓了我们对拔牙的恐惧和头痛的感觉。从这些简单的生活实例中，你可以看出，人们的注意力竟可以发生如此巨大的转移，以致我们将因此不能够完全地、理智地看待某件特定的客观事件。

当然，最为显著的、与选择性不注意相关的实例莫过于涉及人们自我的各种情形。没有谁愿意去观察和注意那些有可能显现出自己渺小、低贱、愚蠢、小心眼或是肮脏的客观事实。人们将尽量地避免看到自己（与人们的自我价值相比）不光彩的、罪恶的、卑劣的一面。事实上，如果可能，人们将始终矢口否认这些客观事实的存在。他们将闭上眼睛，退缩到一个虚幻的世界里，在那里，人们永远不会遭到别人的拒绝，也不再有必要自己拒绝自己。虽然这极有可能导致自己被封锁在这一缥缈的空间中，但是，人们却可以过上心安理得的"幸福生活"，至少可以避免由于看到那些残酷的现实而受到的伤害。

与我们在前面的章节中讨论过的各种事例相似，这其实也同样属于价值观过于远大、过于模糊、过于绝对的问题。我们只有做到灵活地看待问题，才有可能避免过多的盲目性。从某种意义上说，这就像一位色盲的人，他所看到的外部客观世界将不可能像一位视力正常的人那样清晰、明确。

第53章
Chapter 53

幕 间 休 息

这里,作者将走出幕后,向大家坦诚,前面所有章节的阐述,其实都是为本书剩余部分做一个铺垫。在后面的章节中,我们将把股票市场作为一个试验室,并在其中检验通用语义学各项原则的具体应用。通用语义学的各项原则涉及我们对词语含义的研究,以及我们看待和理解外界客观事物的思维模式的改善,此外,还涉及事物的代号和标记词语等各项内容。

多年前,百老汇曾经上演过一出极佳的音乐剧《黑夜之船》(*The Night Boat*)。其中,有一两个非同凡响的创举。在演出开始大约10分钟后的时候,帷幕慢慢地降了下来,舞台侧面走出了一列合唱队员,他们迅速在舞台上分布开来,并开始了他们的开场白:"为那些晚到的观众着想,我们只是希望陈述一下……"接着,他们用歌声描述了演出开始的情景,并大概地描述了整个的剧情。随后,帷幕再次慢慢升起,演出继续进行。在第二场演出接近尾声的时候,帷幕重新落下,合唱队员们再次出现在舞台上,他们又一次重复了他们的开场白:"为了那些愿意留下来继续观赏演出的观众,我们将简单地为大家解释……"然后,他们用歌声回顾了截至第二幕前,整个演出的情节。随后,帷幕慢慢升起,演出继续。

本章也将扮演和《黑夜之船》里的合唱队员们同样的角色。至此,耐心地阅读本书到本章内容的读者或许(简直就是)早也满怀狐疑:究竟本书是一本关于股票市场的丛书呢,还是一部阐述通用语义学的论著,或者,它根本就是一本关于社会学、逻辑学、数学或其他某类专业学术领域的丛书?其实,本书,就像我们在前言里描述的那样,对于上述各个领域的知识和内容都略有涉及。作者对于这些领域都不能称之为精通，但是，作者却衷心地希望通过自己和读者们共同的努力，能够对我们周围的许多事情，形成一些更为理智的理解和把握。

如果你的兴趣主要集中在商业领域，那么，你或许早已厌倦了我们在前面的章节中看似离题万里的"冗长"的阐述。实际的情况是，我们所涉及的领域早已大大地超越了关于股票市场的内容和描述。股票市场的确举足轻重，但是，它的重要性却远远不及某些与美元和股份毫不相干的、个人的、抽象的价值观，例如，爱情、和平、安全、自信、欢乐、幻想、满足和激情等。事实上，这个国家（指美国）的开国元勋们早已在"追寻幸福"这一号召声中，清楚地表达了上述所有的观点和概念。所有这些都至关重要，因为正是它们，构成了我们生活中的调味品，就像盐和味精一样。

就像我们在前面所描述的那样，人们主观的满意程度和满足感很大程度上取决于对自我恰当的维护。由于那些可以被检验、被证实和被证明的事情更接近于可观察的客观现实，于是人们便把它们称做"事实"，而当我们在研究通用语义学的时候，以某一特定的外界客观事实为参考的做法，将比以纯粹的抽象概念术语的说教清晰易懂得多。我们可以把股票市场当做演出的舞台，然后，我们便可以在此上演一出高度抽象的原理应用到具体实例的精彩表演。

我们希望，你能够明白，我们对通用语义学的研究方法和应用并不仅仅适用于股票市场本身。它们同样适用于其他领域的许多类似的问题。比如，它们适用于我们日常的家庭生活，以及由于家庭的组合而引起的复杂的人际矛盾。尤为特别的是，它们还可用于松弛我们内心紧张的情绪和冲突。如果我们能够看出我们所接受的教育究竟哪些地方已陈旧过时、哪些地方过于绝对（或者根本就是胡说八道），而我们自己究竟又是如何设定那些好高骛远、模糊不清、荒谬可笑的远大目标的话，那么，我们便已开始了解那些对我们的一生至关重要的东西，例如：如何活得更轻松、更舒服，如何更恰当地照顾自己，如何更全面、更现实地看待自己的个人潜力。

这里，我们应当注意一点，那就是一个人如果不能够恰当地使自我满意的话，那么，他将不适合于帮助别人，或者说，他也不太可能乐于帮助别人。"饥荒之时，幼弟不饷"。同样的道理，我们很难想象一位饱受病痛折磨的人还能够慷慨地帮助其他的人。人们只有拥有了能够满足自己最基本的需求的足够的东西——足够的食物、足够的认同、足够的性生活、足够的钱财，否则，他将不可避免地出现病态的、不安全的、恐惧害怕等的性格特征，甚至可能成为罪犯或是对自己的邻居构成严重威胁的"特殊人物"。

这便是掌握通用语义学的基本概念如此重要的原因所在。我们将以股票市场作为例子来展开我们的研究，并把它当做一个可以进行各种试验的、独立的世界的缩影；此外，我们还会时常引入一些股票市场之外的实例，来说明通用语义学研究的普遍适用性。不过，你必须清楚，所有这些通用语义学的应用都不过是某种评价的基本方法的最终结果，这一结果本身并不重要，重要的是评价的方法本身，它们随时作用于我们生活中的方方面面。

"为了那些继续留下的人"，在随后的章节中，我们的阐述将逐渐聚焦在与股票市场相关的具体问题。我们将看到，评价方法在一系列投资者和股票交易者经常遇到的特定问题上的具体应用。我们只要记住：所有这些都只是那个覆盖范围更广、更重要的评价的基本方法的应用实例而已，如果我们能够掌握这一基本方法，那么，我们生活中的各个方面都将因此受益匪浅。确切地说，它将极大地丰富我们的整个人生。尽管我们知道，改变人的本性并不容易，但是，你或许会发现，花些精力去研究你自己的本性，从而做出某些有益的改变将很有价值，它将让你得到很多的好处和收益。

第54章
Chapter54

过期的信息

山羊总是会在它的祖先曾经跳过的那个地方起跳,不论当初导致第一只山羊腾空跳跃的原始障碍物是否还仍然存在。过时的信息对人们的影响与此极为类似。这些信息既可以是一些历史的记忆,如有轨电车、马车、双轮单座的轻便马车等,如果你年长一些的话,相信你一定经历过这样的时代(如果你很年轻,那么,你也可能在电影里看到过它们);也可以是人们的观点、指示或指导等,它们由祖辈们世代流传下来,在当今的时代,它们或者仍然有效,或者早已成为一些指导我们去跳跃那早已不存在的障碍物的多余指示。于是,我们要做的,便是仔细地检验这一幅幅的地图,确认它们是否已无济于我们的用途,还是仍然继续有效。

如果某个记忆的媒介,比如说你的大脑,还几乎处于空白,但相当敏锐和新鲜的状态的时候,便留下了某种深刻的印象,那么,这种印象很可能会伴随你很长的时间,并在不知不觉中影响你的思维和行动,就像我们在前面的章节中所阐述的那样。

你或许有过这样的经历:多年之后,当你某天突然遇到某位老同学或老校友的时候,你突然意识到,自己头脑中存储的那幅地图,竟已彻头彻尾地过时,这时,你恐怕会经历一场小小的震惊吧。读书时与自己一起起哄闹事、一起喝酒到天亮、一起搞恶作剧、一起追求女孩的亲密好友,现在竟然"摇身一变",不仅拥有了一个幸福的家庭,还成为某某知名企业主管研发部门的副总裁!如同以往一样,当你头脑中的地图与外界的客观事实不一致时,我们必须做好修改地图的充分准备。如果我们希望继续保留那些陈旧的地图——我们当然愿意保留那些美好的记忆，那么，我们必须为这些地图标注上明确的日期，并将它们与现实的情形即最新的地图严格地区别开来。

也许，我们并不能够完全理解萨尔瓦多·达利（Salvador Dali）的绘画作品，然而，这并不妨碍我们钦佩他高超的绘画技巧。例如，他的代表作品《折叠的手表》（*Folded Watches*）、《永恒的记忆》（*The Persistence of Memory*）便恰如其分地表现了这一特征。

让我们来回顾一些与交通工具有关的过时的信息吧。我们认为，有轨电车是一项现实而重要的交通工具，事实上，它们退出美国各个城市的时间并不太久。你或许还记得（或者是在电影里曾经看到过），一辆巨大的有轨电车，蹒跚地行驶在公路上，在它的最前面，挂着这样一幅标牌：一个绿底的牌子上，用哥特体式（Gothic，印刷字体之一）的白色字母标注出汽车的目的地——"牧场（Meadowvale）"或是"中央大街（Main Street）"等。电车前端的驾驶室周围，用透明玻璃封闭起来，驾驶员可以透过玻璃观察轨道前方的状况。驾驶室的左右两边分别有一个前灯，在前灯下方的电车车体上，则是巨幅的标语，它们在为竞技场或是月亮公园（Luna Park）里即将举行的摔跤比赛做宣传。如果你的年纪足够大的话，你或许还应该记得，电车上那道精心设计的折叠车门，以及车门处那些高高的、对老年妇女很不方便的阶梯。冬末时节，电车里充斥着浓重的湿橡胶和湿雨衣的味道。而当某辆卡车或是除冰车挡住了前方的去路时，电车驾驶员烦躁不安地重重踩响铃声的画面，则更有可能让你记忆犹新。

或者，你还会记得，偶尔有时出现的那幅景象：伴随着从电车前面燃起的一团巨大火花和一声巨响，电车保护电路宣告烧毁，人们则只好默默地等待驾驶员重新接好电路，然后重新滑动电车控制器，启动汽车。你或许也可能仔细地观察过售票员吧？观察过他们在电车的终点站处，站在车身后面，推动汽车调头的情景吧，此时，驾驶员则配合着售票员，紧紧地握住电车的刹车手柄和控制手柄。你或者也曾看到过，当电车离开车站的时候，顶上的电线上泛起的火花雨！这时，人们将拖动电车后端处的电缆——就像是在钓一条头尾倒置的鱼，使电车重新倒退回原处。在你的住处，你或许还能够听到，深夜里电车驶向枫树大街（Maple Street）时，车轮与电轨之间发出的刺耳的摩擦声吧……

所有这一切早已从我们眼前消失了。电车也只能从我们的记忆中找到，它们只剩下留在我们心理地图中的影像，只有这些了。我们的孩子们将不再能够理解电车究竟是什么样的东西。他们的童年也不可能像我们那样，拥有在电车上嬉戏的那份欢乐：空荡荡的电车里，孩子们从车头追逐到车尾，搬动座椅，朝向另外的方向……对于下一代的孩子们来说，电车似乎从来没有在客观世界里存在过。当你停下来，静静地想一想，电车实际上直到19世纪末才出现，并仅仅存在了25年的时间，你将意识到，这一与我们中某些人的生活紧密相连的部分，竟然只是一个过去时！为了让"电车"富有现实的意义，我们必须为它标注上特定的时间，粗略地说，它将是一个25年的时间阶段。

这样的地图！这样一幅存在于我们童年时期的地图！它将始终伴随我们一生。而且，它也并非都属于语言地图。在我们的生活中，语言是如此重要，以致许多学习通用语义学专业的学生都将其全部的精力投入了对语言的关注。事实上，我们也勾画各种各样非语言的地图，它们来源于那些非语言的感觉信息。通过某种感觉信息所抽象出来的地图，或许与从另一种感觉信息中抽象得到的地图密切相连，它们或许又都与抽象的语言概念息息相关。

不管我们的地图来源于何处，你只要记住：为它们打上时间的标签！让我们回顾一下，我们头脑中那些详尽的、精确定义的、来源于某种偶然途径的图像，再比较一下那些同样长期与我们相伴，却并非偶然得到，而是来源于长辈的灌输的图像。你便会发现，所有这些地图其实都深深地烙印到我们的头脑中。一旦我们面对的客观事实与它们相关，这些地图便构成我们价值观体系的一个部分。由于我们完全根据这一价值观体系的标准来行事、思考和感受，因此，它们也就构成了我们内在的自我。因此，我们必须确保这些价值观系统的构成要素的最新的适用性，以及它们与当前的客观现实的一致性，否则，它们将不能够帮助我们做出有效的判断或得出有效的结论。

我们必须为地图打上时间的标签。如果我们试图使用它们，我们就必须重新检验它们，必要的时候，更新它们，甚至重新绘制一幅更符合实际情况的新地图。

本书中，我们无法收录和列举出所有那些早已或多或少有些过时的地图，但是，毫无疑问，仍然有许多人绝对而永远地认定这些缺乏时间标准和特别说明的地图的正确性。我们的教育教给了我们许多这样的东西，诸如：我们应该如何行事；应该如何判断是与非、对与错；应该持有什么样的成功的标准，以及什么样的宗教观；应该如何与邻居相处；对待性，我们应该持有什么样的态度；如何抚养孩子；如何处理好与妻子、与丈夫、与父母的关系等。

我们生活中的所有方面，几乎都受到那些由长辈或祖先们流传下来的箴言和警句的影响。它们形成了我们所说的心理地图，并作为一种时间的回旋方式，使得人类的智慧和经验能够保留下来，世代相传。这一情况在其他动物种群中，绝对不可能发生。

不论是产生于10年前还是1000年前，许多流传下来的箴言和警句，至今仍然具有实际的意义，并完全适用于当前的客观现实。但是，如果它们本身没有打上时间的标注，而人们又不愿意再次检验它们，或是在必要的时候修正它们，它们必将存在造成不可估量的损失的潜在威胁。为了安全起见，一幅地图只能应用在某个特定的地点、特定的时间，以及特定的场合下。否则，你能够做的，便只能是走到路的尽头，望着前方被水冲毁的大桥而兴叹了！

当然，我们这里假设所有流传至今的箴言和警句，在其当初第一次"发明启用"的时候，都是有效的、实用的、真实的。事实上，它们也可能或者至少可以说它们中的一部分，在其开始出现的时候，就不过是胡说八道或者是某种精心策划的伪装而已。当然，出现这种状况的可能性不大，但是，我们也必须考虑和重视它们的存在。

最有可能出现的情形，便是这些箴言和警句都只是相对于某种特定的、暂时的条件而存在的事实，它们并不具有普遍性，或是永恒的适用性。我们也可以这么来看：那些原始的箴言和警句仅仅只是某种符合的代表，我们不能从文字上解读它们的含义，只能把它们当做类比和比喻等修辞的手法。本章中所举的关于股票市场的例子中，我们显然混淆了股票市场的平均走势与个股的走势之间的区别，忘却了股票市场的平均走势并不等同于特定个股的走势，它只是一高级的抽象概念而已。我们将看到，只有当我们给高级抽象概念标注上具体的定义（时间、地点、场合等）的时候，它们才能够真正为我们所用，我们也才能够避免由于应用不恰当而引起的不必要的损失。

下面的章节中，就让我们来具体看看某些失效的数据和事物。它们早在你我的早期教育中，便已根深蒂固地存在于我们的头脑中，并在我们随后的生命时光里，不断地、反复地被调用，就好像它们就是外界客观存在的实实在在的事物一样。

第55章
Chapter55

"购买优质的、安全的股票"

投资者,很好!投机者,太糟了!我们所有的人都懂得这样的判断准则。或者,至少在你开始阅读本书时,你已经知道了这一点。现在,我们还知道,投资者和投机者实际上都只是抽象的概念而已:那些购买了纽黑文厂股票,从而致使整个家庭破产的"投资者"不也在瞬间演变成了"投机者"(或者更糟糕,"赌徒")?纽黑文厂股票的残酷故事以及它所体现出的道德问题,可以用C. S. 刘易斯的一句格言来简单明了地加以解释:"通往地狱的最安全的途径便是那条平稳而缓慢的道路——缓缓的斜坡,没有任何的急转弯,也没有任何的路标和路牌。"

已经有许许多多的书籍为我们讲述如何购买股票。你可以寄出一些价值3美元或是5美元的优惠券,然后,你便能够获得一份清单,上面将清楚地列出"目前可以购买的股票"。各种名目的投资俱乐部的成立宗旨,也都是以研究可以购买的股票为目的。就连纽约股票交易市场(这里,我们要原谅纽约股票交易市场,原谅它从不消除它几乎等同于某种宗教权威的影响力)所发行的操作指南和宣传手册也都在不遗余力地推销一种观念,即如何通过购买一些"优质"的股票而构建起自己的投资计划。

我们中信奉"安全稳健"和"保守哲学"的那一部分人,显然十分认同这样的观点。他们把这种观念理所当然地默认为至高无上的真理。"购买优质的、安全的股票"计划似乎完美无缺,简单明了,就像我们在处理人际关系时通常所说的"诚实就是最佳的策略"以及"仇恨让我们浪费生命"一样,其正确性似乎永远毋庸置疑。对于这样的指导,我们从来不为它们贴上时间的标注,也不去询问它们所适用的地点和场合。我们甚至也用不着耗费精力去思考它们的含义。它们完全就像那些绝对顶级的抽象概念——"美德是值得赞美的"一样毫无实际的意义,我们只需要简单地复述它们的原话,而根本不用进行任何的解释。

有一个十分贴切的例子可以说明这一点。一天,一个人来到诊所,想看看他发疼的脚趾头究竟出了什么问题。大夫仔细地检查了病人的脚,甚至还照了X光,之后,他给病人做出了如下的治疗指示:浸泡脚趾,并把受伤的脚趾包扎处理。当病人进一步询问有关的信息和诊断结果时,大夫告诉病人,他的脚趾患了"急性溃疡症"。急性溃疡?——翻开字典,原来就是脚趾头疼的拉丁文而已!

当我们所说的确实是那些"优质而安全的股票",而这一类型的股票也确实能够增强我们的财务定位,并确保我们的资产安全和收益,那么,我们当然可以投资这些优质而安全的股票。但是,如果我们这里所说的并非"优质而安全的股票",而是"优质而安全的公司的股票",那么,我们就应该把我们的意思表达清楚。这两种表述方式并不一致,甚至根本就是完全不同的两码事。

一只股票,很可能拥有高额的收益,并为该股票的持有者带来巨大的安全性和巨额的收入,尽管该股票很可能是一只高度投机的、高风险的铀矿开采股票。你或许也可以从近年来自己的一些经历中看出,那些最沉着、最坚固的公司的股票,随着时间的推移,最有可能下跌和走弱,甚至最后彻底地崩盘。

人们往往将通用制造(General Manufacturing)公司股票与通用制造公司本身混淆起来。如果我们需要面对和处理的,是通用制造公司股票,我们当然也可以观察该股票与通用制造公司各项事宜之间的联系,但是,我们应该切记,它们并不是同一件事情。

20世纪初,杰西·利弗莫尔(Jesse Livermore)在他的专著《如何进行股票交易》(How to Trade in Stocks)一书中,详细地描述和分析了一只被公众广泛认为优质而安全的股票。该股票来自一家新英格兰州的公司,主要从事新英格兰州当地的业务。该公司业务稳定,并取得了当地相关领域的垄断地位。该公司的股票也被公众长期认定为绩优蓝筹股,并因此获得了来自信托基金、保险公司、富有的个人投资者或是腰缠万贯的富有遗孀等各种渠道的大量资助。这只股票的名字就叫做纽黑文。纽黑文公司旗下所拥有的铁路网是如此强大,它不仅覆盖了整个新英格兰州,甚至还覆盖了纽约以及哈特福德等地的铁路运营网。19世纪末20世纪初期的时候,该股票的售价约为250美元/股。

就让其他人投机铜矿、投机纺织或是投机机械去吧!对于保守稳健型的投资者来说,纽黑文代表着安全。投资如此安全的股票的投资者(他的名字叫做军团)

完全可以避开投机的嫌疑了吧！如果纽黑文的股票节节攀升，他将不会卖出该股票。别忘了，他不是赌徒。而纽黑文股票的下跌态势也不会让他着急，他甚至还很可能会指示他的股票经纪人，为自己追加更多的股票。

但是，假如，就像杰西·利弗莫尔在他的书中所提到的那样，纽黑文的股票狂跌到150美元/股的价位，此时，我们究竟该怎么办呢？

如果纽黑文确实是一只优质而安全的股票，我们又何必庸人自扰呢？我们完全没有必要采取任何措施。就任凭股市中的交易者自由地买卖纽黑文的股票好啦！只要纽黑文公司所拥有的有形资产，诸如那些铁轨、电车和引擎，以及那些车站、隧道和桥梁等始终存在，我们还有什么可以担心的呢？他的真正的价值根本没有改变！

如果纽黑文的股票跌势不减，继续下探到100美元/股，此时，你又将如何处理呢？没关系！公众只是没有注意到纽黑文股票的真实价值而已！

……我们不禁要问，你自己究竟是否明白正在发生的这一切？你是否明白，你所做的，正是把你的头脑中那幅从来不曾标注具体的时间的地图当做了一直存在的客观现实？不仅如此，事实上，你已把这幅地图的价值和重要性看得远远地高过了现实中的客观事实本身！这些纽黑文股票的投资者，不仅混淆了纽黑文的有形公司本身与纽黑文公司股票的区别，他们还赋予了纽黑文公司股票一个人为的价值。更糟糕的是，他们根本没有注意到，他们所赋予纽黑文股票的价值实际上只是一个抽象的概念，一种个人的观点。而纽黑文股票的价格持续下跌150个百分点的事实，实际上早已清清楚楚地表明，股票市场对该股票的综合的、集体的看法早也发生了根本性的改变。然而，在当时并不灵活的正统波士顿式的价值观体系的强大影响下，他们既不愿意也不可能睁开双眼，看看眼前残酷的客观现实；相反，他们继续盲目而自负地坚持自己那幅过时而陈旧的地图。

纽黑文股票是否会继续跌到50美元/股呢？不幸的是，它确实跌到了这一"难以想象"价位。而那些一直坚信纽黑文股票的优质性和安全性的投资者们，是否因此而改变了自己的看法呢？没有。如果纽黑文的股票继续下探到25美元/股，情况是否会有所改变呢？那么，10美元/股时又会如何？或者，5美元/股时又如何……杰西·利弗莫尔在他的书中，不禁问道："究竟到什么样的价位，纽黑文股票的投资者们才能够清醒意识到，其实自己也如同其他的股票投资者一样，同样属于投机者的行列而已？"换句话说，客观事实与我们头脑中那幅陈旧的地图之间的差距究竟要发展到何种程度，我们才能够意识到自己必须修改那幅古老的地图了？

纽黑文股票，就像大家所知道的那样，一路狂跌到了1美元/股，紧接着，又到了0.5美元/股的黑暗深渊。在杰西·利弗莫尔去世后，我曾经看到纽黑文股票报价1/16美元/股，此时，纽黑文股票已濒临除名和开除纽约股市的边缘，而纽黑文公司也彻底宣告公司即将进行重组。

然而，又有谁能说，人们对纽黑文股票最初250美元/股的原始评价有错呢？在那个时候，在当时纽黑文风行一时的条件下，250美元/股的价格或许就是对纽黑文股票最合理、最现实的评价。错的并不是那张原始的地图，而在于人们固执地保守一幅不再能够代表外界的客观现实的过时地图的顽固和偏执！万物时刻在变化，也只有变化才真正称得上永恒！

当外界的客观事实发生改变的时候，我们也必须相应地改变我们对客观事实所持的观点和看法。在我所教授的成人夜校的班级里，某天晚上，当我正利用课间休息的时间，躲在校舍背后吸烟的时候，班上的一位年轻人走到了我面前。课堂上，我们正好刚刚讨论完纽黑文的例子。他告诉了我有关他祖父的故事。由于不信任后辈们的作为，老人把自己所有的财产几乎全部转换成了纽黑文股票，留给了自己的儿孙，并明确地规定了继承的条件：任何情况下，一律禁止继承人出售该股票。老人的这一做法完全反映了他头脑中的那幅地图，即那幅表明纽黑文是一只万无一失的优质股票的地图。而老人遗嘱中的这一特别条款的目的，便是要阻止他的儿孙们做出任何投机的行为，以及因此导致的祖传财产的流失。

在纽黑文股票渐渐滑向破产深渊的那几年里，我的学生家里所发生的这一"纽黑文股票遗产继承案"被送上了法庭，他们希望祖父遗嘱中的特别条款能够得到法律的许可而做出相应的变动。但是，没有人能够更改故人的遗嘱，这笔"巨额票面"的遗产也最终化为泡沫，消失殆尽。

这不仅仅是一个不愿意面对变化了的客观现实的问题。它还涉及许多关于保护自我的因素。对于某些人来说，改变自己的观念是件很受伤的事情，他们宁愿痛苦地坚守"忠诚"和"原则"，也不肯做出"巨大的牺牲"，即走出去，重新审视现实中的客观事实。

我们其实完全没有必要认为这是种伤害，除非你一定要把自己的观点定格为万分严谨的"正确"，而且，一旦这些"严格正确"的观点形成，就把它们摆到神圣而永恒的地位，不容再次地受到质疑和检验。

购买优质而安全的股票的投资观点，对我们的伤害不仅如此。我们的价值体系由方方面面的内容构成，它们并不仅仅涉及道德和行为的问题，同时也将涉及我们对自己其他方面的评价，例如我们的穿着如何，住房怎样，我们驾驶什么样的汽车，甚至我们手中握有哪只股票等。

有些人认为，拥有那些走势高度保守和稳健的股票，如爱迪生集团，一定比拥有那些投机气氛浓厚的股票"好"，或者至少是值得尊重，例如宝丽来公司（Polaroid，快速照相公司），该公司的股票近年来取得了快速的发展和膨胀。其实，他们或许恰好模糊了这样一件重要的事实：那些与令人尊敬的抽象观念紧密联系的股票，事实上风险更高，更容易影响我们对事物的正确判断。许多作者早已注意到，不劳而获或是继承得来的财富，往往比人们通过自己的努力挣来的财产更富有声望，更能够得到势利小人们的认同。

我们必须承认，在我们追求超额收益的同时，我们也必须同时承担超额的风险。然而，令我们惊奇的是，竟有如此众多的人，在这一问题上，在无意识之中，竟掺入了如此众多的道德观念。不知何故，人们总是认为，坚决持有红利为2%的安全债券，将比投机加拿大的低价垃圾股更值得尊敬，或是说至少更安全可靠。不过有一点我们可以肯定，人们的这种看法似乎与社会势利和俗气的影响关系更大。

赤手空拳的年轻人，不得不拼命寻找那些有可能增加自己财富的机会，否则，他们又怎么可能熬到休闲地躺在自己的私人游艇上，悠闲地整理自己手头的各种债券息票的那一天呢？相反，那些名副其实的"大腹便便先生们"，却坐在联邦联合会俱乐部（Union League Club）的落地玻璃窗旁，仔细盘算着那些新发行的具有免税优惠的政府债券，并确保自己在这一项目上的安全投资。从语义上进一步拓展，我们可知道，这些"大腹便便先生们"属于高高在上的社会阶层，他们比我们中的大多数人都要优越，而他们所做的一切也必定准确无误。

我们中的许多人，时不时都会在自己的头脑中描绘一幅这样的地图，但或许，这幅地图应该彻底从本书中删除：如果你打算进军股票市场，那么，你必须首先意识到，自己彻头彻尾都只是一位投机者而已，不论是从作为观察家或评论家的原始角度上讲，还是从更进一步的意义上，作为一个赌徒来说。你尽可以为自己设定某个自己能够承担的投机风险值，但这都将只是"度"的问题，并不能够改变事情的本质。

几年前，我曾经到康涅狄格州拜访过在那里定居的父亲。那天晚上，父亲就财务计划、投资决策以及诸如此类的众多问题，给了我一些小小的慈父式的忠告，最后，他说道："你最终需要做出的决策，就是在投资者和投机者之间进行抉择。"

我父亲的忠告，让我们清楚地看到了一个典型的"不是/就是"二元价值论的实例。人们显然认为，一个人必定只能够属于投资者，或者只能够属于投机者，他不可能二者皆是，也不可能同时具备两者的少部分特征。在投资者和投机者之间，不存在任何折中的方案。

我们也许还注意到,"投资者"与"投机者"这两个词,尽管听起来好像是普通名词,但是,它们实际上都代表着某种高级的抽象概念。为了表达某种特定的含义,我们必须给出它们的具体定义。如果我们在使用这些词语的时候,并没有赋予它们具体的、特定的含义,那么,我们将很容易流于胡言乱语,就像我那可敬可爱的父母在我拜访他们时给我的忠告那样。

　　当人们陷入"不是/就是"的二元价值论的泥潭的时候,你会发现,对于我的父亲而言,同样对于许多人来说,许多抽象概念的词语都被赋予了道德的色彩。"投资者"将超越它指代的某种客观事物,意味着"好"的事情。它让人们联想起这样一幅画面:可靠的公民,诚实的纳税人,忠实的丈夫,智慧的父母……

　　相反,"投机者"则暗示着这样一种类型的人,他们油嘴滑舌、不学无术,终日泡在酒精、女人以及歌舞升平的喧嚣之中,直到把家族的所有财产都挥霍殆尽!他们无疑就是一群愚蠢透顶的人,不论他们曾经多么富有,他们都将很快沦落为不名一文的穷光蛋。而与之相对的"投资者"的形象又是什么样呢?他们曾经出任了那么多新闻故事的主角,又是那么多安全财务讲座或演讲的发言人,还是那么多坦诚对话里备受称赞的一方。他就是家族中光荣的一员,一贫如洗的老威廉叔叔。总之,"投资者"就是一个褒义词,而"投机者"则就是一个彻头彻尾的贬义词。

　　我记得,当我拜访完我的父母,返回家中的时候,我向我的妻子描述了我与父亲之间的那场关于投资者和投机者的争执。妻子听完我的叙述,问道:"那么,你是如何回答父亲的呢?你做出了什么样的选择呢?"我告诉妻子,我没有回答父亲的问题。如果我只能够在"不是/就是"的二元逻辑中做出选择的话,那么,我想,我早已给出了我的答案——当然,从我父亲的角度上看,这显然是个错误的抉择。

第56章
Chapter56

"我只对收入感兴趣"

或许,还存在这样一类投资者,他们只对收入感兴趣。不过,即便这类人仍然存在,他们也将在短期内迅速灭绝。因此,我们必须抓紧机会对这一类型的投资者进行研究,看看在他们消失之前,我们究竟能够从他们身上学到些什么。股票账户的资产净值(原始资本加上/减去股票投资的收益/损失,再减去交易佣金和费用,并加上股息)构成了一个高级的抽象概念,它让我们把注意力集中在我们对股票组合的总体评价之上。过分吹毛求疵的做法——追寻细节事实的伴生物无疑将从概念上,把资本和收入割裂开来。

本章的内容将作为上一章节的一种注释,它将延续我们前面的思考和探讨,继续展开关于股票市场、特定个股以及一般意义上的投资等严谨的概念的阐述。人们大多沿袭先辈们的定义,或者是从其他高级权威处得到这些概念的定义,而不是实实在在地观察和检验客观存在的各种现实。

在这些过时而陈旧的概念中,尤为特别的一个就是:"我只对收入感兴趣。"就像其他我们已经仔细研究过或即将展开研究的观点一样,它清楚地表明,持有这一观点的人对投机收益不感兴趣。同时,它还暗含着这样的意义,即持有该观点的人对于那些依靠投机为生,或是依靠投机而获取利润的人,评价不会很高。为了清楚地表明某某人并不对那一天天的,或者是一周周的股价的波动感兴趣,他完全可以大肆强化自己所采取的坚固而保守的投机策略。给人们的印象便是,他手中的债券的安全性是如此毋庸置疑,哪怕出现多年的股市波动,都丝毫不会影响到它们的真正价值。

不知大家有没有注意到这种绝对的自信？它的作用无非就是对自我的一些无谓的心理安慰。为了理解当前的状况，我们所需要的一切，就是铅笔、纸张以及过去多年的股息记录。这种心理模式所培育出来的，将是对介入资本运作的深深的憎恶，因为很简单，这种观点的前提假设就是资本的稳定和不变，似乎资本就是直布罗陀海峡中的岩石（Rock of Gibraltar）一般，拥有坚固的防卫组织，具有自我保护和保值的护身符，它们不容侵犯，也不会消失，它将作为一种神圣的信用关系，原封不动地传到子孙后代的手中。

结果，这些富有家族的子孙们，在短短的几年之后，便只剩下了少得可怜的、不断萎缩的家族财产的回报，尽管这些家族曾经是如此辉煌。为什么会这样呢？一方面，税收官员或政府大臣对这笔财产的"蚕食"，使得这些继承下来的家族财富慢慢减少；另一方面，始终存在的、长期的货币贬值的趋势，总是"试图"减少那些手头的资本、财产以及收入的现值。我们丝毫不用怀疑，那些原始的家族财产，最终将所剩无几。在这样的例子中，已经不是什么"吃蛋糕，但仍然拥有蛋糕"的问题了，它们更多地演变成为一个"根本吃不上蛋糕"的结局。

G. M. 劳伯（G.M. Loeb），E. F. 哈顿公司（E.F. Hutton & Co.）的合作伙伴，在他的著作《投资生存的生死之战》（*Battle for Investment Survival*）一书中，阐述了收入和资本相割裂的有关问题。他认为，人们不可能把收入单独保管，而把资产放入另一个完全不同的类别。事实上，两者是密不可分的。比如说，当一只股票卖价为20美元/股的时候，决定分红派息1美元/股，那么第二天早晨开盘的时候，该股票售价绝不会还是20美元。极为可能的情况是，该股票的最新售价为19美元左右，也许也可能是$19\frac{1}{8}$美元，还可能是$18\frac{7}{8}$美元。作为资产减少项目的分红派息的行为，其对股票价格的影响立刻会显露无遗。不论下一季度的收入是否能够弥补所有的红利额度，股票价格都会出现这样的走势。

某只股票，极有可能出现这样的走势：很多月份，甚至许多年，连续分派红利股息，但其股价却持续走弱，连续下跌。这不禁让我们想到一个有趣的问题，即股息红利究竟是不是来源于资本，以致分红派息之后，资本必然出现相应的减少。当然，我们不免有些杞人忧天的味道。审计师和律师早已为我们证明，股息和分红绝对不可能由资本金来支付。可是，如果真是这样的话，那么，我的一个学生又怎么会告诉我说：他持有一只很重要的化学板块的股票，6年前以约60美元/股的价格购入，现在已下跌到了近18美元/股的价格？在这6年的时间里，他定期地获得该股票的分红派息，有些年份，红利为2美元/股，其他的年份则为1.5美元/股，6年内得到的股息红利合计为10美元/股，而同一期间内，该股票的市场价格则下跌了近40美元。

我们也可以说，某只股票的价格的下跌与股息红利的支付并没有直接的关系——可能的确如此。但是，股票走势的表现看起来却似乎是分红派息在作祟，似乎股息和分红与其他导致股票价格下跌的因素一样，都使得股票的资本金减少。总而言之，我的这位学生所拥有的股票，其当前的价值极大地少于他最初持有该股票时的价值，即便是算上所有得到的股息收益——特别值得一提的是，该股票绝对是一只地道的绩优蓝筹股！

我们不能够抛弃税收官员们对收入和资本两个概念所做的区分，因为它们将涉及国家财政的收入。但是，在其他的情况下，我们却不妨把收入和资本视为一个整体——只要我们采取的做法能够帮助我们构建起一个实用的财务逻辑。就像我们在前面经常提到的那些高级的抽象概念一样，它将消除事物之间的区别，而为我们提供一个总体的、清晰的情景图画。

如果我们能够这样来看待问题的话，那么，我们将不会沾沾自喜地满足于自己每个月所得到的收入，而对资本所出现的熊市下滑行情漠然视之了。同样，我们也不会认为，时不时地、适度的现金的抽调会是什么侮辱祖先和伤害后代的准犯罪行为。当我们收到某项收入的时候，我们将把它们重新存入账户。如此简单，就像是一位办理押金手续的办事员处理和保存他的各项记录一样。

股息和红利会极大地增加股票的资产。股票价格的上涨同样也会增加股票的资产。两者都可以在同一个账户下，并用同一种方法来加以衡量。当该账户下，发生资金抽调的情形时，势必减少该账户下的总资产。股票价格的下跌，也将产生同样的效果：总资产的减少。

这里，我们之所以使用"总资产"一词，而不是"价值"一词，别有一番用意：价值将作为某一特定的时间、特定的账户下，总资产的美元的表示。因此，价值的含义，将涵盖所有的情况，不论是红利和股息，或是其他来源的存款，还是从账户下提走的资金，或者是由于市场价格的变动而产生的应计价值的变化，等等。（关于应计价值和市场价值的有关问题，我们将在后面的章节中加以讨论。）

实际上，这就意味着，我们将不再试图把我们的资本账户放到某个地方或某个类型的记账簿里，而把我们的收入账户放到另一个不同的地方。这一做法，即进行高层次的抽象，合并资产和收入两个账户，不仅不会使我们受到任何的损失，相反，它还将让我们受益匪浅。

支持这一观点的理由，对某些人来说很难理解，它们往往出自我们"严格"的教育系统。而这一观点与人们的情感之间，则往往存在着某种微妙的关系，例如，人们一般认为工作是"好的"，人们必须承担与资本相关的各项责任。于是，收入便被认为是销售货物或服务的补偿或回报，而股票的增值则被认为是"不劳而获"项下的一个品种，对许多人来说，它意味着不道德和应受谴责的道德问题。

这又是一个老生常谈的"不是/就是"的二元论的实例，即"好的"和"坏的"两种对立的价值评价。而人们则当然是摒弃坏的事物，接受好的选择。

我们似乎没有丝毫的必要指出，不论你是依靠继承而得到100股XYZ的股票，还是你通过自己辛勤的劳动所得而购买到100股XYZ的股票，你从投资该股票所得到的一切回报，并不像某些会计公式那样，可以严格地、现实地加以区分。一只股票，不论其价格是上涨10个点，但是没有进行分红派息；还是其价格上涨了5个点，并分红利5美元/股；或者是其价格保持不变，但却获得10美元/股的红利等，在不考虑税收的情况下，你所处的财务状况没有任何的区别，它们都一模一样。

第57章
Chapter57

"但我仍然坚持我的股息和红利"

许多词汇似乎具有这样一种至高无上的地位，它们或者被当做神圣的指令，或者被视为万能的护身符。"股息"就是这一类型词汇中的一个。当今时代，再也不存在什么"保守的"、"谨慎的"投资者了，人们不能忍受那些没有股息和红利的股票了。因为迈吉（这里指本书作者约翰·迈吉）所从事的理性研究表明，支付股息的股票和不支付股息的股票两者之间，从长期来看，投资这两种类型的股票所获得的净收益并没有太多的区别。这里，我们并不是单纯地研究"股息"一词，我们将深入地探讨"股息"这一护身符的本质所在。

一个人，如果不习惯于时刻锻炼自己的大脑，或者也不习惯于去思考那些新鲜的、不熟悉的新情况，那么，他的一生，将很可能只有依赖于各种指示或是箴言而生存，这些指示或箴言或者来源于家庭圈子，或者来源于长辈和老师，或者来源于朋友和邻居，也可能来源于书本和手册等。他将"不屑"于走出庭院，也疏于去了解客观的现实情况。他从别人那里所积累到的那些有益于生活的忠告和原则，很可能统统构建于美好的、理想的基础上。这或许是因为，他所掌握的这些忠告和原则通常都能够取得圆满的效果，以致他根本用不着费心去质疑这些来自绝对可靠的权威的"护身符"。

一项并不真实的说明和观点并不一定由谎言构成。它或许只是针对于某个特定的环境来说，显得过时、模糊、不适用，甚至错误。它也可能部分正确，也就是说，它只是有些不够精确而已。不论属于什么样的情形，我们都不能够将它描述为谎言。相反，如果我们不假思索地应用某项声明的话，我们往往陷入无限的困境之中。

如果我们说："它或许是对的，不过我希望自己能够亲自去看一看实际的情况。"——这听起来似乎有些愤世嫉俗。许多人，十分憎恨和反感那些希望检验他们的声明和观点的人们。他们希望你能够将目光始终放在那幅古老的地图上，而不必放眼看看眼前的真实境况。他们将告诉你，说："这显而易见，理所当然！"也就是说，"你根本不必耗费精力，去现实当中求取证明；你只要在大脑中，通过逻辑思维的验证即可！"

这里，我们将分析一个实例：两只知名的、重要的股票，它们都在纽约股票交易市场挂牌上市。1950年1月时，S. S. 克雷基（S.S. Kresge）——一只保守的、投资类型的股票，呈现出相当稳健的走势，它拥有稳定的收益，并连续多年达到每股收益3美元以上的优良业绩。同时，其红利和股息也十分稳定，多年来一直稳定在2.25美元/股到2.5美元/股之间。当时，该股票售价为43美元/股。

同一时间，也就是1950年1月的时候，另一只股票——巴尔的摩（Baltimore，美国马里兰州的一城市）暨俄亥俄（Ohio）铁路公司（Baltimore & Ohio Railroad）股票，则被认为是一只投机性的、业绩不稳定的公司股票，其每股收益反复无常，并已在相当长的一个时期之内，没有分派任何的红利和股息了。该股票当时售价为12美元/股。我们应该购买哪只股票呢？是绩优的、安全的、收益稳定的、分红派息的克雷基股票吗？还是冒险的、从不分派股息和红利的巴尔的摩暨俄亥俄股票呢？究竟有多少银行家、多少信托投资管理人员以及多少谨慎小心的股票投资者，可能想象过巴尔的摩暨俄亥俄股票比克雷基股票更有投资价值？答案难道还不够清楚明白？

然而，在此后的6年里，S. S. 克雷基股票却呈现出了稳步的下滑趋势，到1956年年底的时候，该股票已下探到25美元/股。而同一时间里，巴尔的摩暨俄亥俄股票却攀升到46美元/股。究竟是哪只股票最终证明了自己的购买价值？

你或许会说，这只是个例外而已。或许你是对的。但是，就在前几年，我曾研究过上千只股票几年内的行情走势，我收集了这些股票在几年内的股息收益以及其股票价格的上涨或跌落的情况，并与它们的初期价格进行了比较。我将这些股票分为两组，其中一组股票长期稳定地分红派息，而另一组股票则从不分红派息，其他一些不定期派息的股票则被我全部忽略。

这项实际调查的结果非常出人意料。在我考察的期间内，购买那些属于稳定分红派息的股票，并不能够得到净收益上的优势。那些从未分红派息的股票同样走势良好，甚至还略好于稳定分红派息的股票。如果我们分析第一组股票，将其在分析周期内的最终价格加上该周期内获得的股息与分析周期初始的股票价格进行比较的话，那么，第一组股票的最终股票价值将略微小于第二组股票的价值——从不分红派息的股票。

某些人如此强烈地维护自己对股息和红利的感情，认为它们是理性投资所必不可少的、本质的要素，这不禁让人怀疑，这究竟是个理性投资的问题呢，还是仅仅只是一个与诸如"常识"、"威信"、"保守主义"或是"小心谨慎的人"等价值观相关的个人观点呢？

我的一个好朋友，一位成功的造纸商，当有人向他建议，可以考虑购买某只从不稳定地分红派息的股票时，他彻底进入歇斯底里的发作状态。"让我来告诉你一件事情"，他恼怒地咆哮道，"我绝不购买一只不能够稳定地派息分红的股票！"

试想，我的这位朋友，会满足地坐在家里、数着手中的股息和红利，却"漠然"地看着自己的股票市值一而再、再而三地连续下跌吗？他是否会拒绝去购买一只具有巨大的增长潜力，却或许需要若干年耐心地等待其开花结果，并得到丰厚的红利和股息的股票呢？令人吃惊的是，某个词语的含义竟能够如此"有效"地蒙蔽我们对客观现实的分析和看法。

第58章
Chapter58

束之高阁，忘掉一切

在那些古老的抽象地图中，有这样一幅地图——持有或购买那些"好的"股票，或者"安全"的证券（并把它们放入安全的存储盒子里，然后，忘掉这一切）。这幅地图便是所有的投资逻辑地图中，最为"阴险狠毒"的一幅。购买并持有，而完全不考虑市场行为的做法，其实质便是不负责任、不尊重事实，它与彻底的赌博行为没有任何的区别。事实上，它就是一种被动的赌博方式。即便股市的兴衰变迁不会造成股票组合的贬值，通货膨胀的威胁也将让资本的贬值成为现实。证券销售人员（例如，美国政府）绝不会一丝不苟地为证券的购买者们，详细地讲述这项投资的真正风险。

通常，你会听到许多振振有词的证据，它们简单得可笑，但是它们却被严肃地提出来，以支持某些人实际上早已深信不疑的观点或看法。你也许会听说，汽车板块的股票一定是极佳的投资机会，因为汽车已构成人们日常生活的必需品。飞机板块的股票也一定是理想的投资机会，因为我们的时代已进入一个崭新的空间运输时代。我敢肯定，你一定听到过诸如此类的种种说法！

让我们来深入地探讨一下这样的说法。首先，它们肤浅得让人发笑。它们不仅忽视了股票价格由一个高度竞争的市场来决定这一事实，另外，它们还完全忽略了该股票所代表的业务的基本特征，早在很久以前便已被全面界定的另一个事实。如果人们现在对一只食品板块的股票的良好评价，还像10年前一样的话，该股票10年来，很可能已上涨了较大的幅度。

同样的道理，你或许常常听到一种说法：某某股票，或者是全体股票，呈现季节性的强弱走势，比如，春天时节走强，而秋天的时候则下落。如果这种说法正确，我们不妨根据季节的涨落规律来操作股票，但是，我们却找不到充分的证据来支持全体股票季节性行情变化的说法。如果这种季节性变化趋势普遍存在，它的作用和影响也必将随着人们的认同和利用而大打折扣，直到这种季节性的强弱变化彻底消失为止。

或者，当人们谈及股票的时候，他们根本就忘却了"好股票"和"坏股票"的含义。他们所谈及的，更可能是某个公司、某项业务的好与坏、安全与冒险，而不是清晰地针对某只股票本身。即便是关于上市公司或业务的评价，也仍然不过是个人的观点和判断而已。显然，在今天看来，铁路板块的股票早已不如40年前那么优良、那么安全了，那时，大宗货物运输的业务主要通过铁路来完成，而不是现在的汽车公路运输。然而，某些投资者、某些经纪人，以及许多的银行家们，却仍然认为S. S. 克雷基股票优于通用雪茄股票（General Cigar），却完全不顾下面的事实：克雷基股票在过去的8年里，已从45美元/股下跌至22美元/股；而通用雪茄股票则在同一时期，由14美元/股上涨到49美元/股。

难道你不觉得，吃到那块特制的"布丁"，也就是说，使我们的资本增加将是我们整个的投资计划中至关重要的一个部分吗？或者，你会坚持，遵守一个"小心谨慎"的投资者的标准比客观地看待现实情况更重要？

在与投资和投机相关的论题中，还涉及另一个问题。该问题的核心就是：从银行或法庭的角度如何看待资本保值的问题。在银行和法庭看来，关于资本的首要目标，就是保住与最初的资本账户同样多的美元。与那种完全不顾美元资本是否得到保存的做法相比较，这一目标可以算得上一个很切实的目标，但这一目标本身却存在着无可救药的弊端。如果一位资本托管人，事隔20年后，交回给你20年前所托付的金额，当然，再加上2%、3%或4%的收入，那么你会认为这是个令人满意的业绩吗？万能的美金是否真的具有如此强大的保值功能，以致我们可以完全忽略现实中发生的某些变化？

我们往往倾向于这样的观点，即认为美元将会成为变化无常的金融风暴中巍然屹立的中流砥柱。但是，至少在我们生活的这个时代里，美元，并没有被定义为黄金或是其他硬通货。它仍然只是一种抽象概念、一幅地图，而且，与其他任何一幅地图一样，它需要进行具体的时间标注才能够具有一个完整的意义。如果你在20年前，投资100 000美元购买了一座房屋，那么，你会发现，当今的现实条件下，同样数额的美元已不再能够买到20年前那样的房屋了。你或许仍然拥有100 000美元——与你20年前拥有的资金数额相同，但是，你必须明白，20年前的100 000美元与今天的100 000美元完全不同。即便20年前，你已把这100 000美元投资到政府债券上,并在20年里,把所有的债券利息又都投入到了相同的债券上,20年后,你所拥有的所有美元资本也不可能再买到20年前100 000美元可以买到的那幢房屋了。政府在推销公债时,并没有坦诚地向他的人民说明美元不断贬值的实际情况,因此,购买政府公债的投资者受到实质性的损失这一事实在所难免。

美国政府在宣称纳税义务对其政府债券的安全保障,以及其债券的市场价值(以购买力来度量)的保值等问题上,并没有做到完全的坦诚以待。我们只能说,政府只公开了部分的真相,也就是说,那些具有倾向性的宣称,并非出于刻意的弄虚作假,而是隐瞒或忽略了某些重要的信息。

我们曾经被反复地告知,政府公债是"世界上最安全的投资",它意味着,某笔特定数额的美元至少将在此后,例如10年之后如数归还。如果你深究其中的含义,你将会发现,这种说法无疑是个弥天大谎。除非听到这句话的人,能够意识到美元的投机风险;同时,他还能够意识到,那张超额支付一定数量但却并未明确定义"美元"含义的一纸协议,其实并没有多大的意义,除非我们能够确保这些美元能够转换成为某一确定数量的硬通货。政府债券的宣传重点,统统集中到了真相的某一方面,并最终为公众呈现了一幅半真实的、扭曲了的并不完整的图画。我们的通货膨胀,尚未达到毁灭性的、不可控制的状态。但是,试想你于第一次世界大战后的1920年的通货膨胀灾难前夕,购买了德国政府的某种马克债券,那么,你的状况将会怎样?你仍然能够一分不差地收回你的本金,并拿到协议所规定的利息收益,但是所有这一切,都将一文不值。

这其实只是一个"度"的问题:如果你忽视了自己的美元资本的增值率必须与通货膨胀率同步的话,你将只能任由通货膨胀吞食掉你一生的积蓄。如果你将高级权威们的箴言和指示当做自己的价值标准的话,你将不愿意睁开自己的眼睛,观察客观的现实世界。你将根据那些抽象的地图来做出价值判断,并按照你被告知的指示来行事,而不是根据客观的现实状况,或是根据那些真正地发生的真实情况来做出自己的决策。

第59章
Chapter59

古老而罪恶的保证金

我们可以一眼就分辨一个词语究竟属于褒义词还是贬义词，就像我们可以一眼便辨认出电影里的好人和坏人一样。即便事到如今，几乎所有的投资者也都仍然知道"保证金"是1929年那场金融危机（以及其他金融危机）的罪魁祸首。投机者们（贬义词）企图利用保证金，但却往往落得一个糟糕的下场。语义学者们不禁要问，借钱去购买股票（例如，使用了保证金），与借钱去买一幢房屋之间，究竟有些什么区别。

我们不得不承认，朋友有时比敌人伤害我们更深，因为对于敌人，我们随时做好了战斗的准备，而对于朋友，我们却极容易因为他们善意的"大错误"而陷入绝境。同样的道理，就像我们所看到的那样，某个真相，如果它的真实性并不完整而明晰，它对于我们的伤害将甚于谎言。对付谎言，我们可以质疑它，并证明它的不真实，而对付那些"仅仅"是遗漏了某些关键信息的真相，质疑它却无疑要难得多。

我们常常被告知，用保证金进行交易罪大恶极。从某种角度上讲，的确如此。不计其数的人，正是因为操作他们的保证金账户，而最终耗尽了自己辛苦多年的积蓄。或许，你可能会说：如此说来，汽车岂不也是罪恶之源，因为每年它都会让成千上万的人丧生于交通事故。其实，任何罪恶的事物都只是个人的观点和评价而已。严格来说，它并不能够指代事物本身，从本质上讲，它只是一个高级的抽象概念。我们很难对罪恶加以测量，而任何情况下，罪恶的"大小"都只能有赖于特定的、个别人的价值观系统来进行判断。

如同其他涉及高级抽象概念的例子，如果我们换一种方式来提出问题的话，我们将更容易得到答案。我们可以这样来提问：保证金账户为何如此容易引起麻烦？我们也可以这样问：麻烦的本质究竟何在，引起麻烦的主要原因是什么？然后，我们或许能够得到一个答案，一个可以帮助我们避免麻烦，或者说至少能够帮助我们估计危险的答案。

你的某些朋友或许会告诉你，他们所购买的每一只股票，都用现金来支付，所以，他们"绝不会用保证金买进股票，一辈子都不会"。他们或许还会提醒你，千万别忘了1929年的那场金融灾难。这或许只是个为地图标注时间的问题。事实上，1929年的那幅关于保证金的地图早已过时，而为了明智地探讨保证金的问题，我们必须考虑当今现实条件下与保证金相关的各项要求，以及当今的股市形势，还有当今股票操作的原则和规定等。

许多蔑视并拒绝任何利用保证金账户进行股票交易的观点的人们（他们坚信，那些利用保证金买进股票的人，就是些不折不扣的低俗的、夸夸其谈的赌徒），常常把家庭收入的大部分用于支付自己的房屋、洗衣机、电视机，以及他们所拥有的各项财产。除了具体用词的不同而外，借钱买房子和借钱买股票，二者之间到底有什么区别呢？

也许，有人会说，两者的目的不同。利用保证金来购买股票的人，把宝押在了买到"正确"的股票上，他们希望股票价格的上涨，使他们以少量的资金投入，获得丰厚的利润。而借钱购买房屋的人，则从不把希望寄托在房地产的升值上，他们从不认为这种因为升值而得到的投机收益能够弥补资金的利息成本，或是其他抵押贷款的费用。

人们总是在自欺欺人。是的，人们竟是如此地甘愿自欺欺人！如果你声称，某笔买卖是一项安全的投资的话，那么，人们将毫不犹豫地购买你待售的房屋，或是你积压多年的40部《世界文学名著》(*The World's Great Literature*)。而如果你把它说成是一项投机的生意的话，那么，他们将像遇到瘟疫一样，躲之唯恐不及。

你瞧，我们身边，围绕着各种各样的褒义词和贬义词。如果我们对它们进行抽象，那么，我们将失去某些细节的东西。在最高的抽象层次上，我们将失去所有的细节，并常常得出一个简单的"不是/就是"的二元论的定位。如果我们遇到的情况只有"好"和"坏"之分，而没有任何中间值的话，那么，"不是/就是"的二元论定位将使事情得到简化。就像你的孩子们所看到的西方世界一样，人们并没有必要十分精确地判断人性的本质，然后弄清楚那些品性不端、鬼鬼祟祟的堕落的强盗的危险特征；人们也没有必要仔细地判断那位来自蒙大拿州(Montana)

的、修饰整洁的、英俊倜傥的绅士的品质。

对许多人来说，投机是个糟糕的贬义词，在他们所接受的教育中，"投机"是某种操作的显著标签。利用保证金来购买股票就是一项投机性的操作。因此，它注定是一件罪恶的事情。而另一方面，如果你购买的不是股票，而是一部电视机的话，那么，它便变成了一项体现家庭观念的投资，因此，它"摇身一变"，成了一件人人称道的好事情。

人们会说，这并不是什么歧视的问题，"只不过"，事物身上的标签告诉了我们一切。我们再也不必去观察具体的现实情况。因此，即便是最为保守的财务操作，只要它涉及保证金，它就将被自动地打上"罪恶"的标签；而哪怕是购买一间最劣质的房屋，只要售房员能够吹嘘得天花乱坠，那么，它就会被标上"好事"的标签。

事实上，我们所要做的只是：一切都应视情况而定。就像许多家庭，理智而现实地借钱购买他们的房屋以及某些家用电器一样，利用保证金来进行股票的交易也有可能是项理智而现实的操作。这并不是什么"不是/就是"的问题，而是一个涉及评价相关的各种情况，并得出一个合理而平衡的决策的问题。

利用保证金买进股票并不一定使我们处于不能后退的危险状态。没错，这或许是件"坏事情"。但是，只要我们知道自己究竟在做些什么（这里，我假定你很有兴趣做些小小的探讨和研究），只要我们"不出格"，那么利用保证金进行的股票买卖便没有什么特别的风险。再次强调，这只是一件需要实际加以衡量的事情，而不是什么"天生罪恶"的事情。

只要人们仍然坚持认为，彻底地拥有股票的所有权将比持有利用保证金买进的股票更安全，那么，人们便有可能继续受到这种半真半假的说法的极大伤害。对于许许多多从来没有想过利用保证金买进股票的人们来说，他们将由于"只会"用现钞购买"优质而安全"股票，并随后把这些股票束之高阁而遭受巨大的损失。他们的损失不仅仅来源于股票市场的行情波动，就像我们刚刚讨论过的，他们的损失还将来源于美元的市场价值的波动。

第60章
Chapter60

超越股票市场

在美国,我们逐渐地意识到,一切事物的价值,诸如股票、美元,所有商品随时都在变化。如何看待事物之间的相对价值呢?举个例子来说,当股票市场炙手可热的时候,美元的价值将相对便宜,原因是,与过去几年相比,人们花费了更多的钱去购买同等数量的IBM股票。同理,当股票市场处于熊市状态的时候,美元将相对坚挺,因为人们购买股票的花费大量减少。

现钞本身就是投机性质的事物。现钞的价值(与其他事物的相对价值)很可能出现巨大的变化。你不能认为装做视而不见,便可以掩盖掉它投机性的起伏波动的本质。你的房子,你的股票,甚至你口袋里随身携带的现钞,如果以其市场的实际购买力而论,其价值都在不断地波动和变化。

如果你乐于满足于一个循环式的定义,简单地把美元定义为"美元",而不在"美元"这幅地图上注明日期的话,那么,你将可能得到一个纯粹语义、纯粹人造的稳定的美元价值。许多经历过马克灾难性贬值的德国人,都曾陷入了"马克就是马克"(Mark bleibt Mark)的蛊惑,直到这场并不牢靠的纸牌游戏彻底失败。事实上,任何事物的货币价值,总是在各种事物的相互参考和比照中不断评估得出的。从购买力以及转化为其他商品和服务的能力来说,美元不过是具有更多的投机性波动而已。

"美元",这一用于衡量万事万物的货币价值,却从未经过明确定义的术语,纯粹就是一个人造的工具而已。从某个方面讲,它为我们制作股票行情的各种图表提供了一个便捷的途径;但是,另一方面,如果土豆的供应价格,或者是电力的产量等的丝毫波动，都必须反映为美元货币价值的变化，那么，它将根本不可能作为我们制作任何股票行情图表的基础。

拐弯抹角地说了这么多，其实中心的话题只有一个，那就是人们认为美元价值的固定不变的看法。社区福利基金的计数器上，时刻更新本周收集到的抵押金。公司的报表中，每年都以统一的（或者是对数的）"美元"为单位，统计出"产品价值"的增长。然而，不论是在计数器上，还是在公司的报表中，你都不可能发现这样的脚注，说明这里或那里所提到的美元，并不是一个固定的、恒定不变的东西。精确地讲，我们必须特别地指明"美元，1948年"或是"美元，1958年"，如此等等。这又是一个为地图打上时间标签的实例。

并不是所有的股票都在同一时间上涨或下落，而美元的价值也将根据股票或是商品及服务而不断地波动。美元价值的这幅地图，也像现实中的其他事物一样，远比我们想象中的复杂得多。除非我们能够与客观现实取得某种相当牢固的接触，不然，当我们认定的那些高级抽象概念"辜负"了我们的美好愿望的时候，我们的脚步将严重地受到阻碍。

当股票市场普遍上涨的时候，例如1956年的股市行情，我猜想，究竟有多少人能够做好这样的心理准备，即股市普涨行情的部分原因仅仅是由于美元购买力的萎缩。如果这种说法有一定道理，那么，美元购买力越弱，股票的平均价格将越高。也就是说，股票的价格与美元的价格呈现逆向而动的态势，即随着股票价格的上涨，美元的价值将逐步下降；反之，股票的价值下降，美元的价格将上涨。这并不是什么理论假设，而是实实在在的客观事实。

历史上，有许多被世人称为贪得无厌的男男女女因此发了大财：当美元价格低迷的时候，也就是说，当购买1 000股股票需要花费大量美元的时候（即股票价格高昂之时）他们"买入"美元；而当萧条的魔爪挤干了经济中的每一个泡沫成分的时候，也就是说，当美元的价格如此坚挺，以致一小笔美元便能够买到大量的股票的时候，这些所谓的贪得无厌的家伙们便从自己安全的储蓄柜里，或者从自己的信用债券里提出现钞，大量买进已经几乎"一文不值"的股票。

你也可以这样说，他们在高位卖出股票，而在低位大量建仓。不过，我却希望你从另外一个角度来思考这一问题，因为这其中只是一个相对的关系。我希望你试着这样想，即他们在美元贬值的时候大量买入美元，而在美元坚挺的时候，卖出美元。

我们还应当注意到，"贪得无厌"这一用词，带有明显的道德寓意。它含有强烈的对立色彩。它是一种象征、一个符号，或者说是一幅地图。同时，它也不见得是一幅完全公正的图画，它当然不是，如果你假定自由竞争的股票市场总是不尽如人意的话。最后，我们不得不说，要成为我们这里所提到的人们所"痛恨"的"贪得无厌"的一类人，其实并不那么容易。他们预测美元或是股票价格的随机波动，并冒着倾家荡产的高度风险。正如罗伯特 D. 爱德华兹所总结的那样："华尔街没有一分白来的钱。"

第61章
Chapter61

相关性和因果关系

股市上扬，股市跌落。这究竟是为什么？媒体（以及股票经纪公司）雇佣了大量所谓的权威评论家来试图阐释这一其实根本不可解释的现象。有时，他们的解释甚至可以说风马牛不相及，例如，某天，美联储主席早餐时吃了一个鸡蛋，这暗示着储备金的利率将出现变化，如此等等。股票交易者们早已厌倦了这些"乌烟瘴气"的媒体报道。

"为什么"，通常不能够得出答案，而且也往往不如"怎么样"来得重要。或者说，通过观察到的细节以及归纳提取的相互联系和相关性，我们可以得出"怎么样"的答案。

"为什么"，对于哲学家来说，将涉及"意义"本身的"意义"。而"怎么样"则更适用于我们的股票市场。

在我的孩提时代，我曾经迷恋过一本绿色封面的书，该书讲述了许许多多的地球故事。其中一个故事讲述的是山洪泛滥，淹没了整个村庄。无数个世纪之后，在那些古老的沉积物上，岩石丛生，它们不断地堆积和盘绕，最终形成了一座小山丘。另一个故事则讲述的是火山爆发，铺天盖地的火山灰烬，以及引发的滔天巨浪，顷刻埋葬了人们世代居住的城市。还有一些故事讲述的是地球的形成，以及大自然种种的神来之笔和那些恐怖的自然灾难。

这本书的名字就叫做《"怎么样夫人"与"为什么小姐"》(*Madam How and Lady Why*)。该书论述了这样一种思想，即人们必须认识到"怎么样夫人"的重要性。"她"平易近人，而且，只要你肯付出时间和精力，那么，你将一定可以向

"怎么样夫人"学习到大量的东西。而"为什么小姐"则是另一种类型的女人。她就是她。大多数时候，她把自己隐藏在别人的视野之外。绝大多数的人，一辈子都不可能看得到她的身影。只是不时地，那些摸清了"怎么样夫人"的"脾气禀性"的聪明人，才有可能匆匆地掠过一眼"为什么小姐"的身影。

不知你是否还记得，就在前面的章节中，我们曾经探讨过质量的属性问题，我们曾经仔细地"研究"过，那幅投影在我们头脑中的地图是如何"看"出这本书是红色的，而莎莉（Sally）是个美貌的姑娘。在投影到脑海中的种种高级的抽象概念当中，其中一个便是事物的因果关系。"为什么"这一问题蕴涵着深刻的因果关系，于是我们满世界地寻找它的答案。

如果你一定要为某件事情安上因果关系，那么，你必将陷入无穷无尽的麻烦当中。正如我们所知道的那样，一旦你开始追寻事物的原因和结果，你将构筑起一整条"因果链"，它将证明世界上的一切事物都将是一系列的原因的最终结果，并一直把这一因果链追溯到生命的起源，同时，宇宙的未来、宇宙发展的一切细节，也都将由当时事物的状态早早地决定。

这种宿命论的观点，现在已远远不如19世纪时那么风行了。当时，它是新兴的所谓"齿轮唯物主义者们"（Cog-wheel Materialist）的代表性观点。当然，当时人们所面对的宇宙要"简单"得多，因为他们所了解的宇宙知识远远不及当今的人们所了解的丰富。今天，严谨的科学家们，似乎把大部分的精力都用于去挖掘现实中出现的种种现象了，以致他们已不再有精力去顾及那些与语言地图相关的愚蠢游戏了。

有这样一些人，他们自己把自己的选择局限到了某个狭小的空间之内。他们为自己设定了许多高不可及的标准，并期待从生活中获取那些根本不可能的东西。他们常常会询问一些完全误谬的问题，诸如：我为什么要生下来？我为什么如此不幸？为什么祖父的脾气如此乖戾？我们为什么从来不能存下些钱？今天，黄豆的价格为什么还继续上涨？

我们询问自己或别人的许多"为什么"的问题本身，其实并不恰当，因为它们并没有任何的意义可言。"天空中为什么会有这么多的星星？"就是一个这样的问题。它是如此含糊，让人十分怀疑它的意义所在。显然，如果你期待得到一个合理的答案的话，那么，首先，你将必须采用另外的、有意义的方式来提出你的问题。

与"为什么"相关的诸多问题，不仅毫无意义可言，而且通常还涉及是否有必要特别指明"为什么"的级别和程度的问题。例如，阿比盖尔（Abigail，我女儿的名字）问我，为什么当我们靠近萨姆纳大街（Sumner Avenue）铁轨的时候，我们的车就要放慢速度？我可以从不同的程度上来回答这一问题，就像我们在前面所讨论的不同的抽象等级一样：

答案A："因为刹车的制动器收紧了。"

答案B："因为我把脚放在了刹车装置上。"

答案C："因为我想放慢速度。"

答案D："因为在靠近铁轨的时候放慢速度会安全一些。"

答案E："因为我希望随时都能够安全驾驶汽车。"

答案F："因为我爱你，想保护你不受伤害。"

你将注意到，就像我们所研究过的其他系列的抽象概念一样，低层次的抽象概念内容具体而明确，范围具体而狭窄。它只涉及很小的范围，就如同一张近景拍摄的照片一般，准确而清晰："因为刹车的制动器收紧了"，所以车子慢了下来。无疑，这一回答准确无误——从低层次的抽象程度上讲。其他所有的答案也都准确无误，它们依次处于不断升高的抽象级别上。

就算是最后一个答案（答案F），也是正确的。只不过，这一答案的范围和意义都要宽广得多，它使用了许多具有一般性语义的词语。当然，虽然它所覆盖的范围广泛，但是，它却不是很具体、很明确。因为它不能囊括我所能够用于表达我的爱和保护我的孩子的所有方式，例如，教育阿比盖尔过马路要小心；平时在外面的时候要避免歹徒的袭击；感到不舒服的时候，要到药店去买药；父母通过工作来赚钱养家，以及成千上万种能够表达一位父亲的角色的方式。低层次的抽象概念的缺点在于，它们不具有一般性的、普遍的意义，因此，它们将不能够代表各种不同情形的相似性和一般性。你也许也注意到，高度抽象的答案，例如答案F，具有这样的作用：它涵盖并总结了一个父亲的许多责任。然而，高级抽象概念同样也存在缺点，它们往往意义模糊。如果我告诉我的小女儿，我之所以做某件事的原因在于"我爱她，想保护她"，那么，这一答案本身便包涵了许许多多的含义。它并不是特指某个个别的情况。

现在，如果你问我说，为什么今天黄豆的价值会上涨，我可以这样来回答你：因为今天，竞标购买黄豆的人更多，更急于买到黄豆。这是一个抽象级别很低的回答。而如果我的回答是：因为政府将减少对农民的价格补贴。那么，这一答案就是一个更高抽象级别的答案。

这里，你会注意到，就像我们前面所举的例子一样，第一个回答非常具体、非常翔实，表明了某种经过实际观察得到的现实状况。而第二个答案则具有更广泛的抽象意义，而且，尽管它覆盖了更多的内涵，但是，对于其精确的含义，我们仍然相当模糊。当然，这一与黄豆相关的"为什么"的问题，还有各种各样的回答方式，每一种答案，从在其所处的抽象层级来看，也可能都具有毋庸置疑的正确性。

和以往一样（同时，也与我们所看到的一样），我们既可以从高度抽象的层级上看待事物，也可以从低层级的抽象意义上看待问题，我们还可以从介于其间的各种抽象层级来处理问题。**重要的是，我们必须了解我们究竟在做些什么，尤其是，我们万万不可以将我们所说的、所做的各种事情的抽象层级混淆起来**。由于事物的起因，像我们理解的那样，往往代表着许多抽象的或是逻辑的不同阶段的结果，因此，我们必须意识到，事物的因果关系并不是某种客观的现实，它不是物质存在的黄豆，而只是我们头脑中的一幅图画而已。当我们将这些事物的因果关系和属性映射到客观世界中的时候，我们必须清楚地明白这一点。

其实，这一切都只是那场追逐那位腼腆的、躲避世人的"为什么小姐"的游戏中的一个部分。我们永远不可能捕捉到她，但是，我们却必须满足于她时而闪现的身影，以及那匆匆即逝的一瞥。就像我们所接触到的大多数事物，我们并不能够百分之百地了解和处理好它们。

在"为什么小姐"的问题上，我们所能够了解的，甚至还要少得多。相反，如果你肯在"怎么样夫人"身上多花些精力的话，你将很可能获得更多的回报。只要你能够了解发生的某件事情，以及它的相应后果，那么，你便掌握了预测方法的基本机理，于是，你也将完全可以把"为什么小姐"统统忘却，抛于脑后了。

水手们对此了解得非常深刻，或者说，他们至少是在按照这一观点来做事——当他们于几个世纪之前，航行在大海上的时候。他们根据星星的位置来确定自己的航道。他们完全不知道，为什么星星总会升起，总会围绕着苍穹旋转，但是，显然，他们却知道如何来利用这一已存在的事实。对于他们来说，这一事实便是帮助自己完成航行的充分而必要的信息。

然而，人们在经纪人的股票交易室里最经常遇到、最经久不衰的问题，就是"为什么？"为什么克鲁士伯钢铁公司股票（Crucible Steel）会减少它的股息和分红呢？为什么纽约中央铁路公司（New York Central Railroad）股票还不上涨？为什么铁路板块的股票不能够与铁路行业的发展态势相一致呢？

如果你仔细地检查这些"为什么"的问题，你将会发现，存在很多种可能的、正确的答案。为了避免在各种选择中耗尽精力，我们可以把"为什么"转换为"怎么办"。我们可以这样来询问，"股票分红派息减少的时候，股票的走势通常会出现怎样的状况？""纽约中央铁路公司股票现在的走势如何，它过去三周来的走势怎样？"我们也可以这样说，"铁路板块的股票究竟应该出现怎样的增长，才与该行业的发展态势相匹配？根据过去的经验，我们应该在多大程度上参与该板块的投资？"……面对这样的问题，我们得到一个确定的、有效的答案的机会，将远远大于第一种类型的问题。

同时，我们也应该注意到：当我们从"为什么"的立场转向"怎么办"的态度时，我们实际上已经开始逐渐远离因果关系的思路了。在上面的最后三个"怎么办"型的问题中，你将看出，它们并不需要了解问题的本质原因，便能够得出答案。它们只不过是在要求别人仔细地观察那些可以观察到的客观事实。由于"为什么"类型的问题往往导致一个空洞而无意义的、混淆了抽象层级的、模糊的、或者是因果关系型的答案，因此，它们更多地涉及客观事实与地图之间的关系，而不是客观事实的具体行为，因此，我们要尽量地避免"为什么"一类的问题。我们将很有可能陷入到一大堆由于"为什么"而造成的麻烦当中，尤其是当你还没有意识到因果关系中潜伏的种种危险的时候。

我可以把你带到我家的后院，让你看看我家那棵早春时节银花满枝的梨树。连续好多年，每当梨花开放之后，一对知更鸟便会来到我家的后院，在这棵梨树上搭巢建窝。我看到了眼前开满了花的梨树，也看到了知更鸟筑起的巢，于是我可以这样说，"知更鸟的到来只是因为梨树开花的缘故。"换句话说，我看到了一件反复发生的事情，总是跟随在某件事情的身后出现，于是，我得出了一个结论，即两件事情之间存在着因果关系。

更科学地思考梨树与知更鸟筑巢问题的方法，便是彻底忘掉"为什么"，我们只需要接受这样一个事实：梨树开花与知更鸟筑巢两件事情之间存在着相关性。

日常生活中，我们也可以用同样的方法来处理我们所碰到的各种事情。从操作的层面上，以及"怎么办"的角度上来说，我们可以进行大量有效的正确预测，而不必去向大自然或向社会寻求"为什么"的答案。

她为什么会爱我呢？或者，反之，她为什么不爱我呢？瞧瞧，这究竟是怎样的问题！然而，又有多少痴心沉醉的少男少女们，为了这个迷茫的、甚至是根本不可以解答的问题而心碎呢！当然，爱与不爱的原因可能是口臭或麻疹，但是，它也同样可能是其他千百种不同的原因，例如难言的身体缺陷，或是性格上的缺点等等。

聪明的年轻人如果能够改变提问的方式，并彻底地抛弃掉"为什么小姐"，那么，他便为自己增加了赢得意中人芳心的机会。或者说，他至少能够让自己感觉更好一些。他可以扪心自问，自己的意中人对待自己是怎样的态度，说过怎样的话，做过怎样的事。所有这样的问题，都可以通过观察得到。于是，他便可以开始策划，如何来取悦意中人，如何克服自己身上不雅的难言之隐，或是脸上的小粉刺，或是其他一切的一切。也就是说，他可以从操作的层面上技巧地处理好问题，而不必去探寻问题的本质原因。

我想，你应该明白，我们这里所探讨的，并不仅仅针对少男少女，以及他们青春的爱情。我们所需要思考的，是生活中可能遇到的各种不同的情形：面对问题，人们只知道握紧双手，绞尽脑汁，顽强地苦苦追寻着"为什么"的情形。其实，此时，人们只需要面对现实，开始询问自己"怎么办"而不是"为什么"，然后睁开眼睛，看看客观的现实世界，他们便能够把问题处理得更漂亮、更圆满。

我们所探讨的股票交易市场，也如同生活中的其他场所一样，蕴涵着种种经常遇到的问题。在股票交易市场中，你不必像平时那样，凡事都要追究个"为什么"，尤其是当你采用技术分析方法的时候，你将更不需要去理会什么因果关系了。如果你发现某只股票——不论它是金矿类型的股票，还是食品类型的股票，抑或是公共事业类型的股票，当股票的总体走势出现大幅跳水行情时，它却反其道而行之，出现某种上升的趋势，那么你不妨把这一事实记录到自己的笔记本里，并在脑海中描绘一幅相应的地图。不必介意为什么股票会有如此悖逆的走势。我们根本没有必要知道这其中的究竟，除非你考虑的是总体的局势和利益，否则，过多地关注行情走势的"为什么"，只会成为一个沉重的包袱。

其实，你所希望知道的，只是该股票的逆势特征是否具有一般性，是否已在此前多次地发生，它是否能够作为一个强烈的相关性的证据，来支持你进行某种交易操作。作为最后判断和决策的基础，你所有需要的、用于回答你的问题的材料，都应该是可以通过观察外界的客观现实来得到的事实数据。

股票的技术分析，也如同其他许多领域，诸如工程、医药、社会学等等的研究工作一样，很可能需要进行大量的图表制作和分析的工作。这些图表便属于写到纸上的抽象地图，我们可以把它们叫做外在的抽象地图（与我们在大脑中绘制的、内在的抽象地图相对应）。图表本身，并不具备回答那些以"为什么"开头的问题的能力，但是，它们却常常可以很好地回答那些"怎么样"的问题。图表将向你展现出事物之间的许多相关性的特征，而这些特征在图表之外的地图上则不容易看到。它们将帮助你做出判断，并帮助你很好地把握你的判断的可靠程度以及可依赖程度。

所以，我们再次强调，我们的研究结果号召我们将那些肤浅的包裹彻底抛弃。我们将大量卸载那些沉积在心中的"为什么"，并将大量的问题转化为"怎么样"的客观观察。只有在我们收集整理好"怎么样"的资料，并建立起其中各种各样的相关关系之后，我们才能够把这一相关性的特征应用于指导我们的判断和决策，并最终决定，如何根据眼前的事实来采取相应的行动。

第62章
Chapter62

"基本因素"

股票基本因素分析者，是指那些注重对上市公司本身的研究，并将其研究成果作为股票操作准则的投资者和分析家。一般来说，基本因素分析者往往看不起技术分析流派的投资者，反之，技术流派也不把基本因素分析流派放在眼里。

持技术分析观点的投资者们认为，基本因素分析从根本上存在着明显的缺陷。它试图去解释股票市场的行为本质。而技术分析则根本不关心股市行情的解释或起因，并认为它们都带有投机的色彩。技术分析将注意力放在了股市当前发生的以及即将发生的各种事件之上，也就是说，放在了那些体现集体意志的客观事实之上，例如纽约股票交易所的股票收盘报价等。

绝大多数的投资者都认为，只要自己能够掌握关于某只股票的所有相关信息，就能够在股市上赚到大钱，或者，至少能够保护自己的资本金。

这种观点当中，存在着几个明显的错误。首先，没有人能够掌握某只股票的一切信息。"一切尽在掌握"的想法显然不现实。比方说，仅仅根据几份年度报告，或是几则新闻报道，人们根本无法了解诸如海湾石油公司（Gulf Oil）或是美国钢铁公司（U.S. Steel）等复杂的情况。换句话说，仅仅是坐在经纪人的股票交易室里，并通过与其他"同类"的交流和沟通，是根本无法获得所有信息的。

事实上，人们并不需要了解所有的信息，人们只要了解那些切中要害的信息就足够了。然而，不幸的是，尽管人们口口声声谈论的都是股票，但是，他们所研究的，却是上市公司，就好像上市公司等同于股票一般。人们积累并堆砌起无数与上市公司有关的资料和信息，却似乎对股票的自然栖息地——股票市场毫无兴趣。

这样的投资者（我这里所使用的"投资者"一词，包括所有的股票交易者），通常很喜欢把自己标榜为"基本因素"的学生，而不管他们所探求到的因果关系多么肤浅，与客观事实之间的关联多么牵强。我们可以很清楚地看出，有许多与上市公司本身的内部事务并没有直接关系的重要因素，时刻在影响着股票的行情走势。

在所有的影响因素当中，最为重要的一个，或许就是美元的价值的起伏波动吧。在1946年股市崩盘期间，引起了社会各阶层广泛的恐慌，原因很明显，那就是人们根本找不到股市下挫的理由。换句话，也就是说，上市公司的业务中，似乎并没有出现什么特别的事件，能够用以说明股价大幅跳水的原因。基本因素分析方法中，最明显的一个缺陷，便是它不能够正确地看待货币市场，也不顾及政治环境和社会环境的影响，以及除了上市公司具体的报表之外，其他所有能够影响到股票价格的力量。

不过，这也并不是说，基本因素分析者们完全忽略了这些因素。从根本上讲，持技术分析观点的投资者们认为，基本因素分析投资者所具备的分析各项影响股票价格因素的工具，不如自己那样充分和恰当。同时，基本因素分析者们的判断和评价还容易受制于上市公司过去的经营记录，并容易武断地得出这样的假定：股票走势将一如既往或是彻底转变。

当然，这些假定并非毫无价值。只是当我们人为地为它们安上一个绝对的含义，并彻底地忽略掉事物变化的种种可能的时候，这些假定才会变得非常危险。我们必须为我们的地图加注时间标签。我们也已经看到，不论我们曾经如何仔细地查看昨日的地图，我们都不可能因此来验证今天所出现的新特征。但是，我们还是看到了许多人，他们在面对突如其来的股市大跳水或是大崩盘的时候，仍然奋不顾身地一头栽到标准普尔信息数据库中，苦苦找寻造成这一股票价格突变的基本原因。

我们必须假定，上周、或是上个月，股票的价值仍旧是竞争的结果；如果，当前出现股票行情的突变的话，那也只能够说明，现实中出现了某种此前未出现、或者未能了解的因素。因此，我们也不可能通过翻看以往的旧地图来找到它们。

处理此类突发情况有一个更为现实的方法（如果你必须找出它的"基本"原因的话），那就是尝试找出那些进入"画面"的新鲜的因素，并加以分析。当然，当你真正找到这些因素的时候，你或许已有理由确定自己摸到了股市的脉搏，并已重新更新了你脑中的那幅地图——以及它的价格标签。

我们必须记住，并不是所有的基本因素都是错误的，它们也并非一文不值。它们的问题在于它们不充分性的特征，以及人们往往赋予它们的某种近乎魔法般的力量的倾向，例如某某集团打算收购某某公司；或是某某公司开发出某项新工艺，从海水中提炼金子等。我们必须承认，历史上也不乏一些持有基本因素分析观点的、非常成功的投资者。但是，我们也必须注意到，这些杰出的投资大腕，与股票交易室里那些随波逐流的、盲从的应声虫们绝不可以同日而语。

对于那些不合格的股票基本因素分析法的忠实信徒们，我们还要说（批评）点什么。他们似乎总想把事情弄得清清楚楚。你必须记住追求"为什么小姐"的艰难困苦，并尽可能妥协并接受与"怎么样夫人"的约会。例如，某日，股票大盘报价屏幕上显示，某某股票疾速拉升，而且，其交易量已快速突破1 000手（1手等于100股）！于是，我们以最快的速度找到一份《华尔街日报》（当天早晨的事情，不过，却是昨天晚上准备的材料；从某种意义上讲，这些信息已经有些过时了），试图找到该股票上扬的原因。我们十分清楚发生了什么样的事情，我们其实已经在报价屏幕上看到了一切，但这还不够。我们必须找出其中的原因——为什么？

如果你的观察足够认真的话，你将找到这个为什么的答案。也就是说，你将发现事情背后的原因。如果某某股票今天骤然拉升，那么，你将在明天的报纸上，在所有每一位股评家、每一位证券分析师的每一条声明中找到这一"变故"的原因。如果股票不是上涨，而是下挫，你也可以用同样的方法找出它们的原因所在。

让我们试想：某局势今天突然恶化，战争危机一触即发。如果股票市场闻风而动，在该消息传来的一瞬间，急速下跌，那么，明天的报纸必将"弥补昨日的遗憾"，告诉我们大家为什么会发生这样的情形：因为战争将造成消费品的短缺；将迫使许多正在生产的民用产品停产转型，并在一定的时期内，进行军用品的生产；政府将严格控制厂商的利润，并收取高额的税收；整个国家将面临遭受攻击的严重危险等。反之，如果股票市场不跌反涨，那么，明天的报纸仍然会让我们明白这其中的究竟：因为人们对战争的预期将意味着军用产品订单的立刻增多，军用产品和军事装备的生产将得到极大的刺激，为满足这一新的生产需求，就业情况将大大改善；交通运输流量也将大增；政府还将大力管制罢工等扰乱经济秩序的行为；等等。

不论出现怎样的情形，你都将得到一个"完美"的解释。每周一的早晨，权威人士们从来不会缺乏答案来告诉我们：为什么哈佛大学赢了比赛，或是输掉了比赛，或者与对手战平。

这难道不是一场玩弄事实的愚蠢的游戏吗？把一件人尽皆知的事实玩弄于掌股之上，然后告诉你这一切为什么会发生？这样的答案，有必要知道吗？你必须意识到，"为什么"意味着对因果关系的追求，而因果关系可以从各种不同的抽象层次上来解释。我们必须清楚，如果我们希望得到一个有意义的答案的话，我们首先必须明白，自己究竟是在哪一个抽象层次上来谈论问题。通常情况下，对发生了什么以及如何发生进行研究，将更有益于我们的工作和生活。因此，我们可以彻底地放弃所谓的"为什么"。

对因果关系的追求，存在一个潜在的危险（即便我们已经取得了一个有效的分析，并已得出一个合理的结果），那就是我们往往趋向于闭上自己的眼睛，不再注意其他影响事情发展的因素。事实上，没有任何规则规定，某件事情的发生和发展只可以有且仅有一个唯一的理由，不论是股票市场发生的事情，还是其他领域里发生的事情。通常的情况下，导致一件事情发生的原因总是多种多样的，其中有些原因我们甚至不可能找到，或是找到了之后，反而妨碍我们做出决策、或是制定下一步的行动计划。

我们所熟知的技术分析并不太注重"为什么"，它既不致力于寻求事物发生发展的"基本原因"，甚至也不太关注对该事物造成影响的各种其他原因。这正好在很大程度上解释了技术分析方法的高效率，同时，它显然也正是那些永无休止地询问"为什么"的公众不欢迎技术分析的重要原因吧。

第63章
Chapter63

"应计制"和"实际发生制"

☾ 账面收益（或损失）。实际收益（或损失）。应计收益（或损失）。所有这些该死的概念，都只有一个目的，那就是迷惑那些自愿被搅糊涂的投资者。更糟糕的是，并不仅仅是私人投资者步入了这些概念网织成的迷宫中，那些并没有按照现行市场价格计算自己的资本、投资组合以及投资风险的金融机构，早已为此损失了上百亿美元。或许你会说，对于一位私人投资者来说，如果能够使用账面损失这一概念，而不是实际损失，难道不是一个更令人欣慰的想法吗？

稍后，你将在那个购买了洋葱的期货交易商那里，看到不幸的洋葱的悲惨命运！不论是账面价值，还是市场价值，重要的都只是了解你的投资组合的本质，然后，坚韧不拔地去展开行动。

在了解市场的过程中，我们所遇到的许多看似严重的阻碍，其实都十分脆弱，有时甚至让人疑惑，它们竟然可以如此轻易地蒙蔽了人们的眼睛。我们常常只需要认真仔细地观察，并利用纸和笔进行少许的计算，便能够把这些障碍彻底粉碎。

在这些窗户纸做成的阻碍当中，最令人生畏的一个就是，实际收益或损失，与应计收益或损失这两个概念之间所造成的混淆。这一问题在一般投资者心中造成的迷惑，就像是一把由驯狮人放置在一头发疯了的马戏狮子面前的倒立的餐椅一样。不过，我们还是很容易就看出来，那仍然是一把餐椅而已。

你或许知道，在商业会计实务中，有两种主要的处理账务的方法，它们都得到了税务部门的认可，同时，它们也可以用以处理其他的财务实务。其中一种处理方法，建立于现金的基础之上，收入与支出，收益与损失等，都将只在其实现时才进行会计记录和处理,也就是说,在实际发生货币收付时,才进行会计处理。另一种处理方法,则以"应计"为出发点,未支付的支票或未收到的应收账款都要求进行相应的会计处理。这一会计方法,不仅注意到我们必须支付的债务,同时,也记录了我们能够收取的利润,如果业务开展一切顺利的话。例如,我以20美元/股的价格买进100股某股票,随后,该股票价格涨到22美元/股,于是我取得了2美元/股的应计收益,或是说200美元的应计收益。如果我此刻以22美元/股的价格售出该股票,那么,我就获得了200美元的实际收益(这里忽略了应扣除的、相应的手续费用)。

股票投资者中,有时几乎高达99.44%的投资者都会认为自己属于这样一个学派,该学派的主要观点认为,应计收益不仅不够具体、不够实在,它甚至纯粹就是一种想象和幻觉,根本不值得过多地考虑。该学派的信徒们会告诉你,100美元只是"账面利润",根本不能够算做真正的利润。但是,实际的情况却是,投资者们往往根据自我的需求来选择他们的会计出发点。他们有可能从应计制转向实际发生制,也有可能从实际发生制转向应计制,或者干脆混合使用两种会计制度,只要可以最有效地满足自我的需求。如果那是你的股票,那么,应计收益便不是什么收益。而如果那是他自己的股票,那么,他很可能会告诉你,他的某某股票赚到了2美元/股的利润。而如果他的某某股票投资,存在一定的应计损失的话,他或许又会改变他的会计观点,认为它们只不过是"账面的损失"而已,也就是说,根本没有损失。

让我们来看看下面的例子:你的一个朋友购买了100股A股票以及100股B股票,买入价格均为20美元/股。随后,A股票上涨到了23美元/股,而B股票则下跌至17美元/股。在你的朋友看来,应计制不如实际发生制那么真实。于是,他卖掉了A股票,并获得了300美元的收益(这里忽略了应扣除的、相应的手续费用)。如果你问起他,股票"生意"如何,他便会真实地告诉你说,A股票为他带来了丰厚的利润,而B股票也没有造成任何的损失。

当然,如果你的朋友无意识地选择了实际发生制的会计原则,那么,他所说的一切都将正确无误。但是,这里也有几个要素属于高级抽象概念的范畴。我们必须知道,尤其是对于你的朋友来说,他所谈论的究竟是什么,尤其是谈论自己的时候,更应注意这一问题。否则,他将一头栽进无穷无尽的麻烦之中,而且,这种麻烦正是那种致使无数投资者从此一蹶不振的灾难之源。

我们假设,你的朋友以23美元/股的价格卖出了A股票,并因此获得了丰厚的收益(实际收益)。然而,就B股票而言,首先,你的朋友没能够意识到任何的损失，因为在他看来，应计损失根本不能说明任何问题。其次，他坚信，B股票的价格早晚会回升。这便是一幅地图，一幅由你的朋友个人绘制，并在购买B股票的开始之时就已完成的地图。现在，它或许已经成为一幅过时的地图，但是，"过时"的想法总让人心痛，于是，他拒绝任何类似的想法。

事实上，他所做的，便是利用各种可能的方式来支持自己最初的判断。他或许会与自己的经纪人交谈，而经纪人则会像往常那样，向他再一次保证，B股票确实是一只优质而安全的股票。他也会与那些同样购买了B股票的朋友们或是股票交易室里的同伴们探讨B股票，于是，大家的互相"勉励"将进一步坚定了他们对那支摇摇欲坠的B股票的信心。他还会去关注所有可以找到的、预示着B股票美好预期的消息，却（无意识地）对那些利空类型的消息视而不见。事实上，他也不太可能遇到什么令人悲观的消息，因为没有人会为发布公司的利空消息而得到报酬。

所有这一切，都会让你的这位朋友感觉相当良好，而且，这一良好的感觉还将继续，哪怕B股票再继续下跌1美元或2美元。当然，如果B股票持续下跌，直至5美元的深渊，那么，不论是你，还是我，也不论他自己有没有意识到，我们都会明白，他已经遭受了巨大的损失。当然，这时，你的这位朋友也可能仍然坚持自己头脑中的那幅旧地图，面对当前只剩下的相当于原价25%的股票价格，他会很严肃地告诉你，他不是投机者，他打算继续持有该股票，直到他重拾升势，因为这只股票是一只优质而安全的股票。他甚至不会去想这样的问题，"人究竟可能有多愚蠢？"——这样的想法不太友善。而不太友善的原因就在于，这位老兄根本没有受过基本的训练，去仔细地看看自己对自己所做的一切。真正的问题在于，"我们究竟如何阻止这样的悲剧的发生？"

为了回答如何阻止人们由于不能够辨别出应计的损失而陷入僵局的问题，我们必须稍微换个角度来看待问题。正如我们在本章开头部分的内容中所提到的那样，没有不可克服的困难。

首先，让我们把会计上的清算价值看做一个整体，并把他们当做一个恒定的值。当然，这一清算值只是某一时刻的市场价值而已。显然，这一记账方法属于应计制，但是，它与实际发生制的区别并不太大，它同样也以事实为依据。继续我们前面列举的例子：A股票由20美元/股的价格上涨到了23美元/股，并在23美元/股的价位上卖出；B股票则由20美元/股下跌至17美元/股，你的朋友仍然坚定地持有B股票；如果不考虑交易的手续费用，那么，你的朋友如果在此时清空整个股票账户的话，他将盈亏平衡，不赔不赚。

如果B股票下跌至5美元/股，那么，他将不得不考虑自己的股票账户的真正价值了。如果按照当时的市场价值计算，他将有账面损失1 500美元，远远大于卖出A股票所获得的收益。从这一角度上看，如果他能够在17美元/股的价位售出B股票的话，损失将会小得多，几乎处于盈亏平衡的状态。但是，如果你的这位朋友仍然一如既往地坚持着自己那幅过时的地图，并认定B股票一定物有所值，那么，他必定会一直继续持有该股票。除非他能够改变自己评价B股票的方法，否则，他所遭受的损失将继续扩大，直到不得不接受一个残酷的事实的那一刻为止，而那时的损失，早已远远地超出了必要的范围。当然，除非他的判断非常准确，以致该股票从20美元/股跌至5美元/股之后，还能够重新崛起，最后验证他的判断和忠诚——你知道这一特别的一幕上演的几率。

即便你的这位朋友的忠诚彻底正确，那么，如果他采取在B股票价格跌破17美元/股时卖出股票，而在5美元/股时重新购入股票的处理方式的话，情况岂不是更好，甚至好得多？这样一来，当B股票再次回升的时候，他手中所持有的B股票将比原来多3倍以上。但是，人们不愿意承担任何的损失。他们把判断正确看得如此的至高无上，以致哪怕只是小小的损失，也将造成他们遍体鳞伤。在他们肯向自己的股票经纪人承认自己的错误判断之前，他们宁可坐上雪橇速降若干个百分点。

上帝啊！其实，他们甚至不需要承认自己的错误！他们完全可以认为，自己原始的判断非常正确，只是外界的情况发生了变化。他们所需要做的一切，其实只是修改或是重新绘制一幅基于当前现实状况的地图。这似乎并不会涉及任何对自尊的损害，或者说，至少不会像最终的1 000美元那样损失惨重。但是，就像我们在前面的章节中所讨论过的那样，没有什么能够比自我更具有优先权的了。一个人，如果其价值观与客观现实格格不入，如果其判断只能绝对正确，而完全不可以出现任何渺小、愚蠢或是无能的情况的话，那么，他似乎只剩下了唯一的一条出路，那就是走向毁灭。

我曾经听说过一位老兄，他居住在附近的一座马萨诸塞州的城市里。几年前，他首次涉足期货市场。首次交易时，这位老兄经过理智的决策，买入了一份小麦期货合同和一份洋葱期货合同。当然，他希望两份合同都能够上涨，并为自己带来源源不断的收益。事实上，小麦合同的确上涨了几个美分，但是，由于他的胆小和焦虑所造成的不坚定的信心，他"及时"地卖出了小麦，得到了一份现实的收益。

但是，在小麦价格微幅上涨的同时，洋葱的价格却略有下跌。短短的几周之后，小麦的价格继续上涨了几个美分。而洋葱的价格，却同样继续下跌了几个美分。稍后，小麦价格突然疾速提升，而洋葱的价格却依旧未能修改其颓废的态势。

这位期货市场的新鲜面孔不甘于如此心痛的局面，于是，再次买入了第二份洋葱合同。他乐观地希望，通过平均成本的摊低，自己能够在洋葱价格回升时有所作为。但是，洋葱的价格不仅没有像他所预期的那样，出现实质性的回升，相反，它再次突破平台，重新创下了又一个新低的价格。

此时，小麦依然继续其上涨的态势。最后，当期货合同到期的时候，小麦的价格早已直上云霄，但却早已没有了这位老兄的参与，与此同时，洋葱的价格却像泄了气的皮球一般，几乎下跌至一文不值的地步。

合同的到期，让这位毫无经验的期货交易者措手不及。他被书面告知，自己必须接受这批正停留在芝加哥某座货舱中的洋葱。在那炙热的仓库里，他的洋葱已开始装上车皮，同时，还有源源不断的、新鲜而多汁的洋葱不断地从各个丰收的农场运送到仓库，准备装车。显然，这位可怜的朋友必须马上卖掉这批洋葱，否则，整整一车皮的新鲜洋葱便将在炎热的仓库里迅速萎蔫，分文不值。不用说，损失惨不忍睹。

这是个真实的故事，来自维克托 C. 李（Victor C. Lea）的亲口讲述。李曾经问过我，"你觉得这位老兄犯的最大错误是什么呢？"接着，他替我回答了他自己提出的问题，尽管我也知道答案，我想，你也同样清楚问题之所在："好了，他的最大问题便在于，他坦然地接受了小麦带来的利润，但是却不肯现实地面对洋葱带来的损失。"

这位老兄卖掉了发展态势良好的期货合同，扼杀了一只正在下金蛋的美丽天鹅。他对小麦的行情判断准确，却过早地出手。而那份从一开始就让人失望的洋葱合同，他却一直不肯松手。他对自己判断的准确性和完美性看得如此重要，以至于他始终拒绝改变自己的看法，及时地将这份损失不断加重的合同处理干净。

事实上，他所做的，无异于构建了一幅违反现实情况的地图。他拒绝为自己的这份地图标注日期，也拒绝修改或是重新绘制这幅地图。他把自己的尊严的价值高高举起，甚至成百上千的美元的损失也不可以与自尊的丝毫损伤相提并论。"期货交易这门科学，"李告诉我说，"其实就是一门敢于承担损失的科学。"其实，李的意思就是说，为了防止同样的灾难的发生，一位期货交易者必须具备开放的心态。他必须随时准备好，及时将那些随时有可能过时、并不再能够代表最新的现实情况的地图抛出窗外。

如果按照应计制的思路来考虑，而不仅仅是把观点局限在实际发生制的模式里，那么，我们便有可能从更多的角度来考虑损失和盈利的问题。如果我们能够做到这一点，能够规划出一个整体的计划，理智地确保自己获得少数但金额巨大的收益，那么，我们便能够做到勇于承担那些微小的损失，而不会感到胆怯或压抑。

在某些类型的生意场上，这一点尤为重要，它几乎就是整个交易的基础。一位交易者必须"自在"地、经常性地承担损失，甚至在他所涉及的10项交易中，达到7次出现损失的比率。如果他试图减少或消灭这些只是相对很小的损失，那么，他将很可能一头栽入一个更危险的境况，到了那时，一次小小的逆转或许便会将他打翻在地，再也爬不起来。

第64章
Chapter64

向上总比向下好

除了带给人们偶尔的欢欣鼓舞之外，股票市场总是给予技术分析家们和投资咨询家们以剧烈的阵痛和挫折。尽管他们全力以赴——绝大多数时候，但是，他们仍然不能够说服自己的客户：卖空将是"幸福股市生活"的必要前提。这或许是因为人们笃定的万能观——向上总比向下好在作祟，也或许是因为那些古老的迷信和传说的影响。但是，人们考虑买涨或卖空的能力，将是区分专业的、成熟的投资者，与那些不成功的、失败的投资者之间的一条明显的分水岭。

你或许还记得几年前的一部电影——《第三者》（*The Third Man*）。电影的主人翁安东·卡拉斯（Anton Karas）弹得一手美妙的齐特拉琴（Zither，古代的拨弦乐器，有30～40根弦）。在电影的前半部分，其中有一幕讲述的是，一位找不到自己的朋友的澳大利亚人试图向一位美国人解释发生的这一切："他走了，到天堂（指向下），或者是到地狱（夸张地指向上）"。这种不熟悉的语言所引起的混淆每每引来人们的哄堂大笑。当然，我们每个人都知道天堂在哪儿——天堂高高在上，地狱则在万丈深渊。

当然，当我们认真地思考世界的本质的时候，我们或许并不能够信誓旦旦地得出上述结论。向下或许意味着地球的内部，它几乎不可能遥远到宇宙"真正的"地狱所在。向上或许仅仅是指天空的方向，然而天空却无处不在。

我们完全可以就这一有趣的问题展开激烈的讨论。至于我们究竟需要花费多少时间才能够意识到，我们讨论的题目只不过是一场文字游戏，它与客观的外界事实毫无关系，就像我们根本没有必要争论一支笔尖上究竟可以站住多少位天使一样，问题的答案取决于我们此前所接受过的教育和训练以及我们看待问题的习惯思维。

我们当然可以为天堂和地狱标上方向，只要我们完全明白，无论哪个方面都只不过是一种符号的代表而已，它们属于人们的思想世界，而绝不是客观的物质世界。只有当我们将抽象概念与物质现象混为一谈的时候，我们才会把那些无稽之谈当回事儿。

对人们这种混淆事物的倾向的最精辟的评论之一，可以在《马克记》(The Book of Mark) 一书第12章中找到。

这就是被我们混为一谈的事实！想想我们争辩得面红耳赤的那些词汇，"向上"或者"向下"？！它们早已被人们穿上了象征和比喻的外衣，至于它们的真正含义，早已不再有人去关注。在通常的意义上，也就是说，从直接观察的、低级抽象意义上的、实事求是的角度上讲，"上"可以定义为"与地球引力相对的方向"，而"下"则可以定义为"地球引力的方向，或是指向地心的方向"。这便是由位于马萨诸塞州斯普林菲尔德市的G.& C.梅里亚姆 (G. & C. Merriam) 公司所出版的韦氏新国际英语词典中关于这两个词的基本定义。

你或许会注意到，在上述的定义中，"上"和"下"纯粹就是两个地理学术语，它们与太阳系、与外太空、与宇宙没有任何的联系。它们也与我们的命运、渴望、道德观，或是其他除了指向或背离地心方向的任何指示毫无关系。

我们假定这些基本的定义便是"上"或"下"最原始的意义。但是，"上"一般指代光明，指代浩大无边的苍穹。而"下"则意味着黑暗和阴沉，甚至是坟墓。星星闪烁在高空，鸟儿飞翔在高处，云彩从头顶飘过，而天空本来就高高在上。"下"则是洞穴里的黑色瘴气、地下裂缝中肮脏的细菌、神秘而赤热的地心深处。

人类从四足爬行的状态"直立"了起来，但是，他们必须小心地行走，否则，一不小心，他们便会摔个大跟头。虽然人类在宇宙中的地位仅次于天使，但是，人们确确实实摔过跟头。人们总是竭力回避那些"低级"的想法，而只想考虑那些"高贵"的思想。他们总是"昂着头，仰望山顶"，并把自己的马车系到天上的某颗星星上。对于每一个渴望获得成功的人而言，他都希望自己拥有一份卓越的个人记录，这样，他才有可能得到提升，才有可能到达成功的顶点。面对这样的人，我们一定认为他是一位优秀的、令人敬仰的人物。

我们不愿意看到我们的朋友处境低微，我们希望他能够与他那些低卑的朋友绝交，我们希望他不会堕落到去犯罪。因为，如果他生活在底层、被践踏、受欺压，那么，他注定会悲观绝望、意志消沉。然后，我们便会看不起他。很难想象，一个衣衫褴褛的人能够做到意志高昂。

　　这里是否有我们熟悉的影子？这难道不正是我们的某个老朋友或是我们曾经经历过的某种处境？上与下的二元论的危害丝毫不逊色于成功与失败的二元论，直至有过之而无不及，因为，它更富有感情，更为绝对，同时，它几乎也是高级抽象概念里最为模糊的一个。我们时常遇到这样一些词汇，他们代表着某种价值尺度的极端情形，而这把价值尺度中间的所有值，均被我们斩尽杀绝，在任何情形下，我们习惯性地在这些词汇前面添加的系数，不是100%便是0%。

　　这些词汇，就是如"上"和"下"一类常常使用的、被突出强调的形容词或副词。就像我们所说的：他彻底地绝望了，他绝对如日中天，它完全被击垮了，他无比高尚等等。如果有人对我们想表达的意思心存疑虑的话，只要看看我们所采用的形容词，便应该知道我们"全部"的心情。无须测量，也不需要考虑任何度的问题。

　　你或许已注意到，前面几个段落中提到的大量词汇，事实上，它们都与指向地心的方向毫无瓜葛。我们仅仅是在谈论一些符号而已。但是，我们必须小心，不要将这些符号延伸到很远。我们不可以将毫不相关的事情纠缠到一起。

　　我们应注意，在我们所使用的词汇里，有着大量如"上和下"这样具有强烈的判断意味的词汇。往往，在具体地使用这些词汇之前，我们的心理便早已出现了一个"不是/就是"的情形，然后，我们便拒绝掉其中的一方，而只留给自己一个唯一可能的选择。既然向下——意味着不好的事情，那么，我们就摒弃它们。因为没有人希望沉入水底，或是落入下降的轨道，或是工作上出现失败。我们是如此希望自己得到提升，走在世界的前列，或是得到世人给予的最高荣誉和认可。

　　要明白，并不是在任何情况下，人们利用诸如"向上"或"向下"之类的词汇来指代的想法都能够简单地加以直接描述。这些词汇的比喻意义鲜明而生动，它们能够让别人（甚至我们自己）粗略地了解某个人的成功或者失败，或者他的某种社会行为，或者他的身体状况等。只要牢牢记住我们所谈论的是什么，并清楚地意识到我们所谈论的并不是什么指向地心的方向，我们就不至于迷失自己。一旦我们忘记了这些词语的真正属性——它们并不是什么实际的客观事物，而只是些抽象的地图；或是在使用"向上"、"向下"的象征意义时，忘记了自己使用的只不过是些符号而已的话，那么，我们将自找麻烦。

　　你知道，有相当多的人遭受着恐惧症的折磨，严重的恐惧症患者，甚至不能够正常地生活和工作。而恐惧症似乎与语言符号（比喻词汇）和客观事物之间的混淆有着密切的关系。它们往往与向上—向下的二元论类型的特定象征意义联系在一起。一位恐高症患者对"高"的反应或许就是与常人完全不同的另一番天地；也许他曾经在试图触及某个"高点"的时候遭受到了巨大的挫折，吓破了胆子？或许就在他的工作当中？同样，一位总是感觉自己受困的人——比如工作中受困，或是在家庭生活中受困，则有可能对关闭的房间、隧道、洞穴等事物产生"莫名"的恐惧。

这里，我们并不想探讨什么精神病症状。我们关心的是股票市场，但是，如果不是经过了如此这般漫长的探讨，我们又如何能够解释为什么竟有99%的股票投资者对卖空交易持有的"特别"的态度呢？！

你或许已经知道，卖空某只股票就是这样一种交易：从某人的手中借入该股票，然后，在公开交易市场上将该股票卖出。这种做法，将使你欠下若干股票的债务。如果你将该股票以50美元的价格卖出，那么，100股股票将使你获得5 000美元的收入（忽略交易手续费用）。如果几星期或几个月之后，该股票的价格跌落，比如说40美元，那么，你便可以以40美元的价格重新买入100股该股票，共计花费4 000美元，之后，你可以用手中的100股股票还清你所欠下的股票债务。你在将借入的股票卖出时获得了5 000美元，而你在偿还该股票时花费的买入成本仅为4 000美元，于是，你便获得了1 000美元的交易利润。在你卖出股票后，股票的价格跌落越多，你回购该股票的价格将越便宜，而你获得的利润也将更为丰厚。反之，如果在你卖出股票后，股价一路上扬，那么，你最终将不得不以更高的价格买回相当的股票，来偿还所欠的股票债务，这时候，你将会遭受到利润的损失。

卖空交易，事实上将买涨交易中买和卖的正常顺序颠倒了过来。在你买入股票之前，首先将股票卖了出去。而你的这桩交易的目标（未来的目标），不是更高的价格，而是更低的价格。卖空交易，在几乎所有方面，均与人们所熟悉的、通常的买涨交易反其道而行之。当你从事普通的股票买涨交易时，你或许会获得股息收益，而当你从事卖空交易时，你则有可能需要支付给你的股票债务人相应的股息收益。

从表面上来看，卖空行为，并不涉及任何的道德问题。买涨股票和卖空股票同样都是自由竞争的市场上的正常交易。它们带有同样的市场投机和市场评估的意味，也受到同样的交易准则的制约，并接受同样的证券交易委员会的管理（除了某些针对卖空交易的规定比通常的买涨交易略为严格之外），此外，从事两种交易的投资者们的目标也完全一致，那就是获取利润。那么，人们对于卖空行为为什么会有如此普遍的抵触，甚至是厌恶呢？

这或许是因为，股票市场通常处于牛市的行情，这其实是一个不正常的结论，但是，它却确确实实地应验了半个世纪之久，甚至还会持续更长的时间。此外，这一结论还可以说是一个误导性的结论。当然，如果你去查阅道琼斯工业股平均价格的长期走势图，你便会发现，自20世纪以来，大约在2/3的时间里，股市均处于上升状态，而在其余的1/3的时间里，股市则在下降通道中苦苦挣扎。因此，那些不想睁开眼睛看看正在发生的客观现实的道琼斯理论或是其他理论的追随者，便会轻轻松松地说："好了，如果股票市场在2/3的时间里都在向上攀升的话，那么，我在行情看涨时买入股票不正是明智之举！原因很简单，那就是赢的几率更大！我不会选择卖空交易，因为我的赢率将是2∶1。"

然而，不幸的是，尽管股票市场仅有1/3的时间处于下降的态势，但是，它的下降速度却非常惊人，它大约是上升的平均速度的两倍。因此，尽管股市确确实实在大多数时间里持续上升，但是，其时间相对较短的下降通道却远比平缓的上升通道陡峭得多。这就是说，你在整整一年里得到的收益，将有可能在半年里消失殆尽，有时甚至只需要六个星期的时间。

不妨让我们换个角度来看待这一问题。如果股市下降的速度远远快过上升的速度，那么，一旦时机成熟，卖空交易将比牛市行情时期的买涨交易更有可能赚到钱。当然，事实上，并不是所有的股票都会统一行动。某些股票会在其他股票都大幅度下落时仍然保持其良好的上升态势，例如罗瑞拉德（Lorillard）股票和一些其他的股票，在1957年夏、秋时节的熊市行情里的闪亮表现。不过，我们在前面所说的针对整个股市的规律，也同样适用于个别的股票：尽管它们的走势与股市的整体行情相背离，但是，它们仍然符合更具普遍性的规律，即它们同样也是跌落比上升快。

然而，对于那些根本没有观察过股市历史记录的普通投资者而言，似乎明智的做法便是：买入股票，长期持有，以待上涨。他们对于股市上涨的忠诚绝不容许有任何的干扰和意外。他们只有一个信念。他们只需要从好的、可接受的方向去考虑问题就行。

人们回避卖空交易还有另一个原因。人们往往会告诉你，卖空交易要比买涨交易危险得多，"因为股票不可能跌得一文不值，你损失的顶多只是股票的价格而已，而股票一旦上涨，那可是没有尽头的，所以，你遭受损失的风险将是十分有限的"。鲍勃·爱德华兹（Bob Edwards）在几年前曾经回应过这样的言论，他说："无稽之谈。两种方式损失的金钱将同样多；你将损失掉你手中的一切，不多也不少。"

如果说这种说法并不能算绝对正确的话，那么，它也至少可以说接近真理。在利用保证金进行交易的人员务必注意这一点：为了保护自己，也为了保护自己的公司的利益，因为一旦你的损失达到某个界线，你就不得不关闭你的公司。不论你所进行的是买涨交易的投资，还是特定的卖空交易，在这一点上都没有任何的差别。卖空交易或买涨交易，对于保证金交易来说，并不存在风险上的不同。当然啦，有人一定会说："啊，是的，保证金交易，一点没错。但是，我并不是在进行保证金交易。我只购买那些优质的、安全的股票，我没有必要匆忙地将它们卖出，不论发生什么事情。由于你不能够像你买入股票那样，果断地卖出你的股票，所以你的股票才会被套牢，否则像我，不可能出现被套牢的情形。"

听起来不错，但事实并没有如此这般的美好。那位在1953年2月，以43美元/股的价格买入SK（Studebaker，斯多德巴克尔，美国马拉车制造商，上市公司）股票的老兄，在1957年12月的时候，看到了SK股票25/8美元/股的价格。当然，他仍然没有被完全吞噬干净。但是，他受到的重创已经几乎可以与全盘清干相提并论。他获得了一次代价高昂的胜利（也许获得了心理上的胜利），仅此而已。事实上，这位老兄重仓买入SK股票时，SK正处于高点，也就是说，这位老兄的SK投资到1957年年末时的业绩，甚至要比那些投入了其资金的20%作为保证金，最后被清盘，落得分文不剩的保证金交易者们损失惨重得多。试想，哪怕这位老兄以保证金在SK股票的最高点买入该股票，也就是说，买入价格超过43美元/股，然后以25美元/股的价格（或者说是任何一个卖空的价格）卖空该股票（或者说被迫卖出该股票），那么，他也仍然还有机会在下跌的行情里获得巨额的利润，说不定还能够挽回他在1957年的所有惨痛损失。

第65章
Chapter65

向上与向下的表面现象

太阳有可能位于我们的下方而不是上方吗?这是个多么奇怪的想法呀!这显然是对人类对于客观事物的认识的诬蔑。如果我们把卖空交易看做是这样一种行为,情况又会怎样呢:一定数量的股票与一定数量的美元之间的一种交换,当交易者能够用同样多的美元、以更低的价格买到更多数量的股票时,你是否从中获得了一定的利益?太阳是否从下方"普照"你了呢?瞧,有时候,我们不妨布一个小小的迷局,它将启发我们的思想和心灵。

人们早已习惯了把"向上"看做是好的事情,而把"向下"看做是不好的事情。但是,也有不尽然的时候。股票价格上涨显然是件好事,但是我们却忽略了另外一个事实,即股票价格上涨的同时也意味着股票对美元的交换价值的下跌——我们很清楚这或许便是通货膨胀的前兆,而谁都知道,通货膨胀是件糟糕的事情。我们一心想的,只是买入股票,以便在强大的美利坚的繁荣时期长期持有它们。

有时,人们也买入小麦、土豆或是黄豆等期货,它们的价格的上涨并不像工业繁荣(体现为股票价格的上涨)那样,让人们普遍地皆大欢喜。它们的价格的上涨意味着国家农业的一场大灾难。当庄稼遭受冰冻、洪水、干旱或虫害而枯萎,或当国家面临着某种农作物的严重匮缺的威胁时,便反应为农作物期货价格的攀升,或者叫做牛市,如果你习惯这样称呼。相反,如果老天爷开恩,风调雨顺,全国上下一片大丰收,那么,这必将引发农作物期货市场的熊市行情,其价格将一路下跌。但是,这是件坏事吗?

事实上，如果我们不用那些带有强烈色彩的、绝对的形容性词汇"好"或"坏"，来描述股票或期货的价格的话，我们便会感觉好受得多。这并不是什么"好"或"坏"的问题，它只是一个为我们所交易的对象设定公平的价值体系的问题。

在前一章中，我们对于卖空的探讨并没有完全结束，我们也没有彻底地回答清楚为什么人们会避之唯恐不及的问题。关于这一问题，我们还可以从"向上与向下"的角度来进行分析。说到这里，我想让大家关注一幅油箱（或是锅炉）的照片，在它们的表面，有多处被敲击成隆起状或凹陷状。如果能够让你看到这幅照片的原始版本的话，我相信照片上的凸起和凹陷一定会给你留下深刻的印象。不过，我们这里无法做到这一点，就用一幅手绘的图来传递我们将阐述的观点吧。

你会注意到，照片中有多处被敲击过的痕迹，其中，两处从油箱的表面凸起，而另外三处则凹陷于油箱的表面。现在，请翻回本章的开头，再次看看图片中的油箱。你看到了几处凸起，几处凹陷？你知道为什么会这样吗？你为什么会觉得那些凸起就好像凹陷一般，而凹陷又如凸起一样呢？

如果你仔细地分析这幅照片，那么，你将意识到，实际上，你是利用阴影来区分凸起和凹陷的。由于阴影是物体对太阳光线的遮挡而形成的，因此，油箱上凸起和凹陷在图片上的图像将取决于太阳的位置。照片中太阳像往常一样，正当头，光线将垂直地、或者小角度地照耀大地。而当你把照片倒置时，你将看到凸起和凹陷将处于相反的反光状态。如果此时，你仍然假定（就像我们大家所做的那样）太阳从我们的头顶照射光线，即从位置X处照射光线，那么，你将会对凸起和凹陷的图像做出相反的判断，而我们将产生这样的错觉，以为凸起和凹陷发生了错位。而事实上，我们第一次看到照片时，太阳处于O的位置，如果我们希望得出一个前后一致的关于凸起和凹陷的判断的话，我们在倒置照片之后，便应该把位置O看做是太阳光线的发源地。

而这，我们做不到。我们无法轻易地想象太阳从下方照射大地。因此，由于我们的内心无法接受位于我们下方的太阳，我们只会坚持太阳仍然位于X位置，所以，我们将得出一个油箱表面凸起与凹陷的错误印象。这是一个典型的例子，它说明了我们那些陈旧的学习习惯，是如何抹杀掉我们对事物的真实情况的把握的。我们有条件知道得更多，但是，我们却仍然用老式的方法来看问题。

卖空交易的情形与"油箱上的凸起和凹陷"相类似。当我们进行通常的买涨交易时，我们是将一定数量的美元交换为一定数量的股票，我们的目标是再次卖出这些股票，如果一切顺利，我们希望这些股票在卖出时能够比投入的美元更值钱。利用相同的基准来描述卖空交易，那就是当我们从事卖空交易时，我们是在将一定数量的股票交换为一定数量的美元，而我们的目标也同样是再次交易，如果一切顺利，我们希望我们手中的美元将比我们卖出的股票更有价值，也就是说，能够再次买到更多数量的股票。

换句话说，如果我们能够保持一致的基准或看法，那么，我们将完全有可能来衡量和比较以美元为单位的股票买卖的收益，以及以股票数量为单位的卖空交易的收益。但是，我们往往忘了"把太阳也相应颠倒过来"，所以，我们总是用美元来同时衡量股票的买涨和股票的卖空，而这极容易混淆我们看待事物的基准，以及误导我们对卖空交易的看法。

举个例子来说吧。让我们老话重提，再来看看我们前面已提到过的一种观点，即：买涨股票，你只可能遭受到有限的损失，但是，卖空交易，从理论上讲，其可能遭受的损失却是无限的。如果你将这种说法倒置（包括太阳也倒置），你会发现，它根本站不住脚。让我们来看看：如果你用美元买入某只股票，那么即便你被完全清盘，你将遭受到的最大损失也将以股票价格零为极限，但是股票一旦上涨，其所能够达到的最高点，将是没有极限的。股票的价格不可能达到零以下，但是它却可以攀升到你所能够想象的任何高度。

当你卖空某只股票（记住此时你已将整个的情形倒置）时，你是在卖出借入的股票来获得一定数量的美元。如果你被完全清盘，那么你可能获得的股票的数量将以零为最小极限，但是其最大值却不受任何的限制。你所能够购买的股票的数量不可能少于零，但是它们却能够攀升到你所无法想象的数字。

如果你能够保持看待事物的一致准则，那么你已彻底地消除了买涨交易和卖空交易之间的矛盾，并能够客观地看待买涨交易与卖空交易反其道而行之的本质特征。如果你发现自己一片迷茫，那么请你务必意识到，要将太阳的位置颠倒过来并非易事。改变我们长久以来所形成的思维习惯，需要的不仅仅是逻辑的思考，它还需要实践，需要我们去吸收全新的看待事物的思维方法。

我们在学习和接受卖空交易时，遇到的最大阻碍，或许就是人们强大的思维习惯的势力：如此众多的人笃定，向上总比向下好。人们普遍认为好的事情里面总是包含有向上的词汇，而不好的事情却总可以用向下的词汇来形容的偏见，是如此的势力强大，以致它们将淹没所有正当的理由和解释。或许，这便是为什么会有那么多的人在看待卖空交易时，都认为高尚的人不应该如此屈尊的一个原因吧。

第66章
Chapter66

政客与经济学家

僵化集团（Ossified Society），特别是该集团推举出来的代表们（政客），总是过高地评价那些抽象的标签和地图，却把客观的现实看得一文不值。为了达到谣言造势的目的，他们不惜抨击富人、抨击投机家、抨击一蹴而就的暴发户，尽管他们同时也乐于分享由这些人所造就的自由的、投机的市场所带来的经济利益。让我们来仔细想想"投机家"的真正含义：投机家并非什么经济强奸犯，相反，他或许正是市场所需要的风险的承担者，他们有着清晰的目标，并巧妙地控制着自己的交易活动的风险。

本章论述的目的，并不是想开展一场浩大的税收体制改革的全美运动（Great American Movement）。如果你曾经与政客们接触过，那么，你便会明白，类似的行动最终总是逃不过搁浅的命运，究其原因，不外乎两条：不是由于经济与生俱来的固有的愚蠢，便是由于政客们受到的来自自己的选民们所施加的压力。总而言之，在我们的民主制度下，政客并非由人们当中最睿智的市民来选出，而似乎常常是依靠一种受欢迎程度竞赛的取胜而爬上他们高高在上的办公室。

在这样的大环境下，尽管人们偶尔也会遇到一位好心的，或是一位真才实学的政客来为大家处理社会问题，但是我们却不可能奢望这种严谨的、理智的分析家的大量存在。在政治领域，几乎所有的决策都是权衡和折中的结果，不论是在理论上，还是在具体的实践中，政治都要求政客们永远倾听选民的呼声和怨言。如果心存连任的愿望，那么政客们更要仔细听好，甚至不惜修订法律，为各位选民家里后院的种种需求铺路搭桥。

就某些特定的问题而言，政客们将受到极大的压力，他们必须顺应公众的意愿。一般来说，政客们都会轻易地妥协，原因很简单，因为他们生活的环境让他们与公众享有同样的文化和对待事物的态度。当某位来自丰产粮食的省份的国会议员大声呼吁国会采取更为慷慨的措施，以支持粮食价格、援助农民的时候，你无须惊讶。在我们生活的大都会里，一场场费用低廉的、简单而必胜的承诺战役随时都有可能拉开帷幕。

总的来说，对富人的攻击都必须按部就班地进行，不管我们推选出来的代表们自己多么富有，或者他们的私人生活有多么奢华，他们都不得不时常穿上无产阶级的外衣。你会看到他们穿着休闲衫出席农产品博览会，嘴里嚼着热狗，甚至他们还会参加扔套圈赢丘比特仙童（Kewpie，玩具品牌名称）的游戏。他们的照片还会出现在你每天必看的报纸上，或者翻晒着干草，或者操作着一把铆钉枪、或者开动着一列地铁列车——朴实无华，和普通人相差无二。时常发起对富人的攻击对政客们大有好处，它能够表明，自己与最广大的公众仍然是最好的朋友，自己与普通老百姓同在。

美国的许多税收政策便散发着类似的气息。人们根本无法分辨，那些给予退伍军人（与此相反的是那些真正需要帮助的人们）的优惠和好处究竟是经过理智的考虑呢，还是仅仅因为政客们与选民们一致而朦胧的情感使然。其实，这根本就是一个毫无实际意义的问题。事实的真相只是，我们的政客代表们有必要表现一下他们对广大选民们的偏爱和袒护。

尤其是在税收问题上，更多的人会倾向于这样的态度。甚至有时，税收政策的制定已更多地考虑对那些最愚钝的选民的照顾，而不是他们真正的福利。免税、减税、特殊优惠、或是公共基金开支等，所有的倾斜措施都似乎在装点政府的税收体制，使它们看起来比实际的效果更为慷慨和优惠。事实上，它有时已经优惠和好得超过了预计或现实所可能维持的局面。

我们这里，只谈论政府税收体制的三个方面。第一个方面看起来似乎琐碎而微不足道，但是却具有深刻的启迪意义。这就是美国国内某些州，把股息或资本收益作为所得税征收科目的态度和做法，其中便包括马萨诸塞州。在政府看来，来自股票的所有收益或股息都属于非劳动所得收益，因此适用税收的征收范围。不允许任何个人或家庭就此类收入，申请免税、或是其他任何的减免优惠。也不允许取得证券投资收入的过程中所发生的任何费用进行所得税的抵扣。

不仅如此，这类收入的征收税率还远远高于那些所谓的"劳动"收入。尽管所有的政客们满口都是关于私营企业的好话，对私营企业大力地鼓励和表扬，还声称什么"共享生产所有权"，但事实的真相却再清楚不过，那就是，哪怕你只拥有一单位的某只股票,从政府税收的角度上来说,你都已成为贱民、缺席的地主、奸商、或是剥削穷苦百姓的罪人。

我们都曾经看到过这样的情况:同样一件事情,在这个名义下,是好事情,而在那个名义下,便是不好的事情。这在政治领域,体现得尤其明显,因此,政客们总在快速地更换事物的标签。某一时刻,勇往直前的、开拓性的投资被积极提倡;而在下一个时刻,当这种投资被冠以投机的头衔时,便成为万人唾弃的坏事。一如往昔,人们所看到的仍然是同样的一幅地图;毫无特别,它们同时却拥有两个不同的标签,一个好的标签和一个坏的标签;最正常不过,客观的事实或许与地图或标签都有出入,但是选民们却毫不知情。

另一种典型的"政治头脑"便是对资本收益征税。该项税收的设立据说将有利于长期投资者,而这种有利的前提假设便是:某人购买某只股票之后,就将它长期搁置,然后,心甘情愿地做一位工作努力、态度诚实的好市民,并将自己的所有积蓄积攒为证券,以此与美国的未来共命运。

当然,这位好市民仍然有可能获得政客们所谓的非劳动收益,尽管这种收益有可能只是对政客本人所制定的美元通货膨胀政策的必要补偿。然而,即便如此,这些非劳动收益仍然是政客眼中不应提倡的事物,只不过它有些难于加以指责,因为它涉及广泛的选民。

税收征收人员对长期投资者态度极为宽松。但是,在对待短期投机家时,他们不再心慈手软。对于政客们来说,纯粹的投机冒险只是赌博的一种,它绝不可能使宾果(尽管拥有一个有价值的理由)脱胎为优秀企业。"投机"一词,就像是一把致命的武器,它能够在激烈的战役中,随时给予敌人致命的一击。同时,它又是一个罪恶的词汇,因此对投机分子征税便成为政客们颠扑不破的信念,它就像建立更好的学校或调查当地的运输公司的必要性那样,根深蒂固扎根在政客们的头脑中。

这就是你和我应该面对的问题。投机并不是市场中的偶然行为,它也不是什么错误的行为,因此,无须退缩、无须道歉。自由竞争的市场其实就是一个投机的市场,这两个不同的词汇(投资与投机)实际上你中有我,我中有你。

投机是一个考评和对比的过程,通过人们的投机行为,股票、期货以及房地产等的价格体系得以建立。除了投机活动之外,还存在着多种经济活动的形式,但是,至于哪一种经济形式能够取代自由竞争的市场,而给经济带来健康和高速的发展,则是一个有待证明的论题。

我想,毋庸提醒,你一定很清楚,我们这里并不是在谈论什么暗箱操作或欺诈行为。尽管，"投机"总是被牵连到这样的寓意中，但是，我们这里所指的意思却丝毫不相干。自由的、投机的市场与以条例保障的、防止欺诈行为和人为炒作的市场，并没有任何的冲突。事实上，我们这里所说的"投机"，必须以反对不诚实的行为为前提。只有在投机的市场中，自由平等的供给和需求行为，才有可能带来价格的民主确定。

这样的市场将自动地、周全地考虑所有影响价格的因素。它将权衡每一份经济报告的分量；考虑相关的每一条新闻；折现未来预期发生的各种事件。没有任何的董事会，或委员会，或代表大会，能够像投机市场中的投资实体那样，收集、评价或集成到如此完整的市场情报，不管他们如何认真地去做，或是他们的能力如何的高超。我们，相信民主的人们，必须承认，这种自由考评的机制才是美国经济自由的核心精髓，即便我们的政治家们还不能够意识到这一点。

第三个与政治家的态度有关的，是他们对卖空交易的看法。卖空是政客们与选民们看法空前一致的众多过时词汇中的一个。迄今为止，所有公正的研究的结果均表明，卖空交易绝不会导致股票市场出现任何的萧条或通胀。相反，有相当多谨慎的股市研究人员认为，卖空作为考评过程的一个组成部分，已成为股市的一个必要的、有益的功能。在期货交易市场上，卖空其实就是正常交易的另一个侧面，因为每一份期货合同的购买都必须精确地等于或相对于其互补物，其实质便是一项卖空交易。

你也许会想，如果政客们是真正的经济学家或政治家，那么，他们一定会明白这一简单的事实，并对期货交易的双方同时征税。但是，如果你真正了解政客们的心思的话，你就会知道，这通常更多地涉及抽象的地图，而不是客观的现实。这幅抽象的地图上的标签——"卖空"是一个反面的角色。瞧，我们在这里找到了一个最为特别的歧视案例。

当两个人通过他们各自的交易代理商，完成了同一笔期货交易时，购买的一方买到了未来的获得权，而卖出的一方则担负着未来的交货义务。但是，在征税方面，买卖双方却并未受到同等的待遇。显然，"卖出"与"卖空"这两个不好的词汇，已为卖出方扣上了一顶耻辱的帽子，而这必须受到惩罚。买涨的交易合同，持有6个月便可被认为是长期的资本收益，并适用低税率优惠。而卖空性质的交易合同，同样持有6个月之久，却不能被视为长期的资本利得，而只能够算作短期的投机收益，并适用更高的税率。

当然，你没有什么必要为了这类可笑的问题而大伤脑筋。如果你从事期货交易的话，你不妨时而进行买涨的期货交易，时而进行卖空的操作，这样，你的税务负担将得到平衡。此外，你也很少有机会持有或卖空某项合同长达六个月之久。我们这里以此为例，仅仅是想借此指出，人们普遍地重视那些抽象的地图或标签，而忽视客观的现实真相，其中政客们尤为如此。如果事实的真相与他们的观点相悖，他们将毫不犹豫地抛弃事实，而选择头脑中的想象。我们必须克服这种习惯和倾向，不仅仅是在股市行为方面，也包括我们生活中的一言一行。

第67章
Chapter67

各 种 工 具

能够把握股市脉搏的一劳永逸的方法迄今尚未找到,关于这类方法的探求恐怕将延续到哲学家们的墓穴中了。许多研究方法、分析工具以及图形表示等,均有助于我们对股票市场的理解,但是,没有一种工具能够取代理性的观察和具体的实践。

历史上,出现过无数的系统或机械方法,试图抓住股市跳动的脉搏。但是,能够长期稳定地带来利润的系统和方法,却凤毛麟角。

我们不用惊讶于这些方法所带来的失望。首先,如果存在什么简单的把握股市规律的系统或方法的话,那么,一定也会出现相关的产品和广告,并以适当的价格出售,而这将确保所有人都能够随时获得巨额的、可靠的收益。这显然与实际的情况矛盾。试想,如果每个人都知道每一只股票的走势,那么,人们追逐利益而采取的相应行为最终也将彻底毁灭人们自己。

例如,如果我知道,或者有足够的理由相信,XYZ股票的价格将在下个月内攀升25%,那么我将买入该股票,以待收入丰厚的利润,但是如果每个人或几乎每个人都了解到相同的信息,并做出如我一样的行动决策,那么,将出现购买这只股票的狂潮,而我最终将不能够以预想的价格买到该股票,我甚至只能够以自己原来预想的卖出价格来买入该股票。与此同时,那些持有我所希望买入的XYZ股票的人,也极有可能得到同样的信息,他们势必紧握手中的股票,直到自己得到那笔丰厚的利润为止。

公众所了解到的或相信的消息,不论是好消息还是坏消息,都将立刻在股票的价格上兑现。因此,任何能够成功地把握股市动脉的方法,都或多或少地拥有某种不属于公共财产的知识、理念或方法的属性。

目前为止，已有无数的文章著作和数不清的精力投入到股市的研究中，人们试图揭开股市动态的一般规律、找到一些尚未广为人知的"秘诀"，以准确地预测股票的价值。其中有的机械系统已被证明毫无价值；另一些系统虽然有些效果，却效果有限。其他有些系统则在某些时候闪现出灵光和智慧，它们给人一种错觉，即它们能够解决股市的所有一切问题。而最后，当一系列的反向运动最终到来的时候，它们所造成的危害更加严重。

股市或许太复杂了，复杂得不可能屈从于任何简单的规律和系统。它要求经历各种可能出现的情况后的丰富经验。换句话说，是否存在什么确保傻瓜不赔钱的方法，或是什么不需要操作者自己思考和研究，便能够自动获利的方法等等，都十分值得怀疑。

相反，如果人们能够在实践检验的基础上，充分利用自己的经验和别人的建议，同时，如果人们能够用自己的眼睛进行最直接的观察，并拥有足够的耐心，以及从那些具有实际意义的数据中归纳出有效判读的想象力，那么他一定可以获得有效处理股市微妙而复杂的游戏机制的足够知识和经验。"如果一个人能够意识到，股票买卖也是一项生意，并能够付出如同投入其他事业的相同的精力的话（我这里其实是在引用鲍勃·爱德华的话），那么，他将有足够的理由获取一份丰厚的回报。"

尽管我倾向于对那些简单的机械式的股票系统（或分析工具）的质疑，但是我却坚信，分析各种影响股市走势的因素，以及这些因素单独地或组合地发生作用的种种模式，具有重要的意义。通常，我们会遇到这样一些标准的抗议，尽管它们听起来并不合理，也不现实："那么，如果你足够聪明的话，为什么你还没有得到世界上所有的金钱呢？"以及"如果有人真的能够掌握股市的脉搏，那么，他一定会保守秘密，他一定愿意自己一个人赚钱。"

关于第一种抗议，我想，你一定不是真的认为，世界上所有的人都把金钱看得比其他一切都重要吧？就算我们每个人都热衷于赚钱，都希望自己拥有比现在更多的金钱，我们也仍然很难相信，我们每个人都希望拥有世上所有的金钱。我们还有许多人生的目标，例如得到别人的尊重和认可等，其中最为重要的就是，**拥有适当的自尊**。

至于第二种抗议，我想，我在这一问题上有足够的发言权，（因为我曾经会见过许多严谨的股市研究人员），它显然已被大量的案例推翻，而且我还怀疑，这根本不是那些真正对股市感兴趣的人们的想法。

当然，股市中存在着形形色色的投资者和交易者。但是，那些拥有建设性思想的人们的思想境界，并不会只局限于某种排斥一切的把握股市脉动的规律。不仅如此，它们中的许多人还非常乐于演讲或授课，或是从事咨询的工作，从我个人的经验来看，他们并没有什么"不可告人"的秘密，相反，一般来说，他们非常愿意与别人一起自由而坦诚地讨论他们的研究和成果。

为什么？我想，因为他们是人；因为他们为自己的工作而骄傲；因为他们愿意向世人展示他们的研究成果，就像冒险家愿意展示他们的收获品一样；或许也因为他们乐于传递给别人一些有用的东西。总之，或许是因为他们对股票市场的研究对于他们来说，只是一场浩大的游戏，在这场游戏当中，他们能够以自己的思想来对抗股市的内在机制，就好比一位工程师在对抗大自然的力量，一位将军在对抗军事战役的复杂性一样，等等。

在考评股票走势的时候，我们也会利用某些方法或某些方法的组合，或多或少我们也取得了一些成功。尽管在股市研究的整个过程中，我们都不推荐采用那些简单的机械式的方法，但是这并不是说这些方法的发明毫无价值。它们中最重要的，当数道氏理论（Dow Theory），它开辟了一种全新的考虑股市问题的思路。

道氏理论很可能是人类对股市动态的第一次全面的探索。查尔斯H.道（Charles H. Dow）事实上，并没有完成全部的道氏理论的构建；是威廉·彼得·汉密尔顿（William Peter Hamilton）接过查尔斯H.道手中的接力棒，继续完成了道氏理论。根据道氏理论，股市中具有代表性的一组股票的平均趋势，意味着股票的总体走势。道氏理论推断，这一总体趋势将持续到价格回升失败的反转信号的出现，或下降信号的明确出现为止。这里，我们不可能以足够的篇幅来详细阐述道氏理论。其实，它早已被人们阐释过无数次了。《股市趋势技术分析》一书中，有若干章节便是与道氏理论相关的内容。

道氏理论，除了其总体上良好的记录之外，并不能够达到百分之百的完美。有无数的理由可以说明，为什么它难以或根本不可能在实践中获得如该理论中所示的理论结果。但是，不论如何，就像每一个领域中的开路先锋一样，道氏理论自有它的意义。它开创了研究股市走势的技术化道路，在它的指引下，理查德 W. 沙贝克（Richard W. Schbacker）进一步推出了把个别股票作为独立的实体对待的分析工具。你也许已看出，沙贝克对道·氏理论的应用，实际上是把道·琼斯所明确下来的那些高级的抽象概念，进行更低抽象层次上的、更为实际的应用。

有无数关于股市的研究是构建于股票走势的技术形态的基础之上，或是针对技术研究的某个角度来进一步展开分析。在与股票走势相关的各项研究中，已开发出了各种系统，根据系统的分析，股票将在上升通道的过程中购买，而在预定的目标位卖出（例如上升到某个百分点数、在图形中上升到一定的可测高度，或是到达阻力区域等）。此外，还有一些系统建议，在股票下跌的过程中逐步购买股票，随着股票价格的不断下跌，不断地增加股票的持有量，然后，再在股票价格的回升过程中逐步卖出股票。所有这些系统都不乏合理有效的一面，但是，它半对半错的特性却具有严重的杀伤力，因此这些方法的机械应用从来没有取得过任何重大的成功。

道氏理论之后，各种各样的时域工具也相继问世，例如波动理论（Wave Theory）和周期理论（Cycle Theory）。这些理论包含了某些关于股市的研究精华，但同时，也不乏某些最糟糕的结论，例如某些以纯粹的占星术为根据的股市操作系统，在这样的系统中，投资决策将根据12天宫（Zodiac）中各个天宫的不同位置以及它们之间的相对位置来决定。

在那些优秀的研究成果里面，包括如爱德华 R. 迪伟（Edward R. Dewey）的谐波分析理论，以及他与同事们共同的研究成果——周期理论。当然，尽管这些数学模型下的波动周期，在应用于股票走势的分析时，显示出了惊人的理论成果，但是，它们仍然不能够简单地用做赚钱的现实工具。至于从事这些研究的人的正直与否，我们则完全毋庸置疑，他们的成果已说明了一切。

基于各种公告数据，也存在很多的股票操作方法。其中一些方法利用股票的价格来做文章，另一些则更多地考虑成交量的情况。还有一些方法深入地分析短线的操作方法，或是整份股票（Round Lot，股票交易单位）买卖与零星股票（Odd Lot，证券交易中低于单位交易额的零星交易量）买卖之间的关系。对零星股票买卖的研究通常总会得出一些有趣的结果。此外，还有一些研究针对股票价格的新高或新低来进行，同样也有针对上涨与下跌的分析。有时，各种数据还被加上权重系数，或是被结合起来，形成指数，或是被绘制成曲线，以进行相互之间的对比，显示各种相关的走势。

各种图形分析或统计分析的方法也纷纷上阵。例如常见的移动平均曲线或其他一些平滑曲线的工具。在利用市场信息绘图时，我们可以采用各种格式的数据，例如算术数据、对数数据、平方根或其他等。只要放在理智的投资者手里，几乎所有的数据都将有助于他们对股市的分析，但是永远没有一种数据能够自动地取代人们理智的观察和实践的经验。

第68章
Chapter68

有人能够预测未来吗

这样的问题，从本质上讲，似乎有些傻气。人们普遍地认为，没有人能够预测未来。不过，如果换个角度来思考问题，我们也可以说我们每个人都在反反复复地预测着我们未来的生活。我们所不明白但却应该明白的是，我们如何以分析性的方法来预测未来。所以当我们进行预测的时候，我们完全可以对自己提出这样的问题来检验我们的预测："出现这种情况的机会是什么？"以及"我们有什么证据来支持这种可能？"对未来的预测结果，可以通过一些可测量的尺度来考评，或是通过对各种可能性的考虑来具体分析。

在对股市的所有分析中，均蕴涵着这样的问题。显然，我们没有必要挖掘出所有股票的过去，因为，那只是一些记录而已，而且也很容易获得。我们知道各种股票当前的价格（市场价值）。人们购买某只股票，并能够从中获取的物质利益，只是该股票未来派发的股息收益，或是将来某一天上涨了的股票价格。因此，股市研究的问题便可归结为一个外延更大的问题：有人能够预测未来吗？

我曾多次向班级里的学员们，或是来听我的讲座的人们提出这个问题，而且我往往是在讨论刚开始，还没有进行任何的讲解和提示的时候，向他们提出这一问题：有人能够预测未来吗？就是这一问题，赤裸裸的问题。或者，更具体一点，你知道有人能够成功地预测未来吗？

这并不是什么调侃或廉价的俏皮话。相反，它是一个十分严肃的问题，也是一个相当重要的问题。一般来说，当你提出这一问题之后，你便会看到人们开始慢慢地对你摇头。看起来没有一个人知道，谁能够预测未来。

很好。不过，我却正好认识那些能够预测未来的人们。我自己也预测未来，而且还经常为之，同时，也很成功。我所认识的其他人也可以或实际上在预测未来，经常性地、成功地。你同样也可以。

早晨起来，你会走到前门并打开它。你预期你将会发现什么。瞧，你已经做出了一种预测，你预测前门的台阶上、或者是方圆8英尺或10英尺的范围内——这取决于报童抛出报纸的角度和他骑车而过的速度，将会出现当天的晨报。

早餐之后，你会走到街角，在那里等待公共汽车。此时，假设一位火星人走到你面前，询问你在做什么——站在早晨8:15的下着雨的街角？你将会告诉他，你正在等公共汽车，如果火星人对此表示惊讶，因为根本看不到任何公共汽车的迹象，那你将会耐心地对他解释说，公共汽车预计8:20到达。

这不是预测未来，又是什么呢？回顾你一整天的活动，你会发现，你的日程安排全部挤满了一个接一个的预测，当然，都是对未来的预测。9:15，邮件将到达；10:00整，将在琼斯的办公室里开会；12:30，将与桑德森（Sanderson）先生共进午餐；如此等等。你还知道，下周你的妻子将去参加同学聚会；而你们将在8月份的时候，到缅因州（Maine）度过两周的假期。所有这一切，都是预测，它们与人们所说的预测未来将发生的事情没有任何的区别。

你甚至可以预测一年以后的事情。蒂莫西（Timothy）打算到康乃尔大学（Cornell）学习工程学。你自己将在度过58岁生日之后退休。这些都是非常好的预测。你期待它们能够变为现实。如果你预测你将赢得爱尔兰彩票大奖（Irish Sweepstakes），或者预测你的妻子下一次怀孕的时候，将怀上五胞胎，或者预测那个小男孩最终将成为美国总统……所有这样的预测也都有可能最终实现，但是，你也明白，这样的预测与其他各种预测，在可靠性方面，存在着巨大的差别。

当我们提出问题"有人能够预测未来吗？"的时候，其实，我们提问题的方式并不十分恰当。这并不是一个不是/就是的问题。生活中的种种问题，如果我们能够以"度"去衡量，而不是以断然的"是"或"不是"去回答的话，那么情况无疑将好得多。抛弃"是"或"不是"，然后，我们赋予我们的预测某种程度的值，并不需要精确的值，但是它们至少能够正确地显示可靠性的顺序。值的变化范围可以从可靠性接近零的值开始——例如你对自己被选举为下一届罗马教皇的预测，直到接近100%的可靠性值——例如1972年7月10日，在亚洲东北部、美国东北部以及大西洋上空，我们将看到壮观的日食现象，该现象将持续长达27分钟。

当然，你确实有可能被选举为下一届的罗马教皇，尽管这听起来似乎很遥远；同样，也存在日食现象不能够如宣传的那样如期而至的可能，尽管它听起来十拿九稳。在这两种可能性当中，还存在着大量不同程度的可靠性值。

早晨，在前门的台阶附近找不到晨报的可能，或许介于1/10～1%。我们对早晨能够及时地取到晨报的预测，将可能因为报童生病、报童的自行车爆了胎、报纸的出版出现了延误、大风把报纸吹到了邻居家的庭院中，或是报童彻底放弃了投递的工作等"意外"而失误。我们正在等候的公共汽车也可能出现各种各样的情形：交通意外、交通堵塞、更换了新司机等，但是公共汽车不能够准时到达的可能性，大约在1/10～1%。那种认为公共汽车从未准点到达过的观点，在此不予以考虑。

如果你必须对各种事情做出猜测的话，那么你最好的猜测便是，所有的事情都将会发生：报纸是否已经送到？公共汽车是否会准点到达？邮件是否能够按时送到？琼斯是否仍然会在他的办公室里举行会议？桑德森是否会来和你一起共进午餐……换句话说，如果你持否定的预测答案的话，你出错的机会将更大。（当我们谈论起这些问题的时候，它们似乎显得很简单，甚至有人会觉得，这简直就是在浪费时间。人们很难意识到，正是这些明显的道理，最容易被人们所忽略，就像是那头人们看不见的前厅里的大象。也正是人们对这些浅显的道理的误解和盲目行动，才导致了金融危机、家庭破产、自杀、谋杀甚至战争等灾难的发生。）

你也许已注意到，我们所说的可能性介乎于0～100%。大多数的预测情形，都有多个可能性值、甚至无穷个值，从来不存在什么绝对的"不可能"或"可能"。不过，如果你拿起一本书，然后，任由它从离地30英尺的空中自由"运动"的话，那么，你可以预测，书将落到地面上，这是个十分肯定的预测。物理学家将向你解释，书本材料中含有不同的分子成分，它们并不会同时向一个方向运动一定距离，其中有的分子很可能随时向上运动，或离开地面。如果这一切——大部分的分子都向上运动，在你放开书的那一瞬间发生的话，那么这本书将有可能一头撞碎天花板上那盏漂亮的灯，而这不太可能发生。与此相比，书本落到地面上的可能要远远大得多。

阿瑟·埃丁顿（Arthur Eddington）爵士曾经描述过一个可能性几乎为零的例子：把很多黑猩猩放到一间房间里，训练它们操作键盘和打字机。训练黑猩猩打字是件很可能成功的事情，因此，在经过相当的训练后，很可能会有一两只黑猩猩偶然地打出如"去"或"我们"等的单词，或者甚至是三个字母组合的单词，如"猫"（cat）或"男孩"（boy）等。或许，时而，也很有可能会有一两只黑猩猩连续地击打出五六个字母组合的、有意义的单词。但是，埃丁顿指出，黑猩猩们可能不出错地打出大不列颠博物馆（Brithish Museum）中的所有藏书的几率，将可以用"不可能"来衡量。(几年之后，《纽约客》曾经描绘了这样一幅宏伟的"蓝图"：摆满了一排排桌子的实验室里，配备了打字机和堆满了一摞摞纸张的桌子旁边，一只只黑猩猩拼命地埋头苦干，不停地输入各种著作：赛克利（Thackeray，英国作家）、狄更斯（Dickens，英国作家）、特罗洛普（Trollope，英国作家）以及沃尔特·斯科特爵士（Walter Scott，英国民谣家与历史小说家）等。）

我们都能够预测未来，只是成功的几率各有不同。我们的日常活动或是我们的计划，在很大程度上有赖于我们对未来的预期。因此，预测未来这一问题，也就演变成为另外的问题，那就是考评我们预测未来的实际发生可能性的问题，当然，这也同时涉及考评我们的考评方法。

你或许还记得，我们前面提到过的两个重要问题，你可以对别人或者对你自己的任何看法进行质疑的两个问题："真是这样吗？"以及"你怎么知道的？"这两个问题将避免我们盲目地脱离我们的现实生活。现在，我们将从新的角度来提出这两个问题。当我们预测某种情形的时候，我们要问，"事情如此这般的几率有多大？"以及"对于你所持的这种可能性，你有什么证据吗？"

这两个问题无形中加大了预测的难度，因为，为了回答它们，我们将不得不考评与预测事物本身相关的各种可能的因素，同时我们还必须权衡我们所采用的预测方法的可靠性。因此，我们应该注意到，日食将比明年的土豆收成要具有更多的可预测性。我们也应该知道，即便是在对土豆收成这样的问题进行预测时，不同的预测者之间也将会产生迥然相异的预测结果。一位毕生都在从事阿鲁斯土克郡（Aroostook County）的农业经济研究的专业人士，将比你、我对明年土豆收成的预测准确得多。

这一点很重要。除了土豆收成而外，它还广泛适用于其他的诸多领域，而在此时，在"明年土豆收成将会如何？"的问题得不到精确的回答，或者说，得不到肯定的回答的时候，才会有这么多的人摊开他们的双手（就像他们对待股市、选举或是自己的寿命，以及其他各种事情那样），说："没有人知道未来。"

此时，如果你必须从不是/就是中选择出答案，那么，"没有人知道"这一答案必定正确无疑。但是，我们并不是必须选择不是/就是的答案。我们可以对土豆的收成进行某种预测，或是对其他任何被提出的问题加以预测。而我们的观点的可信程度，将在很大程度上取决于进行预测的人自身的经验。土豆生产方面的经济学专家，尽管也不可能做到万事通晓，但是他们不断积累的专业经验，将使得他们给出的答案越来越接近实际发生的情况，他们对土豆收成的预测将比那些对此一无所知的人们的预测精确和可信得多。

你要知道，我们并不是在讨论什么绝对的正确。要知道，即便是世界上最愚蠢的傻子，也有可能猜中明年的土豆收成，或是星期六的六合彩大奖数字，或是选举的最终结果。但是，总体上讲，在经过了相当长的时间，并经历了各种不精确的、失败的教训之后，拥有系统的考评方法、信息充分的观察者们将能够给出总体上更为精确的预测。

在股市或其他任何地方，妨碍我们获得成功的一个主要障碍便是，我们为自己的预测和判断的正确性打出了过高的概率值。如果我们能够投入更多的精力，去开发一种基本的预测方法的话，那么，我们即便仍会不断出错，但是这样的错误将在我们的承受范围之内，而且，它也不会造成什么太严重的损失。那些只要出现任何一点点失误，便打算改变自己所采用的预测方法的投资者，将不得不频繁（每隔几个星期）地改变或放弃自己的预测方法。他的这种广泛猎取完美预测方法的做法，最终甚至会妨碍他找到一种能够经受长期检验的好的方法。

而最终的结果，就像我们在日常生活中常常见到的那样，塑造了这样一类投资者，他们将钱送给那些能够告诉他们如何掌握股市脉搏的咨询服务机构。在首次的投资失败之后，他们便"果断"地了结了对该咨询服务机构的信赖，转而赞助另一位金融大仙，以获取另一种股市秘籍……如此反复，乐此不疲，甚至长达数年地奢求那根本不存在的虚无和缥缈。

最后，在以不是/就是的观点看待大多数事物的指导思想下，这些投资者们将很可能做出没有人能够了解股市的最终结论。他们会说，那全是靠运气的事情！没有人能够预测未来。在经历了这么多的尝试和失败之后，这些投资者其实没有学到任何东西，与他们首次涉足股市时相比，他们仍然没能够找到一种更安全、更合理的方法，来处理股市的问题。事实上，他们所遭受到的挫折和打击，并不是来源于股票对他们所做的一切，而只是来源于他们自己缺乏对股市的了解。

在此，我们没有必要将这一观点延伸到其他的应用领域：例如精神病人来回地在各位顾问之间，或精神病专家之间寻求答案；精神失调的商人，千方百计地尝试各种关于性格、灵感或适应性的课程，试图找出自信、受欢迎或从事大事业的神秘公式……所有这些，都是同一模式的不同表现形式，其基本的"病因"如出一辙：没有人有能力找出他们的问题的症结和根源。他们的困难和问题，与其说是缺乏低抽象层级的直接观察事物的能力，还不如说是高抽象层级上、归纳事物的能力的欠缺。在我们关于构建连续的抽象层级的基本流程的有关内容里，我们便已指出，尽管低抽象层级的概念能够提供事情的各种细节，但是高层级的抽象概念，让我们更清楚事物之间的相互关系，并能够让我们得出更一般性的、外延更广阔、但也更不具体的观点和看法。

只有通过这些高度抽象的归纳和分析，我们才可以得到一般性的结论。只有通过抽象概念的逻辑性的结构链，我们才有可能构建起考评预测的方法。因此，我们既需要低层次的抽象事物，也要求高度抽象的概念，以及介于这二者之间的各个抽象层级链上的图画，但是有一点我们必须牢记，那就是我们必须记住我们所采用的图画的抽象层次。

第69章
Chapter69

考评的方法

伯特兰·拉塞尔（Bertrand Russell）似乎曾经说过，人们早在几个世纪之前，便已找出了识别雌、雄野鸡和左、右手套的共同特征，即事物的相似性。尽管我们必须时常去关注那些低抽象层级的客观事实，但是，我们也必须学会从各种不同的或相似的情况或事实中"走出来"，从我们的经验和观察中做出总结和归纳。只有具备了抽象和推理的能力，我们才有希望开发出一种方法，使得我们能够娴熟地处理千变万化的种种情形。

考评事物的方法，与"即席应变"的战术不同，它是预测的基本工具。然而不幸的是，人们在完全能够更仔细地观察客观事实的时候，却往往倾向于采纳那些高层级的抽象概念，举个例子，当人们谈起青少年犯罪、政治腐败或废除种族歧视等等高度概括的术语的时候，我们其实很难确切地知道他们的真正想法。

另一方面，人们又总是往往在完全能够通过类比来有效地处理好某个问题的时候，反而更倾向于孤立地看待和处理问题。因而，有人便会为了与上司之间人际关系的冲突而忧心忡忡，却没有看到，这其实只是自己在与人相处方面缺乏足够的能力的一种具体表现。

同样的道理，这一类型的人们也会千方百计地找出一种方法，去满足分期付款、购买新车的需要，但是，他们却不能够意识到，他们最本质的最基本的问题，是缺乏有效的财务计划。即便他们最终能够把购买汽车的支付问题妥当处理，那也只不过是将问题的最终暴露延期到下一次危机的到来之时。

不难想象，他们也会彻夜难眠地冥思苦想，盘算着是否将手中的洛克希德

（Lockheed）股票卖出。即便在这样的时刻，他们还是不会去尝试进行规划，也意识不到，有效的规划将帮助他们解决下个月的纽约美孚石油公司股票，或是第二年的克莱斯勒股票。

我们有时，必须找出事物之间的差异，并牢牢记住每一件事情或每一个事物在每个方面的独特之处，除了它们之间的相似之处之外。但是，有时候，寻找事物或事件之间的相似性却变得异常的重要。只要我们不至于将"相似"和"一模一样"混为一谈，我们便可以通过这种相似性的分析得出某种有效的结论。

这便是考评的方法。它并不总是能够给予我们关于问题的精确的、绝对的、颠扑不破的答案。除非我们自己能够意识到：精确的、绝对的、颠覆不破的答案在现实中根本不可能存在，而如果我们一味地追求这样的答案，那么，必将招致灾难的降临，否则，我们将永远不可能规划出任何有现实意义的考评方法。我们力图寻找到一些对我们预测事物有所帮助的方法，并在此基础上，构建我们的行动计划，而且，我们期望，从总体和长期来看，这些方法将使我们受益匪浅。

不知你有没有注意到，上一段文字可谓字斟句酌。我们所要表达的意思并不是说，好的考评方法将赋予我们永远正确的预测；也不是说，好的考评方法能够保证我们一般来说能够得到正确的答案。你或许会觉得很奇怪，有时候，那些精挑细选的最优的考评方法，却带给我们大面积的错误答案。

例如，在期货交易市场上，很多投机家损失惨重，甚至被清盘出局，尽管他们所进行的大多数交易都决策正确，也就是说，都赚到了钱。反过来说，也有年年获利的期货投资者，尽管他们的大多数交易都出现亏损。不用怀疑，这种情况当然存在：只要赚钱的交易的总净收益高于赔钱的交易的总净损失即可。同样，股票市场中，也有一些成功的股票投资者，他们所采用的投资方法，也导致了相似的赚钱交易与赔钱交易的在次数上的"奇怪"的比例关系。

这里，值得一提的是，能够指导我们获得最广泛的长期收益的最优方法，并不一定显而易见。除非你能够从相当的高度来总结问题，并将你的结论系统地加以应用，此外，还能够坚信自己已找到了所能够找到的最佳方法（直到你开发出另一种更好的方法），否则，你一定会对得到的结果大失所望。你将觉得自己做的事情永远不保险，也将永远不能够积累到足够的、能够在将来有所帮助的经验，因为你总是不停地从一种"独特"的情形切换到另一个"独特"的情形。

这样的情况下，人们当然无法看到事物的相似性。他们也无法将以往的经验——那些在"不同"的条件下获得的经验应用到"新"的情况里，此时，他们只好进行预测。对于这类人，预测毫无意义。盲目的预测实际上等于没有预测，或者，就像他们自己所说的那样，"这完全是碰运气的事情"。

你或许会有一种感觉，觉得本书自始至终都在不停地从某种舞台背景跳跃到另一种舞台背景。而我们似乎只需要抓住华尔街这一主题，只谈论股票价值的考评和预测就好了！

表面看起来，似乎的确如此，但是"通用语义"里的"通用"观念，才是我们所希望学到的，它将通过高级的抽象观念、通过对大相径庭的各种情形之间的相似性的归纳来获得。除非我们能够看出，米尔霍斯（Milhous）之所以不能够保住自己的工作，与他无法与自己的妻子和孩子和睦相处有着极大的关联，否则，我们将不可能真正掌握通用观念的奥秘。政治领域的各种构成要素，在法律界、金融界、宗教界、甚至数学界同样存在，只不过它们穿上了略有不同的外衣而已。我相信，伯特兰·拉塞尔一定说过些什么，大意是：人们早在几个世纪之前，便已找出了识别雌、雄野鸡和左、右手套的共同特征，即相似性（当然，这里所有的例子都成双成对）的方法。

一旦你找出了考评事物的通用方法，你将发现，这一方法完全可以应用于各种不同问题的处理过程当中。你当然不会忽视那些特别的情形，你会在应用通用方法的同时，周到地考虑它们的特别之处。但是，通用方法仍然是最为重要的一环，一旦缺少了它，你将失去处理问题的坚实基础。

第70章
Chapter70

构建考评方法

为了获得战术上的胜利，我们必须坚决以低抽象层级的客观事实为中心，脚踏实地、认真仔细地研究现实状况。但是，为了获得战略上的成功，我们则必须从过细的客观现实中脱离出来，彻底摆脱纷繁的枝末细节，而以预言家的模式来思考问题，找出事物之间的相互关系或相关性、相似性与差异性。因此，在仔细地观察了客观的现实之后，我们便应该着手分析各项具体的数据资料，进行综合和归纳，最后得出一定假设条件下的最终结论。

让我们回到我们在前面章节中谈论过的关于抽象概念的问题。向后移动我们的照相机，远离摄入镜头的实际景物，我们将拍下更多的景象，同时也将损失掉更多的枝末细节。但为了看到问题在更大范围内的轮廓，我们必须向后移动，也需要准备好牺牲问题的具体细节。我们已经提到过其中一个我们必须放弃的细节：做出完美预测的尝试。我们必须放弃绝对正确、绝对成功、绝对智慧等诸如此类的想法。

作为回报，我们将得到一幅全景图，并能够从图中看到事物之间的相互关系。但是，在我们做到这一点之前，我们或许将不得不抛弃我们目前所拥有的很多的东西。找一位普通的股民谈谈巴尔的摩暨俄亥俄股票，他一定会从记忆中为你找出大量的细节资料，而且，这些资料大部分都准确无误。他会告诉你该股票当前的价格、1957年时最低点的价格和最高点的价格，以及该股票去年收益和分红的情况；他也可能会提供给你大量已分类整理好的信息，以及关于上市公司管理层的各种传闻；他甚至还会帮助你分析"世界"局势，例如，当前和未来的税收趋势及其对股票价格的影响；在当前的交通运输业的发展态势的前提下，未来5年内该股票的前景；以及货物运输与载客运输在整个运输业中各自所占的比重等。

如果你恰巧提到，1958年巴尔的摩暨俄亥俄股票在股市上的走势与1946年劳尔（Loew's Inc.，上市公司名称）的行情走势十分类似，此时，这位对你侃侃而谈的老兄一定会显出惊诧的神色，继而他一定会表示强烈的反对，反对的大意无非就是说巴尔的摩暨俄亥俄与劳尔毫无相似之处。

当然，你也可以提出高度抽象的观点，并以此来反击这位老兄的说法，比如说，两个公司都是美国公司，但是你还可以用许多更具体（抽象层级较低）的抽象概念来归纳两者之间的相似性。例如，两只股票都有数目相近的未流通股票；并在大致相同长短的时间内以类似的价格出售这些未流通股票；在出售公司的未流通股票之前，两只股票都在大约1年的时间里持续攀升，并走出了相似的头部图形，最后，又都以极快的速度回落。此后，在未流通股票全部售空后，两只股票又都呈现出恢复的态势。

总之，我们的这位朋友忽略了两只股票呈现出的明显的相似特征。或者说他如果也曾经注意到这些相似性，那么，他也早把它们置之脑后了，因为他并没有意识到这种相似性的意义所在。如果我们绘制出巴尔的摩暨俄亥俄与劳尔两只股票的日走势图（并记住，这些图形只是地图和抽象概念），那么，我们将更有力地向我们的朋友展现两只股票在两年的时间内极为相似的市场走势。

我们的朋友，实际上正在与前厅里的大象作斗争，因为大象堵住了走廊，他无法从它的身边绕过。可是，他还是从大象身边挤了出去，只是他自己没有意识到。"什么？"他或许会惊讶地叫起来，"什么？一只12年前的影视股票会与现在的一只铁路股票走出相似的图形？那么，巴尔的摩暨俄亥俄将注定与劳尔同样的命运？你是否是在告诉我，就因为你手中握着的那支卜卦，我就必须要根据你对它的注解来买卖股票？听着，先生，我还会继续研究铁路股票，我一定会找出决定巴尔的摩暨俄亥俄命运的秘籍。我不需要你的什么图表。"

我们在预测某件事情的未来发展的时候，可以先找到那些历史上曾经出现过的、类似的情形，去看看它们是如何发生发展的。有时，这种做法十分有效。如果我们在比较了多个事件的历史记录之后，发现它们之间存在着某种一致的相似性，那么，我们很可能由此归纳出某种一般性的原则，而这将有助于我们将来对事物发生的概率的有效判断。要注意，我们现在并不是在说事情发生的根源，并不考虑"为什么"，而只关注"怎么样"。事实上，我们在说的，只是事物之间的相关性。

试想，你正满怀希望地关注着某只股票，比如QRS股票，在不到六个月的时间内，该股票的价格已从8美元/股上涨到了50美元/股附近。看来，不论你有多么后悔，或是有多少遍地责问自己为什么不在8美元/股卖价的时候购入该股票，也已经无济于事了。而现在，买入该股票的时机或许早已过去了，除非你确切地知道你在做些什么。

不过，你仍然可以问问自己，"QRS究竟是如何从8美元/股上涨到50美元/股的？"你可以画出该股票价格走势的图形，以时间为横轴，以价格为纵轴，在图中，你将得到一条不断上升的价格曲线。这幅图形，并不能代表QRS公司的业务情况，也与公司的产品毫不相关，更无法告诉我们该公司董事会的组成情况，也不能预测7月份即将实施的一股拆三股方案的前景，它仅只是股票价格顺延时间发展的过程的记录。

如果我们每天都绘制几百只股票的价格曲线，就像有些人做的那样，那么，当我们比较这几百条曲线的时候，或许便会发现，其中某条曲线的上升走势与QRS的图形形状极为相似。这只股票可能来自于各行各业，其价格的波动范围也可能与QRS不一样，甚至与QRS走出相似的上升图形的时间段也不一致，但是，当我们看到这两条形状类似的上升曲线的时候，我们一眼便能看出它们之间的相关性。与其站在悬崖边缘，茫然地摸索黑暗的未来，我们不如利用图形的魔力，看看身后的历史。

实际上，我们完全可以追溯过去，回到这只股票刚刚开始走出上升态势的时候，我们也可以勾勒出从那时到现在的一段清晰的历史。我们可以比较，两只股票在如此强大的上升态势的初始之时，是否显现出任何突出的相似之处。如果我们发现，两只股票都在经过了相当长时间的沉寂，比方说其股票价格已多年未曾发生大幅的变动之后，突然地爆发出巨大数量的投机行为的话，那么我们便不妨进一步深入地探讨这只股票的走势。我们可以做些预测，并能够立刻猜想到，当一只沉寂多年的股票突然爆发出强大的能量，并以巨额的成交量稳步向上时，只能够说明，大量大规模的投机行为汇聚到了一起。

这并不是一个最终的预测，更谈不上什么预测的方法。它只能算是一种猜测，一种基于简单的观察基础之上的猜测。我们还需要利用其他的图形来验证这幅图形，包括当前走出同一走势的股票的图形；我们也还需要观察，是否所有这些股票的走势都符合我们所观察到的历史图形的模式。如果我们得到的结果是肯定的，并且，我们发现，在股票出现相似的早期突破行为时，便参与股票的购买，将使我们获得丰厚的利润，那么，我们便真正找到了一种预测的方法。

在绘制和对比股票的价格走势图形的时候，应注意以下几个要点。

> 所有这些图形，都不会告诉我们出现这种走势的任何原因。支持我们进行最原始的猜测的这些图形，有可能来自不同的年份。因此，如果我们假定，我们的猜测将在相似的条件下进行，我们应把图中的日期抹去。

> 这些图形可能来自各个行业。因此，我们或许还应该把图中的上市公司的名称抹去。

> 这些股票的价格可能在不同的范围波动，因此，我们也应该把图中的价格范围抹去。

> 这些股票的资本情况可能各不相同，所以它们的成交量的情况也可能不尽相同。我们感兴趣的是这些股票之间的关联性，逐日的或逐周的，因此，我们甚至要将图形中所有的数字比例彻底抹去。

为了适用范围更广，为了更清晰地观察走势曲线之间的相似性，我们特意精心描绘了这样一幅走势曲线图：没有日期、没有上市公司名称、没有具体的价格，也没有成交量的具体数字。我们剥离了股票走势所有的修饰，只剩下了它们不加渲染的基本轮廓⊖。

⊖ 与生活指数挂钩的证券的价格属于特例，在这一结论给出之后，它们没有出现过任何的变化。至于迈吉在20世纪50年代做出的关于日食的预测，确实在20世纪70年代真实地发生了。

第71章
Chapter71

考评方法必须构建于事物基本轮廓的基础上

技术分析方法,确实有效地剥离了股票所携带的各种信息,只留下了股票走势的基本轮廓,这将我们对股票的观察提高到了一个高度抽象的层次,有利于我们找出那些最重要的信息,以达到我们的种种目的。技术分析的方法,似乎将其他的股票信息抛之脑后,例如股票的收益和股息等。曲线图,扮演着最高层级的抽象概念的角色,利用它们,技术分析人员们能够分析和计算各种结果的可能性,能够排除无谓的干扰,自主地做出股票的买卖决策。弗吕霍夫运输公司与IBM的共同之处何在?——它们都有相似的股票价格走势图。

在我们刚刚开始讨论事物之间的相关性的时候,你或许会感到少许的惴惴不安:我们抛弃了如此众多的事实,仅保持了这一点点充分而必要的信息!现在,你将看到这样做的重要性。

除非我们具备超凡的抽象能力,或是我们可以剥离掉各种各样的细节资料而精确地剩下那些能够帮助我们进行简化的、一般性的猜测的轮廓形状,否则,我们必将被淹没在枝末细节的汪洋大海中。我们所探讨的关于股票突然打破沉寂的问题,仅仅是对个别可能性的研究。尚有成百上千的类似问题,可以投入到具体的检验之中。但是,在你构建起任何的预测机制之前,你必须首先去除掉所有无用的或无谓的事物。

我们可以利用图表(或图,或表)来回答大量的问题,但是解决问题的第一步——也是最重要的一步，却是决定我们要寻找的相关资料是什么，并据此来划定收集资料的范围。我们可以把我们的问题确定为：一只股票在拆分之后将出现什么样的走势？或者，股息率与股票价格之间是否存在什么显而易见的关系？或者，铁路板块股票的走势与公共事业板块的股票，有什么样的异同？等等。我们可以调查低价股票与高价股票在走势上的相似性与差异性。我们也可以就某些股票在经历了股灾之后的走势展开分析，或是对各类股票在1929~1932年，以及1985~1998年的走势加以探讨，但是不论我们所面对的问题如何，我们都必须首先摒弃无用的信息，只有这样，我们才可以清楚地看到我们所研究的问题。

技术分析与统计分析极为不同。统计分析中，绘制图表的主要目的是收集历史性的具体数据，以全面地考察某一特定的事物。那些不熟悉技术分析方法的人们，之所以难以理解技术分析人员所赋予图形的高度抽象信息的一个原因，就是因为他们并不了解以图形来归纳高级抽象概念的作用和意义。有时，我们所分析的事物只是某个更大的问题的一小部分，因此，我们将不得不收集整个问题的所有组成部分，并将它们组合成为一个高度抽象的有机体——人造有机体，就像弗兰肯斯泰因（Frankenstein）笔下的鬼怪一样，但是，它们却十分有用！

我们头脑中关于"经济人"（Ecnomic Man）的画像，就如同一部机器。汉斯·威星格（Hans Vaihinger）曾经描述过一种"似乎就是"的情形，在这种情形下，我们习惯性地把人为的"似乎"当做真实，尽管我们每时每刻都清楚地知道它们的人造的本性。例如，根据古典经济学家的说法，我们知道，人们并不能够完全精确地按照自己的愿望去行动。部分原因是没有完全相同的两个人，其他的原因则包括经济力量并不是在真空中起作用。家庭的纽带、私人的情感以及个人的抱负等，所有这些，并不总是能够与古典经济学家的预期计划相一致。经济人在现实生活中并不存在，但是经济人的概念却有着相当的现实意义。它的现实意义便在于，在某种条件下，某部分人的集体表现，便如同经济人一样。

在法律上，有一个与经济人相对应的概念，那就是"理性人"。这是个特别老套的人造概念，但是它的发明创造却足以取代现实，而有效地成为法律上所遇到的某种"似乎"的情形，尤其是在与银行和金融相关的领域。理性人就是信托人的替罪羊，当他们的业绩拙劣时，他们便会搬出这位假想的理性人，并声称，他们只是做了理性人该做的一切。

科学领域，我们有很多"似乎"的应用。在很多情况下，许多人所共知的、认可的事实，会被有意地"抛弃"，以便对其他事实的更好的研究。例如，有时，我们假定恒定的温度或恒定的压力条件，但是，我们却十分清楚，在试验的条件下，我们根本无法得到什么恒定的温度和恒定的压力。我们也会放弃对诸如阻力、偏移，或其他任何不利于我们开展研究的因素的考虑，目的只是为了更好地了解自然界的某种普遍性的特征。

我们对这些理想化的现实进行抽象而高度简化的整理，形成了一幅全景图，并在此基础上，搭建预测和考评的方法。这些方法并不是最终的结论，它们需要接受反复的检验、修改，甚至最终被否决。它们有可能很片面，但不会把问题绝对化；它们将以概率的形式来表达对未来的预测，而不是武断地给出预测结果。然而，人们最终得出的结论，却仍然存在由于偏见和有色眼镜的作用，而导致偏差和错误的风险。

如果有人问我，"当一只股票的走势图显现出我们所谓的上升三角形的时候，这只股票最可能的后续走势将怎样？"那么，我会回答道，"这只股票最有可能向上突破，并继续爬升相当的高度，这一高度至少可能与上升三角形的斜边相等。"如果他们继续问我，这一切是否一定会发生，那么，我的回答会是，"不，不确定，只是很可能。"而如果他们的问题是，这一切究竟是好还是坏？那么，我将无法给出我的答案。因为这样的问题毫无实际意义，我必须首先知道，他们的这一问题究竟是针对什么提出来的：对谁来说是好事？对谁来说是坏事？

在剥离掉无用的枝末细节之后，我们把问题集中为几个简化了的、可回答的小问题。你将注意到，我们此时实际上已为自己排除了许多的麻烦。例如，我们已排除了那些绝对的想法和抱负，并已与那些完美的目标分道扬镳。我们已然放弃了那种征服瓦尔哈拉殿堂（Valhalla，北欧神话主神兼死亡之神奥丁接待英灵的殿堂，英烈祠）的想法，而安于一种有限的、小范围内的、普通的成功。如果真正做到了这一点，那么，我们便已避免了生活中大量的、不必要的紧张和操劳。

我们也知道，这种处理问题的方法也存在着问题，也有可能造成损失，甚至导致彻底的失败，但是<u>只要我们不再去为了那些不切实际的目标、那些模糊不清的期望，或者那些存在于我们脑中的莫须有的冲突而焦虑不安，一般来说，我们都能够处理好现实中的各种问题</u>。不仅是对待股市，生活中的各个领域也都符合同样的道理。

第72章
Chapter72

将得出的方法应用于实践

通用语义学这一领域及其规律本身，涉及客观事实（现实世界）领域，以及抽象概念（头脑中的思想）领域，它试图找出有序的思维方法，在客观事实与抽象概念之间搭建起联系的桥梁，以便人们更好地预测和处理现实生活中出现的种种问题。

在我们的脑海中，储存着大量的信息和资料：我们所看到的或经历过的，我们从书本中读到的或别人告诉我们的，以及我们自己对种种原始信息进行逻辑组合后得到的信息等。所有这一切，形成了我们看待事物的态度、观点、喜好或判断。

我们的身边，不乏这样一种人，他们满脑子塞满了纯粹的、未经过任何组织加工的信息，因此尽管他们信息充分，但严重缺乏预测事物的能力。当然，也存在另一种类型的人，他们虽然能够站在更高抽象层次的高度来看待问题，但是，他们头脑中的抽象概念却常年缺乏与客观现实之间的比较和检验。因此，尽管他们几乎可以对任何问题发表预测（一般来说，他们乐于大声地激动地宣布他们的看法），但是，他们的预测结果却往往不尽如人意。

被人们称为通用语义学的原则，涉及对客观事实材料的组织和整理，而且，由它派生出来、描述"内心世界"与"外部现实"之间关系的高级抽象概念，也总是基于及时更新的基础上。利用通用语义学，原始的信息得到了有效的组织，而信息的选取则主要考虑那些与我们特定问题有关的原则。如果我们知道过去发生的事情，也注意到过去与现在存在的某种相关性，那么，我们便可以得出某种结论，然后，我们就能够对某种新情况下可能出现的结果做出信息充分的猜测，而这一猜测将比那些从不如此组织自己思维的人所做出的猜测具有更大的成功机会。

当一位病人向他的医生描述自己的病症时，医生的脑海中便相应展开了丰富的"回忆"。医生的思绪，将重回校园，搜索那些在书本上学到过的具有类似症状的案例。医生也会想起自己最近读到过的关于类似病情的文章。此外，医生还会回忆起自己曾经医治过的类似病例。他将考虑其他类似病例的历史记录和最终发展的结果以及各种对它们来说，看似有效的医疗方案。在这一切的基础上，再加上自己对眼前的病人的具体观察，医生将给出对病人的诊断，并开具药方，做出预测——至少是对自己，最后，就造成病症的原因和病症将持续的时间做出判断。

改动几个简单的词汇，这就是律师为自己的客户所做的一切，也是工程师们解决问题的手段。事实上，我们总是在利用过去积累的历史信息，以及由此得出的结论，来解决将来的问题。我们的解决方案便是某种形式的预测，不论这种预测是否能够挽救那笔价值500 000美元的损失，也不管那座根据如此参数而建造的悬臂桥是否能够经受住任何暴风雨的洗礼。

第73章
Chapter73

习 惯 陷 阱

牧羊人们都明白这样一个事实：对于一群羊来说，跳过障碍物是永恒不变的"真理"。这句话的意思是说，如果第一只羊跳过某个障碍，那么，它身后的所有羊都将会相继高高跳起，跃过障碍，而不管障碍物是否真的存在。这便是动物界的习惯。可是，我们人类不也是动物界的一个组成部分吗？我们往往不自觉地坚持那些并不合理的、弄巧成拙的习惯。我们只有调动起所有的意志和精力，刻意地、合理地做事情，例如技巧地处理掉赔钱的形式，我们才有可能赢得未来的希望（或许我们放弃长期持股的做法，这正好缩短了我们赔钱的时间）。

曾经有一位夫人到西班牙的某个城堡参观。城堡雄伟壮观，到处都是美丽的花园和绿树成荫的走道，走道两边，是一排排的长座椅。进入城堡的主门以及其他的入口处，都有一位站岗的卫兵；在行政办公大楼、军械库以及火药库等门前，也同样有卫兵把守。

来访的夫人注意到一个特别的现象，在某条走道上，有一位卫兵正在快速前行，并在其中的一条长椅前，来回地巡逻。就在这位夫人好奇地观察着卫兵的举动的时候，另一位卫兵出现了，他向已在长椅前巡逻了一会儿的同行敬了个礼，并接过了他的工作，继续在同一条长椅前来回巡逻。

夫人向带领自己参观的中尉询问，为什么要在如此"特别"的地方安置卫兵巡逻，这个地方并不靠近任何的建筑物或任何的出入口。中尉回答道，这是个常规的巡逻地点，在自己的记忆中，这个地方一直有卫兵巡逻。不过，中尉答应，他很乐于到办公大楼里，为夫人去查一查巡逻的原始命令。

在查阅命令的过程中发现，这项巡逻命令似乎颁布于几年前，就在新一任的城堡指挥官上任的前夕。该命令纯粹只是对此前某项长期命令——"需要一位卫兵到第23号长椅前巡逻"——的原封不动的延续。进一步往前追溯5年，中尉发现了该命令更早的版本。那时，城堡指挥官突然病倒，不得不重新任命新的指挥官。就在指挥官病倒的前一两天，颁布了一道临时命令，要求一位卫兵到第23号长椅前执行巡逻任务，"当时，长椅刚刚刷过新油漆。"新指挥官到任后，重新、正式颁布了所有的命令，包括到第23号长椅执行巡逻的命令。不经意地，这道由老指挥官颁布的临时命令，便在没有经过任何复核的情况下，正式成为了一道固定的、长期命令。

10多年来，总会有一位士兵出现在第23号长椅附近，执行巡逻的任务。没有任何的机制取消这样的命令，也没有任何一位执行任务的士兵对此提出质疑，他们的长官只知道遵守那些固定的命令，秘书们也只是按部就班地给出那些固定的指示，而指挥官本人呢，他当然有更重要的事情去考虑。而这项命令——曾经有必要的任务，尽管早已耗尽了它的任何一点用途，却没有人觉察到它已过时。

其实，我们自己也常常做类似的事情。同样，相似的情形在生意场上也随时随处可见。某某人最初开始采纳了某种系统，据说可以减少第16号部门的总体耗费，该系统的执行过程和执行结果被记录到某种特殊的文件当中。采用这一系统的原因，或许是某人某时的研究需要，也可能是政府要求16号部门提交报告的指示使然。在此后的几个月中，或几年里，老秘书将教会新秘书使用这一系统，老经理也会就此培训新的经理……代代相传，最后，它变成了例行的公事或干脆就是某人的工作，而文件里的蓝色卡片与绿色卡片也将逐渐地堆积成山，却从没有人使用过它们。采用系统的初衷是降低费用，但它却恰恰正是造成费用的来源之一，然而它却始终有条不紊地继续"发挥作用"，就像米堤亚人（Medes）和波斯人（Persians）的法律那样，神圣不可侵犯；也如公园长椅前来回巡逻的任务那样，军令如山。

或许你会认为这不过是个愚蠢的、不可能存在的类比，那么，就让我给你讲一个现实生活中的实例吧。几年前，我受命为斯普林菲尔德市的市政委员会工作，负责该市的公共关系。在我管辖事务的期间，迎来了年度市政登记活动（Municipal Register）。该活动的直接产出，便是大批量厚度超过400页的《市政登记手册》（内容为各种数据图表）的印制出版，每本手册的制作成本超过10美元。印刷和装订这些手册，每年要耗费市政府几千美元的经费。然而，我们却没有发现任何的规定，说需要将这样的报告印刷成册，尽管近一个世纪以来，斯普林菲尔德市每年都在印刷和出版这样的《市政登记手册》。

寻访各个市政部门，我发现，尽管每个部门手中都有这本印刷精美的手册，但是，几乎没有人使用过它们，它们只不过是被完好地保存在各部门的文件柜里而已。即便是市长，或其他市政议会和公民议会的成员，也都从未参阅过这本手册，尽管他们每个人都会定期地收到这本手册。

公共图书馆，包括主馆及其6个分馆都反映，从未有人申请借阅这本《市政登记手册》。负责市政厅事务报道的当地记者，也告诉我说，如果需要的话，他们将从自己的文件柜里、或是直接到相关部门寻找相关的资料。每年印制的这些手册中，有相当一部分，被送到其他市政当局的公务人员手中。不过，我们很难相信，他们会比我们本市的市民们更急于去啃这本枯燥乏味的手册。

事实上，没有人可以读完、读懂这本手册，即便他们真的愿意认真去阅读。手册中的图表，常常以这样的标题开头："去年的调拨：下水道的构建——见第1935号明细1242R"。可见，要想弄清楚这些晦涩的词句，我们只好去咨询各个部门的领导们，而领导们也未必见得能够合理地解释它们的意思。因此，这些手册很难说对市民有什么启发，也无益于更加廉洁的市政建设。在多达150 000名委员会成员当中，我仅找到一位，曾经阅读过我们的《市政登记手册》，此外，还有一位记者声明，自己曾经翻阅过其中的几页，以查找所需的某些数据。不论从何种角度来说，斯普林菲尔德市的《市政登记手册》，都可以算是历史上曾经出版过的可读性最差、最无人问津的图书之一了吧。

不过，可喜可贺的是，我的这则小故事以圆满的结局而告终。市政府最终决定以一本自由流通的图书《我们的家乡》（*Our Home Town*）来取代《市政登记手册》。《我们的家乡》一书中，报道了斯普林菲尔德市发生的各种事情，市民们只需按顺序查询约两个表格长短的目录，便可以方便地找到他们感兴趣的文章。该书甚至还荣获了一家极有影响力的刊物《妇女之家》（*Ladies Home Journal*）的赞誉："斯普林菲尔德市的大笨钟"（A Bell for Springfield）。事实上，市民们渴望信息，渴望面包，但绝不渴望市政头头们扔下的硬邦邦的石头。

《我们的家乡》的印制成本不超过50美分，远远低于《市政登记手册》10美元的成本。但是，让人不敢相信的是，两年之后，《我们的家乡》重新被《市政登记手册》所取代。作为政府对市民所做的"有意义"的事情，这本风格古老的手册，再次恢复了它每年的出版和发行。无疑，这又是一个巡逻的卫兵，不仅如此，这位卫兵还添了一项怪僻，那就是，即便老习惯被彻底破除，有朝一日他也仍然要把它再度找回。

在陆军或海军中，你可以找到西班牙城堡式的卫兵；在政府办公室或其他任何合法交易的场所，你也会遇到他们，而且很多。如果你曾经到邮局去邮寄过包裹的话，你还会遇到大队人马的西班牙城堡卫兵，他们巡逻在邮政法律和法规的黑暗长廊里。那种感觉，就像是多个西班牙城堡卫兵在护卫着你的日常家庭生活。

在我们内心深处的西班牙城堡里，也有无数的卫兵，他们严格地执行着那些年代久远的、业已发黄的命令，忠心耿耿地守卫着我们的古老的思想。千万别低估了习惯的力量，也千万别小看了长期流传下来的命令，不管它们在今天看来，有多么的不合理、多么的过时。

假定，我们已找到了一种考评的方法，该方法基于我们对当前客观现实的观察的基础之上。然后，我们遇到了采取行动的大好时机——在股市里或生活中的其他领域。此时，我们该怎么办呢？我们是否会按照我们得出的结论来行事呢？不会！太多的时候，我们明明已花费了好多精力，想好了办法，但是，我们最后还是回到了从前的老路上。这条老路，或许是我们一直在走的那条路，也或许是父亲教导我们走的路，也或许是我们在学校里学会走的路，也或许……我们并不确切地知道它们来源何处。只是当我们受到压力，必须做出快速的决定时，我们便会不由自主地发生习惯性的反应，走回那条多年前根植于我们头脑中的老路上。

很多时候，我们的行为，与我们深思熟虑后确定的应该做的事情直接对立。这恐怕就是人们所说的"本性难移"的真正含义吧。

但是，你可以改变！你完全可以改变自己的本性，以达到最佳的状态，只不过，你一定要小心，在你消化完毕所有的意见，并感觉到自己可以处理好任何问题的时候，那些小小的"习惯势力"其实正开始企图悄悄地回到你的心灵。除非你对它们万分警惕，否则，你必将重新回到原来的老路上。于是，也便会有了我们熟悉的悲叹："我怎么会蠢到去买这只股票呢？"

第74章
Chapter74

连锁快速的反应

> "永远不要贸然做傻事。"
>
> ——李·理查兹（Lee Richartz）

你或许也赞同这样的说法：一位马虎大意的母亲，极有可能把手边最稀松平常的事情酿成滔天大祸。例如，她出门购物，却忘了关上前门，孩子们为了找水喝，便有可能进入到屋里。接着，孩子们对洗手盆上方的药柜感到好奇。而药柜里也许正好存有亨利叔叔痉挛发作时吃的药。如果孩子们吃下这些药丸，他们无疑就会病倒。而如果此时，这位母亲没能及时赶回家，那么，孩子们有可能药物中毒而死亡。这位可怜的母亲，或许就在不到走完一个街区的时间里，失去了她所有的孩子。

一件事情往往总是与另一件事情紧密联系在一起，就像如果有人提到"笔"，你便会想起"墨水"，而提到"猫"时，让人不由得想起"狗"来一样。我们在同一时间或同一地点，看到或听到的种种事物或事情，或者那些具有相同名称的事物或事情，总会不由得让人联想到一起。以往的经验和习惯，便是我们联想的纽带。你可以从这件事想到那件事，快得像链状闪电一般：例如，一幢陌生的房子、一间黑暗的房间里，人们似乎立刻便会把房门响起的吱吱声等同于一个凶险的入侵者。这位入侵者手里握着一把刀，正穿过其他的房间，走向你待的地方。他无疑正打算把手中的刀插入你的肋骨！你一定吓出了一身冷汗，急急忙忙地起床开灯，当然啦，你的眼前根本没有什么入侵者。瞧，只不过一点点门缝的吱吱声，便在你的心中引起了如此长长的连锁反应。

当人们的连锁反应指向某种可能的灾难性后果的时候，人们往往会变得惊慌失措。而当这一由简单的事实导致的连锁抽象反应上升到某种高层级的结论的时候，我们心中便产生了不可遏制的贪婪、欲望或嫉妒。所有这一切，一瞬间便完成。

事实上，如果这一切连锁的反应不在一瞬间完成的话，那么，它将很可能根本不会发生，因为，只要略做调查，这种连锁的抽象反应便往往彻底破产。某天，你或许会被你已购买的某只股票的"惨淡前景"吓倒，在此后的一两天里，你都会惴惴不安，担心着即将降临的噩运。确实，人们有时会惊惶失措，精神崩溃，而当他们事后回顾起给自己带来如此巨大威胁的恐怖事件的时候，他们往往并没有感觉到任何的恐怖。

保护自己避免被连锁的快速反应击垮的方法，便是延缓大脑的反应。如果没有经过任何的培训和训练，我们很难做到这一点，也就是说，我们很难在大脑如此快速地做出结论，并强烈地感觉到危险即将而至的时候，延缓大脑的反应。但是，延迟反应的习惯可以逐渐培养。你或许早已熟悉控制自己脾气的古老招数：从一数到十。你或许会说，这一招有时根本不管用，你自有生气的最正当的理由，但是，它有时却实实在在地让你避免了一场不必要的大发雷霆。可以肯定地说，它是有效的。

如果我们在对大脑中勾勒出的图画做出反应之前，留出几分钟的时间，对现实的情形加以实际的检验，那么，我们就可以给自己省去了许多的麻烦。或许，只是我们自己的连锁反应本身引起了我们的恐惧，造成了我们的愤怒，或导致了我们的误解。无论怎样，给自己留出几秒钟的时间，去扪心自问，"这是真实的吗？或许，它只是我自己内心的想象和希望？"这几秒钟将给你带来丰厚的回报。

那些会犹豫的人，往往比那些从不犹豫的人赔钱的概率小。当推销员的声音从电话中传来，建议你即刻行动，以便抓住那笔回收快速、利润丰厚的生意的时候，你不妨给自己留出少许的时间，考察一下真实的情形。否则，我们头脑中，那些对来得快来得容易的金钱的抽象渴望，有可能使你陷入沉重的损失中。

第75章
Chapter75

数字陷阱

我们完全可以把我们所受到的教育，看做是给我们洗脑的帮凶，正是在它的栽培下，我们的行为才愚蠢得像一头绵羊，或一只老鼠（这将取决于你就读的学校的教学质量，以及你本人天生的资质）。某时某地（或许便是此时此刻），你的某位老师或许会突然让你吃惊地意识到，原来世上的种种现象只有一部分符合算术规律。与盲目听信相比，大胆地怀疑我们所接受的知识、公认的观点或真理，将使我们获得更多的智慧，了解更多的真相。总之，你将走上一条实践检验的人生之路。（幸运的是，现代社会已不会再惩罚怀疑论者喝毒药了）。仔细想想，算术运算与对数运算之间究竟有什么差别。

取一张纸巾，放到房间角落的地板上。第二天早晨，继续加上一张。第三天，放上两张。第四天，四张。如此类推，每天都添加累计数量两倍的纸巾，直到第30天为止。这时，纸巾已堆积了多高呢？1英尺？100英尺？50英里？我们可以把它计算出来。如果你不熟悉等比级数的话，你将对计算的结果大吃一惊。

让我们再来试试下面的计算。你在银行里有3 500美元的存款。我也同样在银行里存有3 500美元。有一天，你告诉我说，你已将钱从银行里取出，并以5美元/股的价格购买了某只股票，你觉得该股票很快就会上涨。听完你的描述之后，我并没有立即取出存款。几星期之后，该股票价格已上涨到7美元/股，此时，我取出了存款，以7美元/股的价格买入了该股票。3个星期之后，股票价格令人高兴地涨到了12美元/股，我们俩均在此时卖出股票。

由于你更早地买入股票，因此，你购买股票的价格仅为5美元/股，而我则支付了7美元/股的价格。你赚到了比我更多的钱。那么，究竟多多少呢？你会说，超过20%？或是，超过30%？或者，超过50%？又或者，超过100%？当你发现，正确的数字是接近100%的时候，你会不会感觉到吃惊呢？你事实上赚到了我所获取的利润的两倍？我们可以计算出具体的数字。不过，不必感觉到过分的惊讶。我的一个主要的合作公司的财务主管，给了一个答案——30%。几乎所有的人都低估了实际的数字。

那么，这些例子中究竟发生了什么呢？数字是如何戏弄我们的呢？当然，就像其他的错误一样（我们头脑中的地图告诉我们一种答案，而最终却发现客观事实并非如此），这并不是客观事实本身的问题。不知何故，我们所学到的某些东西并不总能够经受住现实的考验。当你环顾四周，发现竟有如此众多的已掌握的东西需要重新修正、重新标注日期或重新指定的话，你不觉得这实在让人吃惊吗？在两只股票的例子里，让我们反思的是，我们周围的现实世界所具有的真正本质——对数作用，与我们在学校里学到的算术作用的本质竟有如此巨大的差别。然而，在大多数的情况下，我们却仍然用那些算术性质的地图来思考问题。

这其中的困难至少来自两个方面。首先，有很多的实例，这自然表明，事物呈现算术关系的特性。如果我们沿街清数街道两边的房子数目，那当然只能是1，2，3，4……实际上，我们所有的计数，都属于算术的范畴。我们计算着金钱，计算着日子，也计算着一年里创下新高的股票的数量。

第二个困难在于：我们孩提时期学会的大量简单交易，都仅仅涉及算术的和正整数的范畴，而这也就是学校里教授的数学课的全部内容。我们因此懂得，约翰本来有7个苹果，处于慷慨，它送给了查理其中的两个，还送给了安德鲁其中的一个；玛丽得到了15美分的奖金，靠送包裹，她又挣到了20美分。如此等等，不胜枚举。

结果，我们养成了一种习惯，即认定世界统统是由那些可以用正整数来表达的事物所组成的。至于两个连续整数之间的差距，一律相等。比如说，6和7之间的差距，与16和17之间的差距，便没有任何不同。

学习时的年纪越小，学到的东西越牢靠。万幸的是，我们还算及时地接触到了负整数的概念以及分数的概念（包括比数和小数两个部分）。但同时，不幸的是当我们开始学习比例、百分比以及其他类似的事物的时候，我们已经变得对所有的数学问题极为反感（在大多数学校里，教育并不是按照启发、激励的方式来进行的），因此，我们放弃了学习，直接走入生活，去追求自己的财富。此时的我们，除了2加2等于4这样的数字运算以外，实际上并没有掌握太多的生活之道。

当然，只要用得其所，算术运算并没有什么不对的地方。在很多情况下，例如在处理可以得出精确答案的计数问题的时候，算术运算十分有效。

从某种角度上来说，下列的说法也有一定的道理。某人曾经假设过一种并非毫无道理的情形：假定股票的价格相继从20美元/股跌落到15美元/股、从15美元/股跌落到10美元/股、从10美元/股跌落到5美元/股，如果这三种情形均被认为毫无差别的话，那么，从5美元/股跌落到0美元/股的情形势必也与上述三种情形相差无几。然而，当迪克（Dick）告诉你说，JFK股票已经下跌得足够多了，已不可能再继续下跌的时候，他错了。当然，迪克对此信心十足，这时，如果你对他提出质疑，他一定会与你展开激烈的争辩和慷慨激昂的陈述。因为，这只股票具有站得住脚的"过硬"理由，试想，它已经从20美元/股跌到了5美元/股，整整下跌了15美元/股，难道它还可能继续下跌另一个15美元/股吗？！

的确如此，从算术上说，JFK确实已经相当接近底部了。但是，从比例的范畴来讲，接近底部的说法根本不能够成立。如果你去告诉乔说，以5美元/股的价格买入JFK后，JFK可能下降的空间一如以20美元/股的价格买入JFK，那么，乔或许会认为你疯了。而如果你继续告诉他说，JFK下降的空间是无限的，那么，我想，乔一定认定你发了疯。

但是，让我们睁开眼睛看看吧！如果我以20美元/股的价格买入JFK或其他任何一只股票，那么，当该股票跌落到10美元/股的话，我所拥有的资产将缩水50%。如果我买入的数量为100股，价格为20美元/股的话，我买入的成本将是2 000美元，而在价格下滑到10美元/股的时候，它们已只值1 000美元了。

现在，如果我投入2 000美元，全部以10美元/股的价格买入该股票，那么，当股票的价格跌落到5美元/股的时候，我的所有股票的价值是多少呢？1 000美元，我的总投资缩水50%。

假设，我继续以2 000美元全部买入5美元/股的股票。当股价下降50%，到达$2\frac{1}{2}$美元/股的时候，我的股票同样只剩下1 000美元。

随便指定某个数字，例如1美元/股，它仍然有可能下跌到50美分/股。以10美分/股买入，它还是有可能跌落到5美分/股。任何一个价格，不论它有多低，它都有可能跌落掉50%，导致你的资本缩水50%。

不仅如此。我们这里只选用了50%这个方便计算的数字，其实，一只股票不仅可能跌落50%，它也同样可能跌落90%，而且，它可以从任何价位启动下跌机器，不管股票的价格已经到达怎样的低位。而在股市里，那些著名的定性结论当中，最为著名的一句就是："它们不可能再跌啦！"

第76章
Chapter76

美妙的曲线

有报道说,在爱因斯坦发现复利现象的时候曾经兴奋地这样叫嚷道:"有了!复利才是数学真正的奇迹。"一旦我们挣脱了算术关系的枷锁,我们将发现大自然的美丽——事物发展的对数运算规律不论是蜗牛壳的生长,还是复利的计算。

上一章中,我们探讨了有关对数关系的问题。对数关系的实质是比例关系,而不是我们通常所熟悉的加或减。它也是自然界中,许多事物发展的基本模式,甚至也包括金融界里的某些事物。在我们的身边,在我们的日常生活当中,对数关系的作用随处可见。但是,如果你受到的教育局限于相加关系,你将无法察觉到对数关系的存在。我们就像是色盲,只看到了景象的某个部分,却错过了它色彩和谐的美。自然界对数特性的一面,就像春天亮丽的色彩或是冬天晶莹剔透的冰雪那样,美丽而动人。

对数增长的规律十分简单,简单得让人很难理解人们为什么要坚持忽略它的存在。它只不过是资本利息、某些植物以及某些动物增长的普通的方式而已:在每一个连续的时间段内,增加的数量均为当前数量的一定比例。例如,资本的年利息率为10%,那么,100美元的现金将在一年内增长到110美元。第二年年底的时候,这笔现金又将在新的110美元的总数的基础上增长10%,因此,它将增长11美元,总数达到121美元。同样,第三年年底的时候,它又在121美元的基础上增加10%——12.1美元,并达到133.1美元的总数。第四年,这笔钱的总数增长为146.41美元……依此类推。

你也许已经注意到,随着本金的增长,以利息形式增长的部分——以某一恒定的比例计算，也将相应地增长。不论增长率是10%，还是30%，或是90%；也不论增长率以一年计算，还是以半年计算，或是按周、按日计算，甚至以无限、收敛的时间系列来计算，只要它们体现出增长的连续性（我们假定，增长发生在每一个最细微的时间里），结果都会出现相同的情形。

由于增长的数量，在任何时间均等于本金的一定比例，因此，我们可以认为，增长比率与增长的状态是成比例的（这里的所说的"比率"，是指增加了的美元、英镑、英寸以及其他任何单位形式的数量）。很多事物的增长均符合这一基本原则，不仅仅是银行里的存款，也包括自然界里的许多有机体：松果、鹦鹉螺、蜗牛壳、树上的嫩芽、向日葵等，这些仅只是符合这一增长规律的很少的实例而已。

如果你以相同的角度范围，将蜗牛壳划分为几段，你会发现，每段蜗牛壳的形状都极其相似，当然，接近蜗牛壳中心的那段蜗牛壳要比远离中心的另一段蜗牛壳在体积上小许多。将各段蜗牛壳放大或缩小到同样的尺寸，你会发现，所有各段蜗牛壳几乎一模一样。

假定，蜗牛每个月都会生长出这么一段新的蜗牛壳。连续生长几个月之后，你会发现，蜗牛壳长长了许多，但是，每一段新生的蜗牛壳，似乎都是原有蜗牛壳的某个比例的延伸。正是因为蜗牛的这种等比率的生长特性，蜗牛壳才会在每一个生长的阶段均呈现出相同形状的"身体"曲线。一只蜗牛婴儿与它的蜗牛爷爷，在形状上并没有什么差别，只是在尺寸上小了许多。略去那些现实的问题，例如蜗牛是否能够获得足够的食物，或保持身体结构的力量平衡等，蜗牛壳身体尺寸所形成的曲线将可以无限地延伸。

我们把这条曲线看做是一条数学曲线。它可以无限地增加一定比率的线段。它也可以延伸到你能想象的尺寸。反之，你也可以不受限制地将它收缩，向中心收缩。理论上讲，向中心收缩的那段蜗牛壳越来越小，在数学序列里，它是无限的，在曲线上，它也是可以无限细分的。

现在，你已经看出了蜗牛壳与我们在前一章中所探讨过的迪克·米尔豪斯（Dick Milhous）的股票之间的相似特征了吧！它们两者均没有尽头。在两个抽象图形，股票图形走势与蜗牛壳的形状之间存在的这种相似性，具有巨大的现实意义。股票价格的变动和蜗牛壳的生长，其本质都是对数作用的规律。

许多股票分析人员手头采用的绘图纸，被称为半对数图纸，意思是，股票价格的比例以对数表示，而时间的比例则为线性。几年前，我曾经自己设计过这样的一张图纸，用来对股票进行分析。这种技术图版（TEKNIPLAT）式的图纸，具有与计算尺上的比例刻度相类似的刻度，每个刻度均有数字标注，但是各个刻度之间的距离却各不相等。其规律是，图中任意两个相同的纵轴距离，恒定地代表相同比例的变化。一只股票上涨10%，从20美元/股攀升到22美元/股，与另一只同样上升了10%，但股票价格却是从60美元/股上涨到66美元/股，或是从100美元/股上涨到110美元/股的股票，在我们的技术图版上上升的距离毫无差别。

同样，一只股票如果下跌10%，不论它是由100美元/股跌落到90美元/股，还是由30美元/股跌落到27美元/股，或是由10美元/股跌落到9美元/股，在我们的图纸上，它们都呈现出相同的下落距离。这将便于我们比较各种价格水平的股票的走势，与算术比例尺的图形相比，这种处理方法更加合理。你将看到这种方法下，对迪克·米尔豪斯股票走势的新解释：如果恒定比例的价格的降落，在图纸上总是表示为相等距离的话，那么，在同样缩水50%的情况下，股票价格不论是从200美元/股跌落到100美元/股，还是从50美元/股跌落到25美元/股，或者是从4美元/股跌落到2美元/股、从1/2美元/股跌落到1/4美元/股、从1/256美元/股跌落到1/512美元/股……它们都将在图表中以相同的下降距离来表示。股票完全可以从任意的价格下降50%，不论它的价格事实上已经处在了怎样低迷的水平。而股票缩水50%的效果，对于任意价格水平的股票来说，也均毫无差别，它都将导致你的资金亏损一半。因此，在对数比例尺中，没有零这一刻度，其刻度范围从无限小延伸到无穷大。

对数螺旋形的曲线——我们此前已在蜗牛壳上看到，正是我们前面探讨的股票走势中存在的对数关系的直观表达。对数比例尺与蜗牛壳实际上，都表示了相同的数学模型。当然，对数关系并不仅仅是蜗牛壳、股票价格、银行利息或其他商业行为的属性。它同时也是许多自然现象的直观体现，就像我们前面所提到的。如果你观察过向日葵果实盘中葵花籽的排列形状，你会看到两条对数螺旋曲线，其中一条陡峭地指向果实盘的中心，而另一条则相对角度平缓。松果身上也同样有两组有趣的、角度不同的对数螺旋曲线。此外，尽管不易发现，但是，树木或灌木的树干上长出新芽的位置，同样符合对数的规律。

纯粹从现实的角度上来说，为了了解股票的走势，观察和理解对数关系是十分重要的，我们不妨尽力地构筑对数的概念和意识，直到以百分比的变化或比率的变化来思考问题的模式，成为我们根深蒂固的习惯。但是，除了用做赚钱的工具之外，那些美妙的对数螺旋线的世界里，实际上还包括了许许多多美妙的、壮观的图形和韵律（这里，我必须补充一点，"这仅仅是我个人的看法"，尽管我确信当你真正去观察它们的时候，你也会有相同的感受）。我们甚至只能遗憾，我们的孩子们没有能够更早地接受那些范畴更为广泛的，用于观察现实世界的术语和词汇的教育，不仅如此，孩子们有时还不得不面对算术关系的可怕误导。

生活中，不乏对数螺旋线构思的有趣设计。就像简·汉姆布里奇（Jay Hambridge）的研究所指出的："动态对称：希腊的美丽花瓶。"古希腊大部分伟大的建筑物和雕像，以及其精美绝伦的绘画，其根本的轮廓和造型，都来源于对数螺旋线所产生的和谐之美。有的螺旋线与其他形式的曲线关系亲近。例如，在30°角到60°角范围内绘制三角形、矩形或六边形内的"三次方根"（Root Three）对数螺旋线。不妨做个试验，你会发现对数螺旋线的乐趣。当然，对数螺旋线与其他曲线之间还有其他许多奇妙的关系。

说这些可能有些离题，不过却是有预谋的离题。我真心地希望，你会有兴趣更多地了解这些美妙的曲线，在它们中间，蕴涵了大自然震撼人心的美。

第77章
Chapter77

损 失 陷 阱

如果你觉得损失让你受伤很深，那么，你最好远离那些不确定性泛滥的领域。或者，换种方法来看待眼前的损失，把它视为生活或投资活动中不可避免的一个组成部分。毫无疑问，损失是投资过程必定存在的部分。如果我们无法做到平静地看待损失的话，那么，我们至少应该接受它们，将它们视为收益的伴生物。这将是我们必须学会的艰难的一课。

损失，这是个令人悲伤的话题。好吧，让我们尽快结束本章的探讨，简单地说几句不得不说的要点吧。

没有人希望承受损失。损失意味着伤害。在本书的开头部分，我们曾经探讨过，如果人们所持的观点略做调整的话，那么，许多让人们感觉到巨大伤害的事情，将变得不那么可怕。例如，在135名同学参加的竞赛中，"仅"获得第二名而带来的刺痛。

对人们来说，最大的伤害恐怕就是自尊蒙羞或受辱了吧，因此我们不难想象，会有这么多的投资者，在愿意向自己的经纪人、自己的朋友，尤其是向他们自己低头认输之前，便已遭受了可怕的金钱的损失。当然，如果我们可以稍微换个角度来看待事物的话，那么，犯错将不再那么沉重、那么羞耻。

更何况，许多事情常常并不见得是什么犯错的问题。它很可能只是由于条件的变化而引起的后果。要知道，新的形势下，我们需要新的抽象地图来指示道路。但是，就像我们都知道的那样，我们的某些朋友却总是不假思索地抵制新地图的构建和使用，他们毫不顾及旧地图是否还可以代表当前的客观现实，在他们看来，这关系到他们神圣的荣誉。而这种对过时地图的盲目护卫，将可能导致沉重的损失，股市上如此，生活中的其他领域也相差无几。

何谓损失？它在很大程度上取决于你的价值观。对某人来说比死还要糟糕的事情，或许只是另一个人眼中的搔首之痒。损失其实是一个"度"的问题。除此之外，损失还涉及层级的问题，抽象概念的层级问题。

假定，我参与了一系列的期货买卖，结果如下：损失150美元；损失75美元；损失225美元；获利1500美元；损失180美元；损失50美元。分析每一次单独的交易情况，发现，我有5次失败的交易，而仅有1次成功的买卖。这个结论千真万确。但是，如果我们站到稍高的抽象层级上，再来看看我的期货买卖交易的话，我们可以将结果总结为：净盈利。很清楚，在将所有的交易作为一个整体来看待的时候，我获得了相当丰厚的利润。

特地指出如此简单和显而易见的"要点"，似乎有些孩子气，也有些傻气。然而，我们身边的确有这样的人，他们对损失（任何损失）的厌恶之情如此顽固，以至于类似上述的交易结果对于他们来说已是水火不容的梦魇了。他们绝对无法忍受。我本人对股市和期货市场上的交易者们都有相当的了解，他们中的有些人，尽管总体上都赚到了钱，但是，他们却总是为了偶然的损失而烦躁不安，并感觉自己备受伤害，甚至于最终彻底放弃了市场交易。很难想象竟然有人肯放弃或损害自己的物质利益！不过，当你了解了他们对保护自己的尊严和利益的那份重视，以及他们对于自己如何看待自己的那种关注后，你便会对此完全释然。

我们完全可以稍微改变一下我们看待事情的方式，这样，许多可怕的损失或巨大的威胁，将变得不那么恐怖和可憎。如果我们确切地知道我们自己在做些什么，我们将有能力承受由此造成的许多损失和失败，而如果我们能够正确看待和理解这些损失和失败，那么，它们也将变得可以忍受。许多时候，我们都会发现，损失和失败，其实就是最后所获得的财富中的一个核心的组成部分。

人们有一种习惯，这种习惯很可能会扭曲自己对待应计损失的看法，增加精神的紧张程度。这种习惯就是：对股票的买入价格与股票的每一个新报价进行比较（或者，与我们卖空交易的价格、或是已卖出的股票的价格相比较）。某天，哈里（Harry）到你的房间里来，告诉你说，MNO股票当前的价格是23美元/股，"但是，我的买入价格却是28美元/股。要是它重新回到28美元/股，我打算全部卖出，拿回我的钱"。

为什么是28美元/股呢？股市并不知道，也不在意你究竟以什么样的价格买入股票。有时，明智的做法是，在23美元/股继续买入更多的股票，并持股待涨，直至股票一路上涨到28美元/股、35美元/股，甚至60美元/股。而有时，最好的行动则是，坚决以23美元/股或任何可以卖出的价格，及时卖出股票。除非你有充分的依据来证明股票可以在28美元/股售出，否则，我们将没有任何理由把28美元/股供奉为不可侵犯的圣牛。忘记股票的买入价格，而只是根据最新的情况来做出抉择，这难道不更明智？**如果股票走势良好，那么持有它，不必考虑你的买入价格如何。如果股票走势不容乐观，那么，卖掉它，彻底地摆脱它，不论你支付了多少的成本。**

第78章
Chapter78

利 润 陷 阱

推动股市的，是贪婪，还是恐惧？或许，这只是个人精神上的问题。贪婪并不是投资者过早地卖出股票获取利润的原因，真正的原因可能是人们害怕错过股价的最高位吧。也就是说，就像损失会造成许多伤心的问题一样，利润也会带来同样的麻烦，如果它们不是"正常"的利润——能够证明我们自己的聪明智慧、道德品质、或过人的财务头脑的那种利润。相反，一位成熟的股市投资者，从不如此深入地分析利润的语义，他们平常地看待利润或损失的发生。

我们在前面探讨的关于损失的种种观点，几乎都可以适用于利润——只要把它们进行适当的反转。那些因为小小的损失而倍感受伤的人们，同样也会在因为获利而焦虑不安。事实上，很难说哪一种情形会让他们感觉到更多的痛苦，是发生损失，还是虽然一直赚钱，但是却总在担心有朝一日发生形势逆转，让自己倾家荡产。

我们似乎已没有什么必要指出这里面大量的不是/就是的二元论情结。很显然，除非能够百分之百地获利，能够杜绝任何损失的发生，否则，他们就认为自己不能算作成功。

对于持有这种观点的人们来说，损失和获利之间同样不容许存在任何的中间值。焦虑阻碍了他们尽早地了结损失。他们是如此的惶恐不安，怀着完全避免损失的期望，他们总是选择等待。同样还是由于焦虑，推动着他们尽早出手获利，绝不是贪婪，而是焦虑，与恐惧同等性质的焦虑。于是，唯恐形势逆转，将眼前两三个点的利润全部吞噬的惶恐不安，敦促着他们早早卖出股票，获取利润。当然，毫不怀疑，这样的操作原则为经纪人带来了丰厚的佣金，同时，也有效地切断了人们获取超额收益的大好机会。

就像我们在前面探讨的有关损失的例子那样，我们知道，导致这些早熟的卖出交易的部分原因，应归咎于人们比较股票的每一个报价与"自己支付的价格"的差距的习惯。在此，我不介意再次重复，股市对于你，或对于任何人所支付的股票价格丝毫没有兴趣。你将会很清楚这一点，如果你能够明白，不论是处于上升通道还是下降通道，股票的每一个价位处，都有大量投资者和股票交易者在交易；而你以高于买入成本10个百分点，或上涨15%的价格卖出手中股票的说法，也没有任何道理可言；此外，以不同价格买入股票的人们，其卖出的目标位也会有所不同，其中有些人的卖出价位或许正好就是你的买入成本价格。不断地参考你的购入成本，尤其是当这种参考行为与某种基于成本价格的卖出目标纠缠在一起的时候，我们将无可救药地陷入某种机械系统，某种类似于人们每个赛季都在尝试的、希望能够成功的、用于阻止蒙特卡罗（Monte Carlo）的前进脚步的系统。这样的系统不可能带来成功。

我们提到，焦虑正是惶恐不安的交易者过早地卖出股票，获取尚未熟透的利润果实的一个原因，但是，这些投资者们的主要焦虑并不是对赔钱的担心，而是其他截然不同的事情。他们的担心或许只是害怕错过了股价的最高位。事实上，你从自己的经验中早已清楚地知道了这一点。他们是如此渴望股价的最高位。不仅如此，他们还认为，"上升再上升"一词拥有说不尽的优越性，比上升继而下降等其他的词汇更具魅力。而最高点，则是一个绝对的概念，50%不是最高点，80%也不是最高点。是就是，不是就不是，最高点只能有唯一的一个。

这项攀登最高点的活动令人不愉快的一面便是，那些诚惶诚恐的投资者将很少能够实现他们的目标。他们几乎总是过快地出手，总是在利润尚未开花结果之前，便匆匆忙忙地摘掉利润的嫩芽。不过，他们认为，这样的处理方法，至少比股价到达最高点之后，在股价下跌的过程中才卖出的做法，对自己的伤害要小得多。

这样的想法应该引起我们的注意。举例来说，他们在26美元/股买入股票，而在30美元/股卖出该股票，赚取了4美元/股的利润。如果该股票继续攀升到40美元/股，那么，他们并不会因此感觉到太大的伤害，他们会用宽慰自己的想法来安抚脆弱的自我，"我已赚到了丰厚的利润；现在，我早已不在乎股价究竟能够涨到什么程度了。"此外，在他们的内心深处，他们仍然认为，如果自己继续持股，直到40美元/股的价位，接着眼睁睁地看着它狂泄到34美元/股，然后才将股票卖出的话，自己恐怕就谈不上什么幸福和快乐了。因为对于他们来说，在股价上升的阶段，获取4美元/股的利润，将比在股票价格下落的阶段，调整自己的行为而卖出股票要合理得多，即便后一种操作策略将获得两倍于前一种操作策略的利润。

尽管正是利润和损失构成了股市的成功与失败，但是，我们却似乎最好不要过于看重这些获利和赔本的具体细节。苦苦苛求每一次股票交易的成功，或是表面的成功的做法，并不能够使你过上富裕的生活。最后，你会发现，**更有效的做法是找出一种考评事物的方法（考评方法，事实上，将演变为预测的方法），并在实践中检验它，不断地修正它，并给予它充分的信心，而不必介意结果是获利还是损失。**

第79章
Chapter79

常 识 陷 阱

常识，就像我们在欧几里得几何学里所接受的教育，让我们十分坚信：在大海上平行铺开的两条直线，永远不可能相交。这真让人吃惊。但是，它并不是欧几里得几何本身的问题，这个问题从一开始就没有能够被正确地表述出来。常识中包含了大量的实践真理，也正因为如此，它同时让人丧失应有的警惕。任何（或所有）未经过质疑和检验的常识，都不应作为我们处理问题的指南。"破产的人不可能赚到钱。"真是这样的吗？你怎么知道呢？在类似的情形下，在处理这种看似矛盾的事物时，迈吉的方法或许更为有效。一个更好的原则便是，了结损失要尽快，收获利润不能急。

让我们想象一次海军的军事演习，一艘油轮受命与另一艘驱逐舰平行推进。途中，油轮必须经过一个特定的浮标或标志。常识告诉我们，只有一条，唯一的一条航线可以完成该项任务，因为，经过直线外的一点，有且仅有一条直线与该直线平行。我们早在学校里就明白了这个道理。

我们还从学校里学习到，平行的直线永远不可能相交，不论延伸至何处，平行直线间任何部分的距离永远相等。我们这里所说的"直线"，意味着严格的笔直。由于直线是两点之间最短的路径，因此，我们可以把地球表面的直线定义为完全平放于地球表面上的拉紧的细绳所经过的轨迹。那么，如果油轮上的船长下令沿着与驱逐舰平行的航道前行，并指向浮标所在的位置的话，我们便可以借此机会，对船长的航海技术加以检验。如果我们可以沿着驱逐舰和油轮的航线拉紧两条细绳，我们还可以检验直线上的任何部分之间的距离是否恒定不变，借以判定两条航道是否严格平行。我们可以这样做，至少在理论上完全成立，利用软木浮子，沿着航道来固定细绳。

不过，实际上我们并没有必要如此大动干戈。因为如果你仔细考虑一下的话，你便会明白，不论油轮设定怎样的航道，在足够远处，它都会与驱逐舰的航道相交。在一个橘子上，画两条直线，上述结论将得到验证。而此时橘子上的直线，也就是我们所谓的两点之间的最短路径，却"变"成了两个大圆弧。

任何两条圆弧必然相交。因此，我们可以说，地球的表面上，不可能存在任何的平行直线。任何圆弧，不论它们与我们所谓的直线有多么类似，它们都必然相交。如此说来，油轮根本没有机会按照命令来选择航道。海面上不可能存在这样的航道。

类似的常识，往往会困住那些新入行的水手，因为他们常常不能够意识到，海面并非数学上的几何平面，欧几里得的平面几何并不适用于广袤的海洋。相反，它只能用非欧几里得的几何学知识来加以解释。

人们是如此习惯性地坚持他们所学会的各种"常识"，他们甚至会激动而震怒地向你咆哮：他们所坚信的常识，都是如此的"顺理成章"。

当然，这些常识的确经得起考验，用人们自己抽象出来的资料和依据，以及学校里所教授的检验方法。但是，你必须意识到，有些时候，我们必须以一种新的方法来看待事物，诸如，人们顺理成章地认为飞行器根本不可能从地面起飞的时候。有关飞行的最新常识是这样的：人们永远也不要奢望，自己能够飞行得比声速更快。常识为我们提供了同时也仍然不能够提供大量的药物和保持健康的手段，从不要吞咽食物、保持脚部的干燥，直到走到超强紫外线的太阳下洗阳光浴等。常识告诉我们，共和的观点，或是民主的观点，将拯救我们的国家。常识还告诉我们，解决社会问题和政治问题的根本，就是吸取前人的智慧。

常识告诫我们，应该反对卖空股票的交易，永远反对。它也教导我们，不要购买那些盈利和股息分配方案不够理想的股票，也不要从事任何的保证金交易。常识也告诉我们，破了产的人，不可能同时还赚到了钱，更不可能让我们快速地赚到钱。常识还建议我们去购买那些跌幅巨大的股票，说它们已经到达了8年来的低位。

总之，常识通常是对一些未经过科学检验的观点或行动的赞同。其实，我们所谓的常识，似乎就是一种直觉。它们从我们以往学习到的知识或经验中派生而来。不过，它们却往往只是一些过时了的思想，或一些错误的理论和毫无根据的迷信或偏见，有时它们根本就是人们单纯的美好愿望而已。一句话，它们只是一堆未经整理的、并不准确的概念的大杂烩。

当然，这样的评价未免有些偏颇。并非所有的常识都是错误的、不准确的，或过时的。事实上，或许正是因为大量的常识都能够帮助人们做出有效的预测，也正因为如此，某个错误的常识才会显得如此的危险。

打个比方。例如某个铸币系统中，偶尔出现了一枚假币。这枚假币很容易逃过检验，进入流通领域。此时，常识将告诉我们，我们显然没有必要拒绝所有的流通货币。但是，我们却完全可以尽可能地检验我们所收到的货币，以避免不必要的损失。就像我们前面建议的那样，我们完全可以提出这样的问题：真是这样的吗？你是怎么知道的？

第80章
Chapter80

小猪观察家

事实的真相是,不管我们愿不愿意承认,我们都是小猪观察家。活跃在咖啡厅里的精神疗法专家会拍着胸脯对你断言(就像柏拉图当初所做的那样),当我们自以为在观察客观现实的时候,我们其实只不过是看到了洞穴四壁上留下的阴影而已——至于这片阴影究竟是头真正的猪,还是为人操纵的木偶,则不是我们需要知道的事情了。纯粹的技术分析家,会根据客观现实和事实依据来工作,他们观察,然后处理事情,而不会就小猪本身追根究底。他们观察现实发生的状况,并从中抽象出代表事物的标记。原教旨主义者则不同,他们深入地考证小猪,直至自己面黄枯瘦,精疲力竭(不是指小猪,而是指原教旨主义者)。开个玩笑!

本章的内容似乎有些过于极端,以至于我犹豫许久,才决定把它纳入本书。不过,我相信我并不会因此而过于丢脸,因为我完全信任我的兄弟贝弗里·迈吉(Beverly Magee),正是他,在几年前,为我描述的这个离奇的比喻。

你或许早已熟悉了温德尔·约翰逊(Wendell Johnson)关于现实的种种观点,这些内容收录在他的《困境中的人们》(People in Quandaries)一书中。温德尔·约翰逊在书中指出,除了那些由抽象系统和符号系统所构成的概念以外,对于现实,人们实际上一无所知。人们可以从观察到的种种现象来解释事物"如何"发生发展,就像是在观察一只密封的手表,然后得出关于手表的内部构造原理和运动机理一样。但是,人们却无法进入到手表内部,去看个究竟,去找出"时间"运动的根源。

一天,在所有的校园活动都结束之后,贝弗里在同学们举行的"咖啡加啤酒"

会议上，发表了自己的高见，他指出，股市的真相极大地不为人知，就像大多数的事情那样。贝弗里列数了自己的各项证据：各种我们只看到了部分真相的事实；那些我们可能抽象出某些数据，并得出某个具有预测价值的有效结论，但是，却仍然无法了解到所有细节的情形；以及我们从未进行过深入彻底的"为什么"分析的大多数股市现象。

"就像畜棚里的一头猪"，贝弗里继续道，"畜棚就是那种典型的大畜棚，它位于四周封闭的底层，顶上是干草棚，干草棚开了一扇大大的门。底层的畜棚里，除了圈养的各种牲畜外，还堆放着牲畜们的食物、草垫以及饮水器等。我们被告知，畜棚里有一头猪，猪身上系着一条宽宽的皮带或挽具，皮带的正上方，有一个球窝接头（Ball-And-Socket Joint），接头处安放了一根长长的电极，电极垂直向上，并从畜棚天花板中央的一个小孔中露出，这样，从干草棚的大门外，我们便可以看到电极的顶端。电极从底层畜棚直插向上，离地面约4~5英尺高。"

"现在，只要小猪挪动身体，电极也将跟随着小猪移动。从干草棚中观察，猪在向右移动的时候，电极将向左移动。当猪向天花板的中央移动时，电极的高度将增加，而当猪向畜棚的四周移动时，电极的高度将减小。"

对于作为小猪观察家的我们来说，这究竟是头什么样的猪、它的大小、颜色如何，甚至这究竟是不是猪等诸如此类的问题，都并不重要。我们只需要"栖息"在附近的某棵大树上，观察着电极顶部（这也是我们唯一能够看到的部分）的运动，我们便可以对畜棚里发生的情形进行观察、推理甚至预测。

那些并不满足于高度抽象符号的观察家们，还会给电极的运动赋予各种含义。他们试图把电极的运动与小猪的各种行为对应起来，例如小猪的交友行为、好斗行为等。那些自认为自己属于纯粹技术派的观察家，也在观察电极的运动，但是，他们的观察将完全基于电极的运动本身：过去的运动、当前的运动、根据当前的运动趋势将可能发生的预期的运动、重复的运动，或是范围更广的运动等。

这个比喻，就像我们在本章开头所说的那样，或许太过极端，尤其是当你像我的兄弟贝弗里所做的那样，再加入这样的条件：你所看到的干草棚里的景象并不完全，而且时断时续，因为我们假定，所有这一切都发生在一个漆黑的雨夜，因此，我们只能够在断断续续的闪电里，断断续续地看到电极的顶端。条件不仅止于此：在那棵可以看到干草棚的大树上，挤满了一大群像我们一样的投机者，在不绝于耳的吵嚷声中，大家就电极的每一个即将发生的移动打赌下注，甚至乘机相互兜售起了电极和小猪的图片。

这一切近乎到了极致，但是在尽力去观察可见的电极顶端部分的运动时，小猪观察家们所做的，正是直接、可见的外部客观事实基础上的低层次的抽象。通过观察，他们构筑起了某些事实依据，从这些事实依据中，他们将可能得出某些有效的结论。人们完全可以质疑，那些试图预测小猪行为的人们的种种尝试（例如阅读关于猪的书籍，深入地思考猪的各种习性，咨询朋友们关于猪的感觉，收集关于猪的生产的最新统计数据，了解农作物的实际供应情况等等），是否能够最终得出更好的预测呢？

股市的技术分析方法，涉及高层级的抽象概念。用于技术分析方法的所谓事实依据，实际上早已远离最原始、最底层的客观现实。但是，我们仍然是在利用事实依据进行分析，仍然是在利用这些简单的、直观的信息，虽然它们有着自身的局限。我们在客观事实细节上的损失，将以我们不被超负荷的、无用而无关的信息压垮来作为对我们的最终回报。

第81章
Chapter81

预测的局限性

沉思片刻之后，我们都会确信，甚至敢于在等额赌注的赌局中下注，打赌不可能从一整副扑克牌中随意抽出的一张是黑桃。我们可以坚定不移地继续这个抽扑克牌的游戏，即便已经连续抽出了多张黑桃，因为我们清楚地知道，永恒的概率定律最终将会应验，而我们一定会在长时间的抽扑克牌游戏中获得胜利。但是，仍然有人愿意在这样的赌局中，打赌自己一定会抽到一张黑桃，不仅如此，他们还会在连续的几次成功之后，加倍地确认自己所采用的方法的高明与正确。正确或错误，不是/就是，这些人绝不容忍任何含有不确定性的方法，他们甚至宁可选择回避与退却。他们并没有真正意识到，应该检验自己的方法，并做出相应的修改。

就股票而言，我们所做的研究和观察，大部分都与预测股票价格的未来走势有关。同样，从很大程度上讲，任何一项研究以及任何一项日常活动经验的价值，也就在于预测将来可能发生的情况。当然，所有的计划、预期、预算、组织以及准备等，也都与将来有关，它们都涉及对于事物将要发生的情况的预测与期待。

本书已没有篇幅来探讨股票技术分析方法的各种细节。股票技术分析方法是一种预测股票走势的方法，它也是我最为熟悉的领域之一。在罗伯特 D. 爱德华兹与我共著的《股市趋势技术分析》一书中，我们对股票技术分析方法进行了详细的论述。不过，这里我们可以用几句简单的话来描述股票技术分析方法：股票技术分析方法，如同其他的预测方法一样，首先需要回顾过去发生的事实，然后对现状加以考察，确认现状与过去是否产生了巨大的出入，接着，规定出入允许的误差范围，最后，基于上述各项研究的成果，就将来最有可能出现的局面得出某种结论。

显然，这并不是什么特殊的神秘的过程。在具体的分析过程中，它还很可能演变为大量的纯粹体力劳动。技术分析方法涉及的原则往往都简单易懂。例如，如果我们手中的记录表明，过去发生的各个序列数字为7，7，7，7，7，7，7，7，而当前出现的序列数字也为7，那么，我们可以有一定把握地预测，即将出现的下一个序列数字也为7。如果过去发生的数字序列为3，4，5，6，7，8，9，10，当前的序列数字为11，那么，我们也可以预测下一个序列数字为12。如果过去发生的数字序列数为3，6，12，24，48，96，当前的序列数字为192，那么，我们将预测下一个出现的序列数字为384。

根据手中掌握的整体情况，人们可以从中找出某种趋势和规律，例如恒定常数、数学级数、几何级数、对数级数、循环数、或波状节奏，以及任何符合过去与当前事实的趋势和规律，而将来发展的状况，似乎就是这些规律模式的继续和延伸，一切尽在不言中。

关键之处，当然是找到那些有规律的模式，而且，这些模式可能不仅仅表现为某个单一的函数，它们也可能是多个函数的组合。同时，我们也必须特别小心，千万不要昏了头，错把那些实际上莫须有的模式和规律当成了自己的伟大发现。此外，我们还必须时刻警惕我们此前已探讨过的各种观念的陷阱，这些偏见和态度是如此根深蒂固于我们的内心深处，时刻存在扭曲我们的观点，导致我们的评估出现误差的危险。不仅如此，由于这些根深蒂固的观念同时构成了我们价值观的一个核心部分，因此，如果它们扭曲了我们对待事实的看法的话，将势必造成巨大的危害。

或许，也正是因为如此，人们才不可能通过单纯地阅读书籍或旁听课程来掌握股票交易或期货交易的实质。它需要人们每天、每周、每月，甚至长年的亲身观察，以及对课本上或教室里学到的知识的具体实践。同时，它还需要时间和经验，来对那些陈旧的甚至错误的概念进行相应的修正。因为那些陈旧或错误的概念本身，并不会因为你对某种新观念的理智上的接受和认可而自行了断或自行修正。新的观念只有在成为习惯性的反应后，才可能真正地构筑起来。

一个可能成为危险陷阱的老观念便是，根据股市主要趋势的某种变化来预测股票的价格。这种看法可能来源于某种整体的、复杂的预测，其中，我们对某只股票的评价，将根据股票所代表的上市公司的某些基本事实而得出。这种态度，将导致这样的心理，即当该股票出现相当的涨幅之后，我们便会出现相应的习惯性反应，即认定股票价值被高估。我们所得出的结论，当然是，股票最终将回归其真正的价值,而所有这一切所能够得出的预测结果就是,应该及时卖出股票。

当股票价格出现疾速下跌时,相反的情形将发生。人们趋向于认为股票的价格过低,其价值被低估,因此,它不可能继续下跌了。这样的反应将导致这样的预测,即股票价格即将反弹,应及时买入股票。有时,这样的预测(即股票价格的走势即将自动逆转),得到了股票实际走势的验证。然而,在我们对这样的预测方法过于笃定之前,我们最好考察一下,此前基于该方法下的预测的业绩记录。你很可能会发现,要准确预测,或大致预测出股票走势发生逆转的时间和位置,远比你所想象的难得多。

就我自己而言,我宁可选择完全相反的预测。如果我只能够在主要趋势的大逆转,或是主要趋势仍将持续的预测中进行选择的话,我宁可选择后者——主要趋势的持续。就像鲍勃·爱德华就此发表的看法——我本人也万分赞同,"我们应该首先假定当前趋势的继续,直到明确的信号出现表明逆转态势的确立为止"。

不过,我们这里所探讨的,并不是预测的具体细节,也不是技术分析方法的具体应用,它们只是某些更为基础的东西:**预测的局限性**。

如果你认真考虑过这样的问题:股票价格发展趋势或发展方向的预测,究竟是应该在预期逆转态势出现的前提下进行,还是应该在预期原有态势继续的前提下做出,你将会发现,我们其实是在又一次地谈论不是/就是的情形。只要有可能,我们都应该将问题转变为"度"来衡量,而不是什么不是/就是的选择。这样,我们才能够从多个、或许很多个角度来回答问题,而不是简单的二元选择。

有时,就像下面的例子,我们无法将问题由不是/就是的选择转化为确切的"度"来衡量,虽然,它们看起来似乎已进行了类似于"度"的处理:我们可以用可能性来考量问题。比如说,你认为美国橡胶(U.S. Rubber,美国上市公司)的价格将攀升,而我持相反意见,认为它将下跌,那么,我们可以约定,一个月后(或者我们一致同意的某个时间),我们再来观察股票的价格,并最终定论:"你对了"或"我才是对的"。

这,仍然还是一次二元论的、不是/就是的情况,它同样属于我们应竭力避免的情况。你瞧,在二元论的观念下,如果你的预测方法正确,那么,你将得到正确的结果。也就是说,如果股票价格上涨,那么,你就是对的,你的预测方法也因此被断定为正确的。相反,如果股票下跌,那么,你错了,因此,你的预测错了,你的预测方法也错了。

如此看待事物的方法将使我们陷入无尽的烦恼。这个月,你或许正确地判定了美国橡胶的走势,下个月,你也可能正确把握了格拉尼特城钢铁(Granite City

Steel，美国上市公司）的价格，下下个月，你还可能对北太平洋（Northern Pacific Steel，美国上市公司）判断正确，但是，早晚，你会对某只股票的走势判断失误。而这一次的失误，便已几乎肯定了你所采用的预测方法本身的错误，或者说，它至少说明了你的预测方法在这次特定预测中的错误。结果，你不是全盘否定掉你的预测方法，就是对你的预测方法起了怀疑，并在心里留下了抹不去的阴影，或者，它至少会毁掉你的信心。（在此，请容许我打断一下我们这里的探讨，并建议你仔细想一想，生活中除了股市之外的其他类似的预测情形。你会发现，类似的失败和消沉总能够在你企图构建完美的不是/就是的二元方法的地方找到。）

然而，我们根本没必要用这种绝对化的二元论的方式来处理问题。我们完全可以坦然地承认预测在可能性方面存在的局限性，然后，我们便再也不必因为缺乏足够的自信而惮于采用我们的预测方法了。我们不会再奢望我们的预测方法能够为我们带来超出合理界线的果实，也不会再将我们的预测方法构筑于偶然成功的基础之上。

清楚了吧？那么，你是否见到过，有些时候，某种愚蠢的预测方法（例如以等额赌注打赌，你可以从一副普通的扑克牌中抽出一张黑桃）却能够连续取得成功？如果你眼看着某人，以这种愚蠢的方法一次又一次地押注，并连续八次获得成功的话，你是否会改变初衷，也感觉到，这便是正确的预测方法呢？

换句话说，假定你有机会玩等额赌注的游戏，打赌你从一副普通的扑克牌中抽出的不会是黑桃。也就是说，只要你每次抽到的是红心、方块或梅花，你就胜出；只有当你抽到的是黑桃的时候，你才算输。在如此有利的规则下，你却连续多次输钱，这时，你是否会认为你的游戏方法错了，并打算彻底放弃它呢？你是否会干脆反转你的游戏方法，转而下注，你将抽到的扑克牌为黑桃呢，而理由仅仅是运气与你作对？我们是否可以这样说，假定扑克牌本身不存在任何的花招，每一张扑克牌都是普通的扑克牌，而且，洗牌的过程中，也没有做过任何的手脚，那么，我们已经赢了多少次抽扑克牌的游戏，或是已经输掉了多少次的游戏，其实都没有任何的关系。赢或输都不该影响到你考评事物的方法的正确与否。你最好的策略就是，继续坚持你的考评方法，只要你仍然坚信，支持你得出你的考评方法的信息和推理仍然正确和有效。

你当然明白这个道理。在你以往抽扑克牌游戏的经验中，你早已得出了同样的抽象和归纳。再去讨论如此显而易见的东西（就好像是一头堵住了你家前厅的大象），似乎太过多余，太没必要。你很清楚，不论是轮盘赌的操盘手，还是赌场的所有者，都不会在意你或其他任何一位玩客的输赢结果。只要赌场的金库足够富裕，那么，赌场里的各项游戏规则必将耗尽每位赌客的运气，击溃任何一位轮盘赌客的卓越方法。任何一位职业赌徒对此都再明白不过了。

职业赌徒所采用的考评方法，并非基于取得某种游戏，或某一系列游戏的绝对胜利，相反，他们把长时间段内的连续游戏作为一个整体看待，并对这个整体的最可能的结果进行预测，那么为什么还会有如此众多的人，不是采用那些毫不现实的考评方法，就是遵循一种缺乏第一手实践检验和验证，危害性大于有用性的方法呢？会不会是因为他们根深蒂固的不是/就是、对/错的教育，使得他们不再习惯接受任何基于不确定性的预测方法了呢？

如果我们知道，根据以往的经验，以及对当前发展状况的观察，我们有希望在等额赌注的一系列赌博游戏中，获得10次中的7次胜利，那么，我们便可以将这种7/10的可能性，视为与衡量其他类型的问题时所采用的方法或"度"同质的方法。在保留一定余地和警惕的前提下，我们可以将"7/10"看做是对我们的预期的衡量，在经过不断的反复检验和验证之后，我们还要不断地对此加以调整和修订，直到它成为一项高度可靠的预测工具——只要游戏的基本规则没有发生什么实质性的变化。此后，我们便可以相当自信地应用这一工具，而且，基于我们的自信，我们也将不再需要那种自我安慰型的"永远的正确"。

想想这意味着什么。想想那些让你彻夜难眠的夜晚，那些让你为了第二天的股票走势，或是为了XYZ在本周内究竟会向上发展还是向下发展而焦虑不安的不眠之夜。当然，我们不可能做到完全解除对股市的焦虑，但是，我们却可以大量减轻我们的紧张和焦虑，因为你不再会因为股票每一次一两个点的起落而感觉到彻底失败的心理威胁。

论证了这么多，目的无非是想说明预测方法的局限性。普通大众似乎并没有意识到这种局限性的存在。他们通常所寻求的、或所要求的，都是一些永不失败的，解读未来的万灵药方。他们是如此的肯定，只要自己坚持尝试和寻找，便有可能得到这样的正确的方法。在这种认识下，唯一的受益者只能是那些江湖庸医，每年，这些江湖庸医都可以通过提供超级的完美系统而从他们的身上获取上百万美元的收益（这早已成为很多街上，也包括华尔街，千真万确的事实）。

我们为预测设定了局限。我们在代表着永不失败的百分之百的上限前面止步，同时，我们的目标也将定位在零的上方，而且离开"零"这个彻底泄气的愤世嫉俗者一定的距离，在他的眼中，一切都只不过是运气而已。观察某种预测方法的应用历史记录，清点它们的成功与失败，我们便可以衡量该方法以往的成功概率。然后，我们便可以利用这一结论来预测未来发展的可能性，并声称，"我相信，根据以往的记录，该方法可能带来20%～30%的年平均净利润率。"

对于那些久经训练，并以绝对化的方式来看待问题的人们来说，上述表达根本谈不上积极的、正面的成果，也无法满足他们的根本需求。他们预期的回报率绝不仅止于此（前提是他们永远正确），他们获利的确定性也绝不能如此"含糊"。要知道，这一类型的人从不考虑任何"折中"的结果，他们所要求的，是绝对的正确、绝对的清晰和分明。显然，这一类型的人彻底挫败的机会将大大多于其他类型的投资者，因为在他们看来，攀登高峰总是毋庸置疑，而达不到完美的境界，也就意味着一无所获。

第82章
Chapter82

股市是赌场吗

股市既是赌场,也不是赌场。股市实质上是一项经济工具,用于决定物品和货币之间的交换价值。参与股市的人们正是就此展开博弈,如同生活中的其他类似情形,例如军事战役。

参照我们的类比对象——赌场,我们或许可以通过对赌博游戏的核心要素的分析来解析股市:①概率;②对手的策略;③各种选择方案下可能的结果。

前面的章节中,我们曾经提到过抛硬币和抽扑克牌的游戏,它们都与预测方法紧密相关。我们同时也提到过,就抛硬币和抽扑克牌的结果所展开的赌博游戏。鉴于我们所感兴趣的问题是:如何开发出一种可以应用于股市的预测方法,因此,我们所面对的真正问题也将演变为:股市,真的只是一场赌博游戏吗?

如果我们所说的赌博游戏,是这样一种竞赛:其唯一的目标就是赌博本身,其结果则在很大程度上取决于运气,那么,股市便不能够简单地算做一场赌博游戏。在自由竞争(这是我们所知道的民主生活的核心本质)的前提下,我们必须拥有某种手段或工具,用以决定物品与货币之间的交换价值。股市,正好充当了这样的工具。然而,股市同时也确实具有某些博弈的色彩。它同样有输有赢、有赔有赚,虽然它绝不是简单地在参与者之间转移收益或损失,就像扑克牌赌博游戏里的那样,股市还同时与许多的基本经济因素和货币因素紧密联系在一起。

如果有人认为股市就如同扑克牌的赌博游戏,那么,他必须考虑的几项因素中的一个必然就是:股市里的每一只股票的价值总在随时变动。如果我们一定要把股市视为某种赌博游戏,那么,我们宁可把它看做是扑克牌游戏,而不是掷骰子或抛硬币的游戏，因为股市并不只是纯粹的运气，它还涉及相当多的策略问题。掷骰子、扑克牌游戏或是赛马等赌博游戏，它们本身并不为任何目标服务，它们只是提供了一种赌博的手段和工具（也有少数人声称，赛马有助于改善马的品种，我们对此不予考虑）。股市博弈的一面，却是股市考量功能的一个附属物，就像保险业中蕴涵的赌博要素，它也只是保险业保护作用的一个附属产品而已。

　　股市如赌场的说法，也可以从另一个方面来解释。赌博一词，一直用于指代那些利益与未来事件的结果相挂钩的冒险活动。它不仅包括所有纯粹的赌博游戏，也包括每一项投机的生意，例如开办商店，购买某只股票，签订合同并根据合同条款在一定的期限内完成指定的工作等。从这个意义上来说，赌博游戏也可以被看做是一个这样的问题：未来发生的情形将决定当前决策的结果。例如，究竟是购买个人责任保险（指保险公司负责被保险人依法对他人承担赔偿责任的保险），还是不买保险，只靠运气的决策，便被认为是一项赌博游戏。此外，在获得学士学位之后，究竟是继续深造，攻读硕士学位；还是进入生意场，也同样可以被认为是赌博游戏。

　　某些场合下，利益关系并不表现为金钱或物质，但是，它们也可以被认为是赌博游戏。我们这里不再对此展开具体的探讨。

　　那些如赌博游戏一般的考量可能的未来发展的问题，在我们的日常决策中，随处可见。例如，我们时而谈起的爱情游戏：在独处的独身生活，与共同生活的两情相悦和社会责任之间的权衡，也可以说具有赌博游戏的本质特征。甚至在道德与伦理方面，也不乏预测与考量等赌博的因素，例如在分析战胜竞争对手，得到某份重要工作的利与弊时：一方面是，个人可能得到的经济利益以及在公司内部的重要性的提高；另一方面则是自我谴责和内疚感。我们还可以罗列出一系列诸如此类的赌博游戏，我想那一定很有趣，不过，这已经超出了本书的范围。赌博游戏之所以在此展开分析，只是因为它代表着一种有风险的利益关系，这种利益关系并不一定表现为金钱。同时，获取该项利益的已知或未知的概率，将根据某种已知的、未知的或部分已知的战略来决定。这样的游戏，将包括各种各样的赌博游戏；也涵盖了股市、保险、海陆军战役，以及工程学、社会学、医学等各个领域中出现的大量问题。为了深入研究此类游戏，我们必须就该游戏的3个基本因素展开讨论：①纯粹的数学概率；②对手的策略，这位对手既可以是单独的个人，也可以是集体的团队，还可以是大自然等；③各种选择方案下可能的结果。

第83章
Chapter83

纯粹的数学概率

从掷骰子的赌博游戏或掷骰子的过程中，你会得到足够的经验和教训：你可以花上几天的时间来掷骰子，并记录下每一次的结果（这对某些持怀疑态度的人来说，或许是一项有益的练习）；或者，你也可以接受数学概率这一精致而简单的解释。当然，在那些并不公平的掷骰子游戏里——使用灌铅骰子的游戏中，人们美好的愿望确实有可能实现。但是，在普普通通的掷骰子的游戏中，我们所遵循的游戏流程，就如同我们日常生活或投资活动中所遵循的方法一样，其目的都是获取合理的可接受的结果。

如果有人自制了一副骰子，并将其中的一只放在桌子上，推到你的面前，那么，你将如何来预测掷一次骰子的结果呢？

如果你此刻认定，面前的骰子没有被做过任何手脚，所有六个平面都很均匀，出现任何某一个平面的可能性都不会大于其他任何一个平面，那么在否定了一系列的推测之后，你将不得不断定，所有六个面出现的机会均等。你或许只好这样说："抛出从1到6中的任何一个数字的机会都是1/6"，所以对任意选择出的一个数字，下注的正确赔率都应该是5∶1。这就是说，你最佳的预测是，就某个固定的数字以5∶1的赔率下注，在经过多次反复地赌博游戏之后，胜负的结果将很可能持平，即不输不赢。你和你的游戏对手，谁都不可能占到对方任何的便宜。

如果你同时选择两个数字，那么，掷出这两个数字中的任意一个的机会，可以预测为1/3，而下注的赔率将可定为2∶1。如果你同时选择三个数字，那么，你获胜的可能性为1/2，而下注的赔率可定为1∶1，即等额下注。

上述所有三种情形，均可以被视为公平的游戏，也就是说，你和你的对手在游戏之前，都不可能拥有什么确定的优势。在这样的游戏里，每一次掷骰子的胜负都属于纯粹的运气。至于下一次会掷出什么样的骰子，也不存在什么可靠的或绝对的预测。输赢的机会都是均等的，也就是说，由于任意某个数字出现的机会都不可能高于其他数字出现的机会，因此，我们可以假定，每个人输或赢的机会平等。

　　但是这并不是说，最终的结果会真正公平，因为，我们尽管不可能确定，在这场纯粹靠运气的平等公平的游戏里，究竟哪一方能够获胜，但是，出现一方获胜，一方失利的可能性却很大。而且，我们或许还可以肯定地说，那只是运气的问题。我们掷出的骰子的次数越多，胜方的收益和负方的损失之间的差距将越来越小——如果以下注的总金额的比例来计算，不过，如果从总金额的绝对值方面来说的话，这一差距有可能增加。掷骰子的次数越多，出现连续四次获胜或连续五次获胜的机会也将增多，依此类推，更多次掷骰子的情况下，甚至可能出现更长的、破纪录的连胜纪录，例如连续的15次或20次获胜。诸如此类的偏差的分布可以用数学期望和数学方差来加以描绘。

　　我们这里，并没有深入研究概率学的打算，但是数学概率原理中的某些要点却适用于股市，当然，也同样适用于生活中的其他问题。其中一个要点便是，参与某种纯粹靠运气取胜的赌博游戏，并非理智的选择，在这样的游戏中，获胜的希望往往比数学概率所显示的不赢不输的公正结果的概率小得多。

　　所以单独某一次的掷骰子赌博，如果给出的赔率为6∶1，那么，我们不妨小试身手；如果给出的赔率为5∶1的话，我们最好采取漠然视之的态度；如果给出的赔率为4∶1，或更少，那么，我们便应该坚决不参与游戏。

　　此外，我们还必须清楚地看到，即便是在有利的赔率形势下，我们也可能运气不佳，连续多次失利。尽管，这并不影响我们参与游戏的决策，但是，我们仍然应该采取必要的措施来保护自己，以免耗尽我们所有的资本。

　　而这正是使许多人栽跟头的"小小"陷阱，例如像红狗（Red Dog）这样的游戏。红狗游戏的规则如下：当你手中握有黑桃A，或红桃A，或方块K，或梅花K时，你可能输的情况只有一种，即下一张翻出的牌是方块A或梅花A；除此而外，你都将获胜。如果此时，就像红狗游戏里时常上演的那一幕幕，桌面上的赌注空前膨胀，而你手中碰巧抓到了一把十拿九稳的好牌，那么，你往往会因此而激起斗志，豪情万丈地押下所有的赌注——几百美元，甚至成千上万美元。对于这样的情况，我们可以说，从数学概率上看，你已胜算在握。但是，你如果因此以自己一整年的收入来赌一个仍然未知的事情，却不一定是个很好的策略。许多参与红狗游戏的赌徒，都是在如此这般十拿九稳的对局中惨败下来，因为他们没有能够意识到，尽管赢率十分理想，但是，哪怕是1∶23的赔率，对于你的全部身家来说，也仍然显得太小太小。

我们的确可以以任意的赌注，以我们的全部身家甚至生命本身来押注，投入那些安全的赌博游戏，例如美国空军的两颗火箭卫星不可能在外太空发生碰撞。这几乎是件不可能的事情，或者说，可能性趋于零。但是，我们仍然不可以，在没有适当的保护措施的情况下——我们将在后面的章节中就此加以讨论，以自己的全部财产来冒一次胜率稍微过半的风险，或是胜率大大超过半数的风险。

至此，我们尚未考虑过有关骰子游戏的一个关键问题：在我们掷出骰子之前，我们可以将它放在桌面上，仔细地检查，但是，我们根本无法鉴别它是否是一枚公正的骰子。它的内部或许早已被灌了铅，以致掷出某个特定的数字的机会将比掷出其他数字的机会大很多。

假定我们得到了一个可靠的信息，被告知骰子有问题，但是，我们并没有同时被告知，究竟哪个数字成为了"幸运"数字。这种情况下，我们在掷骰子之前便已明白，骰子的每个面出现的机会并不均等。我们不再能够做出这样的预测：每个数字出现的机会均等。因为我们确切地知道，他们并不均等，在连续的掷骰子的过程中，某个数字"碰巧"出现的机会将远远大于其他数字出现的机会。然而，对于我们来说，这样的情况（并不知道哪个数字是"幸运"数字的情况下）却仍然不见得比上一种情况（假定骰子很公正，所有的数字出现的机会都均等）有利，因为我们仍然不知道给哪个数字分配更高的期望值，而我们又确切地知道，我们应该为某个数字分配更高的期望。因此，当我们必须提前布置我们的策略并押下我们的赌注时，我们将不得不继续以每个数字出现概率均等为前提。在诸如此类的情况下，假定概率不变的前提仍然可以说是完全合理的前提假定，也只有在这样的前提下，我们才有机会做出我们前面所提及的各种最佳押注决策。

不过，一旦掷骰子的游戏真正开始，我们便可以开始收集和统计信息，以补充和完善我们已得出的理论预测。如果骰子是公正的，那么，在多次掷出骰子之后，我们将发现，游戏结果的概率分布模式将倾向于各个数字出现机会均等的均匀分布，同时，每一次投掷结果的偏差也将限于正常的范围之内。大量的掷骰子游戏结束之后，受过训练的统计人员将能够发现骰子中任何的"手脚"，不只是找出其中的"幸运"数字，而且还可以为我们揭示"幸运"数字所占据的优势的程度。

之后，我们便可以着手我们的理论猜想（高层次的抽象概念），并将它用做我们对掷骰子结果的预测。随着游戏的进行，我们可以记录下实际的观测结果（低层次的抽象概念）并反馈到我们的理论猜想中，以进行检验和必要的修正。通过上述各项活动的循环展开，我们便拥有了一种不断进行自我调节的预测方法。这其实就是我们在前面章节中所勾勒的构建基本考评方法的过程。

即便是在那些纯粹的运气问题上，例如抽扑克牌游戏、转轮盘游戏、掷骰子游戏等，我们也没有必要将所有的决策寄托于逻辑推导的结果上，或是我们被告知的、读到的知识或经验上。利用我们自己的经验，并乐于接受统计数据的检验，我们将能够及时纠正我们的预测，修改原始理论中任何的错误，补充其中任何的遗漏，甚至考虑到那些最新的或变化了的条件和情况。

第84章
Chapter84

对手的策略

赌博游戏有很多种,其中包括概率游戏,也包括策略游戏。抛硬币的游戏,便是一种概率游戏,而股市则属于策略游戏的战场。在这样的策略游戏中,数学概率的种种规律将失效,游戏参与者们所面对的对手,将是股市。股市属于高级的抽象概念,它代表着游戏的所有参与者这一集体的总和。

策略,并不意味着在骰子上做手脚,或是在扑克牌上打标记。策略,意味着在游戏或竞赛规则下,对抗双方斗智斗勇,考虑周全的行动计划。从这一意义上来说,诸如抛硬币、掷骰子、抽扑克牌等一类的游戏,均不含有任何策略的意味——这类游戏的胜负将由概率来决定,当然,也取决于抛硬币、掷骰子、抽扑克牌的最终结果,而这些,都不过是纯粹的运气的问题。

人们早已就如何在此类纯粹靠运气的游戏中取胜的方法展开了大量的研究,通常,这类游戏的胜率和回报并不利于参与者。当然,即便是在灌铅骰子式的游戏里,例如确保某个恒定的收益率的赌场里的各种商业赌博游戏,一个地地道道的外行赌徒有时也有可能获得丰厚的利润,或是长时间地连续获胜,但是除了个别偶然的幸运而外,此类游戏的游戏参与者们往往总是在走出赌场之后发现,自己比进入赌场之前穷了许多。迄今为止,尚未有人能够发明出一种有效的方法,来帮助人们成为此类游戏的常胜将军。

在纯粹靠运气取胜的游戏中,不论游戏的规则是否是灌了铅的骰子,对参与者有利或不利,我们都有可能对游戏结果的数学概率加以合理的估计,就像我们从理想的数学分布中推导出通常的随机分布一样。一旦我们得出了概率的估计和预测，那么，我们也将不再有任何的办法来提高我们获胜的数学概率。

当我们遇到策略性的游戏时，情况将发生极大的改变。策略性的游戏可能会，也可能不会涉及纯粹的机会问题，但是，通常来说它们必定涉及对手的理性策划的问题。这将使得整个的事情变得复杂起来。我们熟悉的石头、剪刀、布的游戏，便是这样一种并非纯粹靠运气取胜的游戏。剪刀可以剪破布，石头可以击坏剪刀，而布则可以将石头整个包裹起来。所以，剪刀将战胜布，布将战胜石头，而石头则将战胜剪刀。如果你的对手选择布，而你选择剪刀的话，你将获胜；如果他选择的是剪刀，而你选择的是布的话，他将获胜。同样，如果你选择布，他选择石头，那么，你获胜。由于石头、剪刀、布的游戏中，你和你的对手必须在同一时间做出选择，因此，你和你的对手都会想尽一切办法，去猜测对方的心思。

扑克游戏，则略有不同，它是一种纯粹的运气（以发牌或抽牌为代表）与精密的战役规划（你的对手将试图揣测你的心思，并尽量误导你错误地理解他的想法）相结合的一种游戏。

扑克游戏，可以看做是某种其他类型的竞赛的简化图（抽象概念），或者说，扑克游戏的某些方面与其他某种竞赛的某些方面极为类似。正因为如此，扑克游戏为我们提供了研究其他某些游戏的极佳的临床案例，尽管我们所感兴趣的这类游戏远比扑克游戏复杂得多，例如股市。你或许并不理解，股票市场或期货市场与扑克牌游戏究竟会存在什么特别的相似之处。而事实确实如此，它们没有特别的相似之处，就像一只豚鼠与一个人毫无相似可言一样。但是，豚鼠仍然可以用于我们的研究，研究那些类似的作用于人的物理条件。同样，水管与电线也谈不上什么特别的相似之处，但是有时，在我们讲授基础科学的课堂上，我们仍然可以利用水管中流动的水来帮助我们理解电在电线中的运动方式。

你或许并没有意识到，在你参与的股市游戏或股市竞赛中，股市本身就是你的游戏对手。记住我们这里采用的类比，并把它作为通用的规律：我们所说的你的股市对手，并不是通常意义上从你的手中买入股票或将手中的股票卖给你的具体个人，也不是那些专业从事股票买卖的团体或机构。你的股市对手是股市本身。它不能够具体化，当然也不能够个人化。在这场股市游戏中，你将与一个高级抽象的对手对抗，而不是某个人或某些人，就像我们在与一堵高高的水泥墙比赛网球一样。

虽然许多策略性游戏的游戏对手都涉及人，其情形与扑克牌游戏极为类似（例如一次拍卖活动、一次董事局会议、一场选举大战等等），但是，在许多其他的游戏中，你的游戏对手却很难加以定义，他们的形象是如此模糊，以至于你只能够把他们笼统地当做你所进行的交易的另一方。在这样的游戏中，不论输赢，收益或损失都不会从对手的水箱流入你的水箱（假定游戏中的价值单位，可以当做液体来测量）。但是，你却可以这样来想象：你的收益，将会从一个巨大的湖泊中抽到你带有测量刻度的水箱里，而你的损失也将从你的水箱中，按量抽回到同一个湖泊内。你将不能够以其他个别人的收益或损失来对比和衡量你自己成功或失败的程度，你只能够以发生在自己身上的种种影响来考虑成功或失败的问题，至于你的游戏对手，则可以被看做是一个能力无限的庞大银行。

在诸如此类的情形下，我们可以说，我们的对手具有生物的特性。这里，"生物"一词似乎并不十分贴切，不过，请耐心听听我们的注解，我想，你一定会明白我们的用意。假设，我打算买入了5 000股中央维奥莱塔糖业股票（Central Violeta Suga，美国上市公司），那么，我必将考虑我的购买行为所造成的种种影响，不仅是买卖交易对我自身、对我的事业的影响，而且也包括这笔交易对于股票的浮动供应量（Floating Supply）的影响。而如果我计划买进5 000股通用汽车股票，那么，尽管这笔交易可能对我自身的事业会造成巨大的影响，但是，我却不必去考虑通用汽车股票浮动供应量的减少所带来的问题。这是因为，与中央维奥莱塔糖业股票那样的小盘股相比，通用汽车股票的浮动供给量就像一只巨大的湖泊，蕴藏巨大而丰富。同样，当你购买一只小盘的期货时，你必须同时考虑这桩交易对于你自身的影响，以及交易对于供给方面的影响；如果你打算买入的是一项大型的期货，例如小麦，那么，你会发现，自己面对的供给量似乎无穷无尽，而自己的交易行为不会对此构成任何实质性的影响。一般来说，我们都会避免小盘子的股票交易，因为即便只是一般数量的买卖交易，也会造成小盘股股票供给与需求的严重失衡。我们通常所从事的股票或期货交易的对象，都不会显示出如特定参与人数的竞赛的特征。

当前的某些股票交易者，以及过去许多的股票交易者，都很乐于在那些相当于人与人对抗的交易里发挥自己过人的聪明才智。股市评论家、股市建议者，或是投资经纪人等，也常常宣传这样的情形：只能够买到数量很少的股票的交易；很少的股票发行量，其中大部分都被别人牢牢地掌握在手中的股票交易等，在这样的情形下，关键的问题便成了人与人之间的策略和对抗。

这与供应量巨大而充足，似乎已没有了什么具体的界线的情形十分不同。当我们任意数量、任意时间上的买卖都不会构成对股市的有形影响时，整个的策略问题将变得非常的不同。

当然，任何一笔买卖交易，无论其交易量有多小，它都会对供应量产生某种影响，就像我们从大海里取出一勺水，将造成海平面某种程度的降低一样。当然，在某些情况下，例如恐慌性抛出股票，或是爆炸性的抢购风潮的时候，即便是大盘子股票，也将受到强烈的冲击和影响。举个例子，假定某位著名的电台评论员有意吹捧某只股票，哪怕是一只大盘股票，那么，他完全可以暂时地歪曲该股票正常的供应状况，虚构人为的股票需求。但是，一般来说，只要我们所交易的重要股票被列入了大型交易量的行列，我们便可以假定，自己的股票交易对该股票的供应不会造成任何实质性的影响。从实用而现实的角度上讲，我们可以假定，该股票的供应是无限的，而且，这一无限的供应还具有某种程度的连续性和稳定性。我们可以把股票的供应总体地看做一个单元，就像是我们的股市交易中的一个游戏对手；我们甚至还可以赋予它某种习性或特征，并在某种意义上把它视为人来对待。

对于我们来说，这仍然不能够完全消除我们对策略的需要。股票的供应特征，或是期货的开放权益特性等，都不可能真正被视为人的个性。但是，我们可以把它当做我们所关注的所有股票交易者的集体个性。在此，我们虚构了一个想象中的人物，而这位虚构出来的老兄身上，结合了所有参与股票或期货交易者们的希望、恐惧和期待。从某种意义上说，它就像是股市交易者或期货交易者通过民主方式选举出来的一位代表或一位代言人，他将负责处理他们的各种利益。正是这位虚构的人物，坐在了桌子的另一侧，面对着我们，成为我们的交易游戏的对手。

近年来，博弈理论的研究大量展开，它对于军事以及科学领域来说，均具有重大的意义。博弈理论的大部分内容都涉及新型的复杂的数学问题。不过，幸运的是，其中某些基本的原理并不难理解，同时，这些基本原理已在股市及期货市场的研究中得到了实际的应用。

当我们面对战略性问题的时候，单纯的概率机制已不能解决所有的问题。错综复杂、沸沸扬扬的股市下面，掩盖着人们个人的精密计划和策略。在把它们进行抽象的集合化处理的过程中，我们绝不能够丢失这样的一个事实，即股市的各种问题，仍然涉及人们在一场场考评竞赛中的智力对抗。与单纯的运气和概率相比，它蕴涵的意义要广泛得多。

第85章
Chapter85

回　　报

你是否曾想过，人们（当然不仅限于俄罗斯人民）为什么喜欢玩俄罗斯轮盘游戏？当然，当对手失利时（或打碎自己的脑袋时），人们可以赢到金钱。比赢钱更为重要的，是危险带给他们的震撼，是赢得所有赌博游戏中最大的胜利——生命本身时内心的震撼。因此，投机家和赌徒以及天真和无知的人们总是试图在股市上大发其财。与此相反，理性的战略游戏者，则会考虑自己预期的损失以及可能遭受的最糟糕的损失，而不会被一夜暴富的神话蒙蔽住双眼。

电台赠送礼品的活动正式开始。开始的时候，礼品是一盒肥皂片。接着，礼品变成了毛皮大衣。很快，赞助商们开始提供去百慕大或夏威夷的免费旅游，接着，便是现金奖励以及数额更为巨大的现金奖励。接下来，电视时代问世，大捆大捆的大额现钞，以及可以自由兑换成现金的卡迪拉克（Cadillac，美国产豪华汽车），开始成为授予失败者的安慰奖。谁还能够要求比这更多的东西呢？巨大、奢华的奖品，大笔的金钱，而这一切，都不需要付出工作和劳动。彻彻底底的不劳而获！

彩票一直流行于世。在有的国家中，几个小小的便士就可以为你换取一个赢得巨额财富的大好机会。尽管成功的机会不大，但是，它毕竟可以寄托人们的梦想，尤其是对于那些内心强烈地渴望财富，而现实却相距甚远的人们来说，更是如此。美国也有彩票。至少，我想，你仍然可以在雪茄店或餐厅里，利用你的收支余额或你在Pimlico工作一整天的收入来买彩票，来购买那些寄托了你无限期望的数字，期待着它们有一天能够让你梦想成真。你手中的50美分一定会为你赢得

5 000美元。我们手中握有带给那些贫穷和愚蠢的人们的幸运数字。不！愚蠢这个词太过激，说他们愚昧则更合适，说他们忽视了对自己不利的获胜概率，也更合适。但是，当你处于足够低的经济阶层的时候，你确实需要某种刺激来鼓舞你沮丧的心情。

一个人的自尊将是他最可宝贵的财富，这已是老生常谈。尽管他可能花一半的时间在商店里揣摩彩票，而家里躺着他生病的妻子，但是，只要能够在某天下午，兜里揣着一张可能带给他巨额财富的神奇数字的彩票回家，那么，有谁能说，他没有充分地利用他少得可怜的钱呢？自尊能值几个钱？

不论是纯粹靠运气的赌博游戏，还是涉及战略问题的博弈游戏，你都会发现，参与所有这些游戏的大多数人们，都在追求暴利或巨额回报。然而，对于他们来说，金钱本身并不见得是对他们最大的奖赏，获胜、获得财富的感觉才是他们最终的追求。这是一种突如其来的感觉，一种升到万物之上的感觉。它是在宾果游戏中赢得雪佛兰汽车大奖后邻居们的谈资，也是在多方考虑之后，知道自己颇具实力时的飘飘然。如果不是这样，我们将很难解释人们参与赌博游戏的动机。随便进行一次普通的经济效益的核算，我们便可知道，那些参与赌博游戏的人们，往往根本负担不起他们的这项活动。毫无疑问，所有商业赌博游戏的获胜概率，都明明白白地写着：对游戏的参与者不利。但是，人们似乎并不在乎输赢概率的大小。

人们之所以忽视输赢概率，并不全因为他们不懂或不能够计算出概率的大小。更主要的原因似乎是，人们对输赢概率并不感兴趣，他们并不认为输赢概率是游戏中最重要的因素。在心理上，按照人们自己的观点来说，输赢概率或许并不那样重要，使自己的收益最大化，才是真正重要的事情。那些胜算在握的游戏并不那么有趣，那些十拿九稳但只能收获蝇头小利的胜利也算不上什么真正的胜利。这样的游戏，这样的胜利，根本无法安抚他们遍体鳞伤的自我和自尊。只有当他们昂首阔步地走到兑奖窗口，拿出一张2美元的彩票，并换回50美元的奖金时，自尊的天空才能够被照亮，胜利的鸣钟才能被敲响。只有这种风险大、成功概率小的游戏，才能够带给他们兴奋和满足。这样的成功才是可以拿到酒吧里谈论的资料。一切都不是因为需要钱！而是因为可以显示人们的英明与正确。多么智慧的乔啊！只因为我的英明！并不仅仅是运气：还包括精明！

人们所有的这些观点和看法，涉及许多我们此前分析过的错误的或独断的评价。他们对英明和正确的需求，正是不是/就是的二元论在现实活动中的体现。金钱的奖励，不论是劳动所得，还是纯粹的运气所获，都被人们视为成功的象征。

这体现了一种通常的自卑心理，体现了对评估真实的获胜机会的无能为力，当然，也代表了那种把头奖视为唯一值得追求的事物的极端观点。

人们喜欢巨额的回报。股市也包括其他各种各样的游戏，操作的一个最为典型的人性化特征，就是期待暴利和一夜致富。

然而，不幸的是，人们的期待往往以他们自身的彻底毁灭而告终。在那条不计后果追求巨额回报的不归路上，人们究竟能够走多远？一位沉迷于古老的俄罗斯轮盘赌博游戏的穷人去世的消息几乎成为所有报纸每日的头条新闻。我们并不了解游戏的各种细节，但是，不论名义上的奖品是以百计的现钞，还是以千计的美金，实际上真正的游戏奖品却似乎是其他的东西。因为，人们不可能为了100美元或10 000美元，当然，也不可能为了5∶1的胜率而以自己的生命作赌注。真正的奖酬一定会有价值得多、贵重得多。在那些精密策划的赌博游戏里，能够让人们甘愿以生命来冒险下注的唯一诱惑，只会是自尊的保护或提升。所以，人们希望从俄罗斯转盘游戏中获得的回报，事实上并非赌桌上的金钱利益，而是能够光辉自我的无形的回报。一位能够正视自身安全和自我尊严的人，并不需要这种铤而走险的手段，去获取诸如此类的奖赏。

这便是一位赌徒的心理，他可以用自己所有的金钱、财产甚至生命来下注，以期获得某种无形的、抽象的自尊。赌棍们（从这个意义上说，也包括我们这里相当多的股市交易者）所有的观点和行动，都具有自卫的特征。他们试图快速地增加自己的财产和自尊。而往往地，他们在两个方面都一败涂地。更糟糕的是，人们所希望能够对自己的未来有所帮助的方法，被迫宣告彻底失败。如果人们能够站到自己的身后，并从远处，以局外人的角度来观察自己的话，那么，他一定会明白，如果自己能够保护自己，为自己构筑起坚实的储备，而不是一味地追求暴利和一夜致富，即便他能够赢的话，那么，他们此时此刻，一定会有更好的感觉和更多的谈资。

首先，如果他们能够降低自己的要求，不去强求一定要成为优胜者，那么，他们或许有可能满足于普普通通的收益和回报，而不会因此感觉到羞愧和不安。但是，实际的情况却是，他们并不愿意，事实上是他们不能够做出任何的妥协和折中。你无法让他们理解安全操作的基本原则，因为他们对于游戏（任何一种游戏）的所有看法就是：投入、投入、再投入，他们觉得自己不会被清盘出局，他们期待着自己一夜变成大富翁。

当然，我们无法触摸到他们的内心深处，不过，我们仍然可以就他们所表现出来的问题稍加讨论。

让我们暂时忘掉巨额回报，换个角度来看看整个的情形：至关重要的，并不在于你赢的时候究竟赢了多少，而是在于你输的时候，你究竟能够承受多大的损失。你一定也赞同，你一定会有输的时候。当然，你也希望你有赢的机会。如果游戏纯粹靠运气取胜，而取胜的概率有对你极为不利，那么，干脆不去参与这样的游戏岂不是个更好的主意？除非你参与游戏的目的仅仅是为了取乐（绝不自欺欺人地说），仅仅是投入几个便士、几个硬币，而你根本不在乎游戏的输赢。当然，你不会希望自己在那些概率游戏中摔跟头吧？不论赌注的大小如何，也不论可能赢得的金额有多么巨大，长期来看，你都不可能获得这些游戏的胜利。

如果游戏中策略的成分是其重要的内容，那么你或许会认为自己能够应付对手的对抗，你或许会觉得自己比对手聪明。假定获胜的数学概率并非对你特别不利，而你的策略也没有太多的运气可言，那么你不妨策划出自己应采用的策略。然后，仔细地想想自己应采取的各个步骤，接着，潜心钻研对手可能对自己采取的措施。你或许会发现，对手对于你的某种策略的最佳反应，有可能对你造成巨大的伤害。而有时，对手所能够选择的所有对策，都不可能对你造成严重的损失。确实，在这样的情况下，你不一定赢得最大的奖赏，但是，如果你通过策划，确保你在对手任何手段的攻击下，自己的损失都保持最小化，那么，你最终获得的奖赏将远远超过你的预期，也将远远超过你在追求最大化收益的过程中所获得的收益。

不论是在理论上，还是在实际的应用中，考评游戏状况的过程都是十分复杂的。我们在此不可能详细地探讨这一问题。事实上，我们也没有必要去细究这些细节，你只要牢牢把握住最关键的事实，即<u>最大化收益并不总是长期的最大利益目标，同时，在你计算那些并未到手的利润之前，你应该做好承担可能发生的最严重的损失的充分准备。这样，你便获得了一种处理战略问题的最实用的方法。</u>

第86章
Chapter86

细分与最大化

改变我们生活中的各种掷骰子游戏,以及我们头脑中对于对/错、不是/就是、暴利/总损失等等概念的组合,采纳一种科学的方法——细分我们的收益。收益的细分可通过各种手段来完成:做那些有把握的事情;分散自己的赌注;有原则地管理和控制自己的损失;耐心地积累利润;坚信自己采用的方法长期奏效。

当我们谈及预测以及可预测的程度(其范围从接近肯定到几乎不可能)时,事实上已概括出了每个人每天都会遇到的问题,那就是对那一百零一件未知的未来事件做出决策。对于那些坚定地追求绝对正确的人来说,在一个可能的基础上进行决策的任何一种方法,都给他们留下了大量期望的空间。他们对于绝对正确的追求是如此投入,以至于不惜动用自己所有的精力来与无法实现作抗争,在他们看来,只要自己知道得足够多或知道所有细节,他们就能够得出正确的答案。

理智也许会警告他们说,这并不是个合理的期望;实践的经验也会提醒他们,并不是所有的期待都能够梦想成真。但是,他们想不出其他方法来处理此类的问题,因此他们一如既往地追求着完美,也毫无例外地遭受着不断的挫折,最终变得消沉和气馁。

他们会告诉你苦衷和不得已,他们会说,"是的,可能性的说法完全正确,但是,股市此刻究竟可能如何展开行情呢?美国钢铁又将如何发展?现在,是卖的时机,还是买的时机?股市究竟是向上呢,还是向下?这些问题,只要判断失误就必然意味着遭受损失。我该做些什么呢?"事实上,他们知道,或者说他们身体里的某些部分知道,即便今天根据他们得到的最准确、最完整的信息得出购买美国钢铁的判断，明天也可能发生一些无人能够预见的不测，这种不测可能无情地推翻今天绝对正确的决策，例如，公司董事会的骚动、不利的法院判决、全国性的天灾人祸导致的股市大崩盘，等等。但是，无论出现或可能出现怎样的情形，只要他们参与股市，就必须做出决策，必须面对未知的未来的种种情况。

那么，该采取什么样的措施来保护自己免受不测事件的重创呢？他们可以采取一项重要的措施，该措施广泛应用于保险公司，是每家保险公司保护自己的重要手段。这项措施便是分散自己的投资。没有一位保险推销员可以预料玛蒂尔德大妈（Aunt Matilda）明天是否会摔断自己的胳膊，当然，他也无法研究玛蒂尔德大妈的每一个生活细节，更无法一整天地跟随在她左右，以防她发生意外，由此导致保险公司的赔偿。

事实上，保险公司并不会为了玛蒂尔德大妈而焦虑不安，因为其保险业务覆盖整个国家的每一个角落，覆盖成千上万个其他的大叔、大妈、表姐、表妹。公司不会就任何一个参保人可能发生的遭遇做出精确的或绝对的预测和判断，但是，保险公司确实有自己的评价方法，而这种评价和判断事物的方法构建于过去大量实践检验的基础之上。保险公司的记录将显示，在未来的6个星期内，究竟会有多少投保人可能摔断胳膊，同时，记录也将显示合理的误差范围。尽管记录不能对预测玛蒂尔德大妈的特别遭遇有多大帮助，但它却可能全体大妈做出相当精确的预测和判断。

当然，你我都无法做到严格地按照保险公司的方法来处理问题。我们不可能拥有如此强大的资本，来投资上千只不同走势的股票。这听起来很不现实。然而，我们可以研究上百只，甚至上千只股票的历史记录，也可以记录下各种事件发生的先后顺序，然后便可以归纳出各种各样的相关关系。我们并不能精确预言某只股票在某个时刻的具体走势，但却可以学会预测任何一只股票可能的行情，而且，这一预测还具有相当的成功概率。如果我们能够深入考证几百只股票的历史记录，我们就有足够的理由认为，只要股票走势的一般模式不发生巨大的、突然的变化，预测就在某个可以预见的合理的误差范围内有效。

纵观股票走势的整个历史记录，你会发现，股票的基本走势并没有发生太大的变化。至于股票走势所出现的那些微小变化，也在可接受的范围之内，因为在我们形成了关于股票可能走势的观点之后，仍然可以时时加以修正，以符合股市发生的新情况。这便是考评和预测股票的方法，当然它并非唯一的方法，但它确实是很多研究领域所采用的典型考评方法：观察过去，归纳和总结出其中的模式、相似性以及相关性，并将它作为预测的基础，用于处理未来的问题。

作为一种抽象的概念，上述方法有意忽略了很多细节。（这种方法并不过多地关注玛蒂尔德大妈的生活细节。）将结论仅仅表达为可能性的这一高度抽象的方法，从一开始便假定，该方法得出的某些判断有可能是错误的。但是，与此同时，该方法也假定了一个大前提，那就是，如果该方法有效，而且设置的可能性也合理，那么，在验证了多个决策之后，该方法得出的结论将在某个预定的误差范围内有效。

这里请注意"在某个预定的误差范围内"。当保险公司为玛蒂尔德大妈做人身意外保险时，其预测误差——整个保险公司的担保误差的波动范围其实很窄。保险公司全年的总赔付率的误差甚至可能出现在小数点后几位的位置。对于只购买了唯一一只股票，或者仅对某件不确定的事情做出唯一决策的人们来说，他们的预测结果不论是成功还是失败都会在很大的误差范围内波动。事实上，他们所做出的唯一决策变为现实的可能性，绝不会比随意抛出一枚硬币后出现正面或反面的可能性大。但是，你我却可以采取一种折中的方法，一种介于精确预测的大型保险公司式的运作与彻头彻尾的撞大运之间的方法。假定我们对某件事的长期发展有一些既定的预测，那么，在认真研究和实际观察之后，分散投资的做法将使我们避免坏运气下的极度风险和极度损失。

当然，如果不能够感觉到成功的概率对我们有利，就绝对不要进行任何投资。也就是说，我们绝对不应冒险去做那些获胜几率不利于我们的任何事情。

何以见得呢？试想，我们找到了某种考评事物的方法，并花费了几个星期，或几个月，甚至几年的时间来考察事物过去的历史轨迹。在此基础上，我们绘制了各种表格、图形，并进行了分类和比较，然后，我们自认为找到了某些关键的要素，只要这些要素同时发生，出现某种情况的可能性也相应确定，例如55%。举个例子来说。我们观察了许多年、许多种不同类型的股票走势后发现，当一只股票在沉寂相当长的时期后，出现了某种特别的突破行为，并伴随发生了某些其他的行为，其价格将有55%的可能大幅上涨。因此，我们投资了20只出现类似突破行为的股票，每只股票投资的金额为1 000美元。<u>我们可以这样认为，只要我们对股价上涨55%的可能性预测正确，最终得到的结果将是，11只股票价格上扬，9只股票价格下跌。</u>

再假定，每只价格上扬的股票将带来1 000美元的收益，同样，每只下跌的股票将造成1 000美元的损失。那么，从理论上讲，11只价格上扬的股票将带来11 000美元的总收益，9只价格下跌的股票将造成9 000美元的总损失，总计净利润为2 000美元，为投资本金的10%。

如果我们将上述例子中的某些条件稍加变动,就能更容易地研究分散投资的效果和影响。在此,假定我们获利的几率精确地等于50%,而不是9/20,每次获利将带来1 200美元的收益,而不是1 000美元。那么,在20次的投资交易里,我们的总投资额将是20 000美元,其中,预期10次获利,每次获利1200美元,总计12 000美元;其余10次损失,各1 000美元,总计10 000美元。20次投资交易里,我们将获利共2 000美元,占总投资本金的10%,与条件改变之前完全一样。实际上,这也是一个概率的游戏,从某种意义上说,保险公司所开展的业务也属于同样的概率游戏。你(这里指保险公司)对每一笔交易的预期收益率相对很小,但是从长期来看,这样的做法却切实保证了投资资本的安全,并回避了过高的风险。

为了获得真正的保护,你必须在分散投资的同时,确保一定不会由于某一次的灾难而损失掉所有一切。这样,你才能够预期,每一次交易的收益率为10%。按照这样的收益率,一笔20 000美元的投资所能够获得的数学预期收益将达到2 000美元。

但是,如果你的打算是一次性地投入20 000美元,去参与某种等额赌注、等概率输赢的游戏,而游戏的结果不是一次性地拿回22 000美元,便是一次性地彻底输个精光,那么,你仍然是在以自己所有的财产去做一次有50%可能输光一切的冒险。相反,如果你用同样的资本金,以1 000美元为赌注(每一次下注的结果,可能使你获得1 200美元,也可能让你损失全部1 000美元的本金),连续下注20次,你可能损失掉所有20 000美元本金的概率将少于百万分之一。

当然,你可能,也必然会出现失利的情况,但是,这样的失利并不会一下子掏空你的钱袋。你损失一半资本金的概率也不会超过1/8,不仅如此,即便真的发生了一半的损失,你也仍然有机会翻本,甚至获利。

可以说,在我们上述的游戏中(在这样的游戏里,每一次的投资金额都只占总投资金额的一小部分,而且,每一次投资的获胜概率均相同),数学概率最终让我们获得收益的可能性极大。不论从哪一个角度来分析,分散投资方式最终获胜的机会都会远远大于开张一家新的超市或成立一家新律师事务所可能成功的概率。当然,我们没有必要一次接一次地进行我们20次的投资。我们完全可以同时进行这20次的投资,我们将得到同样的结果。

分散投资的方法与我们习惯采用的一次性下注的方法的最大区别,就在于你并没有把所有的鸡蛋都放在同一个篮子里,相反,你把鸡蛋分为多个部分,然后根据各个部分的特点投资到各个不同的领域。结果,有的鸡蛋投入到铁路板块,有的投入到飞行器领域,其他的则投入到诸如汽车、公用事业、建筑材料、生命科技或其他科技等各个领域。有的投资时间很长，而有的则属于短线操作。多样化这一特征，体现出了分散投资方法的强大和优势，就像一捆细木棍远比一根粗原木来得结实一样。

我们这里概括描述的这一分散投资的方法，可以有多种应用方式，它几乎适用于股市的所有操作。由于它不含有任何投机成分，因此，它并不适合于那些彻头彻尾的赌棍们的胃口。紧张而缺乏安全感的赌棍们，既没有足够的耐心也缺乏相应的信心去守候这样的方法，尽管这种方法几乎能够确保他们在长期的投资中获得适当的收益，并同时给予他们相当大程度的保护。赌棍们总是希望快速地冲锋陷阵，去抓到那块硕大的肥肉，然后，再等待下一次大好时机，再抓另一块大肥肉，然而，从长期来看，采用分散投资而不是追求最大利润的投资者，在一番规规矩矩的、平衡而多样化的投资之后，不仅能够获得更多的利润，而且，还同时获得了内心的平静。

整个分散投资方法最核心的理念便是接受发生损失的可能性，这里，我们只是顺便提及这一点。由于损失已在事前有所估计，而且已经过反复的考虑和减震，因此，它们不再会对我们造成严重的伤害。而那些滥赌的赌徒却处境危险，他们将自己完全置于不可预测的、随时可能出现的严重打击的阴影之下。采用均衡的、多样化的投资策略的投资者，则不会因为某种逆转的股市行情而大受伤害——他们早已将诸如此类的可能发生的意外情况纳入自己的考虑范畴，他们手中持有的部分股票，早已作为一种保险来处理，其作用在于防止股市出现的任何崩盘或暴涨。

均衡而多样化的投资方案的设计方法，在《股市趋势技术分析》一书中的第37章进行了详尽的介绍。从本质上来说，该方法涉及对股票的特定走势的深入研究，它反对将所有的资本投入到单一的股票交易上，不论是买涨还是卖空，相反，它会采取这样的定位：持有那些走势看似强劲的股票，而卖空那些走势看似疲软的股票，持有股票和卖空股票的比例，与整个股市上（或者至少是在投资者所研究的某类股票中）强势股与弱势股的总体比例保持大致相当的水平。

我们在此探讨的，并不是处理股市问题的唯一方法，也不是对付股市的万能药方。

本书所强调的，并非某种特定的方法或系统。本书认为，最关键之处在于我们对于新情况的接受和认可，并提供一种处理不可预测的未来事件的工具和方法。我们用于处理股市问题的工具，其实与我们对付日常生活中种种问题的方法极其类似：**放弃对完美境界的追求**。停止最大化我们的收益的企图。满足于大量的、小小的胜利和收获，而不贪慕虚无缥缈的一夜暴富。我们做好准备，去承受我们前进道路上发生的各种小小的损失。我们遵循一种精心策划的考评方法和预测方法，并随时根据新的情况和新的要求，来改进和完善我们的方法。

改变个别术语以后，你会发现，上述方法将广泛适用于各个领域，包括生意场上的各种问题，也包括家庭里的各种矛盾，甚至人际间的紧张和冲突等。而所有这些，都只不过是科学方法在日常生活中的具体应用。

第87章
Chapter87

着重考虑负面

正面（绝对化）考虑问题的方法存在着天然的缺陷。如果我们能认真权量我们的期望（包括那些我们用于形容绝对论者的正面词汇），我们就能对未来做一些计划。我们可以预料到挫折和失败，并将它们视为我们的投资事业整体的一个组成部分。这个部分的存在将通过对冲交易来限制我们的收益。利润无疑将减少，是的，但是我们却因此得到了一个安稳的睡眠。

关于失败和气馁，我们所接受的所有教育便是，训练自己正面地看待问题。

那些经常使用"可能"一词的人，通常不会被大家认为是充满活力的思想家。人们一直被灌输这样的观点，即强烈的观点总比淡而无味（就像人们形容的那样）的主张强得多。

读一读报纸上的社论；听一听政客们的演讲和布道；看一看编辑们手里的读者来信；你将发现大量诸如绝对的忠诚、彻底的堕落、100%的美国人、完全的毁灭、最大的幸福等词汇。所有这样的词汇，都不具有可测量的特征，它们都是些绝对的、强硬的、毫无弹性的词汇。这样的词汇，很容易带上感情色彩，事实上，它们更像某项事业的战斗口号，而不是男人或女人深思熟虑后的谨慎言论。

在开发考评方法、在做出预测、在进行任何的分析工作的过程中，你都会发现，使用一些略微缺乏活力的方法，有人甚至认为采用一些负面的方法来描述事物，更能起到实际的效果。有时，"我不知道"便是我们对于某个问题的最佳答案。也许、或许、有时、从某种程度上说、从某个角度上讲、对某些人而言、在这样的条件下、就我来看、据我所知、可能、除非条件发生改变……所有诸如此类的词汇都真实地、良好地表达了人们对所描述事件的怀疑和局限。运用这样的词汇！学会用这样的负面词汇来思考问题！这样，你才会因为自己没有要求太多而不至于时常遭受失望的打击，也不至于强迫自己去相信那些超逾自己知识范围的东西。

在我们的言论中，为预言附加上预言变成现实的可能性，这样，这些负面性质和怀疑性质的表达形式将赋予你更为现实的观点，让你知道自己对于某件事情的了解其实是何等的有限。

疑问的表达方式也同样强调了你的预期出现变化的可能性，而变化既可能起因于对手的策略，也可能因为股市、期货、宏观经济以及你所考评的任何领域所发生的某种基本的、本质的变化。

通常，保护自己免于失败的最佳办法，便是在假定对手已发现了自己的策略的前提下来安排计划；同样，防止彻底毁灭的最有效措施便是假定自己的预测中存在着某些可能错误的地方。相反，如果我们对于我们计划中的每个部分，都采取极端态度，那么，我们实际上已把自己推入了一个脆弱而危险的局面当中，任何轻微的挫折都将引起整个局面的彻底崩溃（例如，我们百分之百地认定大牛市行情的到来，并以全部的资源投入股市）。预见某种程度的挫折，预先假定某种严重的逆转态势出现的可能性，这样，我们的计划将安全得多。我们可以故意抑制自己的热情，以便保护自己免受不测事件的打击。我们并不需要将股市视为百分之百的大牛市，我们完全可以把股市的主基调定位为牛市行情，但与此同时，我们也可以将少数看起来走势低迷的股票进行卖空的处理。我们其实并不指望这样的卖空交易能够获利。我们反而期待着，自己的卖空交易以少量的损失而告终，如果大牛市行情如我们希望的那样如期而至的话。这些小小的损失将作为我们支付给保护自己的保险金，这样，一旦真的出现股市大崩盘的逆势行情，我们预先支付的卖空交易保险将起到缓冲打击的作用，并能够逐步地减少我们的损失。

我们在此探讨的，实际上是一种人为的、刻意的策略，它预计了某种程度的损失，并有准备地付出一定的代价，并把它看做自我保护的必要成本。这种深思熟虑的策略，有意地回避了我们追求完美的种种行为。原则上来说，诸如套期保值等一类的保值方法，完全可以沿用到其他的股市问题上，也可以沿用到那些与股市毫不相关的领域中，包括我们私人生活的某些方面。通过对负面效果的强调，当我们完美的最优方案不幸完全落空的时候，我们仍然能够有效地避免彻底的失望与崩溃。

事实上，我们所做的一切，就是以我们手中部分的黄金机会去换取相当坚固的自我保护。我们可以从事那些有把握的工作，而放弃那些结果难测的赌博游戏。我们也应该满足于隔壁的女孩简，而不是去追逐一位公主的缥缈爱情。我们可以购买保险或支付保险费，但是，我们希望，我们永远都不要从保险金里赚到钱。我们也可以通过套期保值或折中妥协等多种手段降低我们的要求，以完成我们的计划，这样，我们便能够有效地减小我们的期望与我们实际取得的业绩之间的差距。

第88章
Chapter88

长期净收益

让我们放松一点。这或许就是你一生中唯一一次听到这样的建议吧,除了在谢拉顿饭店(Sheraton Hotels)。尤其当你打算匆忙上路,带着你的笔记本、电子邮件、语音邮件、手提电话以及A型胆固醇去度假的时候。希腊人的寓言曾经说过:"欲速则不达。"今天,几千年后的今天,这则古老的寓言似乎变得越来越重要。保持全景透视的角度看待事物,并永远站在现实生活的立场上,这样,你的通用语义学才能够得到实践和应用,而股市也才能够帮助你放松自己。

你或许也与我们当中的大多数人一样,接受了严格的训练和教育,从小便知道:要想实现任何理想,你都必须全力以赴地追求完美。父母们、老师们早早地为我们树立起了远大的理想,希望我们人生的每分每秒都过得有价值;希望我们能够搭上成为大明星的便车;更希望我们能够爬上万人景仰的位置。国会议员们曾经大肆鼓吹私营企业不屈不挠的精神。我们的身边和周围,总是充斥着林林总总的指示和观点,教导我们如何去做那件被称为"成功"的事情。

由于我们从未正面直接地界定过成功的含义,也由于指定动力推进器如何将人类送入轨道的种种细节从未得到精确的描述,因此,我们也大可不必惊奇:为什么我们中间会有如此多的人们随时都在全力求稳。我们其实并不确切知道自己所追求的方向和最终可能获得的奖赏,但是,我们却觉得自己不能够承受失去的痛苦,不论我们失去的是什么。我们希望得到所有的财富,希望抓住所有的权力,也希望所有的人都能够爱戴和仰慕我们,还希望自己善良、纯洁和慷慨。我们想要得到所有这一切,所有被我们的文化标注上"赞同"记号的一切,只要它们拥有一个良好的标签，而不管它们是否是我们真正需要和想要的，也不管它们是否与其他同样拥有良好标签的事物相匹配。

我们中的许多人都坚持不是/就是的二元论，在他们看来，不是和就是之间不容许存在任何的答案。而我们，则必须全力以赴地加入那场盲目的、压抑的田径比赛，没有人能够告诉我们，我们何时能够穿过比赛的终点线，我们也不知道自己是否仍然还在相应的跑道上前进。我们只知道拼命地狂奔，直到我们累倒在自己的跑道上。如果赢得比赛看起来希望渺茫，如果我们觉得自己没有希望拿到第一名，那么，所有的一切都只会是失败，因为第二名和最后一名在不是/就是的二元论世界里毫无差别。然后，我们便退出比赛，甚至从此不再涉足跑道。我们甚至借酒消愁，试图用酒精慰藉心灵的创伤。或者，我们便将自己封锁到一个狭小的世界里，按部就班地过着简单的生活。这样，我们便能够自以为我们自己的感情得到了升华，超越了对地位、对财富、对美誉的欲望和追求。

这便是不是/就是二元论的另一面：消沉，当一切都不再重要的时候。但是，我们并不一定必须拥有美国钢铁⊖或者成为美国总统、或者娶到世界上最富有的姑娘，才能够过上幸福的生活。如果你能够走出那些象征着财富和权力的符号世界，并愿意去看一看你的特定生活中的那些特定的客观事实，那么，你一定会发现，你真正需要和想要的，其实并不像想象的那么难以得到，你之所以拼命追求远大的目标，其原因只是因为成功的概念总是下意识地影响着你的价值观。如果你不是如此盲目，如此习惯于循规蹈矩（以至于你已不能够感觉到那些标准的符号世界之外的任何渴望），那么，你将完全能够按照自己的方式，而不是符号世界里的方式，来面对人生、面对世界。你可以根据自己的意愿来设定目标，而这一目标将能够满足一个充实的、相当成功的人生所需要的足够的指标。

这意味着什么呢？从物质上来说，它意味着结婚戒指、丈夫、家庭以及乡村别墅，再多的，无非就是她还想成为某某公司的首席执行官。并不是每个人都需要一辆豪华的凯迪拉克汽车来为自己的职业生涯打上成功的标记。人们很有可能从一艘小小的帆船，或一套新的音响系统中获得真正的、无尽的乐趣。尽管很常见，但是，也不见得每个男士都会拜倒在美女的性感诱惑下。男人们也可以对其他的偶像感兴趣。我们中的大多数人都知道，尽管我们并不一定照章行事，积累财富并不是我们的事业或职业生涯的开始，也不是结束。一份平平常常的薪水也可能让我们享受到极大的满足，或获得极高的声望。

或许，"放松一点"这一口号最适合用来解释本书中提出的种种观点。关于测

⊖ 1956年时的美国钢铁，可与2000年的微软相提并论，它或许也相当于2050年的"某某"公司。

量以及无穷值地位的所有探讨，都可以归结为"适度"。所有关于股票套期保值以及分散投资的研究，也可以得出相似的结论。按照这种新的（或许也是激进的）观点，我们试图找出最简单的而不是最难的方法去做事情。我们并不需要第一名，或许我们只需要努力获得及格的成绩。我们也不一定要成为百万富翁，或许，几千或几万美元便可以买到我们所需要的所有东西。我们大可不必咬紧牙关，强迫自己永远判断正确，永远不造成任何损失。你也许会很惊奇，一个人犯下了如此多的失误，最后，却仍然能够获得相当丰厚的净收益——只要他真正知道自己在做些什么。

让我们有意地将那些光芒万丈的外表饰物拿开，例如圣徒的外套、独裁者的长袍、商界大亨的丝绸高帽等，我们将在我们所从事的领域里为自己获得足够的名望、足够的权力、足够的财富和足够的爱，与此同时，我们还能够更准确地预测自己的命运，更轻松地过我们自己的生活。在这样的条件下，我们极有可能把自己调整到一个人们难以相信的轻松状态。降低人们过高的期望，将它们调整为更容易达到的目标，将让我们获得自信、获得成就感和安全感，同时，还很可能促进我们更有效地做事情，因为我们能够远离那些因为追求超过人们能力的金钱和成就而造成的焦虑和紧张。一个人，一旦能够满足于隔壁邻家的女孩，而放弃追逐小说中公主般的缥缈爱情，那么，他一定有更多的机会获得美满的爱情，同时，还为自己避免了无数次的心碎和心痛。

股市也如出一辙。你一定见到过那些紧张的、神经质的股民，踱着方步，在经纪人的交易室里来回地走动，似乎每分每秒，他们都在经受着不确定性和烦躁的、焦虑不安的心情的折磨。按照他们绝对化的标准，他们将无法承受失败和错误。为了永远正确，他们就必须在每一笔交易上获利，就必须在最低点买入，而在最高点卖出。为了避免失败的感觉，他们不得不竭力去实现那些不可能的事情。

毫无必要。如果他们能够拿出他们在追逐那种徒劳无功的、毫无计划的绝对成功时的精力中的一小部分，去观察股市的客观情况，去开发一种考评的基本方法的话，那么，他们可怜的、饱受折磨的心灵将得到更多的平静。他们完全可以选择某天或某个星期到股市去，却不必每时每刻都瞪大眼睛，注视着大盘的每一个报价。他们也完全可以承受经常性的失误；还可以在经历一系列的小小失误后，仍然保持良好的股票操作记录，甚至可能比目前的状态好。他们将能够——如果他们愿意放弃那种全力以赴攫取一切的想法的话，自如地应付股市，不论是牛市行情还是熊市行情，也不论是股市交易还是期货交易，而不必总是担心一些小小的失误或某些无法控制的事件会彻底把自己毁灭。一切的一切，其实无非就是愿不愿意睁开自己的眼睛，去全面地而不是片面地看待事物的问题，也就是说，是否乐于接受多样化的问题。我们应该乐于接受套期保值交易，乐于接受卖空行为，乐于接受为了获取一次实质性的收益，而宁可承担3次小小的损失的做法。

奖赏呢？他们将不强求自己获得第一。也不会为自己的继承人聚敛庞大的财产，并因此与征税官终日争吵。他们也从来没有期望自己能够成为华尔街的传奇人物，更没有期望自己成为股市，甚至宇宙的主人。

一个处于平常地位的人，获得安全感，得到合理保护的价值何在？避免了头痛，避免了溃烂的危险或心灵的创伤的价值是什么？能够平静而充满乐趣地对待股市，而不是像一头绝境中的野兽那样与股市奋战，这一切的价值何在？拥有平静的心情，拥有更好的机会去获取稳定的、合理的收益，这究竟有什么意义？如果我们能够抽出时间去阅读、去钓鱼、去拍照、去享受天伦之乐、去坐在宁静的池塘边的长椅上观察白云飘浮在蓝天，所有这一切意味着什么？如果我们能够有时间去实践或实施那些多年来一直希望但却没有时间去做的项目，这将对我们有什么样的意义？所有这些，都是我们认为有价值的事情。消除生活中不必要的焦虑和紧张，通用语义学能够帮助我们意识到我们自己的潜力，让我们知道自己能够以自己的方式，靠自己的能力来获得更多的成就，获得远比我们在来源于我们生活中的文化和环境的扭曲的、不现实的价值观指导下获得的成就多得多的成功。

你有可能将我们所提出的所有观点统统归结为"非社会化"（non-social）。它要求我们极大地突破传统和习惯的束缚。它呼唤新型的观念，不仅是新型的股市观念，也包括新型的政治理念、法律理念、宗教理念、家庭生活观念、社会志向等，尤其重要的是，它呼吁我们以全新的视角去看待我们为自己设定的目标，去处理我们自身与周围的世界之间的关系。从这个意义上讲，我们的观点确实是非社会化的。但是，它却不能算做"不适于社会的"（un-social），当然，也更谈不上"反社会的"（antisocial）。它并不反对人们仔细地看清楚自己的真正需求和渴望，也不反对社会展开对于那些过时的社会习俗、教义、迷信、近代社会前的科学理论以及那些彻底过时了的指令和教导的批判。此外，它也不反对彻底检查那些让人们无知、互相敌对和焦虑的所有谬论和误导。

通用语义学的目的，只是保证人们赖以生存的地图的及时更新。当今的世界，拥有了许许多多的有形物质，与历史上的任何时期相比，它们都能够更有效地保证更多的人身体健康、丰衣足食、生活幸福、远离战争。我们只是没有很好地运转这些有形物质，使它们能够更好地为我们工作。

剩下的时间已不多了。

是抛开那些孩子气的想法，成为成熟的成年人的时候了。

译者后记

我不得不坦诚地说,我十分艰难地完成了本书的翻译,它给我的心灵带来了莫大的震撼,与此同时,它也在啮噬着我的思绪。我,一个失败的股票投机分子,一个心态扭曲的中国股民,就这样在它的逼视下,"原形毕露","无以遁形"。我之所以成为股民的理由是什么?我自己究竟期待股市给予我怎样的回报?我对股市成功秘诀的期盼为何如此强烈?我又为何如此憎恶那只我认定存在的股市幕后黑手,与此同时,又如此热衷地探取各类小道消息……无数的问题突然间一并向我袭来,无数的思考在我的脑海里日夜盘旋,挥之不去。

其实,约翰·迈吉早在1958年便写下了他对股票市场的真切感悟,为股民们解答了各种各样的疑难问题。而我以及我的股民同僚们,却居然在一条早已经被迈吉标注好的道路上迷失了方向,要么大闯红灯,要么停留在绿灯下,踯躅不前,再不就是干脆选错了岔路口。

乍看本书,我想它最吸引人的恐怕就是"华尔街"三个大字了,然而,它并非教给你华尔街的成功秘诀,相反,它要求我们具备处理问题正确的、成熟的心态以及我们面对问题时实事求是的作风。

回顾10余年来中国股民们在股市上的起起落落,回顾5年前的亚洲经济危机,回顾网络经济泡沫近年来的破灭,我不禁感叹,要是人们事先能够了解迈吉那些"前厅里的大象"、"饲料棚里的小猪",那么这些结局并不美好的故事是否根本不会登上历史的舞台？随着时间的推移，社会飞速发展，科技日新月异，人们内心按捺不住的浮躁似乎也随之突飞猛涨。原本只是指代客观事物的语义，逐渐地背离了它存在的初衷，就像一枝快速生长的树梢，得意地忘却了它赖以存在的根茎。迈吉的这本著作无疑就是一副绝妙的、祖传的降火去热冲剂，它让你冷静下来，让你理智起来，让你的视力恢复原有的通透！让你的思路找回原来的清澈！

然而，就是这么一本好书竟被埋没了整整40年！我想，没有人会愿意让它继续被埋没。再版本书的W. H. C. 贝斯蒂（W. H. C. Bassetti）不会愿意，将它引入中国的出版社不会愿意，而我，衷心地希望好的东西人人得以分享，尤其是那些如同我一般饱受股市创伤的股民同僚们！

在本书的翻译过程中，我得到了很多人的鼓励和帮助。在此，特别感谢马黎阳，感谢他为我收集和提供的相关资料，也感谢他与我进行的那些精辟的探讨。同时，也要感谢边婧、陈东风、陈岩、杜刚、郭杰、葛广、黄建艳、黄涛、李靖、李纬、雷卫东、刘劲松、刘伟、罗清平、梦宁、熊海平、叶海涛、王洪波为本书所做的大量的资料收集。此外，还要感谢何钊、朱珉、沈雁、沈谦、宋学军、周红雨、徐路对本书的校对工作。

本书涉及内容广泛，立意精深，翻译中难免有错漏或不妥当之处，恳请读者批评指正。

吴　溪

推荐阅读

2025全新传记
巴菲特股东大会重磅推荐

巴菲特亲笔著述授权出版的
书籍只此一本

分类	书号	书名	定价
托德·A.芬克尔作品	978-7-111-78278-0	沃伦·巴菲特：从投资家到企业家	99元
坎宁安作品	978-7-111-73935-7	超越巴菲特的伯克希尔：股神企业帝国的过去与未来	119元
	978-7-111-59210-5	巴菲特致股东的信：投资者和公司高管教程（原书第4版）	128元
	978-7-111-67124-4	巴菲特的嘉年华：伯克希尔股东大会的故事	79元
哈格斯特朗作品	978-7-111-74053-7	沃伦·巴菲特：终极金钱心智	79元
	978-7-111-66880-0	巴菲特之道（原书第3版）	79元
	978-7-111-66445-1	巴菲特的投资组合（典藏版）	59元
	978-7-111-74897-7	查理·芒格的智慧：投资的格栅理论（原书第2版·纪念版）	79元
巴菲特投资案例集	978-7-111-64043-1	巴菲特的第一桶金	79元
	978-7-111-74154-1	巴菲特的伯克希尔崛起：从1亿到10亿美金的历程	79元
王冠亚作品	978-7-111-76114-3	我读巴芒：永恒的价值	118元

推荐阅读

序号	中文书名	定价
1	股市趋势技术分析（原书第11版）	198
2	沃伦·巴菲特：终极金钱心智	79
3	超越巴菲特的伯克希尔：股神企业帝国的过去与未来	119
4	不为人知的金融怪杰	108
5	比尔·米勒投资之道	80
6	巴菲特的嘉年华：伯克希尔股东大会的故事	79
7	巴菲特之道（原书第3版）（典藏版）	79
8	短线交易秘诀（典藏版）	80
9	巴菲特的伯克希尔崛起：从1亿到10亿美金的历程	79
10	巴菲特的投资组合（典藏版）	59
11	短线狙击手：高胜率短线交易秘诀	79
12	格雷厄姆成长股投资策略	69
13	行为投资原则	69
14	趋势跟踪（原书第5版）	159
15	格雷厄姆精选集：演说、文章及纽约金融学院讲义实录	69
16	与天为敌：一部人类风险探索史（典藏版）	89
17	漫步华尔街（原书第13版）	99
18	大钱细思：优秀投资者如何思考和决断	89
19	投资策略实战分析（原书第4版·典藏版）	159
20	巴菲特的第一桶金	79
21	成长股获利之道	89
22	交易心理分析2.0：从交易训练到流程设计	99
23	金融交易圣经II：交易心智修炼	49
24	经典技术分析（原书第3版）（下）	89
25	经典技术分析（原书第3版）（上）	89
26	大熊市启示录：百年金融史中的超级恐慌与机会（原书第4版）	80
27	敢于梦想：Tiger21创始人写给创业者的40堂必修课	79
28	行为金融与投资心理学（原书第7版）	79
29	蜡烛图方法：从入门到精通（原书第2版）	60
30	期货狙击手：交易赢家的21周操盘手记	80
31	投资交易心理分析（典藏版）	69
32	有效资产管理（典藏版）	59
33	客户的游艇在哪里：华尔街奇谈（典藏版）	39
34	跨市场交易策略（典藏版）	69
35	对冲基金怪杰（典藏版）	80
36	专业投机原理（典藏版）	99
37	价值投资的秘密：小投资者战胜基金经理的长线方法	49
38	投资思想史（典藏版）	99
39	金融交易圣经：发现你的赚钱天才	69
40	证券混沌操作法：股票、期货及外汇交易的低风险获利指南（典藏版）	59
41	通向成功的交易心理学	79

推荐阅读

序号	中文书名	定价
42	击败庄家：21点的有利策略	59
43	查理·芒格的智慧：投资的格栅理论（原书第2版·纪念版）	79
44	彼得·林奇的成功投资（典藏版）	80
45	彼得·林奇教你理财（典藏版）	79
46	战胜华尔街(典藏版)	80
47	投资的原则	69
48	股票投资的24堂必修课（典藏版）	45
49	蜡烛图精解:股票和期货交易的永恒技术（典藏版）	88
50	在股市大崩溃前抛出的人：巴鲁克自传（典藏版）	69
51	约翰·聂夫的成功投资（典藏版）	69
52	投资者的未来（典藏版）	80
53	沃伦·巴菲特如是说	59
54	笑傲股市（原书第4版.典藏版）	99
55	金钱传奇：科斯托拉尼的投资哲学	69
56	证券投资课	59
57	巴菲特致股东的信：投资者和公司高管教程（原书第4版）	128
58	金融怪杰：华尔街的顶级交易员（典藏版）	80
59	日本蜡烛图技术新解（典藏版）	60
60	市场真相：看不见的手与脱缰的马	69
61	积极型资产配置指南：经济周期分析与六阶段投资时钟	69
62	麦克米伦谈期权（原书第2版）	120
63	短线大师：斯坦哈特回忆录	79
64	日本蜡烛图交易技术分析	129
65	赌神数学家：战胜拉斯维加斯和金融市场的财富公式	59
66	华尔街之舞：图解金融市场的周期与趋势	69
67	哈利·布朗的永久投资组合：无惧市场波动的不败投资法	69
68	憨夺型投资者	59
69	高胜算操盘：成功交易员完全教程	69
70	以交易为生（原书第2版）	99
71	证券投资心理学	59
72	技术分析与股市盈利预测：技术分析科学之父沙巴克经典教程	80
73	机械式交易系统：原理、构建与实战	80
74	交易择时技术分析：RSI、波浪理论、斐波纳契预测及复合指标的综合运用（原书第2版）	59
75	交易圣经	89
76	证券投机的艺术	59
77	择时与选股	45
78	技术分析（原书第5版）	100
79	缺口技术分析：让缺口变为股票的盈利	59
80	预期投资：未来投资机会分析与估值方法	79
81	超级强势股：如何投资小盘价值成长股（重译典藏版）	79
82	实证技术分析	75
83	期权投资策略（原书第5版）	169
84	赢得输家的游戏：精英投资者如何击败市场（原书第6版）	45
85	走进我的交易室	55
86	黄金屋：宏观对冲基金顶尖交易者的掘金之道(增订版)	69
87	马丁·惠特曼的价值投资方法：回归基本面	49
88	期权入门与精通：投机获利与风险管理（原书第3版）	89
89	以交易为生II：卖出的艺术（珍藏版）	129
90	逆向投资策略	59
91	向格雷厄姆学思考，向巴菲特学投资	38
92	向最伟大的股票作手学习	36
93	超级金钱（珍藏版）	79
94	股市心理博弈（珍藏版）	78
95	通向财务自由之路（珍藏版）	89

中国证券分析师丛书

"新财富""水晶球""金牛奖""金麒麟"获奖明星分析师为投资者打造的证券分析实战指南。

一本书读懂建材行业投资
ISBN: 978-7-111-73803-9
价格: 88.00 元

荀玉根讲策略
ISBN: 978-7-111-69133-4
价格: 88.00 元

王剑讲银行业
ISBN: 978-7-111-68814-3
价格: 88.00 元

吴劲草讲消费行业
ISBN: 978-7-111-71184-1
价格: 88.00 元